桑 兵◎主编

各方致

孙中山 函电汇编

【第五卷】

(1919.8~1920.12)

谷小水 编

社会科学文献出版社
SOCIAL SCIENCES ACADEMIC PRESS (CHINA)

目　录

广东省议会致广州军政府、徐世昌电

（1919 年 8 月 1 日）

广州军政府、北京徐菊人先生鉴：

慨自南北构兵，中原震荡，划七省为鸿沟，亘两年之流血，战云弥漫，赤地千里。幸人皆厌乱，天亦悔祸，大将驰中立之檄，壮士释赴义之戈，双方接近，希望和平，代表之车辙频来，沪上之和会告成。孰意提出八项条件，不获一致赞成，意见未融，怀疑复起。南代表仍尚留申江，北代表已遄归燕市，迄今举棋不定，承乏无人，风说传来，晨夕异闻。或谓北方欲贯彻武力主张，或谓南北将再开和议。讵知内部之波浪未平，外交之风云日急。山东权利，我国未直接收回，欧洲和会，专使已拒绝签字，列国但呈袖手之态，吾民深怀切肤之忧。倘仍鹬蚌相争，必使渔人收利，况且戈操同室，胜败亦骨肉受伤，即使一方能以武力解决，而螳螂捕蝉，深恐黄雀在后。故今日而欲御外侮，亟应先息内争，庶几和平可复，统一可期。为北方政府告：当开诚布公，顺从民意，授全权于代表，勿令武力把持，勿随党派左右。为南方政府告：当再求退让，但使护法之根本不摇，则枝叶可从扬弃。务恳各当道派催代表，速开和议，将南北争持问题从速解决，以固国体，而挽危局，民国幸甚。临电迫切，不尽欲言。广东省议会。东。印。

（《粤省议会请速开和议电》，《申报》1919 年 8 月 17 日）

吴灿煌致孙中山函

（1919 年 8 月 1 日）

中山先生钧鉴：

屡蒙训诲，获益良多，私心感激，莫可言颂。灿煌此次来湘，承示救国大计，抵湘之次日，即与具有实力之李奎元师长接洽，陈述先生意旨，深为佩服，并言愿听指挥耳。似此情形，大局前途，定有转机，务乞先生将最近计划详示，以便磋商，积极进行。再者先生学说，祈邮寄百份来湘，交长沙新坡子街同珍馆收转，藉送崇拜先生索阅者。专此，敬叩

勋安

灿煌谨上　八月一号

附： 抄李师长奎元致吴灿煌函稿一件

竹师仁兄英鉴：

　　接读手示，毅力热忱，溢于言表，不胜钦佩。惟揄扬过当，愧何敢当。值国家多事之秋，正军人卧尝之日，盗匪充斥，外侮频来，军人之罪也。倘能万众一心，手足相应，何有于外侮，何患乎内忧。弟他无所长，惟以国事为前提，早置死生于度外。对内则主持公道，根据民心，利国便民者，则崇拜之，病国殃民者，则铲除之，但知有天下之公是〈公？〉非，不知有一己之私恩私怨也。对外则披坚执锐，尽吾军人之天职。军人为四百兆人民之军人，土地为四百兆人民之土地，但有军人一日，岂肯以列祖列宗之土地，轻让他人，此弟之志愿也。至若临时之计划，责在热忱爱国之君子，质之高明，以为何如。特此奉复，即请

筹安

弟李奎元肃

　　孙中山批：元冲代答，相机而行可也。书照付百本。

（《革命文献》第四十八辑，第 260～261 页）

钮永建致军政府政务会议书

（1919 年 8 月 2 日载）

　　姜代表马电及上军府书，议以关余之款完全为积极北征之

用，主张正大，深表同情。当此民穷财尽外交切迫之时，岂可轻谈战事，惟和局久经停顿，难保无显然决裂之时。此次关余拨款虽属无几，然分之则杯水车薪，各形其少，毋宁暂予保留，以备不时之急。至各军需款甚殷，倘勉忍须臾，俟时局小有眉目，再行分配，时间谅亦无多，大局较有裨益。是否有当，伏祈察核施行。

（《广东分拨关余之大争议》，《申报》8月2日）

张伯烈致军政府总裁函
（1919年8月2日载）

总裁诸公钧鉴：

民国七年十二月十九日，本代表奉财政部函开：关于鄂西军饷，俟筹款有着，自当酌量拨济云云。当即转达黎、唐两总司令在案。窃以鄂军自荆襄独立以来，转战千里，支持两年，虽罗掘之无术，犹枕戈以待命。盖知护法政府财政支绌，力不从心，非置鄂西军队于不顾也。

近闻由关税余款拨来八十余万元，此款得来不易，在钧府方面或保存之，以备和议不成，作为续战经费。即或和议可成，南方应行收束，各项事宜亦复不少，曷可得之如珍珠，用之如泥沙耶。日昨据报纸所载，钧府已将此款支配殆尽，并有程潜若干、李书城若干云云。姑无论程潜有无通段嫌疑，但伊已将军队交赵君恒惕，则此款应交湘南军队，不应拨诸程潜个人，不待智者而知。至李君书城兵队一节，则伯烈知之尤详。当李为湘西督办时，由陈方度等代招军队，合徒手兵，计之不满五百人。自荆州败后，李又收辑朱司令兆熊之卫兵二百余人，共计七百余人。斯时已由谭月波联军总司令电令李君，由湘西督办兼援鄂第一路总司令，所有军饷概由谭联帅处开支。旋又勾来公安火线上兵一团，李遂自称为湘北护法总司令，通电谭联帅处，谭不知之耳。且调李队援岳，李仍居援鄂第一路司令名义，军饷仍由谭处支给。迨至长岳败溃，李亦率兵退至湘南，所有军队皆受赵司令恒惕编制矣。去冬，李自郴州来粤，既为政府军事委员会委员，又为遣送德侨局监督，事实彰彰，在人耳目。何今突然又有收束军队之举？

夫此款虽拨自关税，亦是小民膏血，政府当循名核实，不可循情济私。不然不惟无以对国民，且恐贻笑外人，徒失护法政府之信用，而彰南方官史之丑态。伯烈素性戆直，明知此言有逆政府与李君之耳，第知而不言，则未可诉诸良心，是以如鲠在喉，不得不吐。总之，此款政府能为正当之开支，本代表极端赞成，若以此款支配各省、各军，亦须平均分润，不可偏枯。对于鄂西方面，政府尤不能食言也。幸垂察之，即颂

公绥，不庄

鄂军代表张伯烈顿

（《广东分拨关余之大争议》，《申报》1919 年 8 月 2 日）

湘事维持会致孙中山等电

（1919 年 8 月 3 日）

广州军政府各总裁、参众两院、参谋部，云南唐联帅，贵州刘副帅，自送上海孙总裁、唐总代表钧鉴：

湘西参事会感电，谅达聪听。该会对于陶查办办理宋、方冲突不公一案，所拟善后办法二条，敝会极表赞同。至绥镇总兵继任人物，就人地资望而论，以现在驻扎永顺靖国联军第五军总司令林德轩最为合宜，敬恳钧府迅赐任命，以息争端，而救绥保民命。湘事维持会叩。江。

（《湘事维持会电》，《申报》1919 年 8 月 5 日，"公电"）

陈光远致军政府各总裁电

（1919 年 8 月 3 日）

广州军政府各总裁鉴：

卅一电敬悉，具见戢奸禁暴，除恶务尽，苾筹周密，佩纫良深。前准莫督军敬电，当于沁日电复，其文曰：广州莫督军鉴：款电祗悉。赣粤毗连，土匪潜滋，此剿彼窜，为患实深，尊论划地兜剿，约期围攻，计划周详，毋任倾佩。除饬赣南镇守使转驻庚王旅长督饬沿边各县军警、乡团及县知事，与贵军成司令商定分防会剿办法，同时并举以驱匪患外，请转知李督办，令饬成司令与敝军王旅长接洽办理，是所至盼等语。译发之后，旋准电复，已电饬李督办，转饬成司令与敝军王旅长接洽矣。重承台属，当再饬属遵办，并请转饬李督办查照办理为荷。光远。江。印。

（《军政府公报》修字第九十八号，1919 年 8 月 16日，"公电"）

王文华致广州军政府等电

（1919 年 8 月 3 日）

广州军政府、参众两院，各省送督军、省长、省议会、教育会、商会、农会、学生联合会、国民大会、各团体、各报馆钧鉴：

顷得各方来电，盛传闽陕两督甘心附日，抑禁爱国学生之集会，讲演者捕禁以千计，被残杀者数十，惨无人理，蹂躏民意，较清季尤烈，言之心痛。中华民国乃神明胄裔所公有，非一二人所得专私，而任情划售，不容置喙，宁非谬妄。此次外交失利，当局惟思屈服以媚外，未闻有一言抗争，至烦莘莘学子废学失时，奔走呼号，清夜扪心，惭愧奚似。且历年政变，国人已陷麻木之境，若谓瓜分之祸无法可逃，亡国为奴无事可怖者，非有此可敬青年登坛高呼，为临死之哀鸣，图万一之解救，则盗卖者自盗卖，宰割者直宰割。当局踌躇自审，尚为兹事到安南、朝鲜自鉴，于吾因势利导，俾学子无如量发挥其爱国心，为轨道内之行动，未尝非促进国人反省之机。乃不此之图，又从而虐□，天理人情，尚何足言。然而过□在山。搏激所致，能发能收，补牢未晚。文华伤心国事，竭诚劝告，遂不觉言之过激，果能翻然自觉，抑又何求；如终执迷不悟，自残同胞，文华虽极无似，窃愿本此未死之良知，随爱国诸公后，瞻其效果。临电神驰，涕与墨俱。黔军总司令王文华叩。江。印。

（《军政府公报》修字第一百零一号，1919 年 8 月 27 日，"公电"）

刘成勋致军政府各总裁等电
（1919 年 8 月 4 日）

广州军政府各总裁、各部长、参众两院议长、大理院王绍真先生，贵阳刘督军钧鉴：

窃成勋猝遭伤风树，泪洒苫茨，前电哀陈，谅蒙矜察。刻已卜兆，灰日安厝，涓期过迫，悲不自胜，报国虽长，终天已矣。光电奉达，续另讣闻。刘成勋泣叩。支。印。

（《军政府公报》修字第一百号，1919 年 8 月 23 日，"公电"）

夏斗寅等致军政府总裁、部长电
（1919 年 8 月 4 日）

广州军政府各总裁、各部长钧鉴：

张伯烈上书钧府，欺罔钧座，污蔑职军，曾经上陈东、江两电，谅邀垂察。窃职军随从总司令李公晓垣转战数千里，无役不与，迨退驻湘南，孤悬异域，两载于兹。自去年四月至今，欠饷十有六月，并未向地方自筹分文，惟荷湘军赵师长借贷伙食，得维生命。今湘中粮食困乏已极，职军因而益困，待哺嗷嗷，迫不及待，仍承总司令请准钧府拨款接济，且见仁恩万里，深悯孤军。三军闻命，无不感激涕零。兹以张氏牵涉之故，致稽时日，军心惶惶，且深愤激。用敢不揣冒昧，上达下情，吁请钧府迅赐维持，以济职军之急，即以轻友军之累。致［至］张氏捏情诬陷，摇动军心，以法人违法，应如何究办之处，钧府当有明条也。临电迫切，无任屏营待命之至。鄂军军官长夏斗寅、容景芳、李柱中、李文恭、张国藩、吴百钧、方殿甲、卢邦燮、李靖国、张鹏、秦式毅、曾甲、刘锻章暨全体官兵同叩。支。印。

（《军政府公报》修字第一百号，1919 年 8 月 23 日，"公电"）

鲁籍国会议员周廷弼等致军政府总裁函
（1919 年 8 月 4 日）

政务会议总裁诸公钧鉴：

敬陈者：此次巴黎和会，吾国代表力争主权，坚主废约，以王专使正廷为最力，迨至最后，乃行拒绝签押。将来未决之山东问题，不得不于国际联盟会中求正当之解决，而最关巨要之国际联盟会，中国代表一席，全国人民莫不属望于已著勋劳之王专使，此固有口皆碑，无俟议员等之推毂者也。乃盟会为期已近，而迄不闻钧府有正式之任命，设使北廷捷足先登，以滥竽者充任，则关于钧府之损威者犹小，而丧权辱国于坛坫贻害殊巨。为此公恳钧府迅行提出王专使正廷为国际联盟会全权代表，以餍民意，而挽国权，不胜迫切翘跂之至。

又，议员等籍隶山东，关怀尤切，披沥直陈，敬希察纳。专肃，虔颂

勋绥，不宣

　　　　鲁籍国会议员周廷弼、盛际光、彭占元、魏丹书、于均生、郑天乙、于洪起、丁惟汾、刘冠三、樊文耀、于恩波、方因培、阎容德、周庆恩、胡祥林敬启

　　　　　　　　　　　中华民国八年八月四日

（《军政府公报》修字第一百零一号，1919 年 8 月 27 日，"公文"）

李书城致军政府各总裁等电

（1919 年 8 月 5 日载）

广州军政府各总裁、各部长、各省各军代表、参众两院议长、各报馆，南宁谭联帅，彬［郴］州谭都［督］军、赵总司令、鄂军夏斗寅司令均鉴：

　　顷阅报，张伯烈上军政府一函，牵涉书城之鄂军，语多失实，不胜诧异。窃书城奉谭联帅命令为督办湘西防务，兼援鄂军有［第］一路总司令，所领之湘军陈方度所为［部］及鄂军第一、第二两梯团并游击队一营，皆系奉谭联帅明令拨交，安有在火线上勾［?］来军队，反令书城编制之理？不惟诬鄂军官兵及书城，亦且厚诬谭联帅矣。

　　（《鄂代表与鄂军争饷论》，上海《民国日报》1919 年 8 月 5 日）

李书城致广州军政府等电

（1919 年 8 月 5 日载）

（衔略）① 均鉴：

---

　　① 原文如此。——编者

　　顷阅报载，张伯烈上军政府一函，牵涉书城所领之鄂军，语多失实，不胜诧异。

　　窃书城奉谭联帅命令，为督办湘西防务兼援鄂军第一路总司令时所领之湘军陈方度所部，及鄂军第一路总司令时所领之湘军陈方度所部，及邹军第一、第二两梯团，并游击队一管［营］，皆系奉谭联帅命令所拨交，安有在火线上勾来军队而联帅不加罪责，反令书城编制之理。不惟诬鄂军官兵及书城，亦且厚诬谭联帅矣。

　　至鄂军在长、岳未失以前，军饷本由谭联帅支发。自花、石、攸、醴之役以后，道路隔绝，饷源亦断，因与湘军赵师长恒惕所部接近，故米粮、火食均在赵师长处借给。当作战之时，对于湘、鄂两军，由书城与赵师长下共同命令，共同署名。张称鄂军已受赵师长编制，不知何所依据？岂有奉令编成之鄂军，不禀明联帅，可以私人授受之理。鄂军退驻湘南以还，客军孤悬，既无筹饷之权，复无领款之处，不能听其饿毙，因与赵师长交谊素厚，遂仍旧借贷火食、米粮，俟大局平定后再行清偿，而军队仍称鄂军，指挥统帅之权仍在书城。事实彰彰，岂可掩饰。

　　又，张称去冬书城自郴州来粤，既为军政府军事委员会委员，又为遣送敌侨事务局督办，何今突然又有收束军队之举等语，尤属武断。夫由郴来粤之马总司令济，亦为军事委员会委员，并为兵工厂督办，岂马公亦因为委员督办，而丧失其粤军总司令之职权，不能为粤军请饷乎？书城所领之鄂军，在湘省转战数千里，无役不以外御强敌，内保秩序，向未在地方自筹饷项一文。自去去［年］四月至今，共欠饷十有六月，仅分友军之余沥，以维系生命，其困苦之状，奋励之气，在湘省军民中亦为之感泣。今湘省鄂军处境因以益困，官兵来言辄至泣下，粮食窘乏已达极点，书城曾向钧府请款，直接济鄂军之急，间接轻友军之累，顾念护法各军中，如鄂军之无地筹饷，无处领饷，嗷嗷待毙者，亦不多觏。书城为鄂军请款以救燃眉，揆之情理，岂得为过。张君亦系鄂人，不知是何心肝，必欲断绝鄂军之生命，以愈促湘军之危困而后为快，诚为张君惜，且为军政府中代表之名义惜也。

（《鄂代表与鄂军争饷论》，上海《民国日报》1919

年8月5日）

谭延闿致军政府政务会议电
（1919年8月5日）

广州军政府政务会议钧鉴：

顷接到刘君彦电称：湘省政务会议代表陈君强前此赴沪，暂托代理出席，本系一时权宜，请另派人接任等语。查陈君既未回粤，刘君复难久摄，拟改派陆军少将石君陶钧为湘军代表，出席政务会议，以专责任。谨此电陈。延闿。歌。印。

（《军政府公报》修字第九十九号，1919年8月20

日，"公电"）

林支宇致军政府总裁等电
（1919年8月6日载）

广州军政府岑主座、各总裁、各部总次长，长沙湖南省议会、全省公民会，武昌王子春先生、总商会，上海湖南善后协会并转旅沪同乡诸公、各报馆均鉴：

湖南省议会蒸电及全省公民会养电均悉。湖南第一纺纱厂筹备数年，糜费巨万，始克有成，张敬尧近将该厂机件拍卖与鄂人李紫云，订价百六十万元，悖妄贪暴，殊堪发指。务乞诸公主持公道，一致力争，并请迳电鄂督，饬该鄂商李紫云退机废约，如该商惟利是图，悍然不顾，湘人誓不承认。临电迫切，伏希亮察。林支宇叩。印。

（《军政府公报》修字第九十五号，1919年8月6日，

"公电"）

陕西公民救陕会致军政府总裁电

（1919 年 8 月 6 日）

广州军政府诸总裁先生钧鉴：

曩者和会搁浅，国势阽危，群情岌岌，不可终日。比者汪、江两使南下，以为一线曙光，不难赓续前议，无如阅时日久，终于不得要领，和会一事遂如海上三山，可望而不可即。而外交之困难，南北之内讧，俱于此期间次第发生。至若军队之蛮触，萑苻之□发，闾阎横被摧残者，盖无日无之。他省如此，陕省尤其。若能和议早成，何至全国骚然，至于此极。须知诸公于广厦细毡雍容讼议之日，即我四百兆同胞渴望和平血泪欲尽之时。公民等皆陕民也，深知和议愈迟，陕祸愈酷，同在水深火热之中，实无左刘右吕之意，诸公身秉钧衡，言重九鼎，务乞各出至诚，促成和议，化干戈为玉帛，拯同类于沙虫，中国幸甚，陕民幸甚。陕西公民救陕会全体会员。鱼。印。

（《军政府公报》修字第一百零四号，1919 年 9 月 6 日，"公电"）

陕西公民救陕会致军政府总裁电

（1919 年 8 月 6 日）

广州军政府诸总裁钧鉴：

溯陕省兵祸开衅，蔓延三年，陷吾民于火热水深，凡两方战亡将士，孰非陕豫子弟？寡人之妻，孤人之子，谁生厉阶，至今为梗，使我人民罹此浩劫，首祸者陈树藩，助乱者刘镇华。曩时本会通电南北政府、和会诸公，已将陈、刘罪过大白天下，嗣又将陈、刘之军队及县知事种种虐民事实陆续登报，想诸公早已洞鉴。

更可异者，烟禁系外交要件，乃陈、刘勒逼民种，派收烟税，盩、鄠两县约三百万元，兴、武、歧、宝四县约五百万元，其余各县六七十万元、四五十万元不等，统计约一千二百五十万元。近又按前数六成加收，合前统约两千万元。似此诛求无厌，人民苦无应付，倾家破产，流离远方，至将来惹起外交赔款，犹属迫不暇计。

国有政府，原以为民，陕民于劫火之余，加以陈、刘军队横肆奸掳，官府苛暴征敛，诸公若以民为前提，即祈速褫陈、刘职权，付之国法，以儆效尤，而纾民困。彼时和议搁浅，南北大局将行决裂，陕民呼吁无门，只得含冤忍痛。迩来外蒙跳梁，青岛兴波，南北诸公俱以国计民瘼是念，赓续前议，望其和议条件内，褫除陈、刘，陕民之生命存亡系于公等，事关切肤，迫激陈词，惟诸公图之。陕西公民救陕会全体会员。鱼。印。

（《军政府公报》修字第一百零五号，1919 年 9 月 10 日，"公电"）

林葆怿致广州军政府电

（1919 年 8 月 6 日）

军政府钧鉴：

前线民军分头散处，险象环生，莫可究诘，亟应力谋统一，以肃军纪，而靖地方。当经葆怿电陈钧府，准令方会办率队亲履内地，改编各军，相机行事，以资整顿。诏安为葆怿行署所在地方，未便空虚，自应派队填扎。兹特派卫队三营到诏护卫，经过地方，严令其恪遵纪律，不准稍涉滋扰。除通电各处转饬所属知照，并布告商民知悉外，转电敬陈。葆怿叩。鱼。印。

（《军政府公报》修字第九十八号，1919 年 8 月 16 日，"公电"）

林葆怿致军政府政务会议电

（1919 年 8 月 6 日）

政务会议钧鉴：

奉鱼电开：龚心湛各电质问运军赴闽一事，所传异辞。此事业经葆怿鱼日电陈，亮蒙鉴察。闽省划界正在双方商洽，葆怿渴望和平，特以各路民军散漫，亟谋收束，为将来统一之筹备。方会办率队改编民军，诏安行署自应派卫队填扎，皆内部应行事。敬乞电复北廷，幸勿轻信浮言，致生嫌隙。葆怿叩。鱼。印。

（《军政府公报》修字第九十八号，1919 年 8 月 16日，"公电"）

杨庶堪致军政府政务会议电

（1919 年 8 月 6 日）

广州军政府政务会议钧鉴：

六月有日电保代理四川嘉陵道尹宋辑先，堪任重庆关监督兼办通商交涉事宜一职，待命逾月，尚未得复，钧意如何，盼速明示。四川省长杨庶堪叩。鱼。印。

（《军政府公报》修字第一百号，1919 年 8 月 23 日"公电"）

曾省三致孙中山函

（1919 年 8 月 7 日）

中山先生钧鉴：

敬禀者：省三自由东京党务部受命回国，复到处奔走，顷由福建过沪，偶染疾病，行囊羞涩，医药无资，辗转思维，无法自救。窃思省三随从先生在党务部供职数载，略效微劳，详情居君觉生甚悉。先生素以博爱为怀，济人利物，伏恳俯念旧日微劳，稍予通融，俾得解救一时，不胜感戴之至。肃此，敬叩

钧安

　　　　　　　　　　　　　　曾省三谨呈　八月七日

　　孙中山批：着觉生酌夺对付。

　　　　　　　　　　（《革命文献》第四十八辑，第 364 页）

罗剑仇等致孙中山等电

（1919 年 8 月 7 日）

广州军政府各总裁、参众两院湘籍议员，上海孙总裁、唐总代表钧鉴：

　　湘西参事会感电称，宋、方冲突一案，陶查办处置失当，并由该会拟就办法两条，电请主持，谅蒙钧鉴。湘西年来干戈频仍，凋残已极，若因细故，再生内讧，糜烂何堪。剑仇等关怀桑梓，极赞同该会之主张，认为确能代表民意。至绥靖镇总兵一职，查有靖国联军湖南第五军总司令林德轩威望素著，前于宋、方冲突，曾经就近调停，地方得免糜烂。若委以兼任斯职，最为适宜。剑仇等为桑梓安全计，用贡刍荛，伏乞采纳施行，湘西幸甚。罗剑仇、杨熙积、于若愚、申文龙、李祚辉、龙麟瑞等叩。阳。

　　　　（《湘人解决湘事通电》，上海《民国日报》1919 年 8
　　月 8 日）

何成浚致军政府各总裁等电

（1919 年 8 月 7 日）

广州军政府各总裁、各部长、各省各军代表、参众两院议长、鄂省

国会议员、各报馆，南宁谭联帅，郴州谭督军、赵总司令，鄂军夏斗寅司令，上海湖北善后公会均鉴：

阅报载鄂军代表张伯烈俭电及上军政府书，涉及驻湘鄂军等语，得悉之下，殊深骇异。

前岁荆、沙失败，成浚与李君书城筹商收拾残余部队，编制此军，历经战役，其中底蕴，知之最切。若如张所言，非但侮鄂军之名誉，直欲断鄂军之命脉。鄂军现在并未归赵师长编制，不知何所据而云然。若谓鄂军在湘，即受湘军编制，则滇军之在川、在粤及桂军之在湘、在粤者，即谓为受川、粤、湘编制可乎？即张所代表之黎军，多驻川境，是否已受川军编制？请张明白答复，以释群疑。至于兵士多寡，军情如何，张并非军人，又未亲历战地，竟尔信口雌黄，吠影吠声，宁能以一手掩尽天下之耳目耶？请军府即派员详细调查，即可得其真相。

鄂军入湘以来，协同桂、湘各军，转战千里，为国效力，事实俱在，有口皆碑。况本军在湘，并非就地筹款，官长兵士困不可支，破衣敝履，枵腹从戎，今不向军府请求接济，何以慰兵士之心，酬将士之劳？张因私怨，故意摧残鄂军，欲遂其借刀杀人之计，其用心之险恶，殊为人所不及料。前岁成浚同李君在湘西，张适来此，因系故旧，遂予以招待，张屡向成浚及李君索款，无不立予应付。最后一次，着人持函复来司令部索款，成浚外出，未得见及。追次日派人送去，适张已往常德，不及接受。张到常德后，当出一印刷品，攻击成浚与李君，其荒谬躁妄可以概见。

军兴以来，人民牺牲无限生命财产所求者，国利民福耳。今事局未终，而一二败类，假借名义，播弄是非，颠倒黑白，军府若不辨别真伪，加以处置，将使奔走国事者，人人灰心矣。涓涓不塞，将成江河，此而不治，张必视军府为无物，愈肆无忌惮，施其捣乱之惯技，无恶不作矣。望立施英断，停止张之代表职务，电黎总司令另易妥人，勿使奸人贼子长踞要津，狐假虎威，作祟于无穷。谨献愚忱，祈赐采纳。何成浚叩。虞。

（《何成浚电白鄂军领饷》，上海《民国日报》1919
年8月8日）

陈炯明致军政府总裁等电
（1919年8月7日）

广州军政府总裁诸公、莫督军、粤军总司令部、汕头刘镇守使鉴：

顷据汕部电称：月来此间谣传我军回粤，充塞耳鼓。昨《岭东报》登载钧座电伍总裁，拟先拨调二十营返粤，候令编遣等语。难保非宵小故事挑拨，除函令更正外，谨请查究等语。粤军护法，不避艰难，纯本创造民国之精神，毫无参杂权利之私念，苦战苦守，一以护法为职志，法律解决，绝无他求。不图宵小妒嫉，日肆奸谋，倾向粤军，无所不至，殊属可恶已极。务请严行查究，以绝奸宄是幸。炯明。虞。印。

（《军政府公报》修字第一百号，1919年8月23日，
"公电"）

李烈钧致军政府政务会议电
（1919年8月8日载）

广州军政府政务会议公鉴：

前以敝处直辖部队用费，入者有限，出者无限，领款既难，伙食亦无着落，以致将士病不得医，饥不得饱，故恳请发饷。经承议决发五万元，并按月补助。生死骨肉［肉骨］，全军衔恩。又，前云南护国第二军参谋长何国钧垫用之款，蒙允先拨二万元，比电通知，藉苏危困。现本军艰苦万分，何君又奄奄待毙，正仰维持，乃前允发给敝处五万元，及何君二万元，应于何时向何处请领，消息杳然。

在钧府朝令夕改，固有权衡，在烈钧鲠介成性，则御下未易。敝部军队无多，能否存在，无妨大局，诚未敢强恳维持，惟何君迭番建国，倾家纾难至二百余万之多，中国幅员之大，似鲜见有此人。现该员困厄于饷，积病仅一息耳。我军府纵不论功行赏，而对于绝代圣人，似宜稍加援拯。如何之处，统乞裁之，钧未敢多言也。李烈钧叩。印。

（《粤闻纪要》，《申报》1919 年 8 月 8 日）

龚心湛致孙中山等电
（1919 年 8 月 8 日）

广州岑西林先生并转伍、陆、唐、孙、林诸公均鉴：

歌电奉悉。尊处检送周应时等五人赴日肄业陆军各节，足征乐育人才，已函交陆军部查核办理，俟复再达。心湛。齐。印。

（《军政府公报》修字第一百号，1919 年 8 月 23 日，"公电"）

王文华致军政府各总裁等电
（1919 年 8 月 8 日）

急。广州军政府各总裁、参众两院，各省送督军、省长、各总司令、各镇守使、各师旅长、省议会、商会、农会、工会、学生联合会、国民大会、各团体、各报馆，上海全国学生联合会、国民大会均鉴：

外交失败，国人奔走呼号，归罪曹、章，若谓一竖见惩，卖国贼即无余类者，此在外交责任上着眼诚然。第曹、章鹰犬耳，助桀为虐，罪无可逭，遽以其力能左右外交，拍卖国权，尚非发起指示者。

自来吾国外交，权奸恒利，以对内而济私，故凡卖国私约发端，皆靠外交献羊于虎，而责以不啖，宁非致〔至〕愚。纵无曹、章辈推波助澜，卖国分量亦未能遽减，观曹、章既去，而卖国密谋仍进行未已。然则罪魁祸首不言而知，为盘据中央、把持政柄、蹂躏法律、戕贼民生、破坏和议、借债自肥之段祺瑞、徐树铮矣。徐之于段，实为狼狈，豢养安福私党，以非法国会为贸易场，其种种不法，护法各省早经声讨，文华亦屡电诘责，无事更陈。即就此次失败之外交，亦穷源清委，蛛丝马迹显然可寻。试问山东问题，友邦无转圜之地，我专使力争不获者，莫不胶济换文，胶顺、高徐路约等，曾经明定为词。而此换文何自而生？则以参战大借款，及购买军械之故。问何以必借款购械？在名则对德宣战，实所谓参战军者，非对德也，对吾民也；所购军械，非真与德作战也，直用以杀吾民耳。非然者，何以参战军成，无一士一卒越国境一步；又何以欧战既终，参战军借款购械如故。是徐、段之用心路人皆知，外交失败之原因种于此矣。嗟乎！牺牲国本以借债，既重吾民负担，复用以购械杀吾民，贪愚残暴，亘古未有。近犹不知自反，变本加厉，实行与日本所订军事密约，藉日兵以统一全国，效法平南，意图一逞，罪大恶极，莫此为甚。呜呼！我诸父兄弟所永宝之庄严国土，将移转权万劫不复矣。

国人如以亡国为奴〈为〉无事，可爱此不伦不类之国家，诚无之不为忧，有之不为喜，自不必言。如以非有国不能共存，尚当翻然猛省，力求自决之道，则草莠不去，嘉禾不生，权奸不除，政治无轨。民力不尊于内，胡能昭信于外？段、徐既为国首，要不扑此獠，未可图存。况舍首究从，法亦不许，为国除奸，义无反顾。文华无似，窃持此义，以从爱国同胞后矣。至徐世昌潜窃高位，不能制止段、徐之行动，反觍然依阿将顾，实为无耻之尤。应严责其宣布废除一切卖国私约，诛除卖国渠魁，尚能曲为之谅。如仍素餐尸位，朋比为奸，国人应纳粮税，所为何来？首当停止完纳，再行声罪致讨。诸公爱国，百倍于华，有父兄子妻亲戚间墓一与华等，当不忍坐视其沦胥于少数人之手而不一援救也。临电不胜太息痛恨之至。黔军总司令王文华叩。齐。印。

（《军政府公报》修字第一百零五号，1919 年 9 月 10日，"公电"）

陈光远致军政府各总裁电

（1919 年 8 月 8 日）

广州军政府各总裁鉴：

　　前承电商两军防剿边匪，业经转饬赣防各军，并奉复在案。兹据赣南吴镇守使鱼电称：顷据王旅长献廷微电称：奉训令谨悉。当即咨商驻韶州成司令接洽办理，兹于支日准复称：查此项土匪，行踪无定，劫掠频闻，须力围困，以免流窜。兹拟探确匪巢，再行痛剿，似易生效。敝军拟于粤边，并拟请贵军于赣边各处防堵，并探匪巢，俟双方探确后再行通告，商办会剿等语。事属可行，拟即照办。兹将赣边通盘筹画，择要防堵，谨将办法列下：一、聂都兵一连、内良兵一连、少一排，由三团董营长带兵一排驻沙村，指挥该两连防堵粤匪窜扰。二、河洞兵一排、右源兵二排、吉村、游仙各兵一连，归三团沈营长指挥，并由该营长率兵二连进剿举林、下塘一带土匪。三、大小梅关即以原驻军防堵。此布置之大略情形也。除令各团遵照，并饬庾岭知事转知各区团警准备协力堵剿，余俟各该队到防后再为详报外，谨先电闻等情。除饬仍会商督饬，妥慎办理，随时报告外，谨电禀等情。详核所拟分区防剿办法，尚属可行，除电饬妥慎办理外，合电奉达，即希转行李督办，令饬成司令接洽办理为荷。陈光远。庚。

　　（《军政府公报》修字第一百零一号，1919 年 8 月 27
　　日"公电"）

武汉学生联合会致孙中山等电

（1919 年 8 月 9 日）

上海全国学生联合会、申报馆、孙逸仙先生、孙伯兰先生，南通张季直先生，广州岑总裁、伍总裁，云南唐督军，衡州吴师长、谭联帅，常德冯旅长钧鉴：

济顺、高徐两路合办条约成于三千万元之借款，此借款之交付，适为元首被举、段督办柄政之时。前曹汝霖辞职通电，称此路约为大总统就任无款不得已而为之。南通张季直先生致元首电亦从各方取证，谓亲日政策元首主持之，段督办赞成之，曹、章、陆奉行之，元首与段督办当共负毁路之责。元首乃令郭某斋令南通自承悔过，请释纠纷。凡此种种，皆见报端，则此两路实断送于元首与段督办无可讳饰。以乏就任，铺张酬赠之资，遂至断送一省路权之巨，使吾国侥幸不亡，更遭十七次新大总统就任，则所余内地十七省路权（除山东，已押）行将抵押罄尽，吾民尚复有自由发展地耶。

回忆元首就任之日，爱国保民之言犹在，押路借款或出权宜，然系铃解铃究当自行补救，不忍坐视沦胥，而国人徒有新亭之痛，又无长策以救累卵之危，不得已濡墨和泪陈于海内名宿及诸将领之前。敬恳一致主张，请元首与段督办立即自毁济顺、高徐两路之约，三千万元借款果有正当用途，账目宣布，吾民自当力筹赎路之资。若为就任铺张酬赠之用，则吾民无负担之理。山东存亡系于元首与段督办，流芳、遗臭惟其自择。国事危迫，不识所言，诸维明察。武汉学生联合会叩。佳。

（《武汉学生联合会通电》，《申报》1919 年 8 月 13
日 "公电"）

唐继尧致军政府各总裁等电

（1919 年 8 月 9 日）

北京徐菊人先生、龚仙舟先生，广州军政府各总裁、各部长、参众两院，武鸣陆总裁，上海唐总代表、各代表，各省督军、省长、各护军使、各省议会、各法团均鉴：

顷接上海全国和平联合会真电，略谓：德约拒签，外交益紧，陆专使等电请息争对外，词切意诚。国家值此时机，态度宜极明瞭，谨就管见，细晰上陈：一、关协约各国与德缔结之和约，宜宣示除关于山东问题外,全体赞同,免使怀疑,以敦睦谊;二、对奥约宜速决签字,以证拒签德约纯为山东问题,并为加入国际同盟之表见;三、对德约拒签,其原因非由德发生,宜速对德宣示,取消交战状态,并以立废参战军及废除共同防敌之军事协定表示之;四、对日既以不签德约表示不满意,彼之欲承德国在山东权利,宜举本案及与本案相同□联之各种丧权条约,请求国际同盟会判决更正或废止之,并严拒与彼直接秘密交涉,及向彼单独借款;五、外交难题既待国际同盟方能解决,我为保全国际地位计,宜一面电令专使,坚持拒绝,不保留签字之办法,仍勿轻离法京,一面简派国际同盟会代表,俾便于开会以前运用及防止一切;六、实则以上五款,非南北一致,效力薄弱,宜速开上海会议,诚意言和,先限定至短期间统一内政,并将中日密约及所订一切文书记录检交和会,协议止除之办法。上陈六则,存亡所关,舆论悉符,总期内定国是,以坚人民信仰之心,外协邦交,以成举国协争之志。恳赐采择,立见施利[行]云云。

现在德约既已拒签,而善后问题亟应博征民意,衷于一是。前广东参众两院所具办法,用意正同,当经复电赞成。兹和平联合会列六款,尤为详核周妥,既足以保存国际地位,联友邦之感情,又可运用国际同盟,挽已失之权利,而要以速谋统一,以宏对外之效力。现南代表迄未离沪,如北方各代表早日南下,自可于至短期内亟图统一,其余办法均极周妥,请参照原电各条一致进行,早定国是,无任翘企。唐继尧。青。印。

(《军政府公报》修字第一百零三号,1919 年 9 月 3日,"公电")

李六更致孙中山函

(1919 年 8 月 9 日)

中山先生鉴:

六更在港阅各报所载,我公坚辞护法总裁之职,六更甚为赞成。广东地盘护法，武力竞争，摧残民意民气，似有甚于北京，伍老岑臭，六更敢断言不能救国。我公本手造民国之人，实不当坐视而旁观。以六更愚见，急急在沪联络各界爱国之大群，另行组织国民政府，或者吾祖国尚有望救之一日，望公即行。即请

热安，伟鉴

直隶公民李六更鞠躬（印）

八年八月九日

（《革命文献》第四十八辑，第 310~311 页）

程志卓致孙中山函

（1919 年 8 月 11 日）

孙中山先生钧鉴：

刻阅报载辞去军政府总裁一节，仆不胜痛切。先生民国元勋，迭次护法，人民风闻慕向，谁不欲为先生后盾，仆实钦佩。况今时局危险，外交失败，内事势烈，先生反而簪缨，则既倒之狂澜，将谁挽；中流之砥柱，将谁作。务请先生弗灰厥志，以护法始，仍以护法终。仆以个人之名义，修函前来挽留，统祈采纳。

程志卓　八月十一日

（《革命文献》第四十八辑，第 311 页）

李述膺致军政府各总裁电

（1919 年 8 月 11 日）

广州军政府各总裁钧鉴：

接三原于总司令、张副司令函称：近闻陇海铁路督办施肇基以比款停止，议借日款，以洛潼铁路归日人包修。自观音堂以西至□

乡，日本工程师业经从事勘测，不日开工。请迅电军政府，电请北京政府严行拒绝，急图挽救等语。按洛潼为陇海之中线，当秦陇之要冲，若仍归日人包修，岂独中原可虞，茫茫西北，将复蹈山东覆辙。一旦联络告成，窃恐黄河流域非我所有，今之青岛，即其前鉴。所可异者，日人野心，迄今已毕露无遗，何以送路弃权，必欲致之东邻而始甘心。国岂将亡，人偏嗜鸩，回溯路史，令人心悸。敢祈迅电北京政府，鉴山东之痛史，重西北之路权。如确有其事，请即完全取消成议，拒绝要求，不使吾国铁路，日人得稍染指，则所挽回者，岂仅数百里土地已也。李述膺叩。尤。

（《陕代表力争国权要电》，上海《民国日报》1919年8月12日）

龚心湛致孙中山等电

（1919 年 8 月 11 日）

广州岑西林先生并转伍、陆、唐、孙、林诸公均鉴：

鱼电悉。湘省选举一事，前据张督来电，已决定缓行。至纱厂机器案，经已迭电张督核办，兹准来电，当再转行查照。特复。心湛。真。印。

（《军政府公报》修字第一百零三号，1919 年 9 月 3日，"公电"）

龚心湛致孙中山等电

（1919 年 8 月 12 日）

广州岑西林先生、伍秩庸先生、林悦卿先生，武鸣陆干卿先生，云南唐蓂赓先生，上海孙中山先生、唐少川先生鉴：

前者和会中辍，三月于兹，中央渴望和平，迭经开诚筹商，以冀早日续议。迭准诸公来电，亦主张以让步之诚意，谋积极之解决，同心共济，利赖良多。兹因总代表朱君启钤，引疾辞职，特委任王君揖唐为全权总代表，〈偕同代表〉吴君鼎昌、王君克敏、施君愚、方君枢、汪君有龄、刘君恩格、李君国珍、江君绍杰、徐君佛苏等，克期莅沪，希知照尊处所派各代表，接洽一切。时局艰屯，益非昔比，千钧一发，系此曙光。务望毅力主持，俾议题力从单简，议期务从短缩，屏除枝节，促进平和，大局早一日安宁，即人民减一分痛苦。言瞻征轸，载仁良筹，无任迫切。心湛。文。

（《北京国务院致西南电》，《申报》1919 年 8 月 14
日，"公电"）

旅沪粤省各团体代表许炳榛致孙中山等电

（1919 年 8 月 12 日）

《民国日报》转孙、唐总裁、杨交涉员、粤侨商业联合会、潮州会馆、糖杂货会、大埔同乡会、嘉应五属同乡会、广东善后协会、报界公会暨各同乡先生均鉴：

窃炳榛前承诸乡先生举充代表，随同吴、唐、孔三君回粤，原为调停罢市起见。事关大局，又承诸公委托，酷暑奔走，不敢告劳。所幸风潮早息，省长问题亦本日集议公决，仍根据最多数之主张，举伍秩老兼任。当即将请愿书公同代呈军府听候解决，并将先后情形公函上达，谅蒙垂察。今手续已完，仔肩可卸，自维力弱，无补梓桑，只愿代达各界下情，宣布诸公雅意，纠纷冀息，成见毫无。榛出发日曾经电粤陈明，惟念与在籍诸君子暌隔多年，深喜追随左右，复承各界欢迎，尤觉感惭。正拟天气稍凉，登山扫墓，适山中人樊君来报，先茔坯土忽为霆雨冲伤，所植青松又被牛羊践踏。松楸在望，日与魂飞，每兴屺岵之嗟，益切乱离之感，怆怀家国，夫复何言。仰恳结假，下乡修理，冀妥先灵，去日苦多，归期未定，凡百君子，当荷矜全。所有各事，均赖吴、唐、孔三公维持，并无经手未完之件，除领过川资二百元，俟返沪随同报告外，用特陈情，诸维亮察。许炳榛叩。文。

（《赴粤沪代表之来电》，上海《民国日报》1919 年 9 月 8 日）

全国和平联合会致军政府总裁、政务会议电
（1919 年 8 月 12 日）

广州军政府各总裁、政务会议钧鉴：

德约拒签，外交益迫，桑榆收效，全恃国际同盟会之解决。政府预事远筹，亟应派遣谙练外交因应咸宜人才加入代表团，事前有所筹画，临事处以果决，方能不辱使命。事机迫切，敬恳速商北廷，和衷筹备，慎选使才，以重外交而保国权。不胜待命之至。全国和平联合会叩。文。印。

（《军政府公报》修字第一百零八号，1919 年 9 月 20 日）

广州参众两院致孙中山电
（1919 年 8 月 13 日）

孙总裁鉴：

奉读钧电，辞军政府总裁职，两院同人，惶恐万状。

我公手创民国，爱护备至。前年国会被非法解散，公投袂而起，率同海军来粤，首倡护法，义声所播，中外咸钦。不数月而奋然揭护法旗帜以起者，遍西南数省，北方爱国军人亦相继发抒正

论，不肯谬附北庭，足证人心不死，公理不灭。爱国真诚，人所应同，但能毅力坚持，未必终于寡和也。三年以来，西南十省军民亦既竭全力以共撑持。观于近日全国民气之勃发，舆论之趋向，使国贼势穷理屈，我护法大业近不致败于垂成。虽北庭自知情形，逆料议和席上，堂堂正正之谈判，国民共睹，绝不能以私胜公，以邪黜正，乃诡谋勾结，冀幸单独媾和，施各个击破之术，为将来一网打尽之谋。币重言甘，机已破露。在稍有常识者，亦应自危，盖强权不并立，正义乃独尊。国贼既不惜毁法卖国，尚何能容许他人势力之存在，以妨害其行动。知西南护法诸公，必有能觉悟及此者。

尊电本披缫之心，为垂涕之语，并承勉以努力奋发，使国会最高权为根本上正当之解决，捧诵再三，旁皇感叹。国会遭非法解散者两次矣，同人忝列议席，深念国民付托之重，不忍屈从武力，任其毁法，为民国开一恶例，破万年民治之基。奋斗至今，未敢稍懈。本日开会决议，佥谓义始义终，誓与国法同休戚，即与民国共存亡，变象纷乘，此志不改。惟当风雨晦明之时，益切牖户绸缪之念，敢以公之责同人者进而望公，务恳取消辞职，贯彻护法初衷，劼〔力〕挽狂澜，以为后劲，勿使国贼闻而快心，国民因以失望。竭诚请命，敬乞鉴纳。参议院议长林森、众议院议长吴景濂暨全体议员同叩。元。

（《国会挽留孙先生电》，上海《民国日报》1919 年 8月 22 日，"要闻"）

云贵川陕国会议员吴作芬等致军政府总裁函
（1919 年 8 月 15 日）

军政府总裁诸公钧鉴：

敬启者：昨据《中华新报》十二日北京专电载，驻京英公使偕同川边英总领事，关于藏事向北京外交部提出要求三条：（一）

西藏边界应照大吉岭会议时所用地图为据；（二）西藏宗主权与自治权应以森姆拉会议时双方提案为据；（三）西藏内政由藏民代表会议决之，中国及英国皆不加干涉云云。且云伪外部陈次长对于此次要求亦有允意，殊堪骇诧。

窃以为北廷果允此项要求，则据大吉岭会议时所用地图，不惟前后藏不为我有，且青海、川边以及云南、甘肃之各一部分，亦非同时归入西藏自治区域以内不可。此事关系川边安危、全国利害，尊府所得消息如何，作何准备，对北廷办理此事曾否加以诘责，四川熊督军有无报告一切等情，希即回复为盼。

又，报载逆督陈树藩又向日商借债三百万元，以十年专卖棉花优先权，及铸造铜元与北山铁矿开采权作为抵押。陕省年来兵祸结连，生民困穷，不可言状，陈逆再三借债，举凡可以生利产业，抵押殆尽。时局苟或平□，果有何法可以整理，尊府对于日人方面曾否设法阻止，对于北廷有无诘责，亦请详予示复，是为至祷。特此致候，并颂。

云贵川陕国会议员何畏、央之照、吴作芬、周问余、杨铭源、张焕辰等上

中华民国八年八月十五日

（《军政府公报》修字第一百零四号，1919 年 9 月 6 日，"公文"）

五族国民和平合进会致军政府各总裁等电
（1919 年 8 月 16 日）

北京国务院、各部总长、警察总监，各省督军、省长、各都统、各路镇守使、各道尹，广州各总裁、陆上将，福州萨督办、黄会办，各报馆钧鉴：

窃维世界和平，人民安乐，国家多故，种族堪虞。同人等于去

岁冬月时，因欧战已平，南北纷争未已，国势有瓜分之象，特联合同志设立五族国民和平合进会，表示真正民意，促进和平。嗣以南北协进各派代表，先后首途，莅沪会议，万姓喁喁，冀幸太平，且期成联合各会均分途前进，势可望成。本会不欲争先，自行退缓。时逾半载，和议既开，而复经前内阁撤回代表，使双方两求之意忽而长停。是和议虽败，前人一时之误，万商抱痛，百口难鸣，致酿成学界风潮，牵连商界。如省罢课罢市，纷如乱丝，不可究诘，实皆由于此。

及至今日，则外患既深，内忧益甚，危于累卵，痛切剥肤，爰乃纠合同志继续赓进，将以不偏不激之主张，供献于我南北之当局，以期和会之有成。更不揣冒昧，振臂狂呼，正告学界：各宜努力春华，蔚为国家栋梁之选，以图最后之光荣。正告商界：各宜讲求工艺，与国家为商业之竞争，以挽回已失之利权。正告军界：各宜秣马厉兵，合力以御外侮，而不可再为同室之操戈。至于南北，本是一家，但能私忿共蠲，同袍之谊，不难亲如兄弟，推诚相与，即可从长计议，有功成身退之荣，无鸟尽弓藏之虑。非然者，犬兔之争，至于两毙，鹬蚌相持，渔父之利。大祸既至，方自悔艾嗟，何及哉？谨电陈闻。上海成都路广仁里五族国民和平合进会叩。谏。

（《五族和平合进会文电》，上海《民国日报》1919年8月18日）

于右任致孙中山函①
（1919年8月19日）

中山先生道座：

阅报载，先生辞去军府总裁职，慷慨通电，涕泣而言，凡体

---

① 此函发自陕西三原，8月26日到达上海。——编者

国图治，与现在症结之所在，规画摘发，言近指远，艰难一谊，读之痛心。更念军阀之魔力日张，民生之憔悴益甚，大法中绝，人道陵替，北方武人怙恶未悛，南方武人亦如一丘之貉。莽莽神州，罪恶弥漫，而持民治主义者，处处为其所利用，即处处仰承其鼻息，马首是瞻，自由有几，而武人利用吾人之迷梦，迄今未醒。得尊电以警辟之议论，示人正路，不独使武人有觉悟，亦使持民治主义者，知民治精神固在此而不在彼，改弦易辙，别谋建树，冀以收桑榆之效，最为得之。故他人观察，以为先生既辞职，先生之志消极甚矣，而不知时势如此，先生岂容消极哉，抑天下岂有消极之孙先生哉。不事于彼，将事于此，今后先生之直接为大法争维系，为人道谋保障者，方长未艾，而独怅右任之未逮也。

右任近颇从事于新教育之筹画，及改造社会之讨论，于无可为力之时，作若可为力之计，区区之心，固亦仰止高山也。所望时赐教言，开其茆塞，江涵秋影，引领神驰，余容续达。肃此，敬候伟安

于右任上言　民国八年八月十九日

孙中山批：作答，并寄学说数本，着翻印以广流传。

（《革命文献》第四十八辑，第 275 ~ 276 页）

邓惟贤致孙中山函

（1919 年 8 月 19 日）

总裁钧座：

敬禀者：旧春拜别入赣，张怀芝假赣攻湘，兵亦到南昌，贤不得已返粤。适总座已东渡，未获面禀。曾作书寄沪，由觉生先生转呈，当蒙钧览。

自此以后，贤亦慨叹世道人心之坏而生病，郁郁至今，藉养疴

以待时清，实有家而莫归，精神肉体，俱受苦痛。其间虽以个人感情，到潮汕伍司令万旅长处，亦因时局混沌，兵事停止，无活动余地。近又伏处五羊城中，得读总座辞职电，名言大义，炳若日星，诚足夺自私自利者之魄，壮护国护法者之胆。此时或为少数军阀派之混淆，不久当为普通人群所依归，理势然也。

伏思总座爱国爱群之悲愿，当与时而弥宏，以后办法如何，乞示知，以便遵循。并愿前来亲领教言，以好异日选举上着手之预备，图报效于万一也。

临书无任待命之至。肃禀，敬请

勋安，诸维爱照，不宣

邓惟贤谨启

展堂、慧生二先生暨同志诸君均此候。

八月十九日

孙中山批：代答现无办法。

（《革命文献》第四十八辑，第311～312页）

湖南各界联合会致孙中山等电

（1919 年 8 月 20 日载）

广州军政府各总裁、各部长、参众两院，北京徐菊人大总统、龚代总理，天津黎黄陂先生、熊秉三先生，各省教育会、商会、农会、学生联合会、各界联合会、各报馆、各团体，上海全国学生联合会、唐总代表、各省分代表、湖南善后协会、湘事维持会、孙中山、章太炎、蔡子民诸先生，郴州谭督军、林处长、赵师长、林纵队长、宋、廖、鲁三旅长，衡州吕师长，常德冯旅长，辰州周、林、田各司令均鉴：

安福派卖国祸民，自青岛问题发生，举国号呼，力救危亡，现虽拒签德约，漏舟风雨，外交更难。安福派苟有心肝，早当敛迹，乃犹密派党羽，煽惑疆吏。湘省上年非法选举，省议会已奉部令停办，不料死灰复燃，昨七月内，又有初选复选之事，各团体以和议既未续开，湘省尚非统一，非法选举，抵死不能承认。且各省正值提倡工艺国课之时，吾湘仅有纺纱一厂，尚须拓张规模，挽回利权，乃二三奸人怂恿长官将厂出卖，希图分肥，人民遑急，各界开会议决，上呈极峰力请，并公举汤松、陈朔方等数人面谒省长，代表舆情，蒙许次日正式文告逐条答复。讵至数日，竟有安福系之蟊贼、帝制党之余孽曾广钧、符定一、辜天保、黄中、李藩西、彭佛同、袁家元等数人，假教育会开伪公民会，并请北兵团长张继忠同时带兵莅会，层层刀枪，如临大敌。首由辜、黄登台，痛诋各团体均系暴徒，非真正民意，选举非办不可，纺纱厂当然出卖，声称立请督军解散各团体，逮捕汤松等，暴烈情形，楮墨难宣。比时，学生联合会长彭璜、代表邱维勤等冒死登台演说，即被辜、黄等各卫兵将彭、邱两人捆缚，令跪台下，冀以威吓手段禁止学生发言。一时装枪声、叱咤声，会中秩序几于大乱。学生彭璜等愿拼一死，始终不为所屈，张继忠知非武力可以解决，转以缓词嘱归，含糊了事。次日，大公报馆因登载各公团反对非法选举之宣言书被封，其主笔赵闲云亦被捕收押。邮电各局派兵守卫，严密检查，兼骑四出，如处瓮中。越日，省长刊有布告，谓选举暂时缓办，并派大员赴京报告经过情形，而纺纱厂除成交之一万余碇马力机器出卖外，余由湘商筹款一百四十余万，收归商买。惟庆父不除，鲁难未已，报馆仍封，主笔未释，今更将各项出版物一律禁止，险象环生，选举事又有复活之说，敢乞国人主张公道，通电阻止，此后湘中各团体人士虽□□□□①，亦所不惜。临电哀鸣，无任盼切。湖南各界联合会叩。印。

（《军政府公报》修字第九十九号，1919 年 8 月 20 日，"公电"）

————

① 原文如此。——编者

五族国民和平合进会致军政府各总裁等电

（1919 年 8 月 20 日载）

北京大总统、总理、各部总长，各省督军、省长，广州军政府各总裁，各师、旅长，各报馆钧鉴：

天祸中国，战乱频仍，内政外交，纷如乱丝，而和平会一再停顿，吾民喁喁望治之心，无由陈述。本会继续赓进，亟思有以达白，以促我南北当局之猛醒，速开和议，速谋统一，以救吾民之倒悬。本会主张尚未发布，北方总代表则已披露，和机再续，欢忭莫名。惟北代表何日南下，未有定期，南方政府是否承认，亦未表示。和平之曙光难见，而时局解决仍属遥遥无期。同人等本爱国之天良，大声疾呼，劝我北代表不畏艰巨，不为力屈，迅予就道，以与我南代表携手言和。更劝我军政府毋听浮言，勿为对人的行动，速电驻沪各南代表继续开议，毋再迁延岁月，俾和局及早告成，则他日之欢腾，当百倍于今兹。吾民深受其苦，故深望和局早一日解决，吾民少受一日之痛苦。务请我大总统、代理总理、军政府各总裁俯采刍荛，促成和局，吾民之生命，庶几其有托焉。五族国民和平合进会。

（《竟又有欢迎王揖唐者》，上海《民国日报》1919
年 8 月 20 日）

湘西临时参议会致军政府各总裁等电

（1919 年 8 月 20 日）

广州军政府各总裁、参众两院，云南唐联帅，贵阳刘副帅，上海唐总代表、湘事维持会，天津熊秉三先生，永州谭督军、各师旅长，郴州林民政处长、各师旅长，溆浦周总司令，辰州卢旅长、〈田〉军政长、张民政长、萧、陈各总司令，凤凰厅田留守使转姚团长均鉴：

案据绥保公民贾泽汛等请愿书称：窃绥保自宋、方交哄，风鹤频惊，民生凋敝，现更劫掠重□①，祸悬眉睫，非得资望素孚与此案无关之大员，驻节两县之交，以镇以抚，实不足以息兵端而苏民困。夙稔第五军总司令林德轩，不党不偏，为宋、方、周、张所钦佩，前者由桑调保，系奉军政府明令，调解宋方战局，维系地方治安，绥保人民莫名爱戴。泽汛等为救济桑梓眉祸起见，凡朱树藩未到及宋方案未了以前，拟公举林德轩暂代绥靖镇委，以宋、方防线中心点为驻地，间阻冲突，抚绥灾黎，静候大府解决。庶宋、方或碍林之中立，不便无谓之兵争，息事宁人，其利赖即可立见。恳乞一致主张，转电各上峰，俯如所请，藉支危局等语。由本会议员介绍到会，应即开会讨论，金以此案本会节经函电交涉，呼吁在案，复于七月感电，内有恳请军府择一资望素孚、无党派统系之人继任总镇一节亦在案。嗣闻军府有再令朱树藩到任之电，绥保人民来苏有望。惟朱镇是否能来，迟迟吾行，恐缓不济急，该公民等请予就近委林，亦暂时救急之法，亟应代为呼吁。拟恳军府俯允，委林暂代，解此危局，并恳电催朱镇速来维持善后，绥保幸甚，湘西幸甚。湘西临时参议会全体同叩。哿。印。

（《军政府公报》修字第一百零三号，1919 年 9 月 3 日"公电"）

陕西公民救陕会致军政府七总裁暨国会诸公电
（1919 年 8 月 21 日）

广州军政府七总裁暨国会诸公鉴：

自青岛风云日驱〔趋〕险恶，全国人士鼎沸蜩螗，函电交责政府，何啻数十万言，方企当轴力图补救，不日即可收回主权。讵意数月以来，外交毫无效果，更可异者，安福军阀于德约问题不思争回青岛，乃反屡促陆使补签，陆电美外部又许日承办铁路暨警队特

---

① 原文如此。——编者

别编制等款。近又迫于国人力争，见夫友邦不平，复以模棱之手段行诡谲之伎俩，日本仅以口头表示青岛政权完全归我，陆使便欲签字。逖听之下，何胜惊讶。吾国人士为此问题奔走呼号，声嘶泪竭，身堕囹圄，魂归臬台，洎乎斯时。有是噩耗，五四以来，吾民之种种牺牲，岂非尽付东流。自日本之言观之，已是人收经济之实利，我拥领土之虚名。况口头表示既无保证，政权归我允属空言，若如此补签，青岛亡矣。我国奸邪，此种依违迁就掩耳盗铃，若惟恐其日人不能占有青岛，不知何德于外人，何仇于祖国？倘非勾缔受贿，安忍出此。往者，国人急电交称佥壬鬻国，公民等初不信然，今从经过事实观之，始服先几之哲。渠等利令智昏，执迷不悟，以危为安，以祸为福，不知国若灭亡，家将安附？固不足责。幸赖国人又复拼命争执，椒山之疏不畏严氏之威，陈琳之檄足寒奸雄之胆，阴谋未成，犹可挽救。我总裁暨国会诸公，身秉钧衡，言重九鼎，受人民之付托，操国家之安危，既有四万万之同胞为之后援，诸友邦为之臂助，切勿惮于军阀威严而为奸人傀儡，致我中国成偏安之小朝廷，遗羞于神州帝胄。况一发千钧，瞬息万变，兴亡之机，稍纵即逝，倭人既思东对英吉，又谋西侵，继此而来，势将变本加厉，日蹙百里，其何以堪！青岛主权早日收回，何至有夫己氏接踵效尤，望诸公默察国人心理，旷观世界大势，俯顺舆情，立决大计，保我疆圉，无遗国耻，中国幸甚，万代幸甚。陕西公民救陕会全体会员。马。印。

（《军政府公报》修字第一百零八号，1919 年 9 月 20
日 "公电"）

中华国民策进永久和平会致军政府总裁电

（1919 年 8 月 22 日）

广州军政府诸总裁鉴：

和议停顿至今，北方总代表一席迟迟又久，始任命王揖唐充任。查王为安福部首领，亦为祸国罪魁之一，今以之充议和总代表，不但污蔑西南，亦何异与虎谋皮。何以发表以来，未闻钧府有何种表示，非默认即屈服。揆之护法初衷，果应若是耶？本会以策进永久和平为职志，追维祸始，默采舆论，势难缄默。除通电反对外，敢本民意，质问钧府，对于王氏，迎拒两途，何去何从，尚祈明示。万勿再持暗昧态度，贻人口实，是所切祷。中华国民策进永久和平会叩。祃。

（《策进和平会反对王揖唐电》，《申报》1919 年 8 月 23 日）

福建连城县商民致军政府总裁电
（1919 年 8 月 22 日）

广州军政府大总裁钧鉴：

为电恳恩准令饬林督军、陈省长，迅派大队，除匪安民，以清地方事。窃商朱盛等原籍江西，现在连城赖源乡开设朱春秦等号，不幸去冬有文亨著匪罗刚等，藉称粤军，嗾使胞弟罗永寿等，携带军械，掳人勒款，种种威迫，莫敢谁何。商业摧残，痛无告诉，虽蒙前任知事罗则文派队清乡，围获著匪罗永寿等，奈至今未办，诚恐放虎归山，人民再遭惨毒。况匪首罗刚逃匿未获，若非悬赏通缉，而商等商业难免骚扰。再者，邱家山及陈郭等处，著匪徐李佑、桑占戮等出没无常，已蒙罗知事派队到赖源剿匪，无奈匪甚猖獗，官兵莫敌。则地方不靖，而岌岌可危，不得已万急电请军府察核施行，恩准令饬已获著匪迅速正法，未获诸匪排队剿灭，庶地方治安赖以维持，曷胜迫切待命之至。谨此电呈。商民朱盛等叩。养。印。

（《军政府公报》修字第一百零五号，1919 年 9 月 10 日，"公电"）

陈光远致军政府各总裁电

（1919 年 8 月 23 日）

广州军政府各总裁鉴：

顷接赣南吴镇守使电称：据探报称，梅县方面近由潮汕开来军队约有二千余名，其名称系援赣第一旅第一梯团，并闻尚有第二梯团不日续到；兴宁方面，亦有军队将至；南雄近来增兵千人。证以粤省《人权报》所载，某某组织援赣军总司令部于八月一日成立，某充援赣军总司令之说，适相符合等语。查自停战谋和以来，彼此遇事，无不相见以诚，现在代表已经派出，沪议瞬将续开，粤边突增多军，究因何故派遣，敬祈查明见复，以便转谕前线各军，免滋疑惑，无任盼企。陈光远。漾。印。

（《军政府公报》修字第一百零四号，1919 年 9 月 6
日，"公电"）

熊克武致军政府各总裁等电

（1919 年 8 月 24 日）

急。广州军政府各总裁、各部长，莫督军，南宁陆总裁、谭督军，云南唐总裁，贵阳刘督军，郴州谭督军均鉴：

阅悉外报载中日秘密条约情形，利害之巨，不仅关于山东一省。北方为军阀把持，宁易期其觉悟？我西南各省，以护法救国自任仔肩，最宜早图自决之道，惟有淬厉精神，团结一气，不以和议之幸成而变易初衷，内之策庶政之进行，外之动列强之官听，转危为安，在此一举。并请军府电诘北方，务将此项密约，宣示国人，共谋挽救，一线生机，庶不致断绝于冥冥之中也。谨抒愚见，伏冀裁择。克武叩。敬。印。

（《军政府公报》修字第一百零五号，1919 年 9 月 10
日，"公电"）

湖南国民大会致孙中山电

（1919 年 8 月 25 日）

上海孙总裁钧鉴：

奉读阳电，益钦孤抱。惟大业未彰，自裂贻讥，同舟风雨，安可中离。尚冀坚持初衷，隐忍求全。如当局再有轶轨之行，国人共有耳目，自归执义，为公后盾。湖南国民大会叩。径。八月廿八辰刻到。

孙中山批：以感情语答之。并云文虽辞职，对于国家安危仍尽个人责任，现正筹根本解决，为一劳永逸之谋。

（《革命文献》第四十八辑，第 261 页）

龚心湛致孙中山等电

（1919 年 8 月 26 日）

广州岑西林先生并转伍、陆、唐、孙、林诸公均鉴：

前奉歌电，尊处保送留日学员一事，当经转商参谋部，兹准复称：本部原定留日陆军大学校学员额数，由全国军人平均选择。粤电所保各员，应俟本部定期考送，届时来部考稿，拟录取二员，未便占有全额之半等语，希查照。心湛。寝。印。

（《军政府公报》修字第一百零四号，1919 年 9 月 6
日 "公电"）

龚心湛致孙中山等电

（1919 年 8 月 26 日）

广西岑西林先生，并转伍、陆、唐、孙、林诸公同鉴：

养电悉。战祸频年，危机四伏，欲靖地方，必以收束军队为急务，而库空如洗，措手无从，中央固不免庚癸之呼，西南岂能无哗溃之惧，况世界金融同一奇紧，远非民国初元之比，大局纵能早定，巨款亦难遽借，治标救急不能不暂商垫款，银团能早一日垫款，即军队可早一日收束，国家担负渐轻，人民之痛苦渐减，无界域之成见，何惊疑之可言。所虑□□，银团争议未定，道旁筑室，未必有成耳。掬诚以告，尚祈谅察。心湛。宥。印。

　　（《军政府公报》修字第一百零七号，1919 年 9 月 17日，"公电"）

田应诏等致军政府总裁等电

（1919 年 8 月 26 日）

广州军政府总裁诸公、各部总次长、政务会议、参众两院、莫督军、李督办，韶州李督办，武鸣陆总裁，云南唐总裁、唐卫戍司令，贵阳刘督军、王总司令，成都熊督军、杨省长，夔州柏总指挥、黎总司令、唐总司令、豫军王总司令，泸州赵军长、叶军长，重庆黄总司令、卢副司令，三原于督军、张会办，南宁谭督军、李省长，福建林督军、陈省长、方会办、吕督办，溆浦周总司令，武冈周司令，上海唐总代表、各分代表，郴州谭督军，探送永兴赵师长、林纵队长、林民政长，各护法区域各督军、省长、各师旅团长均鉴：

　　接溆浦周总司令祃电：奉军府养电，和议赓续，稍有萌芽，论提各条，必经彼此协商。乃沪函有北方仍仅承认西南五省，闽湘划出范围，势将迁就等语。护法师兴，闽湘最当冲要，两年以来，将士之喋血捐躯，人民之痛心疾首，无非贯彻护法主义与五省性命相依，休戚与共。若如沪函所云，竟有划出之说，则当机应付稍有不慎，则离□[1]牵掣固在意中，和议根本更难解决，影响不止及闽湘

---

　　① 原文如此。——编者

一隅也。伏乞钧府迅速转告南代表竭力主持，勿为所摇，大局幸甚。临电迫切，诸祈明察。田应诏、张学济、林德轩、萧汝霖叩。宥。印。

（《军政府公报》修字第一百零九号，1919 年 9 月 24 日，"公电"）

莫荣新致孙中山等电

（1919 年 8 月 27 日）

万急。广州军政府岑、伍总裁、各部长、参众两院，云南唐总裁，武鸣陆总裁，上海孙总裁、唐总代表，南宁谭督军，贵阳刘督军，永州谭督军，成都熊督军，陕西于督军，漳州陈总司令，夔州黎联军总司令、柏总指挥、唐总司令，辰州田、张、胡、林各司令，各省督军、省长、镇守使、师旅长，承德、归化厅、张家口各都统，龙华、宁夏护军使均鉴：

宥日致北京徐菊人先生、龚仙舟先生一电，文曰：南北言和，诸事待决，其最足以蹙国脉致死命，为国人所心痛者，厥为年来对日所订各约，如军事协定，以及高徐、顺济之延长，胶济之合办，实皆授人以柄，作茧自毙。恶根既种，后祸无穷。查此诸约，皆订于护法期内，既未经正式国会通过，且当各约秘结之时，西南曾经通电制止，未蒙采纳。铸此大错，诚堪痛心。方今欧战终了，中日协定之目的业已消灭，急应根本取销，并不得改头换面，易以类似此项之其他协商。至其余各约，纵有债权关系，亦应设法解除，以挽危局，否则谋统一以救亡，实以速其亡也。挽救之责，责在二公，无可诿卸，务望乘时进行，为中国留一线生机，临电不胜忧危待命之至。莫荣新叩。宥。印。等语。北方私缔各约，在我原绝未承认，若不提请取消，则情同默认，恐全国将受该约支配，沦于永劫不复之日。诸公热忱爱国，夙所倾心，务祈一致主张，匡此大难。迫切陈词，惟希明教。莫荣新叩。感。印。

（《军政府公报》修字第一百零四号，1919 年 9 月 6

日，"公电"）

龚心湛致孙中山等电

（1919 年 8 月 27 日）

广州岑西林先生并转伍、陆、唐、孙、林诸公同鉴：

祃电悉。陕函所称陇海铁路议贷日款一节，确非事实，希转

知，俾释群疑。心湛。沁。印。

（《军政府公报》修字第一百零四号，1919 年 9 月 6

日，"公电"）

谭延闿等致军政府各总裁等电

（1919 年 8 月 27 日）

广州军政府各总裁、各部长、参众两院、莫督军、吕督办，武鸣陆
总裁，行营唐总裁，南宁谭督军、李省长，上海唐总代表，贵阳刘
督军，成都熊督军、杨省长，三原于督军、张会办，夔州黎联军总
司令，施南唐总司令、柏总指挥、豫军王总司令，巫山送城口王总
司令，潮州陈省长，诏安方会办，韶州李督办均鉴：

顷闻北廷将与日人直接交涉，补签德约，鲁人愤慨，方在力
争。此事前经我国专使为全国人民之公意拒绝签字，若任金壬颠倒
变幻，竟尔补签，凡有人心，所同愤激。应请军府严诘北廷，并请
诸公一致反对，义声所播，庶戢奸谋。若卖国诸贼，怙恶不悛，愿
与诸公共讨之。谭延闿、赵恒惕、林修梅、林支宇、宋鹤庚、廖家
栋、鲁涤平、谢国光、罗先闿、刘梦龙、李仲麟、李韫珩、吴剑
学、张翼鹏、张辉瓒、萧昌炽、陈嘉佑、田应诏、张学济、林德

轩、萧汝霖、胡学伸、周则范、周伟叩。沁。印。

（《军政府公报》修字第一百零五号，1919 年 9 月 10
日，"公电"）

安得生致孙中山函

（1919 年 8 月 30 日）

逸仙先生足下：

六月十九日赐书，已由罗马敝事务所转到此处，甚谢，甚谢。并承
瑰伟之补助战后整顿实业之案与《国际共同发展中国计画》相贻，尤感。
奉读尊著计划，旁擘附图而及于先生所与理则的且有力的论据，觉其兴
味深永。谨此布庆悦之忱。吾完全确信先生之高尚理想必将实现，非惟
以为中国国家人民之福利而已，又以为世界各人种之利益与繁荣计也。

以饶富之贵国，粮食、矿产、煤铁等等天然富源素称丰富，从
前虽为各国所忽视，今则不然矣。而先生之活动发展计画与其展开
培成，在使此全未触及之广大处女地，以最经济、最实用之方法运
其产物于世界市场之前。是先生绝无私心，专为人道求其利益，是
为希有之人，且明晰显出先生深重之国际同情也。

夫发展中国富源者，不特与贵国实业商务与之新刺激、新能力，
且为贵国之人民谋其不可胜计之利路而已，又以不可否认且无限之
利益付与一切国家之一切人民。此所以政府及外国财政家，对于先
生之计画与以最深细之考查及援助，而襄同先生以实现比［此］最
大之人道的计画，不应更有所踌躇也。凡此在北直隶建筑北方大港，
由此港直通中国西北边陲，建一铁路系统，又浚一运河，构成中国
北部、中部与此港联络之内地水路统系，且开发山西煤铁矿区，不
仅其所需以作制铁、炼钢工程者使贵国数百万人得其职役，抑且广
开门户，随之以利益，以容多数国家组织完美之无数实业也。

先生于我世界交通中心之计画辱予赞助，且将以先生所经营之

《建设》杂志绍介此思想于贵国人民，使我益加奋厉矣。

此都市如建立于中立地区，则立可以应国际联盟之必然的需要，作为其实际之骨干，而能成为受治于国际司法法庭之下最庄严之行政中心矣。

吾已将此世界中都之图及案送与各国之政府及主权者，并拟于十月一日起赴华盛顿，以展览各图原本，并亲自由纯然实际经济的观察点说明此种计画于各国代表之前。此等代表拟于此处集合，以助国际联盟之组织也。

吾又尝致函威尔逊总统，彼接吾图案之后，答吾谓彼视此计画之价值甚高。吾望此世界交通中心之计画，不久能为实现之中都，将以各国最高自然产物与最重要之实业成功致之于集中点，且使之确定意义，显出此种贡献，乃向于友谊的社会及经济关系为最初决定之一步，而建立此种联合之实用无可批难者也。

将纪念于此海上、空中、陆地战场，为求公道之战胜，为人道扫除榛秽以进于和平，为将来不受暴君压迫之自由而抛其生命之数百万人之英雄奋斗与高尚的牺牲，诸国应各有所献纳，共建造维持此和平都市，以为国际之为丰碑也。

对于先生高尚之计画，吾抱有最深厚之同情；而于先生对于我计画有此深切之兴味，尤吾所引以为庆者也。专布悃忱，藉申敬意。

一九一九年八月三十日

轩特力·安得生启于萨丁诺

（《孙文选集》上册，第 303~304 页）

龚心湛致孙中山等电

（1919 年 8 月 30 日）

广州岑西林暨伍、陆、唐、孙、林诸公同鉴：

漾电悉。洛潼路线日人包修确无此等事实，已于沁电奉覆，仍希查照转知。心湛。卅。印。

（《军政府公报》修字第一百零六号，1919 年 9 月 13
日，"公电"）

吴皞文等致军政府总裁等电
（1919 年 8 月 30 日）

广州军政府总裁钧鉴：参众两院议员诸君公鉴：

查众院议员杨君兆麟学问深通，政治稳健，上年鉴北政府蹂躏
约法，慨然出山，献身国会，冀于共和谋巩固。到会以后，夙夜在
公，积劳身故。该员前官浙江嘉兴府，清操耿介，善政及民，浙人
至今称之。光复返黔，续修府志，讲求实业，裨益社会，实不为
少。今因奔走萧条，丧葬无资，尤堪悼惜。拟恳军府及两院诸君，
会议从优抚恤，灵柩回籍时，令饬沿途地方官妥为照料，并采录生
平事迹，宣付国史馆立传，以彰激励，而慰幽魂。凡有血气，均同
感戴。是否有当，鹄候示遵。义茗县知事吴皞文暨绅商学农各界黎
汝裁等同叩。全。印。

（《军政府公报》修字第一百十一号，1919 年 10 月 1
日，"公电"）

李烈钧致孙中山电
（1919 年 8 月 31 日）

上海孙总裁鉴：

奉阳电，针砭痛切，令人惭悚。我公仗义护法，有口皆碑，曲
意求全，同志所谅。此次一鸣朝阳，当可潜消阴翳，钦佩无量。惟
国会南来，倚公为中坚，公既进而勉之，宁忍退而委之。一发千

钧，赖公维系。国会皓电竭诚请命，以勿使国贼闻而快心，国民因以失望。是固由衷之言，有如皎日，钧惭居众咻之中，莫效一时之傅，思远引久矣。而国会同人，每以濡迹匡时四字相敦劝，故志不可夺，而谊却难辞。矧我公声望系国安危，固百倍于钧，尚望垂念国会一线之延期，达最后五分之望。无任盼切。李烈钧叩。世。印。

(《李烈钧集》下册，第 449 页)

吴佩孚致军政府各总裁等电
(1919 年 8 月 31 日)

大总统、钱干臣先生、各部院、曹经略使、李督军、王督军、陈督军、张巡阅使、张督军、李师长、陆巡阅使、唐督军、刘督军、王总司令、熊督军、岑总裁及各总裁、莫督军、粤军马总司令、唐少川先生、全国和平联合会、谭联军总司令、湘军谭总司令、赵师长、冯旅长、各省督军、省长、各都统、各护军使、各镇守使、各师旅长、各总司令、各省议会、各和平会、各报馆均鉴：

因中央委派安福党魁王揖唐为第三次上海会议总代表，西南全体反对。佩以现居维持地步，曾会同本路各旅长致电龚代阁，极力劝告，冀其稍知改悔，以资转圜。讵接龚复电，竟谓王揖唐才识过人，为元首所识拔，于法律事实确能负责，业经派定，指日成行，势难收回；并谓若因对人问题，使会议延滞，和平中梗，肇衅二字，别有所归。各等语。

查此种论调实系有意阻挠和平，若不严电打销，恐大局不堪设想。佩复会同各旅长于本日致龚一电，文曰：北京国务院龚代总理鉴：艳电悉。自王揖唐充任总代表，而全国哗然，拒绝声浪，洋洋盈耳。公独好人之所恶，一再代为疏通，对于安福一系，诚可谓饮水思源，不背本矣，其如天下公论何？赫赫总揆，民具尔瞻，不能牺牲一党之私见，而竟甘冒天下之不韪，有识者窃为公危也。

夫安福系危国祸民，腥闻于天，通电要求惩办者，日数十起。国人方思屏诸四裔，不与同中国，公岂未之闻耶？抑要求惩办者，皆系过激乱党，而安福系皆为正人君子耶？政府不肯割爱解散，而反任其党魁为总代表，岂政府之心理与国民极端相反耶？抑政府独具只眼，别有会心耶？公谓王公才识过人，他人未瞻丰采，或尚未知底蕴。师长等驻防奉吉，知之最审。戊申露头角于辽沈，辛亥被驱逐于吉林，乙卯则贻祸项城，丙辰则夤缘东海，丁巳则以主战误合肥，戊午则以党派挟元首。数年之间，而参议，而旅长，而巡按使，而内务总长，而安福党魁，而国会议长，扶摇直上，出人头地，其运动钻营之才识诚过人矣。其所建白表见者，果安在哉？公以为才识过人，无一非弄巧成拙。既首倡违法之国会，更私组非法之政党，是公所谓法律上能负责也；既主战倡乱于其始，更阻挠和局于其后，是公所谓事实上能负责也；元首欲以周树模组阁，而安福排挤之，元首欲以钱干老议和，而安福破坏之，是公所谓上承意旨也；全国声罪致讨之电纷驰，妇孺皆知，流毒四海，是公所谓旁采舆论也；既唆使李耀汉以乱粤，复勾串程潜以祸湘，是公所谓深愿推诚也。嗟乎！日暮途穷，倒行逆施，为虎作伥，指鹿为马，国是前途，尚堪问乎？一面假元首命令，委任王为代表，一面以总理名义，运动各省赞同。夫天下耳目，非一手所能掩，全国心理，非一人所能惑，双方议和，非一偏所能专，理直气壮，□[1]众我寡，为私人辨［辩］护者未必有□，徒见其心劳日拙也。若但问谋和主旨，不问谋和之人，则王君现执国会牛耳，能否割爱以牺牲？自居安福龙头，能否则爱以解散？与西南冰炭不相投，能否晋接以周转？如果因此会议迟滞，和平中梗，则肇衅者为中央耶？为西南耶？抑为我公耶？中外观瞻，自有定评。公所谓肇衅二字，别有所归，则别有二字，果将谁属？我公持此论调，是公有意挑衅也。

---

[1]　原文如此。——编者

总之，既为一国政府，自应开诚布公，推心置腹，以谋永久之和平，断不可搀杂私心党见而自欺，以欺天下也。附丁傅者，皆贵于哀帝之朝，而朱博以丁傅败。献符命者，皆侯于王莽之世，而刘棻以符命诛。公勿谓安福之势炙手可热，而遂倚若长城也。贾充死而忧谥，魏珰病而惧鬼，公不惜以全国财政供给于安福一党，不惜以毕生名誉牺牲于王君一人，其如天下清议何？筹安会之覆辙不远，曹、章、陆之公愤犹存，公亦计及身后否耶？自战祸发生，国民久处于水深火热之中，方幸一线和平，萌芽于沪上议会，乃不图总代表发现，竟为全国侧目之人。与虎谋皮，焉能有济？狐埋狐撽，亦属奇谈，中外播扬，传为笑柄，吾国家体面，诚为若辈蹂躏殆尽矣。安福系铃下马走，一体面庸，铜臭熏天，名节扫地，吾国民人格，为若辈斫丧无余矣。挟天子以令诸侯，行之君主时代且不可，又安能行之于共和国家耶？师长等防守南天，见闻较切，不忍令我公为积怨之府，更不忍王君为众矢之的，故一再忠告，以期挽救危局。前电主张易人，亦鉴于全国之愤激，时机之危迫，未敢负撑持之重任，并非以撤防要挟也。传曰：以欲从人则可，以人从欲鲜济。敢尽布之执事，俾执事实图利之。师长吴佩孚、旅长王承斌、阎相文、萧耀南同叩。三十一日。等语。谨此奉闻。吴佩孚。三十一。

（《吴佩孚师长痛驳龚代撵电》，天津《益世报》1919
年9月6日，"公电录要"）

林森、吴景濂致孙中山函①
（1919年8月）

中山先生伟鉴：

昨奉阳电，痛陈利害，切中时弊，同人莫不心折。念此次护法

---

① 原函未署日期，信封上所批复函日为8月28日。——编者

南来，诸赖提携，以至于今。同人之信仰先生，及先生之爱护国会，实有相依为命之势。虽国会一再停顿，国势日频危险，然我本护法讨逆之宗旨无间，终始进行不懈者，尤以先生与国会为最。风雨同舟，方期共济，讵忍弃置，致令飘摇。本月十三日开院联合会，议决电请留职，想已邀洞鉴。固知先生此番辞职，实独具苦衷，森等以先生之心为心，何敢更参末议。但望接电之后，勿再坚辞。俾护法前途，有回旋之余地。兹乘童君萱甫赴沪之便，谨布区区，尚希亮察。海上秋来，诸维珍重。顺颂
道安

林森、吴景濂　拜启

孙中山批：答以函已收，何、童两君已见，吾意已决，幸为谅之。闻宫保与山贼久已相机牺牲国会矣。今时机将至，恐难幸免，深愧无力挽救。然犹望诸君能将国会死得轰轰烈烈，先将军政府取消，免为山贼所居奇，则诸君犹不失个人之人格，国会之体面，且为国家留一点元气，是予之厚望矣。言尽于斯。

（《国父墨迹》，第 358 页）

旅粤国会议员暨军政商学各界致孙中山等电

（1919 年 9 月 1 日）

广州军政府各总裁、各部长、参众两院议员、各省各军代表、莫督军、张省长、李督办、吕督办、王副司令、鄂军李总司令、赣军彭总司令、各报馆，云南唐总裁，武鸣陆总裁，南宁谭督军、李省长，贵阳刘督军、王总司令，成都熊督军、杨省长，三原于督军、张会办，郴州谭督军、赵总司令，溆浦周总司令，辰州田、张、胡各总司令，重庆黄总司令，夔州黎联军总司令、豫军王总司令，巫山转城口王总司令，上海孙总裁、唐总代表、孙伯兰、章太炎、胡汉民诸先生、各报馆、湖北善后协会、武昌省议会、汉口各团

〈体〉联合会、各报馆钧鉴：

近致唐总裁一电，文曰：云南唐总裁鉴：陆军中将勋二位、前鄂西靖国军总司令蔡君幼襄被害于利川，海内悲愤，迭次呈请钧座有案，迄今已七阅月，尚未见昭雪，逾桓等迫于公义，心有不安，请冒昧再进一言。

蔡君以手造民国之人，有勋劳于国家，有功德于人民，乃惨死已久，而当局者尚惮于根究，实令志士仁人寒心，尤非所以崇勋良、诛奸宄、爱民国之道。昔者宋案发生俄顷，凶手逃逸，证据无着，犹能缉凶徒而置于法，且领赣宁之师以讨罪魁，虽其计未大逞，卒能开讨贼之先声，而收护国之成功，凡以彰公理重法律也。今之蔡案，视宋案何如？公之威权，视区区警察权何如？其主持□杀之唐克明、受贿之方化南、执行之吴清熙，均有柏总指挥之书函、黎总司令之电报、苏成章等之密单，昭昭可证。且其人皆绾兵符，又在我公统辖之下，公何难以一纸之令而致之法乎？得勿以其兵权在手，恐操之过急，发生变乱乎？然以视袁氏当日之兵权何如？若谓不然，然则有兵权者可任意杀人乎？倘各地有兵权者起而效尤，公亦有法以善其后乎？

我公两造民国，南天砥柱，事业盖寰区，正气弥天地，今日君子小人之消长，公理强权之胜负，均系于一人之身。不愿以蔡案之故而累我公之盛德，污护法之神圣，迫不获己，再随国中主张正义者之后，向我公为蔡君呼冤，并盼将一干犯罪人等拿交军法裁判，明正典刑，以昭炯戒。不惟生死感德，为公整饬军纪、保障人权之要图。临颖悲痛，无任叩祷。等情。谨此电闻，乞主张公道，维持法律，速催唐总裁将蔡案彻底根究，无任盼祷。旅粤国会议员暨军政商学各界白逾桓、〈但〉鲁鱼、时功玖、袁麟阁、陈应昌、沈维周、范鸿钧、毕鼎琛、张知本、陈廷飏、廖宗北、姜实诚、朱兆熊、刘德裕、张轸、杨耀堂、吴仰之、朱超、王式玉、河汉臣、范鸣勋、胡祥麟、丁士杰、詹西园、陈象贤、周阳舸、宋彬、吕寰曙、陈楚材、黄平、吴海清、黄伯辅、汪龙泉、汪俊夫、刘显之、黄祝三、许兆龙、夏养民、祝孝思、余子贞、郭玉卿、赵燮卿、蓝

少廷、刘伯垂、袁孔逸、王干城、彭步青、邱伯衡、常祝溪、邹醒
吾、胡茂斋、黄承羲、李文恭、潘月楼、张干臣、张樵崧、明嗣
冕、吴新亚、张轪、姜树松叩。东。印。

（《军政府公报》修字一百零六号，1919 年 9 月 13
日，"公电"）

李根源致孙中山函
（1919 年 9 月 2 日）

中山总裁钧鉴：

时势纠纷，风物凄紧，不克趋侍左右，祗领诲示，悔悚何极。军
兴以来，瞬及三载，屈志言和，反复迁延，依然莫衷一是。所以然者，
我内部不协，遂无以对外也。前次觉生来韶，详论诸事，源已尽怀倾
吐。子超近来亦接洽甚亲，主张亦复相同。林君祖涵日前过韶，在此
间计划各节，想已报告左右。邓君和卿热忱爱国，度越寻常，与源久
共切磋，器识尤为宏远。此次奉冀公使命，由粤至沪，并拟由沪入川
劳军。且将对于钧座有所陈说，用特托携芜柬，略布胸臆。此间近状，
邓君均能明晰，倘蒙垂询，当能代陈一是。惟希赐教为幸。肃此，敬叩
钧安

李根源（印）谨启　八年九月二日
孙中山批：元冲起稿答。

（《革命文献》第四十八辑，第 365 页）

旅沪湘籍士绅彭允彝等致军政府各总裁电
（1919 年 9 月 3 日载）

广州军政府各总裁钧鉴：

张敬尧在湘，残民搜括，无所不用其极。最近将湖南第一纱厂拍

卖与鄂省李紫云，湘省各法团及旅居各地士绅一致通电反对，并一面警告李商。现闻该商惧滋纠葛，潜行回鄂，声明取销前议，而张敬尧藉口湘省集欠军饷，恐生事变，仍坚持将该厂变偿。近避拍卖之名，又依投标竞买法招人承买，并已出示宣布发卖标证，定于八月一日起至八日止，标卖日期定于八月十三日，即于是日开标，做成圈套，紧逼湘人，假托他人名义标买，实仍私派代表赴鄂，勾引李商，事在必成。

窃该厂为湖南唯一实业，当此劫余之后，将来所恃以兴利源活灾黎者，全在乎兹，一旦变卖，则湖南之生命已绝。且军费系中央经费，不独湘省无力负担，亦断无由地方负担之理。况该厂经前省长租借湘绅组合之华实公司承办，业经双方订立契约，验明资本，收取押金各在案，惟因工程未竣，订明七年七月将厂移交华实公司接管。张氏莅湘，该公司迭请照约履行，概置不理，今复变易名目，限期投标，与拍卖有何区别？

湘人处于积威之下，呼吁无门，事机万分危迫，彝等不忍湖南巨业任听张氏一人摧残，只得迫恳钧府迅电北庭，严饬张氏取销前议，以保全湘命脉。又闻张氏复拟将长沙马路抵押洋商，银三百万元，已派马路工程局总办赴汉向洋商磋商妥洽，似此断送湘产，诚恐激成众怒，牵动和局。并恳切电北廷，饬下张氏阻其进行，不胜迫切待命之至。旅沪湘籍士绅彭允彝、欧阳振声、李积芳、罗上霓、李锜、彭兆璜、罗良干、谭柄鉴、刘岳峙。

（《军政府公报》修字第一百零三号，1919 年 9 月 3 日，"公电"）

龚心湛致孙中山等电

（1919 年 9 月 3 日）

广州岑西林先生暨伍、陆、唐、孙、林诸公均鉴：

　　勘电悉。湖南拍卖纱厂、抵押马路各事，已电湘督，俟复再达。心湛。江。印。

（《军政府公报》修字第一百零七号，1919 年 9 月 17
日，"公电"）

国会议员吴景濂等致孙中山电
（1919 年 9 月 4 日）

上海孙总裁钧鉴：

奉读阳电，无任悚惶。先生以护法主张，多所扞格，迫而辞
职，夫岂得已。然同人有不能已于言者，溯自前岁，先生创义粤
中，同人等望风景从，原冀本正义之主张，为根本之解决。无如内
部意见歧出，譬如琴瑟不调，不得不谋改弦更张，期以容纳各方面
意思，团结实力，再图发展。乃自军府改组以还，益复因循混沌，
兼之欧战告终，外交危迫，息争对外之说，深中于人心，遂致护法
大业，蹉跎至今，迄无效果。蒿目时艰，非惟先生引为痛心，即同
人亦同深致慨。就现势推测，战既不能，和亦无望。所以株守不忍
遽去者，无非欲保存此法律之统系，以待国人最后之裁判。无论北
庭如何诡谋以求逞，无论西南如何委曲以求全，而兹法律系统，断
不容任其稍有破坏。倘并此最低限度终鲜救济，则同人以护法来
者，自不能以毁法去，要当宣布始末，留此一件不了公案，以诉诸
国民，此实同人最后之决心。至于目前不能不相勉忍辱负重，尤不
能不盼我先生始终维护。

先生之在全国，实为共和之神髓，先生之在西南，尤负倡率之
重责。矧国会制宪正在积极进行，外交问题犹复悬而未决，若因先
生辞职，致议员来粤者裹足，卖国自利者横行，则大业败于垂成，
敌计藉以得售，又岂先生护法之初衷。务恳勉抑高怀，勿抱去志，
励我同人，作我士气，以与毁法叛国者角最后之胜利，不胜迫切待
命之至。吴景濂、褚辅成、张官云、杜凯元、童启曾、吕复、王葆

真、李永声、赵金堂、王吉言、申炳炎、康汝耜、汪浩、郝濯、王
观铭、张秉文、焦子静、杨大实、蒋宗周、李有忱、赵中鸪、李秉
恕、盖广增、孙启先、周之桢、李绍白、龚玉昆、王秉谦、董耕
云、何晓川、徐清和、王福缘、杨绳祖、李希莲、李国桢、张树
霖、韩荣桂、薛珠、李伯荆、姚翰卿、郭相维、战云霁、沈殿三、
王宪章、刘正堃、于仲铨、刘可均、陈乂、朱溥恩、丁善庆、周积
芹、方潜、陈尚裔、汪建刚、郑衡之、常恒芳、吕荫南、梁星五、
夏道沛、岑述彭、王迪成、吴忠仁、汪镜芙、马光晔、石秉甲、汪
律本、谭惟洋、章兆鸿、陈友青、黄懋鑫、曾干桢、陈子斌、赖庆
晖、汪汝梅、戴书云、程振之、邹继龙、张峄、潘学海、卢元弼、
邓元、彭学俊、邱冠荣、孔绍尧、李建民、张于浔、刘人炯、许
森、谢济沂、刘濂、邹树声、卢式楷、蔡突灵、朱念祖、黄缉熙、
许镇庚、吴道达、金溶熙、周钰、杭辛斋、陆昌烺、田多稼、蒋著
卿、赵舒、王宗尧、吕耀玑、卢观球、金秉理、陈燮枢、张傅保、
祝震、项肩、胡翔青、洪国垣、程志卓、陈福畴、沈守经、许㰆、
朱腾芬、丁立夫、朱观玄、黄肇河、詹调元、杨山光、欧阳钧、张
琴、董庆余、丁济生、雷焕猷、杨景文、陈祖烈、田桐、吴崑、白
逾桓、彭养光、鲁鱼、毕鼎琛、万葆元、居正、陈嘉会、周泽苞、
李执中、王恩博、邓维受、石润金、向元均、周震鳞、李汉丞、吴
景鸿、陈焕、罗永绍、周庆恩、周嘉坦、张瑞萱、盛际光、丁惟
汾、于均生、刘冠三、于洪起、于恩波、周廷弼、邓天一、魏丹
书、彭占元、方因培、胡祥林、邓献璞、王学锦、阎容德、揭曰
训、樊文耀、杜汝舟、王杰、岳秀夫、丁骞、徐绳曾、孔庆、杜
潜、刘峰一、张善与、方镇东、刘奇瑶、刘荣棠、方子杰、陈廷
飏、张嘉谋、李荣升、任曜墀、任焕藜、王法歧、赵清泉、王文
郁、周起梦、侯海涛、谢鹏翰、李檠、侯汝信、刘积学、李瑞、郭
生荣、冀鼎铉、罗黼、石璜、景定成、狄楼海、刘盥训、李景泉、
温延相、陈玉麟、王维新、阎鸿举、王国祜、王家驹、王用宾、谭
正、张效翰、张瑞玑、李含芳、马骧、寇遐、尚镇圭、朱家训、杨

铭源、裴廷藩、王兆离、赵世钰、史之照、王觐彤、李克明、文笃周、李式藩、廉炳华、何海涛、张知兢、袁弼臣、陈国玺、徐际恒、唐玠、卢仲琳、余绍琴、周泽、傅鸿铨、黄翼、王安富、周问、余奉楷、邱仲青、潘江、黄汝瀛、饶芙裳、林伯和、萧凤焘、王釜、孔昭晟、易次乾、郑懋修、邹鲁、李自芳、李茂之、何士果、黄宝铭、詹永祺、张鸿俊、龚政、王永锡、覃起、罗增麒、张廷辅、梁培、曾彦、刘景云、陈峻云、蒙民伟、角显、李华林、张华澜、吕志伊、李文治、段炳、雷述、刘尚衡、叶逢春、曾昭斌、聂相清、李应森、吴作莱、胡庆雯、杨兆麟、周恭寿、金铺昌、陶礼燊、王谟、张树桐、白瑞、孙钟、诺门达赖、乐山、春秀、金永昌、石凤歧、王庆云、巴达玛林沁、罗永庆、邢麟章、邵仲康、田美峰、高旭、戴维藩、陈策、曹玉德、彭昌福、丁象谦、丁铭礼、高荫藻、谢家鸿、张鸿鼎、罗家衡、贺赞元、周学宏、金尚铣、卢钟岳、丁俊宣、王烈傅、梦豪、韩藩、吴际元、张浩、马宗周、余名铨、朱文劭、傅家铨、潘祖贻、廖宗北、梁易洲、覃振、凌钺同叩。支。

(《革命文献》第四十八辑，第328~330页)

林修梅致孙中山函
(1919年9月4日)

中山先生钧鉴：

　　昨上书论人类生存问题，谅荷鉴察。

　　沪上和会愈趋沉寂，究其内容，非南北条件之绝对不能妥协，实缘徐、段两派暗潮难平，以至于此。南方形式亦隐变为联徐、联段两派，虽属一时手段，然舍其原有之主张以徇逆势之波流，心窃非之。盖徐、段、冯皆北方老官僚，于世界真理何曾知得。能以武力强制之，斯为上策。否则须具有特别之感化力导入正轨，使之不复为恶，未尝不可。但以夙无定力之人与之周旋，鲜不入其牢笼，受其污染。先生救世心切，未识有何法以处此？

湘军地面太狭，粮饷问题颇感困难。谭督任事后已就地筹款数十万元。本年底尚可支持。惟大局解决无期，湖南各县搜刮已尽，明年又将如何？前途茫茫，殊深焦虑。未识军府亦有余力接济否？望先生切实与军府磋商。湘军明年粮食不能不望其有所接济，非敢期诸目前也。专肃，敬请

钧安，伏惟

垂察

林修梅谨上　九月四日

孙中山批：自沪和议开后，徐、段俱有派人来此接洽。予对徐，不独要以法律，且风以道德，倘能于道德无碍，予当乐〈为〉之助。而来者为徐之弟，去后则无后音。段所派为安福部人，予要以能完全赞学说之主张，乃有相商之余地。学说出版后，王揖常〔唐〕、徐树铮曾□□俱看过，极端赞〈成〉，然后批注交段看。段亦大体赞成，然后再派人来相商。予乃示以根本办法，并维持现状办法二种。后之法，乃国会完全行使职权，彼人已据此回去矣。后文如何，尚未知。如段能完全服从我之主张，我当引为同志也。再〔再〕既忧明年之饷，何不督率军士屯田开垦以自谋食？

（《国父墨迹》，第 364 页）

吴佩孚致军政府各总裁等电

（1919 年 9 月 4 日）

大总统、钱干臣先生、各部院、保定曹经略使、江苏李督军、湖北王督军、江西陈督军、奉天张巡阅使、张督军、李师长、陆巡阅使、唐督军、刘督军、王总司令、熊督军、岑总裁及各总裁、莫督军、粤军马总司令、唐少川先生、全国和平联合会、谭联军总司

令、湘军谭总司令、赵师长、冯旅长、各省督军、省长、各都统、各护军使、各师旅长、各总司令、各省议会、商会、和平会、各报馆均鉴：

因中央派王揖唐为和议总代表，曾于上月三十一日电致龚代阁力阻，兹接龚复电，仍为王强辞辩护。佩又于本日率第一路全部致龚一电，文曰：北京国务院龚代总理鉴：冬电悉。自王出〔君〕揖唐任总代表，而全国反对之电，日数十起。公则始为疏通，继为辩护，欲以一手掩尽天下人耳目，殊不知欲盖弥彰，肺肝如见。公电既谓无丝毫党系之见，为何代揆伊始，不宣布脱离安福党系？且安福凭藉党势，把持政柄，公继续代揆，为何不请元首以明令解散之？是党系之累，公且难免，何况王君？王君之选，公实尸之。当未发表之初，公先全体赞同之电摇惑北方各督，各督不察，误堕术中，名义不得不随声附和。更密遣安抚私党，分赴津沪，捏造团体，捏造电促王君南下。公所谓军民长官及各界团体来电赞成者，如斯而已。公以堂堂总揆，竟效筹安会伪造民意之伎俩，清夜扪心，亦当自疚。安福为虐，群奸窃柄，政由宁氏，祭则寡人元首，毫无行动余地。公乃谓王君此行，元首主持之，全国不乏忠义之士，不无明眼之人，谁不知元首受制。公谓对人问题，故肆抵击。师长等对于王君个人，毫无恶意，惟王君为全国所拒绝，不得不代表民意以尽忠告。在他人为总代表，或可不必苛择，在安福系为总代表，实不能不注意其人也。为国锄奸，义不反顾，为民除暴，仁者所为。矧师长等为首倡主和之人，而衡防为双方接近之地，南北中枢，关系较重，心以为危，安能缄默。溯自安福系发起以来，胎胚于借款告成，而卵育于公长财政。今日拨党费数十万，明日发旅费数万元，何莫非民脂民膏？如谓国家财政，涓滴归公，各军饷粮之积欠，则累累无算，而安福党费之接济，则源源不绝，安福系反躬自问，恐亦愧对我全国军人也。至于地望之说，尤不谓然。楚子围□而不反，何足为地？魏忠贤人皆称圣，何足为望？君主时代，大官不言者，小官尚得言之，公欲以势力箝人之口耶？职路地当冲要，为全国所仰望，既以和始，必以和终，主持公道，绝无私见，公诸天下，当无异议。师长吴佩孚率直军第一路官佐军士同叩。豪。等语。谨此奉闻。吴佩孚叩。支。印。

　　（《吴佩孚再驳龚心湛电》，天津《益世报》1919年9月9日，"公电录要"）

吴佩孚致军政府各总裁等电
（1919年9月4日）

北京钱干臣先生、各部院，保定曹经略使，南京李督军，武昌王督军，南昌陈督军，盛京张巡阅使，长沙张督军、李师长，武鸣陆巡阅使，云南唐督军，贵阳刘督军、王总司令，成都熊督军，广州莫督军、岑总裁及各总裁、粤军马总司令，上海唐少川先生、全国和平联合会、南宁谭联军总司令，郴州湘军谭总司令、赵师长，常德冯旅长，各省督军、省长，崇德、归化、张家口各都统，各护军使、镇守使、各师旅长、各总司令、各省议会、商会、和平会、各报馆均鉴：

　　顷因直鲁公民为济南枪毙善良，赴京请愿被逮事，曾上大总统一电，其文曰：北京大总统钧鉴：前读内务部卅电称，有各界联合会代表赴公府请愿，因挤破西苑栅栏，被警厅强迫解散等语。嗣又据京报载：当道以激烈为藉口，严电检查邮电，凡民意与安福派抵触之邮电，皆被扣留等语。师长猜疑数日，莫明真象。乃顷据鲁电京函，始悉因鲁督无故而请戒严，马良一日而杀三士，激动公愤，举代表赴京请愿。乃九重万里，不得申诉，露宿风餐，不肯遽去，以此致触安福派之怒，或逮捕或拘留，以悉报复。当全国沸腾人心浮动之际，如此暴戾恣睢，淫行以逞，是官逼民反也。伏念君主专制时代，人民尚有扣〔叩〕阍之举，挤破栅栏亦寻常事，而共和黑暗竟使下情不得上达，反甚于专制，并诬以强暴罪名，彼复复者其心可哀，其情亦可悯矣。谁无生命，谁无身家，但有申诉之地，亦何敢冒咫尺天威？乃不惟不赐延见，而反横加催［摧］残，以数百无辜之人民，而系身于囹圄之内，稍有人心，谁无义愤？大狱之兴，恐招大乱，辛亥争路之风潮，何莫非当局所激动耶？我大总统受制群凶，神奸窃柄，逮捕必非本意，而赦免尚有特权，师长不敏，敢代士民请命，以维时局，而消内乱。冒昧陈请，不胜悚惶待命之至。谨禀。师长吴佩孚叩。豪。等语。事关全国公愤，请即合力维持，为民请命，以警凶残，而伸民气。吴佩孚叩。豪。印。

（《军政府公报》修字第一百零九号，1919 年 9 月 24 日，"公电"）

贵州省议会致军政府各总裁电
（1919 年 9 月 4 日）

广州军政府各总裁钧鉴：

自地方自治摧残，一般官吏滥用威权，荼毒吾民，日趋黑暗，故人民渴望恢复，盼切云霓。本会曾于筱日电致钧府，请将自治章程公布，抑或由本会暂将旧章修正，咨请召集，迄今未奉复电，不胜悬念。前电是否可行，伏望即时赐复，俾便遵循，盼切祷切。黔议会叩。支。印。

（《军政府公报》修字第一百十三号，1919 年 10 月 8 日，"公电"）

军政府政务会议致孙中山电
（1919 年 9 月 5 日）

上海孙总裁鉴：

顷诵参众两院皓电，无任惶悚。我公手造共和，功在民国，此

次护法南来，尤费提挈之力，遽行辞职，大局何堪？迩者外交失
败，国贼披猖，一篑未成，九仞奚益？务恳领袖群贤，勉支危局，
始终一致，共济时艰，当兹存亡呼吸之秋，尚非啸傲优游之日，区
区愚悃，乞垂鉴焉。政务会议。歌。

（《孙先生与军府往返电》，上海《民国日报》1919
年 9 月 10 日）

谭延闿等致孙中山等电
（1919 年 9 月 5 日）

广州军政府各总裁、各部总次长、参众两议院、莫督军、马总司令，
武鸣陆总裁、云南唐总裁、南宁谭联帅、成都熊督军、杨省长、贵
阳刘督军，漳州陈省长，上海孙中山总裁、孙伯兰先生、章太炎先
生、湖南善后协会、天津熊秉三先生、南通州张季直先生，各巡阅
使、各督军、各省长，衡州吴师长，各省议会、各商会、各报馆均鉴：

　　湖南第一纺纱厂竭地方之财数百万，建筑宏敞，机锭完善，民
国五年由湘省议会议决官督商办，六年七月湘商已与政府订约承
办，本年张敬尧将该纱厂机件出卖与鄂人李紫云，经湘省议会与各
界人民迭电力争，顷闻又有改卖他商之说。以湘政府历年所经营，
掷同破甑，一售再售，有如孤注，财产无发展之余地，实业无提倡
之特权，生计、金融永沦黑狱，万劫不苏。闿等同系湘人，安能束
手待毙，敬乞诸公一致电张收回成命，如其深闭固拒，则无论何人
承卖，闿等誓不承认。谨电列陈，伏希谅察。谭延闿、赵恒惕、林
支宇、林修梅、张翼鹏、吴剑学、宋鹤庚、廖家栋、鲁涤平、罗光
闿、谢国光、刘梦龙、李韫珩、田应诏、周则范、周伟、张学济、
萧汝霖、胡学绅、林德轩同叩。歌。印。

（《军政府公报》修字第一百一十号，1919 年 9 月 27
日，"公电"）

唐克明致孙中山等电

（1919 年 9 月 6 日）

万急。广州军政府总裁诸公、各部总次长、政务会议各省代表、参众两院议长、议员、莫督军、张护省长、魏厅长、李镇守使、海军汤司令、钮督办、张代表伯烈、鄂籍国会各议员，韶州李督办转沈军长、韦镇守使，云南唐联军总司令、唐卫戍司令，武鸣陆总裁，南宁谭督军、李省长，贵阳刘督军，成都熊督军、杨省长、但师长，资州顾军长，泸州赵军长、夏司令，重庆黄总司令、王总司令、余镇守使，绥定颜总司令，顺庆石总司令，□州吕师长、陈副司令，新津刘督办，万县卢副司令、田梯团长、杨中路司令，郴州谭督军、赵总司令、林、贾两旅长，辰州卢总指挥、田、张、胡、林各总司令，溆浦周总司令，漳州陈省长、方会办、吕督办，三原于督军、张会办转叶军长，夔州黎联军总司令、柏总指挥、豫军王总司令，巫山送城口王总司令，上海孙总裁、唐总代表暨各分代表、张溥泉、孙伯兰、章太炎、蒋作宾、黄大伟、居觉生诸先生、护法后援会、湖北善后公会诸先生，行营方司令钧鉴：

顷奉郴州谭督军暨湘军赵、周、田、张、林各总副司令、各师旅长诸公沁电：今北廷对于日人直接交涉，补签德约，闻命之下，愤慨莫名。此约一成，国无日矣。我国人民方拼死力争，以为外交后盾，谓可得此，当解决之。徐、段诸逆，丧心病狂，仇视人民，志欲达其卖国家之目的，□签此约。我西南人士诚欲屈服北廷，听其陷全国人民于奴隶之数，斯亦已耳，否则即请一致进行，同伸义讨，以诛奸谋。克明不敏，誓从诸公之后。临电激切，不知所云，诸维亮察。唐克明。鱼。印。

（《军政府公报》修字第一百十一号，1919 年 10 月 1日，"公电"）

陕西公民救陕会致军政府七总裁等电

（1919 年 9 月 6 日）

北京大总统、龚总理，广州军政府七总裁、国会议员，上海南北和会总代表、各报馆、各省同乡会均鉴：

据上海各报登载，陈树藩近借日款三百万元，开办铜元、纺纱各局，以陕西棉花专利十年作抵。呜呼！陕民何辜，遭此荼毒，痛心疾首，不胜发指。四年以来，陈共借外债数次，曾经人民反对，今又出其故智，以陕西利权让于日本，是直以陕西人民之生命断送于日本之手。陈氏在陕之时，吾民已饱受其无穷之祸，将来离陕之日，又使吾民负绝大之债务，流毒遗害，何所底止。况两年以来，大开烟禁，横征土税，共计所收，不下四千余万元之多。乃犹未足，又欲举全陕之命脉卖之外人。陈氏日益肥，陕民日益瘦，且又使全陕人民任其侵略，听其蹂躏，推其用意，不杀尽陕民，不足以快其心。夫日人素性险恶，久欲大肆其野心，今以陕西利权归于其手，何异开门揖盗，引狼入室。由此日人之势力范围渐加扩张，西北危而通国必大受其影响。默审前途，何堪设想！思患预防，惟有急起直追，以图挽救而保利权。公民等此电正拍发间，又阅报纸有载陈辨诉渠此回借款，系以陕省公债抵押，并无押棉花专卖于日本情事。总之，陕省地方公债，亦系陕民担任，并非陈之家产，且陈并未声明系某年公债，殊属含混，朦胧之语显系支吾欺人，故陕人仍是誓不承认。凡陈氏前后借款，概为陈氏私人之契约，一供彼一人声色狗马之需用，陕民亦一概声明决不承认。尚祈诸公俯念民瘼，速为设法取消。临电神驰，无任翘企待命之至。陕西公民救陕会全体会员。鱼。印。

（《陕人否认陈树藩借款》，上海《民国日报》1919年 9 月 16 日）

莫荣新致军政府各总裁等电

（1919 年 9 月 6 日）

分送广州参议院、众议院、军政府各总裁、各部长，云南唐总裁
鉴：

唐总裁马电请军府通电各省，敦促旧国会议员克期回粤制宪，
伟筹硕画，极表赞成。民国肇兴，八年于兹，以宪法未成，迭生政
变。故欲求国本之巩固，时局之解决，胥赖宪法之速成，请军府主
持敦促，俾宪法早日公布，以慰全国所属望。荣新叩。麻。印。

（《军政府公报》修字第一百零九号，1919 年 9 月 24
日，"公电"）

唐继尧致军政府各总裁等电

（1919 年 9 月 6 日）

广州军政府各总裁、各部总次长、参众两院、莫督军，武鸣陆总
裁，南宁谭督军、李省长，韶州李督办，漳州陈省长，诏安方会办
并转吕督办，溆浦周总司令，武冈周司令，上海唐总代表、各代
表，郴州谭督军，永兴赵师长、林纵队长、林民政长，贵阳刘督
军、王总司令，成都熊督军、杨省长，夔州黎总司令、柏总指挥、
唐总司令、豫军王总司令，泸州赵军长，重庆黄总司令，陕西于督
军、张会办均鉴：

顷复辰州田、张、林、萧各总司令一电，文曰：宥电悉，自护
法军兴，湘闽首当敌冲，拒战最力，军府对于各省各军亦视同一
体，无所轩轾。和议开始，此间曾将湘西善后事宜征集意见，与军
府磋商，此后和议仍应彼此协商，公同解决，安有划出湘闽之事？
沪函所云，当系传闻失实，或奸人播弄，破坏团体，望勿轻信谣

言，致堕诡谋也。特复布臆，统维亮察等语。特以奉闻。继尧。
鱼。印。

（《军政府公报》修字第一百一十号，1919 年 9 月 27
日，"公电"）

孙洪伊致西南书
（1919 年 9 月 7 日载）

自西南罢战，与北京卖国政府言和，忧国者早已痛心疾首，以
为此非为国内求和平，乃为日本谋统一。盖北庭已完全代日本为中
国统监，小合于北庭，即大合于日本也。

此次和议复活，起于日本武官芳泽氏来华与北庭秘密接洽之结
果。先是日本寺内内阁时代本欲利用段祺瑞，以北洋武力统一中
国，故力助以饷械，使屠戮西南。不料北洋诸将不尽为段用，其有
爱国思想者反至倒戈以助西南。转战年来，不特能奏功，而北方
局势且日濒于溃裂。于是日人知段氏无平定中国之实力，一变其方
略，群起而攻击寺内对华外交失败，而代以原敬。失败者，即利用
武力以统一中国之政策失败也。原内阁成立，首宣布以南北调和为
大政方针，未几遂有五国之和平劝告，而发动者实为日本。和平劝
告，即日本由利用武力统一中国转变于利用和平统一中国之表示
也。乃和议开幕，迭经停顿，辗转无成，于是日人又责难原内阁对
华外交失败。

夫和平统一乃吾国内事，而彼以为大政方针，且以此为成功
与失败，此其故可深长思矣。日本始终欲维持此卖国政府为其交
易之对手，前之劝告和平也，则因北方军事失败以困西南之前进；
今之督促和平也，则因北方卖国罪状败露，以遏人民之□起反抗。
盖自德约拒绝签字，国内民气一日千里，日本益形恐慌，以为长
此迁延，徐、段政府必倒，日本在中国将失其根据，其由种种条

约取得之权利动摇，而年来一切大计画皆付之流水。故亟亟派员鞭策徐、段，一面令其镇压国内救国运动（山东戒严，用马良杀人，解散集会，及此次北京大捕代表，皆奉芳泽氏命令办理），一面令其派出总代表，以图和议速结，遂有急转直下之势。盖只须有统一名义之政府以实施亡国各约而已，其他皆可让步，此日本之志也。

惟其所计定之让步，亦有一定之限度，即事实问题只让至承认西南诸公巡阅使、督军、省长等及分配借款而止。若徐世昌之非法总统，则决不放弃，此不特徐世昌个人地位关系，日本亦必不欲失此最良之傀儡，而付之将来不可知之人也。法律问题只让至牺牲非法国会而止，若合法国会则决不允其自由行使职权。因合法国会可以否认一切卖国条约，改造卖国政府，固日本所不许也。然则此等和议于国家宁有丝毫利益，适以助成日本之成功而已。中国至今日非废约不能救亡，欲废卖国条约必自推倒卖国政府始，乃反因和议以巩固卖国政府，何耶？

夫手自订约之人，必无主张废约之资格，英首相佐治氏告我专使之言可证也。国际联盟开会即在此两三月间，此机万不可失。若再待两三月，北京政府尚存，而中华民国即真亡矣。且废约与拒绝签字不同，拒绝仅为消极之抵制，而废约必求积极之取消。而此次废约又非仅寻常折冲坛坫之力所能为功，必政治上、事实上得各国完满之援助，促日本政策之变更。然非我国民有非常之举，国内有极大之变动，则亦不能得此。所谓国民非常之举，国内非常之变动，即推倒卖国政府是也。盖卖国政府既倒，亲日主义打消，列强见我有此决心与新趋势，自皆回易视听以助我，然后日本亦知难而退，虽欲不放弃其侵略政策而不能。否则泄泄沓沓日戴卖国政府以空言御侮，我不自振人固无如我何。迩者美国上院否认欧约之山东条件，此于东亚局势有极大关系，远□者咸认为日美战争之动机。日美果至开战，英法以远东各自利害，必与美一致行动，而中国遂成巴尔干，届时我以亲日政府被日本挟之而走，日败则为土耳其，日胜则且为高丽之续。是今之言和或平者，即将来大不和平之种子，而更得亡国之结果，此真不堪设想者也。

总之，北京政府不倒，中国必不可救。以徐、段之罪大恶极，即在正式政府，人民亦应起而革命，矧其为非法窃据者。乃犹举二万里土地、四百兆人民以奉之，令其捆载俘献于耶马台之廷，真令人大惑不解。今使徐、段果有偾豚之余力，能为困兽之犹斗，公等姑隐忍以待时，尚可言也。乃天怒人怨，众叛亲离，财政无隔宿之粮，前敌尽思归之士，守正者皆引满而后发，附丽者亦观望而周章，今日能为徐、段效死者有几人哉？中国之命悬于徐、段之手，而徐、段之命又悬于公等之手。公等一举手一顿足，则徐、段如枯朽之拉，而中国得磐石之安。明达爱国者亦何所惮而不为耶。

今人动曰国民想望和平，和平固国民所想望也，若奉大权于卖国党魁，使日本并吞中国之计划缘和议以实行，自陷于子孙牛马万劫不复之地，是岂国民所愿者？观前时北方各省之要求废约，极至罢学、罢市、罢工遍于国内。今直鲁代表请愿备极艰苦，殴打捕拿冤哭无路，未有不欲得徐、段而甘心者，不过赤手空拳，莫可如何耳。同为国人，一则焦头烂额于刀枪囹圄之下，一则从容揖让于文电樽俎之间，有护法救亡之责任者何以处此？即请我公否认亡国之和议，重张讨贼之义声，振旆一呼，北方将士必有闻而兴起者。合师进讨，问罪幽燕，□□①桧于藁街，放邦昌于楚郡，然后会合全国民意组织新式国民政府，以确立真和平、真统一之基，此不世之弘烈也。若犹瞻顾浮议，徘徊歧路，有贼不讨，春秋所讥，则亡国之罪不独徐、段负之，公等亦与有责焉。迫切陈词，伏维鉴纳。

孙洪伊叩　九月某日

（《孙洪伊致西南停止和议速起讨贼书》，上海《民国日报》1919 年 9 月 7 日）

---

　　① 原文如此。——编者

张翼振致孙中山函①

（1919 年 9 月 7 日）

中山先生钧鉴：

去岁肃候起居，计蒙察纳。本年春翼振因事赴粤，满拟顺道往沪叩谒，乃以急于返滇，故未克如愿以偿，至今犹痛惜之。翼振不揣固陋，时有拙作，蠡测管窥，在所不计。兹请以最近所得，邮呈钧核，切望有以教训之。倘蒙以土壤细流，不无可择，辱赐鼎言以绍介之，则受惠尤为深厚矣。

翼振之意，美国以太平洋故，复因山东问题负有重大责任，既与日本极不相能，英国为自国利害与在中国商务计（几尽为日本所夺），亦不能不出于排日举动。至于法国虽因再造北部，与襄助比利时恢复原状，已无能力顾及东方，然德、奥关系密切，匈牙利当仍倾向德国。俄国改良进步，亦须取材于他国。则以德国民族之学问组织，自不难襄助而利用之。而波兰或不自振，（或受德国牢笼）或为德、俄所挟持，亦难牵制德国，如愿以偿。此后之德国，仍为法国劲敌。所有对德责任，自不能不望于中国。欲望中国克尽厥职，又非善意援助使之从容发展，如比加将军为法国陆军总长时所计划不为功。

又，法国国民自前次大战后，深知殖民地之关系重要，虽不主张瓜分，然日本若甘冒不韪，出为戎首，则法国或将以势力范围故步其后尘。则为我国利害计，尤不能不于此时运动法国舆论，以杜后患。此就国外言之也。

至以国内言，北方罪恶固大，南人亦未必尽能救国。所谓统一即得实现，若非南北出之以诚，则日本复从而利用之，仍不难忽即忽离，长此纷扰。于此而得美、英、法善意干涉，俾日本知难而

___

① 此函未署年份，当在 1919 年、1920 年间。——编者

退，我国军阀知所儆惕，虽非上策，然借助他山，未始非救急之一法。不知尊意以为然否？

以上所陈，均为拙作所未详，故附又之。倘蒙俯予绍介，尚乞隐讳贱名，至幸。专肃，敬叩

崇安

张翼振谨肃　九月七日

再，敝寓在滇省城内草公馆四十八号，并闻。

孙中山批：元冲代答，前信未收，此函所述，颇有所见，暇时当照此详加研究，而后代为发布，并付学说一册去。

（《国父墨迹》，第 390 页）

吴永珊等致孙中山等电

（1919 年 9 月 7 日）

万急。对广州军政府岑总裁、伍总裁、林总裁、李参谋部长、莫陆军部长、各部长、马、林、沈、魏、刘、李、彭各总司令，武鸣陆总裁，云南唐总裁，上海孙总裁、唐总代表、各代表，南宁谭督军，成都熊督军，贵阳刘督军、王总司令，郴州谭督军、赵总司令，三原于督军、张会办、叶总司令，漳州陈总司令并转永春方总司令，汕头吕总司令，韶州李督办，夔州黎联军总司令、柏总指挥、王总司令，施南唐总司令，巫山送城口王总司令，辰州田、张、胡、林各总司令，重庆黄总司令，顺庆石总司令，绥定颜总司令，溆浦周总司令暨各总司令均鉴：

北方派王揖唐为和议总代表，我西南一致拒绝，即北方明达将领，亦复严电诘责表示反对，足见义声所播，薄海景从。值彼图穷匕见之时，正我正本清源之会，若徒拘于是王非王之争，而仍苟延不和不战之局，不惟无以解人，亦且无以自解，代表等闻见所及，特为诸公约略陈之。

窃护法军兴以来，内而国人，外而友邦，莫不协助，宜若早告成功。乃迟至今日，反奄奄无生气，溯厥原因，约有三种：一、北方以和议为手段，南方则误以和议为目的；二、北方以徐世昌为言和之傀儡，南方则误认徐世昌为有统一北方能力并言和诚意；三、北方藉日本势力压服西南，如国会誓死拒签德约，而北方当局且以去就为日人争，是其彰明较著者。南方不知此意，反认此点为外交危迫，自相顾虑，此皆已往事实，无可讳言。今者，主战派之王揖唐，竟悍然派充议和总代表矣，岂惟无意言和，不啻公然宣战。徐世昌果有统一北方之能力，暨言和之诚意，又何至受彼派之束缚，而出此诡异之行为？至论外交，除日本外，率皆协助我者。如此次拒签德约，各国悉表同情，美尤特申抗议，是日人勾结北方军阀图霸东亚之为列强所嫉视。内政外交，情势如此，是北方卖国党与日本军阀派已将陷于绝境，我西南不可不有最后之决心，以筹相当之办法。

旷观西南现势，突言进取，容或不易，然严阵防守渐图发展，则绰乎有余，所望诸公及时愤发，协力进行，和则必有一定之条件，战则必须共同以动作。举凡从前派往北方接洽之公私代表，拟请概予撤回，一以表示决心，一以间执谗口，如此切实进行，自获最后胜利。否则彼辈诡计百出，而我一筹莫展，噬脐之悔，必有不堪言者。总之，伪国会、边防军、一切密约，苟一日存在，则卖国党之势力，即一日不能消灭，无论其所派代表用谁，恐终不能达我护法救国之主旨。盖反对王揖唐，人的问题，小计划也，取消伪国会、边防军及一切密约，目的问题，大计划也，不仅与北方争胜负，实与日本争存亡。明知诸公神算在握，原无庸抔土益山，然心所谓危，不敢不告，临电神驰，伫候明教。四川代表吴永珊、贵州代表李世荣、陕西代表赵世钰、广西代表覃超、云南临时代表徐之琛、湖北代表张伯烈、湖南代表刘彦、粤军代表黄强、福建靖国军代表王懋、豫军代表张文超、周维屏、援鄂左军代表高振霄、柏总指挥代表陈策、湘西靖国军代表覃振、四川靖国军代表张知竞、浙军代表张浩、湘西护国军代表姜玉笙叩。阳。印。

（《军政府公报》修字第一百零九号，1919 年 9 月 24
日，"公电"）

龚心湛致孙中山等电
（1919 年 9 月 8 日）

广州岑西林先生并转伍、陆、唐、孙、林诸公同鉴：

冬电悉。欧和告竣，此间原拟仍留陆使等在欧筹商善后，嗣因陆使电述奥约签字后，各国代表团均将解散，我如仍留使团在欧，易惹国际注目。故□取同一态度，电召陆使于奥约签字后回国，并令王、魏各使偕归，报告外交详情，以资应付。顾使留欧，仅于德约事随时接洽，早经发表，碍难取消。德约及国际联盟关系綮要，复经电饬陆使等于未回国以前，务须多方接洽，妥筹办理，该使等当遵照筹办。至匈、布、土等约，已另派顾、施两使往签。尊处电令王使留待匈、布、土等签约，事出两歧，对外国交重要，务宜表示一致，以免外人口实，至为切盼。心湛。庚。印。

（《军政府公报》修字第一百一十号，1919 年 9 月 27
日，"公电"）

龚心湛致孙中山等电
（1919 年 9 月 9 日）

广州岑西林先生暨伍、陆、唐、孙、林诸先生鉴：

歌电悉。德约并无补签之事，湘电系出传讹，特复。心湛。佳。印。

（《军政府公报》修字第一百一十号，1919 年 9 月 27
日，"公电"）

熊克武致孙中山等电

(1919 年 9 月 9 日)

万火急。广东军政府各总裁、各部长、莫督军，韶州李督办，肇庆林镇守使，武鸣陆总裁，南宁谭督军、李省长，云南唐总裁，贵阳刘督军、王总司令，郴州谭督军，衡州吴师长，漳州陈省长，诏安方总指挥，三原于督军、张会办，北京徐菊人先生，龚仙舟先生，上海孙总裁、唐总代表并转各代表、和平联合会，南京李督军，南昌陈督军，武昌王督军，各省督军、省长，成都抄送杨省长，资州顾军长，泸州赵军长，夔州黎总司令、王总司令，施南唐总司令、柏总指挥，巫山转城口王总司令，成都黔军朱参谋长均鉴：

川陕划界事宜，前由克武令派四川陆军测量局局长龙光为划界委员长，前往广元两方川陕毗连之境，与刘存厚之代表张英及陕军代表高柳川会同商订，分全线为三段办理：以广元方面为第一段，由广元迤东至南江一带为第二段，由南江迤东经万源城口至大宁一带为第三段。现第一段业已勘划完竣，严定中立地带，彼此不相逾越。双方之□界线，亦经明白规定。□□[第二]、三两段绵亘千余里，若逐一区划，颇稽时日。嗣由双方商酌变通，并为一段办理，不日即可蒇事。查划务终了，彼此自应遵约撤兵，克武仰体军府尊重和平之意，已令前敌各军一律退驻原防矣。谨电奉闻，即请鉴察。熊克武叩。佳。印。

（《熊克武报告川陕划界情形电》，《申报》1919 年 9 月 15 日，"公电"）

云南省议会致军政府总裁等电

(1919 年 9 月 9 日)

广东护法政府各总裁、参众两院，分送各省督军、省长、省议会、商会、教育会，上海唐总代表均鉴：

顷致徐菊人一电，文曰：万急。北京徐菊人先生鉴：庚日接到鲁省议会皓电称：近闻中央将与日本直接交涉，补行签字等语，闻之不胜骇异。溯自青岛交涉失败，国人奔走呼号，始收拒绝签字之效。近审邻邦□谊，且将复伸大义于欧会，而卖国诸贼竟欲徇私媚外，断送神州，陷同胞于万劫不复之地，非丧心病狂万不至此。无论有无其事，务望严行制止，无丧国权。呼吸存亡，千钧一发，惟先生主持之。云南省议会。青。印。等语。查青岛存亡，关系全国，如被国贼补行签字，将来万难挽救，恳速协力电争，以救危亡，不胜盼祷。云南省议会叩。青。印。

（《军政府公报》修字第一百十三号，1919 年 10 月 8 日"公电"）

中华新少年社救国团致军政府总裁等电
（1919 年 9 月 10 日载）

广州军政府总裁、督军、省长、警务处长、国会、省会、学生联合会转各社团、报界公会转各报馆鉴：汕警厅长李少如无故封禁本社，逮捕《大风日报》编辑员，追究投稿学生郭增鑫，舆论哗然，犹复谬引警律横加诬陷，群情愤激，恐酿祸变，哀恳急予维持。中华新少年社救国团叩。

（《军政府公报》修字第一百零五号，1919 年 9 月 10 日，"公电"）

龚心湛致孙中山等电
（1919 年 9 月 10 日）

广州岑西林先生并转伍、陆、唐、孙、林诸公同鉴：

歌电悉。详绎词旨，实兹［滋］惶惑。总代表一职，重在能负责任，此次改任王君，元首属望綦殷，各省军民长官及各界亦示表赞同，其能完全负责固可概见。彼此积极谋和，意在救国，若对人发生纠纷，势必治丝益棼，国将安救？吴师长原电，逞能纵谈，抑岂平情之论。在南中反对王君者，或其地位、派别，过滋疑虑。窃以为彼此谋和既切，正宜蠲除地位、派别之见，合力幹济，乃克有成，若以地位、派别预存成见，是先示人以不广矣。况谓南北问题者，质而言之，仅□□意气之争。既云促进和平，首宜销融意气，以对人问题而别生龃龉，则犹是意气之争，非谋和所宜出此也。来电至以敷衍欺罔为疑，心湛渴望和平，肫诚共鉴，平日践履，是否如敷衍欺罔者之所为，固不烦言而解，果为敷衍欺罔，不望有成，则任何人皆可塞责，又何必重累王君？即王君地位，亦安肯敷衍一行，以贻陨越之诮？溯自和议开始，将及一年，拭目平成，势难再缓。以内政言，统一未成以前，军事无由收束，民治无由进行，财尽民穷，岌岌不可终日。以外交言，和约困难，国步日棘，危险情形，殆难缕述。诸公既知统一时机，利在速成，安可故事吹求，延滞和局，致陷国家于恐怖之境？务望以大局为重，销除误解，协力筹维，此间亦当敦促王君早日南行，开诚集议。哓音瘏口，实迫愚诚，伫候德音，无任急切。龚心湛。蒸。印。

（《军政府公报》修字第一百零九号，1919年9月24日，"公电"）

王文华致军政府各总裁等电
（1919年9月10日）

广州军政府各总裁、参众两院及各省督军、省长、各镇守使、护军使、各师旅长、各总司令、各省议会、各教育会、商会、农会、工会、国民大会、学生联合会、外交后援会、各团体、各报馆，北京徐菊人先生、龚仙舟先生均鉴：

顷读吴子玉师长致北京豪电，为鲁省人民请命，声泪俱下，义理昭然，稍具天良，能不悲愤。夫共和国家，人民无法律保障已违政则，况并爱国而亦不能见许，实古今中外所仅见，人之无良，至此极矣。然而人至于卖国，更有何事不可忍，摧残民命，破坏国本，固卖国所必具之手段，又奚足怪。鲁民之请愿无效，国人之呼号无力，亦在意中。待吾辈总正师干，当自有力，凡民有力，即能自立自决。吾民苟自附于柔脆之林，甘以共有之国家而任人买卖，同胞受此惨祸而不一救，殊堪汗愧。鲁省为国家门户，鲁民受祸独多，乃有此不肖之徒为虎作伥，诸公岂能漠视。尚祈主张公理，惩暴安良，国家幸甚，小民幸甚。黔军总司令王文华叩。蒸。印。

（《军政府公报》修字第一百十一号，1919 年 10 月 1日，"公电"）

王揖唐致孙中山等电
（1919 年 9 月 11 日）

上海唐总代表惠鉴：并请转上海孙中山先生暨广州岑云阶先生、伍秩庸先生、林悦卿先生暨武鸣陆干卿先生暨云南唐蓂赓先生均鉴：

和会中辍，四月于兹，举国望治，如渴于饮，如饥于食，电邮交促，靡日无之。我酷爱和平之元首，逮我热爱和平之全体执政者，择之既慎且久，而乃以揖唐承乏总代表一席，并畀以全权。我国务总理且受元首之特命，亲赍全权证书，临揖唐之私第而手授之。凡此盖将以谋真正永久之和平也。揖唐以良心上之责备，唯恐无以餍国民之望，虽明知其重任，而不得不以一肩承之，行有日矣。

揖唐用敢正告于我国父老昆弟之前曰：揖唐何人，盖国民中爱国家、爱法律、爱真正永久和平之一人也。苟有不爱国家、不爱法律、唯私利之是争而为和平之梗者，虽属吾友，敌视之矣。苟爱国家、爱法律，一以诚意，谋真正永久之和平者，朝虽吾敌，夕可为吾至亲之好友也。今国内之争已逾两稔，不和亦甚矣。揖唐窃以为不和，实根于不平，古人不云乎：凡物不得其平则鸣。有国家者，诚能全国国民纳之轨物，而使全国人才平流并进，以图其国之富强，亦何患不太和翔洽，永奠邦基。兹不幸以不平之故而召不和，内争无已，国贫且弱，亡无日矣。我最亲爱之国民，脱非木石，应有最后最捷之觉悟也。

夫揖唐之智、之勇、之才、之辩，举无一堪自信者，今肩兹重任，所自恃以与全国人士相周旋，惟一诚字耳。亦愿我全国人士，与揖唐相周旋者，其诚意举不让于揖唐，则国家法律上之真正永久和平，不难期之一旦矣。经训有言：上帝临汝，无二汝心。揖唐今敢矢至诚之心，以谋国家法律上之真正永久和平，谨掬诚自誓，有渝此者，上帝鉴之。王揖唐。真。

（《代表南下》，天津《大公报》1919 年 9 月 12 日，"北京特约通信"）

林森、吴景濂致孙中山函
（1919 年 9 月 12 日）

中山先生伟鉴：

奉到前月二十八日邮函，仰见先生于感怀时局之中，仍殷殷爱护国会之至意，回环雒诵，钦佩莫名。

溯自先生阳电发布后，各方当局者经此次痛下针砭，均有所觉悟，知军府与国会，实相依为命，尤以制定宪法，为当务之急，渐能推诚相与，共策进行。两月以来，国会同人筹备制宪，不遗余力，议员相继返粤，络绎于途；并据津沪招待员报告，束装待发者，尚不乏其人，制宪人数，极有希望。窃思两院同人受国民付托之重，虽当危疑震撼之交，苟犹有一线可为之机，不能不黾勉以赴，期梢［稍］尽应尽之职责。果使法定人数满足，即为行使我国会最高权之时机，届时当劝勉同人，努力奋发，为国家求根本之解决；但此时正在积极进行，吾人之理想，非旦夕可期实现。

望先生稍假时日，勿再作决绝之表示，使森等应付时局，有回旋之余地，冀得曲折，以达我初衷，则国民之受赐，实无涯涘，唯先生垂察焉。专泐奉复，并请
钧安

林森、吴景濂谨启　九月十二日
（《革命文献》第七辑，第95～96页）

王安澜致军政府各总裁、各部长电
（1919年9月12日）

急。广州军政府主席总裁、各总裁、各部长钧鉴：

现值停战议和之期，敝军与钧府相距较远，所有应办事宜，非派专员驻粤，恐不足以资驱策而期灵敏。兹特派敝军参谋范亚伯及许君兆龙为敝军驻粤办事员，如有机要，恳请钧府就近接示该员，而该员等冀于敝军应呈一切尤恳赐与接见，俾便秉承。谨此电呈，伏乞鉴察。王安澜叩。文。由城口递巫局转发。印。

（《军政府公报》修字第一百十五号，1919年10月
15日，"公电"）

吕调元致孙中山等电①
（1919年9月13日）

南宁陆干卿先生，云南唐蓂赓先生，广东岑云阶、伍秩庸、林悦

----

① 该电自9月14日吕调元致北京大总统等电中辑出。——编者

卿、孙中山诸先生均鉴：

接唐行营转到诸公上大总统、总理电，反对总统特派之王总代表揖唐，披阅之余，至深骇异。

民国不幸，南北争持。四年以来，田卢［庐？］生荆，膏行莽野，影响全国，百业凋零。强邻蔑视，坛坫受侮，是皆诸公过听金人险士之播弄，柔牟以芹畲极①，稍有矜民之仁、悔祸之念，当急愿弭乱息争，脱吾民于水火，决不愿长此相持，断送吾国于破产亡国之惨境者。

我大总统受全国推戴，衷［哀］矜恻怛，苦心谋和，始终不渝，千回百折，双方停战，和会始开。不图政府推诚，诸公用求苛酷条件，既窘朱总代表于开议之时，昌言反对，又拒王总代表于特派之始，谓非有心割据，无意和平，谁其信之。诸公反对王总代表之论点，不过旧国会议长耳、安福派领袖耳。不知固执党见，始有争端。既已握手言和，不问何党何派，皆属一家，但能爱护和平，虽敌亦友。必于党派之间，孰迎孰拒，是仍争耳，何和之有？且此次所议为法律、事实两大端，全权代表必须双方领袖，有实力，能负责，方能即议即行。唐总代表岂非民党之首领，号称军府之总裁者乎？中央固未尝反对也。即律以国际之例，全权代表有资望不及而被拒者，未有以地位重要而被拒者，诸公之明，岂不知之？诸公犹援民意以自知矣。夫今日真正之民意，惟求速和，免死，免破产，免亡国，不问代表者之为何人。王总代表奉派后，人民开会欢迎欢送者，固所在皆是也。称兵则假法，延乱则又假民，饰词而遁，久假不归，闻者齿冷矣。诸公称兵之实质，非反对对德宣战之主张乎？使诸公当日赞助合肥，移内争之兵出欧境，否则不予拂肘，俾合肥专力参战，则今日巴黎和会光荣何如？乃诸公借外交，兴内乱，政府内顾不遑，宣而未战，堂堂协约战胜国，外交失败，几与德、奥同被剥夺。诸公试于鸡号三更五点时扪心自问，应就其咎否耶。

---

① 原文如此，疑有错漏。——编者

　　国际联盟沿将开会，国内统一，时不可迟，尊电亦已言之。顾犹胶执成见，故为对人之争，藉以迁延时日，此何时何事，而儿戏若此？今王总代表已南下矣，其致唐总代表电，推心置腹，矢以至诚，举国人民读之陨涕，诸公苟非自仇国命，甘与沦亡，即请取消前电，从速开议。日食皆见，驷犹可追。否则被人挟持，举弃不定，无理挑剔，辱及行人，则破坏和局，罪有所归，众怒难犯，民岩可畏，无论中原，义愤不可遏，抑即西南袍泽，恐亦有爱国救民倒悬，以驱国民之公敌者。利害相权，取轻取重，惟公图之。吕调元。覃。印。

　　（《中华民国史档案资料汇编》第三辑政治（二），第1331～1332页）

龚心湛致孙中山等电
（1919年9月13日）

广州岑西林先生并转伍、陆、唐、孙、林诸公鉴：

　　真电悉。新伊钢铁借款并无其事，特复。龚心湛。元。印。

　　（《军政府公报》修字第一百十一号，1919年10月1日，"公电"）

黎天才、王天纵致军政府各总裁等电
（1919年9月14日）

百万急。广州军政府政务会议各总裁、各部长、参众两院、莫督军，韶州李督办，肇庆林总司令，潮州方总指挥，龙州陆总裁，上海和平会议唐总代表暨西南各代表，贵阳刘督军、王总司令，施南唐总司令、柏总指挥，泸州赵军长，资州顾军长，重庆黔军朱参谋长，万县田梯团长均鉴：

张君辑五在襄受害，其详情已快邮代电，计登清览。兹者于友军处得阅川督署参谋长李君郁生诸君通电，一则曰为黎、王盐税交涉，处以势力范围之下；再则曰张君即有不恤于人之处，何以不死于他，而死于襄等语。查鄂、豫两军在襄附收盐税，实因军饷无着，出于万不得已。既而锦公以稽核所干涉，电商取消，而以云、宁、奉、开四县盐税为抵，磋商数次，非天才、天纵等不肯取消，实因该四县盐税为数无几，且无确实把握，故迭电锦公，并电恳唐联帅转电要求另拨的款协济，此亦出于万不得已之举。此次锦公派张君辑五来襄磋商，天才、天纵等复电，备极欢迎。磋商一次，双方意极融洽，未有丝毫龃龉，专候锦公回电指定协济款项为最后之解决。当时有襄监督裴咫才、电局长宋筱九诸君在座，此外更有张君同来之康科长均洞悉其事，不难一问而知。张君来此，既系取消盐税，指拨的款，在豫、鄂两军，方且感激之不暇，焉有欢迎于前图害于后之理？又况谋害张君，于盐税交涉上有何损益？岂张君一死，熊督遂将接济款项取消，盐税一事淡然忘之乎？抑必在襄城令张君一死，而予人以口实乎？至愚之人，亦不出此。至襄城虽军队林立，而滇川鄂豫四省军队杂居，从未发生刺杀案件，且张君被害地点，并不在敝军势力范围以内，是则张君虽为敝军之事而来，综其被害情形，无一与敝军相涉。刻已电锦公派员彻查，谅能水落石出，无待天才、天纵等晓晓为也。第恐远道传闻，或有失实，特电奉闻。黎天才、王天纵叩。寒。印。

（《军政府公报》修字第一百十二号，1919 年 10 月 4 日，"公电"）

军政府政务会议致孙中山电
（1919 年 9 月 15 日）

上海孙总裁钧鉴：

佳电诵悉，未荷慨允，至为怅然。总希勉抑高怀，始终其事。

业已派员赴沪，敦列尊名，诸请察照为荷。政务会议。删。

（《政务会议致孙先生电》，上海《民国日报》1919
年9月19日）

吕公望致军政府各总裁等电
（1919年9月15日）

广州军政府各总裁、李参谋长、莫陆军部长、莫督军、张省长钧鉴：

敝军驻省军事代表王赞尧，因公外出，所有代表一职，已委本
部总参议张浩兼充，祈转知各代表，以资接洽。援闽浙军总司令吕
公望叩。删。印。

（《军政府公报》修字第一百一十号，1919年9月27
日，"公电"）

北京国务院致孙中山等电
（1919年9月15日）

广州岑西林先生转伍、陆、唐、孙、林诸公同鉴：

元电悉。直鲁人民请愿，种种逾越法轨，政府多方劝解不从，
甚至包围府院，阻断交通无已，始令警厅解散，并无捕禁情事。所
有先后办理情形，早经布告，远道传闻失实，未足为据也。特复。

（《请愿事答复军政府》，天津《大公报》1919年9
月18日）

伍廷芳致孙中山函
（1919年9月16日）

中山先生大鉴：

前奉复书，备承明教，感慰无似。

粤省为护法根本之地，而武力横暴，动加干涉，法律失效，办事棘手，执事有取见几之旨，别图救国之方，此诚万不获已之举。廷本与事执〔执事〕同此感想，更何取扳留套话强聒左右乎？惟最近情势有欲陈诸左右者。现军府拒绝王揖唐，将来北廷或以不和不战，冀为坐困西南之计，或另派言和之人，此诚未可逆料。将来护法各省，迫于形势之必要，或取自治，获取分治，或另有良法，以善其后，要贵主持之有人。

顷接唐荩赓来电，注意保存旧国会，而对于非法承认徐世昌为大总统，亦不赞成，主张甚为正当。

粤局虽纠纷，然护法两年，尚无结果，此时我辈联翩远引，护法初旨既弗克达，更为北敌所快心，为大局计，似宜稍缓须臾，俟时局有无转机，然后再决行止。区区之意，倘荷采纳，望暂勿言辞，共维危局。如大局仍无转机，廷必与执事同去，决不留恋也。兹派朱君笑山赍函奉达台端，希为明察，伫候教言。此颂

台祉

伍廷芳谨启　中华民国八年九月十六日

（《革命文献》第七辑，第 96 页）

刘显世致孙中山等电[①]

（1919 年 9 月 16 日）

广州军政府各总裁、各部长、参众两院、莫督军，云南唐总裁，武鸣陆总裁，上海孙总裁、唐总代表，南宁谭督军，郴州谭督军，成都熊督军，漳州陈总司令、方会办均鉴：

日公感电悉。北方与日本私缔各约，在在足制全国死命，凡有

---

① 公报所记该电发电时间为 10 月 16 日，但该期公报出版日期为 10 月 4 日，显为误记，该电应发于 9 月。——编者

血气，激愤同深，我辈绝不承认，谅为中外所知。惟是未经正式宣示，诚恐望者不察，视同默许，日公伟虑，极为周至。拟请由军府正式宣告中外，对于此项协约一律否认，并电北廷设法取消，以延国命，而定人心。诸公卓见如何，祈赐明教。刘显世。铣。印。

（《军政府公报》修字第一百十二号，1919 年 10 月 4日 "公电"）

熊克武致孙中山等电

（1919 年 9 月 16 日）

广州军政府各总裁、参众两院，云南唐总裁，武鸣陆总裁，上海孙总裁、议和总代表、各分代表，北京徐菊人先生、龚仙舟先生，各省送督军、省长、省议会均鉴：

报载日人芳泽氏来华，关于山东问题，议假款六千万与我，要求我国补签德约，或由中日两国单独交涉。窃以山东问题关系我国存亡，前以国民一致坚持，毅然拒绝，英美舆论亦为我抱不平之鸣，方冀留待国际联盟会议公平裁判，乃日人多方诱胁，阴谋百出，近复利〈用〉吾国财政艰窘，拟以借款小惠，达彼诡谋，凡我国人，同深愤激。夫物必先腐而后虫生之，国必自伐而后人伐之，吾国近数年来，与日本各种密约无不丧权辱国，致酿亡征，皆由当局中三数宵小思专政权、甘心卖国所致。若更益以此种借款，愈致纠纷，山东问题已成绝症，昔美英人之表同情于我者，将闭口而叹气矣。再者，中日条约迭经举国严电要求全体宣布，迄未照行，如果有议和诚意，即当及早宣布，对于日人借款，表示严厉拒绝。倘再延误，隐患益滋，舆论方张，借亡可惧。诸公爱国心长，务祈力争，以杜后患。急不择言，统希鉴察。熊克武叩。铣。印。

（《军政府公报》修字第一百十二号，1919 年 10 月 4日，"公电"）

田应诏等致孙中山等电

（1919 年 9 月 18 日）

广州军政府岑、伍总裁、各部长、参众两院、莫督军，云南唐总裁，武鸣陆总裁，上海孙总裁、唐总裁，南宁谭督军，贵阳刘督军，郴州谭督军，成都熊督军、杨省长，陕西于督军，漳州陈总司令，夔州黎联军总司令、柏总指挥、唐总司令，溆浦周总司令，武冈周司令，各省督军、省长、镇守使、师旅长、各都统、护军使均鉴：

顷读莫督军致徐、龚感电，于北方所缔对日军事协定，及高徐、顺济铁道合办各约之害，痛切陈言，谋国精神诚深堪赞佩。和议久滞，已切隐忧，然我护法各省坚秉正义，挽救犹可徐图，值此欧战已终，若仍任窃柄之人□结狡邻，□□各纳，主权尽失，□□□□，是不亡于内而亡于外，[1] 应请军府及诸公一力主持，揭此诡谋，务期根本取消，以拯危局。临电无任迫切之至。田应诏、张学济、林德轩、萧汝霖叩。巧。印。

（《军政府公报》修字第一百十二号，1919 年 10 月 4 日，"公电"）

韩锡潢致孙中山函[2]

（1919 年 9 月 18 日）

中山先生伟鉴：

敬启者：自拜别已经数月，但十三日由申起行，十五日到烟台，拜会各界，提及先生之意，各界均表同情，并无一人反对。仆

---

① 以下尚约 14 字难以辨识。——编者
② 该函自北京发出，未署年月，仅署 25 日，系阴历，即阳历 9 月 18 日。信封邮戳显示 1919 年 9 月 20 日到达上海。——编者

即起身赴济南省城，廿一日抵省会友，亟力提倡先生之意，山东友
人俱依先生为屏帐，亟力赞成。仆亦心神爽快，日与友相谈，甚以
为乐。因此以报先生得知，即稍住几日以去北京，到京不日即回济
南，俟后再与先生报告。余言后呈，即请

时安，不另

韩锡潢鞠躬　　廿五日

孙中山批：不知是何许人，一查。

（《革命文献》第四十八辑，第 274 页）

熊克武致孙中山等电
（1919 年 9 月 18 日）

万急。广东军政府各总裁、各部长、参众两院、莫督军、张省长，
韶州李督办，肇庆林镇守使，武鸣陆总裁，南宁谭督军、李省长，
云南唐总裁，贵阳刘督军、王总司令，郴州谭督军，辰州各总司
令，诏安方会办，漳州陈省长，三原于督军、张会办，上海孙总
裁、唐总代表并转西南各代表，各省督军、省长，成都抄送杨省
长、蓝慰问使、省议会，资中顾军长，泸州赵军长，重庆黔军朱参
谋长，夔州鄂军黎总司令、豫军王总司令，巫山送王总司令钧鉴：

此间对于边藏计划，前于蒸日通电奉商，嗣接北京国务院外交
部歌电云云（中略）。当即复电，文曰：（中略）等语。窃此次边
藏界约，若竟轻于议结，在外人固为得计，继此以往，吾国边务岂
复有补救之可言。川省与藏密迩，利害所及，自较他省为切。然西
藏实为全国国防所关，凡我国人，想不忍弃置不顾。务乞我军府当
轴暨爱国诸公协力争持，共图挽救，免贻异日无穷之悔。不胜企
盼。熊克武叩。巧。印。

（《关于西藏问题之要电》，上海《民国日报》1919

年 10 月 3 日）

旅沪国会议员何畏等致军政府各总裁等电

（1919 年 9 月 19 日）

广州参众两院、军政府各总裁、莫督军、李参谋长，漳州陈总司令，贵州刘督军，四川熊督军，郴州谭督军均鉴：

北廷以胶经［济］铁路换文，高徐、顺济路约内有欣然同意之明文，不特山东主权由此断送，民国四年之二十一条更加一层保障，效力愈强。军事协定托名参战，欧战终止当然取销，乃竟延长时期，另订代替之约，不惜将我国军权赠之岛国。而七大铁路条约，北起满蒙，南迄闽海，举中国北部、中部、南部尽划入日本势力范围。近更设立筹边使边防处，为代表日本经营中国之机关。凡军事、金钱、武官，无一不取资于日本，卖国计划着着进行，直鲁上海人民请愿废约，空拳赤手，以与卖国贼奋斗，拘捕戮辱，百折不回。西南手握重兵，宜兴讨贼之师，共拯亡国之祸，庶几对兹民众，可告无惭。南北讲和，不外以政治全权奉之北京政府，如果成为事实，则直接统一于北方，即间接统一于日本，国苟不国，西南将何所托命乎？宜及时撤回总、分代表，表示与卖国政府断绝关系，一面宣布卖国罪状，出兵讨贼。中日间一切密约，皆国贼所手订，欲救中国，必争废约，欲争废约，必□①汉奸。舍此不图，而惟王揖唐之个人拒绝，终非正本清源之道也。谨布意见，不尽拳拳。旅沪国会议员何畏、王试功、王法勤、牟琳、彭介石、梁易洲、罗上霁、董昆瀛、张瑞萱、温世霖、张书元、李素、汪澄源、贺升平、孙乃祥、茅祖权、方潜叩。皓。

（《旅沪国会议员之皓电》，上海《民国日报》1919年 9 月 21 日）

---

①　原文如此。——编者

柏文蔚致军政府各总裁等电
（1919 年 9 月 19 日）

广州军政府各总裁、各部长、参众两院、莫督军、吕督办，武鸣陆总裁，云南唐总裁，南宁谭督军、李省长，上海唐总代表，郴州谭督军、赵总司令，辰州田总司令、张总司令、林总司令、萧总司令，溆浦周总司令，贵阳刘督军，成都熊督军、杨省长，三原于督军、张会办，夔州黎总司令、施南唐总司令、豫军王总司令，巫山转城口王总司令，漳州陈省长，诏安方会办，韶州李督办均鉴：

　　谭、赵诸公沁电诵悉。拒签德约为中国国命生死之关键，故全国国民无南无北，莫不异口同词，誓死不屈。而二三卖国贼，竟敢暗结外人，阴谋补签，牺牲国家之大群，以快三数奸党之私欲，贼之肉岂足食乎？此贼不除，终有引狼入室之日，与他时再兴救国之师，毋宁今日先诛卖国之贼，正本清源，无逾于此。蔚虽不敏，敢不努力以从诸公之后。柏文蔚叩。皓。印。

　　（《军政府公报》修字第一百十三号，1919 年 10 月 8 日，"公电"）

蓝天蔚致孙中山等电
（1919 年 9 月 20 日）

广州军政府各总裁、各部长、参众两院、莫督军、李督办、吕督办，云南唐总裁，武鸣陆总裁，南宁谭督军、李省长，贵阳刘督军，郴州谭督军，三原于督军、张会办，漳州陈总司令，诏安方会办，上海孙总裁、唐总代表暨各代表，各省督军、省长、省议会均鉴：

　　天蔚抵成都后，与熊督军谈及边藏问题及一切筹划，天蔚极所赞同。查西藏界务原属内政范围，英人越俎参与，已于主权有损。

至去岁藏番侵扰川边，擅据十余州县，川督派兵戡定，自是疆吏应尽之责。乃北廷以英使催结悬案，竟欲牵率让步，置国土主权于不顾，日蹙百理〔里〕，其何以堪。况西藏接壤英属，为吾国边防重地，藏人要求自治，讵出本心？浸假肆外人之蚕食，则天府奥区，不免为辽阳之续。伏祈我军府诸公，查照熊督军电陈办法，策励进行，并望各省爱国诸公一致协助。至于北廷与英使交涉，尤宜严重监督，免致丧失国权。天蔚亲临川省，见闻较确，用敢率陈，藉资采择。蓝天蔚叩。号。印。

（《军政府公报》修字第一百十三号，1919 年 10 月 8 日，"公电"）

林德轩致孙中山函
（1919 年 9 月 20 日）

先生钧鉴：

德轩不才，谬承垂注。客春使者至，嘱继义举于湘西，改帜靖国，闻命之下，遵即谋约此间各将领，一致进行。旋为他方所忌，又复苦力经营，撑持门面。迄今领地数百里，带甲数万众，饷糈之筹备，防守之策画，已经无量艰辛矣。兹者大局解决，略具雏形，我湘西一部分，于西南地位上，几成瓯脱，殊为可虑。嗣后如何进行，如何善后，务恳极力主持，以保吾党之实力，而维系人心。所谓羽毛不丰满，不足以言高飞也。田君凤丹，为人老成有奇略，与轩谊属同学。近且同袍历年，察其言行，实无疵谬。前二三次革命，虽未大著勋绩，然泰半为事势所沮。此次兴师逐贼，功勋昭然，而提挈湘西军政，尤为他人所不易及。顾论功行赏，自当首屈一指。刻下一般军心，倾诚田君甚殷，即轩意亦欲此君出而维系湘局。伏念钧座素以礼贤惜材为职志，用敢俯邀明察，于和会上提出条件，务达目的，俾田君随附云南，得展其所抱，吾湘之幸，是即吾党之幸矣。且轩之所以推引田君者，非有他意，欲藉此以遵崇钧座，而巩固吾党之实力耳。况此次各将领奉命举义，稍著成效，若不择尤而表彰之，不足以鼓励人心，而劝后进。窃恐自斯以往，轩即殚竭血忱，力效驰驱，独木支厦，终虑贻钧座忧也。肃此，敬颂
钧安

林德轩谨肃　九月二十号

孙中山批：答函大加奖励。

（《革命文献》第四十八辑，第 270 页）

伍行敦致孙中山函

（1919 年 9 月 20 日）

中山大总裁钧鉴：

申浦趋承，备蒙教训，伏读学说，受益良多。途中阅报载辞职一电，措词沉痛，卓具苦心，薄海傍［彷］徨，莫名震撼。伏思总裁手创民邦，躬维法治，任重道远，义不容辞，务乞俯顺舆情，收回成命，主持大计，福我邦家，迫切攀辕，毋任企祷。专肃，敬叩
钧安

湖南江华公民伍行敦叩　九月廿日
（《革命文献》第四十八辑，第 312 页）

龚心湛致孙中山等电

（1919 年 9 月 21 日）

广州岑西林先生并转伍、陆、唐、孙、林诸公同鉴：

筱电悉。北方人士莫不酷爱和平，诚如尊论。第代表重任，得人綦难，必欲摆脱各方，则所用者必系各方毫无关系之人，世安有

毫无关系而能为人代表者？亦安有以毫无关系之人担任代表，而能收解决效果者？故以情势而论，王君最为适当。既云代表，当取其足以代表中央之意见，将来赓续集议，一切问题诸待商榷，无所谓强全国以必从也。西南既以国家为重，党派为轻，与其胶执成见，延长纷扰之局，以重苦吾民，则何如权衡轻重，开诚容纳，俾大局早定，藉挽颠危。中央果如主战也者，则何必改派代表，积极谋和，王君亦讵肯以谋和无成，自贻诟病。此时边患日烈，外交艰棘，民穷财尽，四方耗斁，试问舍谋和外有何收束之法？来电谓诿过西南，贯彻主战，中央断无此意旨，即按之现今情势，亦岂能有此事实？设因此等枝节，辗转误会，影响和局，流弊所极，适使神州陆沉，同沦浩劫，于西南亦何利哉。谨以至诚恻怛之意，为我全国父老兄弟吁恳群公，幸始终振导和平，促开会议，勿以对人问题再生波折，国家幸甚。迫切待命，不尽愚诚。心湛。个。印。

（《军政府公报》修字第一百十一号，1919 年 10 月 1 日，"公电"）

陈炯明致军政府各总裁电[1]
（1919 年 9 月 21 日）

广州军政府各总裁均鉴：

此次军府提存关款，及德侨有款一百八十余万两，闻因分配为难，储为特别军需，措置良是。窃〈谓民国八〉稔，迭生变乱，护法各省屡谋国是，藉乎军人政客抱薪救火，愈徙愈坏，至今几无一线生机。良以根本革新，惟在教育，缘木求鱼，乌乎可得。吾国教育只有北京大学粗备规模，不足容纳国内英俊，使之竞趋学术，少

---

① 本电〈〉处，系根据《陈竞存注重培养国本》（上海《民国日报》1919 年 10 月 6 日）补齐。——编者

逐政潮，人才荒废，坠落狂浮，而为国计民生，并承其式，深滋隐忧。我西南护法，原本救国，若不实事求是，兼筹并顾，窃恐误国之罪，即属号称救国之人。炯明之愚，以为军府诚宜倡建护法大学一所，即以存款全数或提出一〈百〉万两为发起基金，再饬各省凑拨数十万，并由海内外设法募捐，则二三百万巨资当可立集。校地或在广东，或在上海，择善而从。常年经费仍可由盐税余款指拨，定为成案。一举手间大学即可成立，为百年树人之计，国家根本之谋，无逾于此。既可存西南护法纪念，亦可免分款不均微嫌，诸公公忠谋国，谅邀赞同。如以为当，请一致主张，电请军府切实施行。至军需竭蹶，各省均同，吾人惟见义勇为，忍苦急公，自无余事。成此盛举，以垂不朽，亦我西南护法诸公之所赐也。陈炯明叩。马。印。

（《军政府公报》修字第一百二十一号，1919 年 11 月 5 日，"公电"）

广州各团体致孙中山等快邮代电①

（1919 年 9 月 22 日）

窃维西南护法以来，以广东为中坚，而广东又为西南之门户。曩者外国报纸散布瓜分中国谰言，既以广东划属于英国国旗之下，然苟抵御有术，未尝不可杜绝其觊觎之心。

不意吾粤市政公所，近日发生电车一案，甘授主权于外籍人。以区区一百万元之报效，而以广州市目前暨将来之交通权，完全卖与外人，一切租借管理之权，悉转移于外人管理之手。且与洋商订约废中国正朔而专用西历，既隐示以外国政府为主体，而该公司之立案注册又在香港，兹以英国商人为公司代表，以英国律师为公司护符，一旦发生交涉，英国政府藉口保护，派兵占领，非变为外人

---

① 该电除孙中山外，尚致送陆荣廷、唐继尧、唐绍仪。——编者

之租借区，即成为外人一占领地。广东亡则西南之藩篱撤，而全国亦将动摇，其可危孰有甚于此者。

伏念我公为西南柱石，以一身维系安危，急起以图补牢，犹未为晚。乞迅电粤政府饬令该公所立予废约，保全广东，所以保全西南，亦即所以保全中国也。临楮不胜迫切待命之至。广州市电车路补救会至全体干事，粤籍国会何士果、林伯和、孔昭晟、陆祺、符梦松、苏佑慈，省议会曾国琮、郑里铎、黄佩荃、罗赓镛、许联芬、李云最，总商会姚伦三、潘隶甫，惠行善院田志堂、陈勉修、叶礼堂、伍赍予、冯序南、蔡寿朋，广济医院李芝畦、何仁卿、张桂生，广仁善堂杨绍文、徐树棠、崔耀埠、郑楚秀、周植基、徐炎，博爱育善堂冯公溥、何仁卿、陈德农、溪锡蕃，方便医院宋俊堂、熊康侯、胡作善、黄载堂、甘熙亭、陈景南，润身社陈瑞庭、梁柱石，地方自治研究社梁远甫，长堤商务研究所陆卓卿、梁孝鲁、述堂明子远、梁载南，旅广东善后协会代表唐〔唐？〕锷、孔昭晟等仝叩。祃。

（《粤各团体力争电车案》，上海《民国日报》1919年10月2日）

中华国民策进永久和平会致军政府各总裁等电

（1919年9月23日载）

广州参众两院、军政府各总裁、护法各督军均鉴：

军阀祸国，干戈相寻，欲图真正永久之和平，先必铲除军阀干政之障碍。乃徐世昌戏弄国民，竟派军阀罪魁王揖唐为议和总代表，举国反对，谤讟纷腾。而王氏厚颜无耻，悍然南下，以冀招降西南，实行扶同卖国之计划。沪上商民视为奇耻大辱，群以无颜与国贼相见之字条，揭贴门首，以示深恶痛绝之意。西南护法代表倘再与之委蛇周旋，岂不贻羞中外，自绝国人。敢祈立即撤回驻沪代表，将北廷儿戏议和罪状，通告中外，以示决绝。否则比奸自污，扶同卖国，西南与北廷之罪恶不过百步五十步之间，国民不能为诸公恕也。中华国民策进永久和平会叩。

（《策进会痛斥王揖唐》，上海《民国日报》1919 年 9 月 23 日）

谭浩明致孙中山等电
（1919 年 9 月 23 日）

万急。广州军政府各总裁、各部长、参众两院议长、议员、各省各军代表、莫督军、张省长、陈师长、潘旅长、魏总司令、马总司令、申江防司令、钮海军陆战队司令，云南唐总裁，武鸣陆总裁，上海唐总裁、孙总裁，贵阳刘督军，成都熊督军、杨省长，永州萧镇守使、李正司令，三原于督军、张会办，漳州陈省长，溆浦周总司令，辰州田、张、胡、林各总司令，郴州谭督军、赵总司令、林纵队司令、林民政处长，肇庆林总司令，诏安方会办、吕总司令，琼县沈总司令，韶州李督办、郑师长，重庆黄总司令，巫山转城口王总司令，施南唐总司令，夔州黎总司令、豫军王总司令，潮州刘总司令，惠州刘总司令，高州陈镇守使，廉州黄镇守使，钦州冯督办，各省省议会，南宁李省长、张厅长、广西各局、分送省议会、各镇守使、各总司令、各师旅团长、营长、各正副司令、各管带、各道尹、知事、各商会、各农会、各教育会、各保卫团、各报馆钧鉴：

　　窃维范金铸象，勒石铭勋，国家以待，有军蒸祀，缯庆无极。慨自湘云告难，粤海生波，我湘粤桂护国各军将士忠诚奋发，转战经年，裹革捐躯，名留衡岳，执戈卫国，加奠琼崖，虽杀敌致果，本军人之常，而崇德报功，亦后死之责。今者荒郊寂寂，谁归先轸之元，战垒沉沉，难辨苌宏之血，护前陨涕，事后哀思，浩明痛切同袍，感深遗烈。兹定本年十月一日邕水出师之地，开灵山证果之场，追悼英魂，□招毅魄。伏祈表彰先烈，远赠挽言，切恻国殇，作为哀谏，将见死且不朽，足增泉壤之光，生□自来，永壮山河之色。临电不胜怆恻祈祷之至。浩明。漾。印。

（《军政府公报》修字第一百十一号，1919 年 10 月 1 日，"公电"）

唐继尧致孙中山等电
（1919 年 9 月 23 日）

广州军政府各总裁、各部长、参众两院、莫督军，武鸣陆总裁，上海孙总裁、唐总代表，南宁谭督军，郴州谭督军，贵阳刘督军，成都熊督军，漳州陈总司令、方会办，陕西于督军，夔州黎总司令均鉴：

日公感电、如公铣电均悉。北廷与日本私缔亡国条约，原未经正式国会通过，我西南决不承认。尧前于巴黎外交失败时，曾痛斥卖国党之因借款而断送利权，构密约作茧自缚，以自酿此恶果，谅邀青察。读如、日公所言，若不提请取消，则情同默认，如公拟请由军府正式宣告中外一律不认，并电北廷设法取消，筹虑周至，均获我心。事关国脉存亡，即请由军府联名正式通告，并切电北廷较为妥捷，诸公卓见，谅有同情。特此奉商，统赐裁察。继尧。漾。印。

（《军政府公报》修字第一百十二号，1919 年 10 月 4 日，"公电"）

唐继尧致孙中山等电
（1919 年 9 月 23 日）

广州军政府各总裁、参众两院，武鸣陆总裁，上海孙总裁、唐总代表、各代表，成都熊督军，北京徐菊人先生、龚仙舟先生，各省督军、省长、省议会均鉴：

熊督军铣电以日人芳泽来华，议假款六千万与我，要求补签德约，或由两国单独交涉一节，虽事属秘密，莫明真象，而报纸喧传不为无因。我国比年来，餂于借款小惠，饮鸩止渴，不惜以国家命脉断送靡遗。如果泽芳〔芳泽〕以此相诱，务望当局严厉拒绝，仍照专使计划及全国主张，以山东问题留待国际联盟公判，免致堕彼诡谋，并望全国一致力争，实深企伫。唐继尧。梗。叩。

（《军政府公报》修字第一百十三号，1919 年 10 月 8 日，"公电"）

谭延闿致军政府各总裁等电
（1919 年 9 月 23 日）

急。广州军政府各总裁、各部长、参众两院，各省督军、省长、各师旅长、各省议会、教育会、商会、各报馆均鉴：

唐总代表真电敬悉，危言谠论，钦佩莫名。吾国既加入协约，战胜所得之利益，当然与列强平等，不幸因德约激起抗议，至不得已而拒绝签字，已失去公理之平。今对奥条件复有修改之说，殊深骇异。查欧会对奥所事各条，本吾国应有之权利，毫无迁就之余地，果如外电所传，是直不以独立国待我。此而可忍，孰不可忍，应请诸公急电欧会专使，严重交涉，终始坚持，不恢复原约不止。迫切陈词，伏希鉴察。谭延闿。梗。印。

（《军政府公报》修字第一百十二号，1919 年 10 月 4 日，"公电"）

方井东致孙中山函
（1919 年 9 月 23 日）

中山先生伟鉴：

久未上书奉陈，时深感慕。顷阅报载，王揖唐于昨日至先生公寓，叩询先生对于和局意见。经先生面斥段氏无识坏法，并云现惟一解决方法，只有恢复旧国会，使其自由行使职权。此为先生二年护法之主张，亦即为全国人民谋和注意之点。若能办到此层，和局即可成立，否则无可商量。

但揖唐在宁，鄙人根据彼真日通电，以诚字作用，与全国人士相周旋。鄙人到彼寓与彼相见，约谈十分钟之久，以鄙人目光，彼准定言与行违。彼系安福领袖，此次纯以强硬巧滑作用，然代表随员仆从如此众多，专事奔走运动，倘一方面不得其平，即行瓦解，世界要人莫若威尔逊君出来，亦无如此举止。彼全不知公仆二字感想，彼辈所用之金钞，即全国人民之膏血。近年来与各方面秘密所订卖国条约，愈出愈奇。务乞先生此次倘有和议机会，力恳先生发表根本解决政见，铲除种种恶习。特此冒渎上言，敬叩
钧安

胡汉民、林业明二公先生勋安。

方井东鞠躬谨上　九月廿三日灯下

（《革命文献》第五十辑，第428页）

萧辉锦呈民党当局文

（1919 年 9 月 23 日）

护法军兴，以顺讨逆，自非将叛党扫除清净，法律全生效力，政治前途永无清明之一日。不幸一般武人、政客多半为惰性所中，利心所迷，相率苟且言和，不顾祸机隐伏，日后爆发必更至不可收拾，国家元气势将随之断丧以尽。兴言及此，殊可寒心。而彼阴谋策士复从而左右之，利用之，或藉口外交之危险，或假托国民之名义，一犬吠形百犬吠声，猖猖逐逐，前后相从。看此情形，将来和平之说或成事实，亦未可知。吾党处此，自不能不因势利导，预备资料，以便议和时作成条件，要求交换。爰就管见所及，略举数事：

（一）中山先生位置问题。中山先生为创造民国之宗主，又为此次护法之首唱，大总统一席，自非先生莫属。惟一般势利之徒，动以苟且迁就为事，万一正座不能力争，副座又不便屈就，则非有特殊位置，不足表示尊重而图发展。但此种位置甚难适当，似宜仿民国元年成例，担任全国铁路督办以办理实业。（宜主张铁路独立，不受何种节制，或特设铁道院，由先生担任院长更妥。）名又置身政潮以外，一面以全力扩充党务，于每省设一铁路筹办处，更组一铁路协会以辅之，以路局之实力，促党势之进行。以中山平日铁路计画之周详，数年之后必大有成效，于国、于党两有裨益。此宜注意者一。

（二）粤、闽、川、陕问题。粤、闽两省为吾党之策源地，现陈君竞存转战入闽，颇为发展，兵力亦极雄厚，诚足据为根本，宜以全力维持陈君军队。和议若成，督军制在所必废，将来划分军区，闽省为边防要地，宜为陈君争军区长地位。陈君望实兼隆，又为闽省人士所极欢迎，谅易办到。至省长一席，仍宜付之闽人，以符陈君宣言以闽治闽、以民治民之旨。粤省为财赋之区，诸事容易发展，此番如欲联桂，督军一席，即以让之桂派，况废督之说或成事实，尤不宜争此空名，予阴谋家挑拨之口实。惟省长一职，废督之后极为重要，必须属之吾党，日后徐图发展，便易为力。川省吾党向来颇盛，近日手握军符者，如石、颜、黄、卢等，均属能战之兵，将来裁兵问题发生，必须力为维持。杨君庶戡〔堪〕之省长关系尤重，万不可稍有动摇。陕西方面，关系军事，南得之则足控制西北，北得之亦足牵制西南，所谓在我为要，在敌为害者此也。于君右任虽中间，亦有令人怀疑之处，然究系多年老同志，终较他人为可靠。现军府已任为督军，亦宜力为维持，如争之不获，即改任省长亦可。至于湘、鄂、皖、赣等省，向在西南范围，现虽为逆党盘踞，亦宜随机应变，因应咸宜，如能争回一分，即得一分之用。此宜注意者二。

（三）曰阁员分配问题。此次既属苟且言和，则将来组阁仍系混合无疑,故阁员之分配,关系全党之盛衰。观近日舆论,颇以唐内阁呼声为最高,财政一席,或归唐兼,其余阁员,吾党必须占二三席,如孙君伯兰、胡君展堂、居君觉生,均宜预备之列。此其注意者三。

以上数端,虽极平易,实为民党生死存亡关键。缘此次和平,并非逆党共有悔祸之诚,不过苟且涂饰,以欺中外之耳目。故专就事实研究,为民国后来稍留一线生机,所有放言高论,迂远而不切事情之谈,概不羼入。其幸而成也,则吾党犹有崛兴之日,即中华民国亦有巩固之望。万一不幸为彼狐群狗党所破坏,致吾党无立足之地,则国家命运将益陷于悲境,永无发达之望,吾党亦可告无罪于天下。况此种要求,并无奢望,质言之,不过恢复民国二年原状而已,逆料各方面必不至于极端反对。是在吾之列席和平会议者,好自为之,以折冲于樽俎间而已。民党一分子萧锦辉密拟。

右(上)方所陈,系专就党之方面而言,其立国之根本问题,应行提议者,如废督裁兵几成一般舆论,他若恢复地方自治,恢复司法独立,分配军队,补充军费军实,抚恤死事党人,取销各种非法命令等等,以非关党务,故不赘及。

(《革命文献》第五十辑,第 428~430 页)

湖南国民大会致军政府各总裁、参众两院电
(1919 年 9 月 24 日)

广州军政府各总裁、参众两院公鉴:

据确报,张敬尧将吾湘全省矿产,托英工程师葛某抵押洋三千万元,订约二十条等语。查湘省迭遭兵燹,公家既经破产,私人已竭脂膏,将来生机,全恃矿产为命脉。张以局部长,断无处分湘产之权,且种种违法,本会屡次电请声罪致讨,牵于和局,未蒙采纳。今张利此时机,盗押全湘矿产,即断全湘生命,狼毒险狠,万

难任其久留。务恳诸公一面拒绝抵押,一面檄师声讨,张去湘存,
非仅矿产。迫切陈词,泣血与俱。湖南国民大会叩。迥。

(《湘人反对张敬尧押矿电》,《申报》1919 年 10 月 9 日)

龚心湛致孙中山等电
(1919 年 9 月 24 日)

保定曹经略使,盛京张巡阅使,蚌埠倪巡阅使,各省督军、省长,
归化、常德、张家口都统,宁夏、龙华护军使,库伦都护使,上海
海军总司令、王总代表并转各代表、唐总代表并转各代表,广东岑
西林先生并转陆、伍、唐、孙、林诸公鉴:

心湛忝主国计,兼摄中枢,乞退再三,未邀允准,一以主座谋
和肯挚,责令商洽各方,一以心湛怵目艰危,未敢畏难引避。勉力
支撑,及今三月,果裨国事,何恤捐糜?无如力不从心,事多违
愿,所恃以接人者,惟诚与信,而不足以泯人之疑;所持以责己
者,惟公与廉,而适足滋己之戾。若再滥竽高位,尤恐贻误方来。
本日已呈请主座准免各职,仔肩获卸,感幸交并。惟世变方殷,和
平未睹,返之初志,良用歉然。深冀南北明达诸公共懔危亡,力蠲
意见,勿操戈于同室,亟御侮于阋墙。倘能永息纷争,徐跻康乐,
不惟民食其赐,即心湛退归林下,获睹厥成,亦藉以偿未竟之怀,
而释隐微之疚,拜助他山,实无涯涘。

抑有陈者,吾国财政一破于庚子之变,再坏于辛亥之役,已极
创巨痛深。迨丙辰以后,军用无度,政费日增,各省解款无著,反
赖补助于中央,国库悉索无余,惟恃举债为生活。本年预算不敷,
竟达二万万元以上,而善后须借之款,为数尚不止此。罗掘穷于雀
鼠,抵押将及地丁,呼吸存亡,至危极险。心湛筦部伊始,通盘筹
画,咸主开源,无论百业萧条,未忍重伤元气,兵争未已,著手无
由,就令黾勉图功,而收效决非旦夕;若徒为权宜应急,续借外赀,

剜肉未必补疮，止渴何殊饮鸩，心既以为未可，势自难以强行。故履任半年，惟有力戒虚糜，藉谋救济，知我罪我，悉听公评。虽商民尚属相安，市面未形骚动，扪心清夜，幸免愆尤，然缧短汲深，点金乏术，敢云矫矫，实愧硁硁，欲图国脉之聿张，惟后来之是望。

顾颇闻多数议论，以和局朝定，借款夕成，挹注有资，无虞缺乏，须知此次善后，借款极繁，非事事撙节开支，亦将穷于应付。尤冀统筹兼顾，酌量匀拨，以作生产之费，庶本根日固，枝叶自荣，否则沟浍虽益，涸可立待，膏血枯竭，无复生殖。恐借款签约之时，即全国破产之日，鉴及埃及，可为寒心。此则耿耿愚忧，不敢不于临去之日垂涕而道者也，邦人君子，幸垂察焉。龚心湛。敬。印。

（《军政府公报》修字第一百十三号，1919 年 10 月 8 日，"公电"）

李根源致军政府各总裁电
（1919 年 9 月 25 日）

广州军政府各总裁钧鉴：

养电奉悉。北方不纳西南意见，故派王揖唐南下，名为对等讲和，无异强权迫胁，以此委罪西南，天下宁有公理。钧府始终坚持，词严义正，循诵电告，钦佩弥深。谨当遵守钧指，积极准备，以求最后之解决。根源叩。有。印。

（《李根源通电一束》，上海《民国日报》1919 年 10 月 7 日）

林葆怿致孙中山等电
（1919 年 9 月 25 日）

广州军政府岑、伍总裁、各部院长、参众两院、莫督军，武鸣陆总裁，南宁谭督军，云南唐总裁，贵阳刘督军，成都熊督军，郴州谭督军，上海孙总裁、唐总代表，三原于督军，汕头吕督办，诏安方会办，漳州陈省长、陈师长鉴：读吕督办铣电，据前方报称：李厚基召臧致平会议备战，一面赶修沿途军用电具等因。复据确报：李厚基日增军队，逼近前线等语。查北廷任王揖唐为总代表，全国舆论哗然，且北方将领亦曾起而反对，我军府去电拒绝，仍复不恤，今竟挟资数百万靦然来沪，期遂阴谋，其非真诚言和，昭然若揭。虽经南代表声明不与接洽，而彼党诪张为幻，阴布爪牙，是李厚基之着着作战，志在袭我不备，固不待朝之破裂而夕当其冲也。葆怿兼领闽疆，负任尤重，务恳钧府主持正谊，速定大计，以赴事机，而维根本。楼船负弩，竭胜急切待命之至。林葆怿叩。有。印。

（《军政府公报》修字第一百十五号，1919 年 10 月
15 日，"公电"）

中华民国学生联合会总会致
军政府总裁、参众两院请愿文

（1919 年 9 月 26 日载）

为请愿事：比年国是纷纭，民生凋敝，毁法卖国者既恣肆而无忌，护法救国者亦因循而玩时，事势迁流，上海和平会议于以开幕。其间经过事实，若炭敬若干，借款若干，某为副总统，某为巡阅使，皆与国民福利相背驰，屡为清议所鄙，岂尽市虎之谈！风雨飘摇之国家何堪！苟且解决，酝酿祸源。

自王揖唐充北方总代表之消息传来，此间各界尤虞其包藏祸心，除发电拒绝外，业于本月七日在公共体育场开联合大会，到者万余人，当场决议和议先决问题五条：（一）山东权利未收回前，不得补签德约及与日本直接交涉；（二）取消二十一条件、军事协定、高徐、顺济路暨满蒙四路条约及胶济路换文；（三）取销边防

处，罢黜段祺瑞、徐树铮，解散安福俱乐部；（四）惩办马良及张树元；（五）外交公开，及言论、著作、出版、集会、结社须有完全自由。附件二条：（一）以上条件及决议通过后，即作为上海各界对于和局之意见，登报宣布。一面致函唐少川，并派代表往见，声明以上条件及决议为和议先决问题，未得完全履行以前，无论北庭派何人为总代表，不得重开谈判。（二）合法国会未完全行使职权以前，北京政府一切对内、对外之举动不生效力。旋即公推代表，将前项条件缮交南方总代表唐少川先生。凡此皆为爱永久和平、真正统一起见。国民公意所在，绝无让步之可言，诸公高瞻远瞩，谅具同情。方今世界各国之政治突飞猛进，要其趋势，均以国民公意为基础，舍此而向，阴谋言利用，国家固蒙巨害，一己未必有利。

　　顷闻日本之对华政策，将援助南北两方实力派以促成妥协，是不欲我国政治有正当之轨道，彼乃得操纵一切以逞其侵占之伎俩也。尚望诸公以屏除国蠹、发展民治为怀，尊重各界决议之和议先决条件，此项先决条件未得完全履行以前，无论北方派何人为代表，不得与讲和。民国幸甚！国民幸甚！议上军政府各总裁、参众两院议员。

　　　　（《学生总会向南方请愿文》，《申报》1919 年 9 月 26 日）

华侨联合会致军政府总裁电
（1919 年 9 月 27 日载）

广州军政府诸总裁钧鉴：

　　据墨西哥华侨代表廖元煌等报告：墨西哥排华益烈，华侨横被惨杀者数百人，请火速挽救等情。恳迅电驻墨冯代使严重交涉，并电令驻美顾公使设法保护。华侨联合会叩。

　　　　（《军政府公报》修字第一百一十号，1919 年 9 月 27
　　日，"公电"）

湖南省议会致孙中山等电
（1919 年 9 月 27 日）

广东军政府岑、伍、林总裁，参众两院并湘籍议员，南宁陆总裁、云南唐总裁，上海孙总裁、唐总代表、和会各分代表、湖南善后协会并同乡诸公、各报馆均鉴：

顷探确，张敬尧将全湘矿产，托工程司葛某抵洋五千万元，订约二十条，签字在即。查湘省公产公款，已被张卷卖殆尽，更欲留此巨债累我湘人，可谓穷凶极恶。务恳诸公同伸义愤，严电拒押，免致成为实事，全湘人民焚香祝之。不胜盼祷之至。湘省议会叩。感。印。郴州发。

（《湖南省议会通电》，《申报》1919 年 10 月 3 日"公电"）

四川省议会致孙中山等电
（1919 年 9 月 27 日）

广东军政府各总裁、参众两院、外交部，北京徐菊人先生、龚仙舟先生、外交部、蒙藏院、全蜀会馆转交同乡，上海孙总裁、唐总代表并转南北各代表、蜀商公所转各同乡，云南唐总裁、省议会，各省督军、省长、省议会、教育会、商会、农会、工会、各报馆，成都熊督军、杨省长、蓝慰使、教育总会、商务总会、农会、工会、各报馆，简州顾军长，泸州赵军长，重庆黔军朱参谋长，夔州鄂军黎总司令、豫军王总司令，巫山王总司令，川军各师、旅长，各镇守使，各县县议会、教育、农、商会均鉴：

顷接熊督军巧日通电，始悉北京外交部歌电，述此次与英使在北京会议，关于边藏界务，所提条件，失败至巨，辱国丧权，莫此为甚。

夫边藏为中国领土，即为国家主权所及。迩来藏番虽乘隙跳梁，窃城据邑，无过比于盗匪，原属内政范围，何有外人置喙之地？英使喋喋以此相争，究于公法何据？此据公法言，边藏之事，英使不能过问者也。查光绪三十二年，中英新订印藏条约第二款，英国国家允不占并藏地，及不干涉西藏一切政治。西藏尚不能干与，何况于边？西藏一切政治，且不得干与，安论乎界？此据条约言，边藏之事，英使不能过问者也。乃英使蔑法背约，于民国元年无端提出四条，横干藏事，我政府复不能据理力争，根本拒绝，竟认为中英悬案，而一误。民国三年，又允三方会议，而再误。四年复派员与英使商榷，而三误。至于此次歌电所提条件，则不但不能拒却英使无理之要求，且举国家故有数千里之土地，一旦而弃等河湟。根本既乖，遑问条件？即姑就其条件论之，查川边原系康地，康藏界限，极为分明，丝毫不能牵混。康之旧址，清初即远在江达。查四川通志，雍正四年，会勘疆界，案内曾于该处设有外委一员、碟巴二名，清制江达以东为康。除□鸟齐洛隆宗两处，系赏达赖喇嘛私人，由此迳委藏官碟巴外，余皆分设守备、千把、外委等汉官。江达以西为藏，除江孜、定日两处，虽亦设有守备、千把、外委，但仍由四川派放外，则皆藏官。独江达汉藏两官并设，实以该处为康藏分界之地，即以见康境至此始止，证据一。清末又特改旧康境为川边，亦以打箭炉至江达为界，经四川总督赵尔巽与川滇边务大臣赵尔丰，及驻藏大臣联豫会同划定，于江达立有碑记，并有奏案可查，证据二。民国元年，尹经略使昌衡改江达为太昭府，以硕督、恩达、察隅、柯麦、黎孙等五县属之，经北京内务部呈准颁印在案，证据三。是边藏界址，在历史上根据确凿，本已毫无可议，且现制川边系特别行政区域，亦以打箭炉至江达为界，设官分治，置县三十，与热、察、京、绥并等行省版图，案牍在在可稽。让一步言之，纵使与英使交涉，亦尽力争江边以不失原有界址为归。该部不谙边情，昧于地势，其条件仅以争回德格即为恢复川边原有辖境，而不知德格以西，尚坐失土地二千余里，石渠、昌都等十七县。川边旧壤，几于全亡。似此荒谬绝伦之外交，实为历来所仅见。

兹摘其尤谬者著之，歌电谓：瞻对德格及昆仑南当拉岭北之地，归内藏。查昆仑以南当拉岭以北，实包括青海辖境在内，谬一。西藏只有前后之称，并无内外之别，谬二。冈拖在德格之西，既以冈拖划归川边，何以反将德格划归西藏？谬三。德格即德化，丹巴即章谷，一地名二，竟重列之，谬四。夫英人煽动藏番，窥我境边境，蓄谋已非一日。此次乘我内乱，促议划界，非仅力争德格，实欲跨金沙江而东，以贯彻其扬子江势力之目的。又川边境内，向分南北中三路，今划南北两路之要害属藏，而以中路之一小部属汉，使寥寥数县孤悬于中，三面皆为番藏所抱，举一遭有警，何可复守？且南北两路，实逼川境之建昌、懋功等处，旦夕之间，即可窜入内地。此议若成，则英人之狡谋已遂，近之固以亡边而危川，远之实以控长江而驭全国。

外蒙之独立也，以俄人之煽惑，青岛之不归也，以日人之阴谋。今者藏番蠢动，同于外蒙，川边濒危，有如青岛。轸念前车，可以殷鉴，失此不图，后将何及。在川省与边藏接壤，唇亡齿寒，自有切□之痛，效命疆场，川人断不敢辞。然事关全国国防，披发缨冠，当有同慨。查约法，变更领土，缔结条约，均须经国会同意。在今日国会未能自由行使职权以前，无论何种条约，概为国民所不承认，矧于领土之失，若是其多且巨！务恳南北当轴，邦人君子，悯此苞桑，共谋抵御之方，争界即所以争存，救边即所以救国。若是微群策群力之功，主张公法，援据条约，举民国三年五月草约各款而推翻之，争主权而界自保，救西藏而边自安，是则尤为馨香祷祝者也。急不择音，无任惶悚。四川省议会叩。感。印。二十七日。

（《川议会痛论边藏交涉》，上海《民国日报》1919年10月16日）

谭延闿等致军政府各总裁等电

（1919 年 9 月 27 日）

广州军政府各总裁、参众两院并转湘籍议员诸公，上海唐总代表、熊秉三先生、湖南善后协会，武鸣陆总裁，云南唐总裁，南宁谭联帅，广州莫督军、李参谋部长、马总司令、鄂军李总司令、赣军彭总司令，贵阳刘督军，成都熊督军、杨省长，三原于督军、张会办，夔州黎联军总司令、柏总指挥，豫军王总司令，巫山送城口王总司令，施南唐总司令，漳州陈省长，诏安方会办，汕头吕督办，韶州李督办，各省议会、商会、同乡会、报馆均鉴：

前张敬尧擅将湖南纱厂暨长沙新河马路拍卖抵押，延闿等业已迭电通告全国，所有湖南全省各项公产未经正式议会通过，无论何人私相授受，我全湘人民誓不承认。顷闻张氏又以全湘官矿托英工程师葛某押洋三千万元，订约二十余条，殊堪发指。湘省频年兵燹，公私荡然，一线生机，厥为矿产，如所闻确实，是吾湘三千万人民生命已绝，誓必筹所以对付之策，决不能任其专横无忌，断送吾湘也。应请军府急电北廷，严饬张氏立即停止各项私约，并乞诸公一致反对，以完湘产，而戢奸谋。无任迫切待命之至。谭延闿、赵恒惕、林修梅、张翼鹏、林支宇、宋鹤庚、廖家栋、鲁涤平、谢国光、罗先闿、刘梦龙、李韫珩、吴剑学、李仲麟、张辉瓒、萧昌炽、陈嘉佑、周则范、田应诏、张学济、萧汝霖、林德轩、胡学伸、周伟叩。沁。印。

（《军政府公报》修字第一百十四号，1919 年 10 月11 日，"公电"）

顾品珍等致军政府总裁等电

（1919 年 9 月 27 日）

急。广州军政府总裁诸公、各部总次长、政务会议各代表、参众两院议长、议员诸先生、莫督军、魏厅长、李镇守使、海军汤司令、钮督办，肇庆林镇守使，韶州李督办并转郑、杨两师长，漳州陈总司令、方会办、吕督办，武鸣陆总裁，南宁谭督军、李省长，上海唐总代表暨各分代表、护法后援会湖北善后分会，郴州谭督军、赵总司令、林、贲两旅长，辰州卢总指挥、田、张、胡、林各总司令，施南周总司令，三原于督军、张会办并转耀县叶军长，云南唐总裁并转各旅长、各道尹，分送唐卫戍司令、由运使、马参谋长、周旅长、罗镕轩、黄斐□、殷叔桓、韩五峰、李达夫、王申五、熊种青、周惺甫诸先生、讲武堂校长及各教官、省议会诸公，大理李司令，蒙自秦司令，贵阳刘督军、王总司令、省议会诸先生，成都熊督军、杨省长、蓝上将军、但师长、曾财政厅长、省议会诸先生、向旅长、喻旅长、新津刘师长、嘉定陈旅长、康定陈镇守使、重庆黄总司令、余镇守使、黔军朱参谋长、胡旅长、俱进会各代表、张运使，合川刘师长，并转郑独立旅长转廖旅长、绥定颜总司令，顺庆石总司令，绵阳送吕师长、陈副司令、万县卢副司令、田梯团长，叙府何总司令、胡旅长、并转会理华司令，夔州黎总司令、柏总指挥、豫军王总司令，施南唐总司令，巫山送城口王总司令均鉴：

窃自民国肇造，变政迭兴，护国方终，靖国复起，兵连祸结，作战频年。川南一隅，沦为战地，南北将士，为国捐躯，盈千累万，川南各县，零落荒地，频年以来，迫于军事，未暇顾及。今幸停战议和，追怀往迹，思慰忠魂，爰于泸城南郊就旧日较场度地鸠工，兴修陆军墓地，将民国以来各省之为国战死者，不分南北，迁移搬运，丛葬于兹，并修碑亭，周妥忠魂，藉作纪念，凡八阅月，始告竣工。兹订于阳历十一月一号，即阴历九月九日大祭，从此漂泊精魂，于焉有托，异地忠魂，得所依归。尚冀诸公锡之褒扬，用光泉壤，以昭来兹，曷胜企盼。谨此电闻。顾品珍、赵又新、赵钟奇叩。沁。印。

（《军政府公报》修字第一百十六号，1919 年 10 月 18 日，"公电"）

田应诏等致军政府总裁等电

（1919 年 9 月 27 日）

广州军政府总裁诸公、各部总次长、政务会议、护法各省各军代表诸公、参众两院、莫督军、李督办，韶州李督办，武鸣陆总裁，云南唐总裁，贵阳刘督军、王总司令，成都熊督军、杨省长，夔州柏总指挥、黎总司令、唐总司令、豫军王总司令，巫山送城口王总司令，重庆黄总司令、卢副司令，康定陈镇守使，陕西于督军、张会办，南宁谭督军、李省长，福建林督军、陈省长、方会办，汕头吕督办，上海唐总代表、各分代表，郴州谭督军、赵师长、林纵队长、林民政处长，溆浦周总司令，武冈周司令，各护法区域各总司令、各师旅团长均鉴：

顷接成都熊督军巧电：边藏界事，英使多方要挟等因。逖听之余，不胜愤懑。窃藏属为五族之一，载在约法，划界交涉，纯系国内自主之权，不容外人侵越。边藏关系国防重要，倘不慎之于先，轻与议结，疆圉恐无宁日。况外人规藏有年，尤为心腹之患，鲁事可为殷鉴。应请军府主持力争，并请熊督军严密防范，以固边防，而杜觊觎。无任延企之至。田应诏、张学济、萧汝霖、林德轩、胡学绅［伸］叩。感。印。

（《军政府公报》修字第一百十六号，1919 年 10 月 18 日，"公电"）

田应诏等致军政府总裁等电

（1919 年 9 月 27 日）

广州军政府总裁诸公、各部总次长、政务会议护法各省代表诸公、参众两院、莫督军、李督办，韶州李督办，武鸣陆总裁，云南唐总裁，贵阳刘督军、王总司令，成都熊督军、杨省长、夔州柏总指挥、黎总司令、唐总司令、豫军王总司令，巫山送城口王总司令，重庆黄总司令、卢副司令，陕西于督军、张会办，广西谭督军、李省长，福建林督军、陈省长、方会办，汕头吕督办，上海唐总代表、各分代表，郴州谭督军、赵师长、林纵队长、林民政处长，溆浦周总司令，武冈周司令，各护法区域各总司令、各师旅团长均鉴：

　　接读驻粤四川代表吴君永珊诸公阳电，于反对王揖唐为总代表事，指陈利害，洞烛北方诡计隐微，所言和则必有一定之准备，战则必有共同之动作，尤为我西南护法扼要之谋，谠论宏裁，实深仰佩。应请军府暨诸公一致赞同，极力主张，前车已误，后轸方遒，为国输诚，耿如天日，诏等自当竭其驽骀，听候驱策，特此电陈，并赐垂察。田应诏、张学济、林德轩、萧汝霖叩。感。印。

　　（《军政府公报》修字第一百十九号，1919 年 10 月
　　29 日，"公电"）

国难同志会陈白等致孙中山电
（1919 年 9 月 28 日）

《民国日报》转孙中山先生钧鉴：

　　前读先生辞总裁电，慨然流涕，夫复奚词。但中华民国为先生所创成，而护法事业又为先生所提挈，先生主张虽为武人所凭陵嫉妒，然四百五十兆国民固莫不同意于先生也。先生若去，原足保国父人格之尊严，先生若留，又能绵民国正统于不坠。盖先生一去，则武人愈将为所欲为，北方既有卖国者，行见西南复有卖法者矣。权衡轻重，自当容忍为盼。急不择言，候取进止。国难同志会总干事陈白、雷家驹、丘焕枢、谢醇等。勘。

　　（《国难同志会电》，上海《民国日报》1919 年 10 月
　　7 日，"公电"）

陆福廷致孙中山函①

（1919 年 9 月 28 日）

中山先生钧鉴：

前呈两函，谅邀垂览。刻阅各报，得悉先生决意辞职，福等后生小子，曷胜惶恐。虽云先生在职与否，对于国事尽力则一，究之全国人心，爱国者失所依归，而保位者愈无忌惮也。

刻下北方议和既无诚意，王揖唐率尔来沪，国会问题定难达完全行使其职权之目的，以武力最后解决，实不得已。日昨祥夫兄由省返汕，浙军中极力请其出任团长，尚在推辞中，未定局也。确闻海军预备不日选派舰队出发，攻击厦门，暗劝浙潘师长守中立。陆路粤、浙、滇各军，连合出击江东桥同安之线，诚若此，则闽局不难一举而定矣。

素知我先生关心全局，有何情况，特此秘禀，以备杯水之益助耳。福亦不日即赴前线，聊尽军人护法之天职。余再上陈。肃此，谨叩道安

　　　　　　　　　　　陆制福廷谨呈　九月廿八日

孙中山批：代答以前各函俱收悉。辞职者，所以表示西南之不法，而示国人以自决，不可靠南北之政府也。我各同志当各竭力奋斗，不可灰心也。信交刘仁航转可也。

　　　　　　　　　　　（《国父墨迹》，第 366 页）

国会议员致孙中山等电

（1919 年 9 月 29 日载）

万急。广州军政府总裁、部长、各省各军代表、海军各舰长诸公、

---

① 原函未具年份，据内容，应在 1919 年。系陆福廷自广东汕头付邮。——编者

莫督军并转马总司令、林军长、沈军长、李督办、吕督办、彭总司令、上海唐总代表并转胡、缪、王、饶、章、李、彭、郭、曾、刘各分代表、孙总裁、章太炎、孙伯兰诸先生并转国会议员通信处诸君，南宁陆总裁、谭督军、陈军务会办，云南唐总裁，贵阳刘督军、王总司令，郴州谭督军并转赵、林各司令，成都熊督军、杨省长，重庆黄总司令并转顾、赵两军长、吕、石、颜各师长，夔府黎总司令并转王总司令、唐军长，漳州陈省长，诏安方会办，汕头伍军长，三原于督军、张会办、叶军长，暨各省各军将领，参众两院同人诸君钧鉴：

我军政府之设，原为救济时局之用也。今社会情势，既与一年以前迥异，而立制不善，当局之用人行政，亦多失当，交相为弊，堂堂军府遂成有名无实之具。

前者，和平希望约略可成，同人等亦以为可无改作，徒增烦扰为也。今北廷改派王揖唐为总代表，我当局既正式拒绝，则此后为战为和，抑仍为消极之相持，均不可知。窃以为非速谋改组，立巩固之基础，张省军之实力，则西南前途实多危险。今请揭改组必要之理由，为诸大君子缕晰陈之。

查军政府之建设，实始于六年八月，现制之改组，则在七年五月。先后所标宗旨，均为护法，载在军政府组织大纲，持义平正，无改图之必要。唯自本年以来，发生北廷卖国事件，凡我国民无分南北，均以讨贼为词。夫护法者，将以定国本也，讨贼者，将以救国难也，急其所先，本事理之常，唯以此之故，国人遂视护法为西南一方之事，讨贼为全国共同之责。我军府之立足点，本恃舆情为后援，明标讨贼之义，并收同志之贤。则言讨贼者不能与护法者为一致，言护法者不能得讨贼者之同情，救国之心虽一，两方之行动各异，则收效之难，岂待筮测。此就今日国中情势言之，有改组之必要者一也。

六年之军政府为大元帅独裁制，嗣以不适事实，改为总裁合议制，其职权载在组织大纲。继由上年十月，两院联合会决议军府代行国务院、摄行大总统职权，军府总裁遂取得约法上之大权。是现在之军政府，与六年之军政府绝然为两物。乃职权继大，而执行无制，国务、政务、部务三者并为一谈。盖既为总裁，又兼部长，部长无人，代以次长、司员，遂以次长、司员而代总裁，职无专员，人无专责，自由进退，任意代理。至使最重且要之政务会议，为次长、司员之专职，甚者副官、科员亦得列席，儿戏国事，莫此为甚！凡在西南内部者见之已不成为物，况在北廷，况在国际，又焉得而不取人轻蔑乎？是以改组成立以来，迄今年余，于对外初无成绩之可言，于西南各省各军，亦无丝毫补裨。此就军府制度言之，有改组之必要者二也。

政府用人，本应为事择人，当局既未能负责，而用人更多不可思议之处，欲图政务之行，庸可得乎？查内政部长本由岑总裁兼任，嗣而让之任可澄，时国会同人见任踪迹可疑，已起异言，当局悍然不顾，乃自任回黔为北方运动失败后，至今竟无下落。当局遂悬内部为虚设，始终以次长冷遹代理，岂当局至今犹希望留恋于任之运动乎？抑为冷遹固地位乎？财政部关系全局命脉，尤为重要。乃唐君绍仪辞不就职，又经被命为总代表，西南之大，护法人才之多，岂真求一理财专家不可得？独必责之既总裁又兼外交部之耆年博士伍君廷芳兼任，是诚不可解。首席总裁不啻民国元首也，乃岑君春煊自就职以来，缠病卧治，竟至长年不能出席政务会议，虽各省各军代表亦多不能谋一面，凡百职务，遂由冷次长遹、金秘书长兆炎代理。是故人谓军府为岑之军府，无宁谓冷、金之军府为得也。夫冷、金平日毁誉若何，事关个人，姑勿具论。但才不出众，望不孚人，虽亲故难为之讳，社会信用薄弱已极，政务接洽愈见艰难。盖西南之大局，护法之重任，非少数私人所担当，更非谫陋鄙薄者所能担当，此固尽人而知之。岑总裁既不能负责，冷、金遂僭而领袖群英，又焉得不招丛脞之咎乎？此就军府用人言之，有改组之必要者三也。

军府为西南最高机关，其行动即为各省各军之模范，应如何审慎而郑重也。乃自改组以来，对于国会首无尊重之心。如国会依据唐总代表之电，观察国际情形，请改军政府为护法政府，此于军府本身及各省各军本身，均有利而无害者也。乃国会议决，而军府当局置不执行。西南当局既不尊重国会，复欲责北庭恢复国会职权，得不惧人之反辱乎？对于上海和会又无信任之心，如前此和议开时，密遣代表至京，与北方当局协商条件，嗣而沪会虽停，总、分代表并未撤消，乃时而直接与北庭电商条件，时而复派代表持条件入京，时而令其私人持十二条件游说长江督军，置上海之总、分代表于不问。夫上海和会固军府当局所命为全权总代表者也，无论和议是否进行，但全权代表既未撤消，则军府当局即不应另派私人，密持条件与北庭为间接、直接之磋商。此等不规则之行动，为岑、伍、林三总裁所出，抑为冷、金两人所为，姑不具论。但中外报章喧传既久，当局毫不愧悔，且再接再厉焉，亦何怪群言交责，谓为私人谋权利交换乎。穴空则风来，上好则下甚，数月以来，单独媾和事实屡见其端，未必不自军府当局开之也。似此倒行逆施，威信又焉得不扫地以尽乎？此就军府行政言之，有改组之必要者四也。

夫西南之所以必设军政府者，将以团结各种势力，集合多数人贤，造成政治之中心，对内为各省各军之援助，对外为强有力之抵御故也。乃以社会情势之不合，现制度之不良，现当局用人行政之不善，遂至内而人心不附，各省各军视军府为无物，外而威信不立，北庭与国际亦不以军府为重要。无惑乎和不能成，战亦不能为功也，至今进退失据，全局均陷穷境。同人等潜心观察，群抱忧怀。窃以为今虽和议再梗，战事苟未发生，内部意见渐归一致，粤中秩序尤见稳固，及此闲暇，速起改图，亡羊补牢，犹未为晚。若再任少数私人，二三末秩，把持大政以终，则岂徒误国误西南已哉！诚恐护法人员不至同为异地亡民不止也。

唯改组之法，本亦多端。或言速集国会议员，选举总统，组织正式政府；或言修改军府组织大纲，以合议制之总裁代行约法上大总统之职权，另照民国官制组织责任内阁，执行约法上国务院之职权。两者择一而行之，革今日混合之制，分国务、政务为两物，去今日把持之患，集众智群贤于一堂。庶几法良制美，一德同心，西南之危乃可解，国家之难乃可息焉。素稔诸君子热忱为国，夙具伟谋，于现军府之应否改组，抑取何术以改组，炯鉴所及，当必筹谋有素，无待管窥蠡测者喋喋为也。同人等忝为人民代表，休戚相关，目击时艰，敢安缄默？区区微忱，乞加察焉。临楮悚惶，不胜迫切待命之至。国会议员百数十人同启。

（《广州改组政府之动机》，上海《民国日报》1919年9月29日）

李根源致孙中山等电
（1919年9月29日）

广州军政府各总裁、各总长、参众两院、莫督军，上海孙总裁、唐总代表，云南唐总裁，武鸣陆总裁，南宁谭督军，贵阳刘督军，成都熊督军、杨省长，三原于督军、张会办，漳州陈总司令，诏安方会办，汕头吕督办，郴州谭督军、赵师长、林纵队长、宋、廖、鲁各旅长、谢、罗、刘、李、吴、李各司令，永州萧、陈各司令，溆浦周总司令，辰州田、张、林各总司令，萧、胡各副司令，武冈周司令均鉴：

组公沁电敬悉。议和期内南北双方皆不得于财政上有违约行为，早经互相约束，以故北方屡谋发行内债，抵借外债，皆经西南反对，无所措词罢止。而张敬尧仍敢悍然不顾，抵押官产，大举外债，是不特目无西南，亦自外于北京政府，如此破坏大局，和议复何希望。应请军府暨唐总代表，严质北京政府，并一面通告外交团、银行团，务期立即制止此项外债，勿因张氏一人之私图，破坏全局，幸甚。李根源叩。艳。印。

（《军政府公报》修字第一百十五号，1919年10月15日，"公电"）

唐克明致孙中山等电

（1919 年 9 月 29 日）

急。广州军政府总裁诸公、各部总次长、参众两院诸公、莫督军、厘护军长、林军长、魏厅长、李镇守使、海军汤司令、张代表伯烈、李督办、沈军长、古镇守使、云南唐总裁、唐卫戍司令，武鸣陆总裁，南宁谭督军、李省长，贵阳刘督军、王总司令，成都熊督军、〈杨〉省长，涪州但师长，资州顾军长，泸州赵军长，重庆黄总司令、余镇守使，绥定颜总司令，顺庆石总司令，绵阳吕师长，保宁陈副司令，新津刘督办，万县卢副司令、田梯团长、杨中路司令，郴州谭督军、韦、夏各总司令、林、贾两旅长，辰州卢总指挥、田、张、胡、林、萧各总司令，溆浦周总司令，漳州陈省长，诏安方会办，汕头吕督办，三原于督军、张会办转耀县叶军长、夔州黎联军总司令、柏总指挥，豫军王总司令，巫山送城口王总司令，上海孙总裁、唐总代表暨各代表、章太炎、居觉生、刘丹述诸先生、护法后援会、湖北善后公会诸先生、各报馆均鉴：

顷奉莫督军感电，提议取消护法期内北方与日本所缔各种密约，应请一致主张，以救危亡。泣血呕心，痛陈利害，回环雒诵，赞佩无已。人之爱国，畴不如我，衮衮诸公谅皆积极主持，无待复电督促。然明窃有进者，查北方与日人缔结此约在护法期内，未经正式国会通过，我西南当然不能承认。若在媾和之先，不责备取消，则亦情同默认，开议时为此问题，必又别生枝节。逆党媚外仇内，已成第二天性，责以取消，彼怙于日人恫喝，势必贸然不答，甚且变本加厉，为虎作伥，我西南其能听之否乎？拟请一面尽可责令取消，一面仍由我军府通电日人，重申决不承认之理，庶日人见我西南人心坚决，知所退让，而卖国诸逆亦可藉为转旋，或能达废约救亡之目的也。一得之见，尚祈诸公察纳施行，不胜幸甚。唐克明叩。艳。印。

　　（《军政府公报》修字第一百十九号，1919 年 10 月

29 日，"公电"）

徐宗鉴致孙中山函
（1919 年 9 月 29 日）

中山先生钧鉴：

　　谨启者：宗鉴于前清光绪三十二年，在济南由故友人徐镜心介绍入同盟会，鲁抚杨士骧下令逮捕，走桂林乃免。辛亥之秋，与故友陈英士同谋上海，佐戎幕一载，得识先生于哈同花园。南北统一时，一再建议于英士，详陈袁氏当国之弊；复与戴天仇先生主持之《民权报》发表《致革命党同人书》，另印五万张，散播中外。第二次革命，晤克强先生于宁垣督署，令星夜赴沪，佐英士举义。嗣沪军失败，同人星散，宗鉴居闸北长老会堂，寻海筹兵轮细作密报，谓乘钮军不备，寅夜侵袭。当即剃须易容，改装土著，偷渡北营，密报袭营消息。是夜海筹受炮伤，学生军殉难。迨复辟祸作，仍投英士幕下，而天不假年，英士被戕，从此宗鉴命运，亦随英士之阴魂而俱化矣。言之惨然。

　　盖革命以来，为国奔走，悉受英士指挥，效命疆场，曾未敢苟安图逸，亦未敢稍图私利，为自谋计，得一知己，死无遗恨，是以历年为旗下走卒，无丝毫不足以对人处也。去年承朋辈辅助，获选省会，无如空言无补，于事实无济也。虽曾一击徐树铮，亦仅过屠门而大嚼。每一念及，愧赧无既。兹者和局无望，战事必兴，先生为革命领袖，以此潦倒半生之寒士，曷不留诸左右，藉供驱策。怀抱一腔热血，当有以报命。士为知己者死，肝脑涂地，复何辞焉。否则饿死穷荒，付诸天命，际此过渡时代，殆亦理所当然耳。

　　鹄候钧命，临楮不胜惶悚之至。专肃，敬请

勋安，统希霁照

　　　　　　　　　　　徐宗鉴鞠躬　九月廿九日

孙中山批：查介石如何乃代答，慰之以待时。

　　　　　　　　　　　　（《国父墨迹》，第 368 页）

军政府政务会议致孙中山函
（1919 年 9 月 30 日载）

　　迳启者：前奉佳电，当于删日电请勉抑高怀，始终其事，计邀亮察。当此国步艰难，非合力维持无以挽回危局，兹派前总务厅长朱君履和赴沪挽留，并达忱悃。还希顾念国会之重，人民期望之殷，共济艰虞，同匡国难，曷胜盼切。此致
总裁孙

　　　　（《军府又挽留孙先生》，上海《民国日报》1919 年 9
月 30 日）

广西学生联合会致孙中山等电
（1919 年 9 月 30 日载）

广州军政府各总裁、旧国会，武鸣陆巡阅使，南宁谭督军，云南唐督军，护法各省督军、省长，上海孙中山先生、唐总代表、孙伯兰先生，衡州吴师长，上海全国学生总会，各省学生会，各报馆均鉴：

　　近日北京政府颁发八年公债条例，以全国地丁作抵，折卖外人，闻悉不胜惶惧。查此项公债额二万万元，暂先发行五千万元，专为北政府补助预算不足起见。试思北京为军阀派盘据，黩武穷兵，年来军费不足，不惜将全国各税抵押罄尽。尤复发行违法巨额之公债，专供若辈之挥霍，以重累吾民。况历年发行公债多次，偿

还无期，民心未死，岂忍无言。且政府预算，入不敷出，年复一年，不思南北早日媾和，裁兵减费以培根本，乃徒为卖国削民之计，以应无底之求。恐数年之后，不将国土卖尽不止。吾民何辜，逢此荼毒，生机一息，誓不允承。万望各界，群起力争，不即撤消，宁死毋悔。广西全省学生联合会总会叩。

（《广西学生联合会通电》，《申报》1919 年 9 月 30 日"公电"）

陈炯明致孙中山等电
（1919 年 9 月 30 日）

广州分送军政府各总裁、各部长、参众两院、莫督军，武鸣陆总裁，云南唐总裁，上海分送孙中山先生、唐总代表，南宁谭督军，郴州谭督军，贵阳刘督军，成都熊督军，诏安方会办，三原于督军，夔州黎总司令均鉴：

冀公漾电敬悉。北廷与日本私约条件，关系国脉存亡，未经正式国会通过，我西南当不承认。冀公爱国热忱，拟请由军府联名通告否认，并电北廷设法取消，炯虽不敏，亦愿附名诸公之后。炯明。陷。印。

（《军政府公报》修字第一百十二号，1919 年 10 月 4 日，"公电"）

四川省议会致军政府各总裁等电
（1919 年 9 月 30 日）

广东军政府各总裁，北京徐菊人先生、龚仙舟先生钧鉴：

据各报喧传，英美法日四团银行代表提议，将中国各路收为国际公有，由各国共同管理。初由一二报纸之鼓吹，今闻五月十六日竟在巴黎议决办法七条，咨请各国政府转咨我国等语。窃以铁路为一国交通机关，关系国家生存至巨，若归各国共同管理，其害将不可胜言，仅约数之，厥有数端：

一、丧失主权。铁路为我国完全主权，今依其组织纲要，则由英、美、法、日及我国各派代表一人组织万国委员会，将已成、未成、已定合同尚未开工之各铁路，概统一之由万国共同管理。是我国有完全主权之铁路，将退为公司中之一股东，事事听人支配，安有活动之余地。是一害也。

二、利归垄断。我国建筑铁路虽仰给外债，然犹有自由选择之权，甲国不谐，可商之乙国，今一致进行协以谋我，凡铁路上用人、购料与借款利率等事，将来无论其条件如何苛刻，舍此即无由进行。是又一害也。

三、妨碍军事。铁路与军事秘密、边防设备有绝大关系，若共同管理，则内地之计划易泄，外来之敌军难防。是又一害也。

四、影响政治。凡外人铁路所至之处，每藉口于保护不力，而添设警察，又藉口于保息无方，而监督财政，浸假而一切内政无往而不可干预。山东民政署之设，可为前车。是又一害也。

五、操纵金融。国家实业之发展，以铁路为转移，国民经济之活动，亦以铁路为依归，若归各国共同管理，则运费之规定听其高下，现金之存储任其偏袒，势必至土产停滞，金融恐慌，实业上、经济上俱感受莫大之影响，今之海关税是其先例。是又一害也。

他各铁路人材被其遏抑，材料被其屏弃，路线选择不能自由，工程计划不能参预，种种巨害，更仆难数。此种经济灭国政策，实较侵略土地为尤酷。本会以事关国家存亡，特开大会讨论，一致赞成电询南北政府，曾否收受各国共同管理之正式公文，如果属实，即请严重拒绝，以维主权，而固邦本。临电迫切，无任主臣。四川省议会叩。陷。印。

（《军政府公报》修字第一百十四号，1919 年 10 月11 日，"公电"）

贵州省议会致军政府各总裁电

（1919 年 9 月 30 日）

广州军政府各总裁钧鉴：

　　蓝将军号电想已入览。西藏比邻英属，为吾国边防重地，北廷当英使交涉，应请钧府严重监督，策励进行，免失主权，勿任盼祷。贵州省议会叩。陷。印。

　　　　（《军政府公报》修字第一百十五号，1919 年 10 月 15 日，"公电"）

臧善达、黄孝愚致孙中山函[①]

（1919 年 9 月）

中山先生大鉴：

　　前上一函，谅蒙洞鉴，是否之处，未奉札示，曷敢冒行。现正和会不日重开，爰渎陈钧裁，法应如何进行，伏乞赐教，曷胜祷盼待命之至。肃此，敬颂

崇安，诸希爱照，不宣

　　　　　　　上海临时和平维持会代表臧善达、黄孝愚公启

　　孙中山批：代答和议事先生不问。

　　　　　　　　（《革命文献》第四十八辑，第 359 页）

香山绅商界代表张伯荃等致军政府各总裁等电

（1919 年 10 月 1 日载）

广州军政府各总裁、省议会、莫督军、张省长、张道尹、魏厅长

―――――――――

　　①　原函未署年月日，根据信封邮戳，为 1919 年 9 月 13 日自上海付邮，酌定为 9 月。——编者

暨报界公会、商会、商团、教育会、学生联合会、香山公会钧
鉴：

敝邑连年兵燹，抢掠勒捐，商场受苦深巨，元气斲丧，仁者咸
悯。商等为生命财产计，久已决将三元庙为商团团本部，商董议事
所指定常产，以谋自卫、办公。益前经官厅核准，商户赖安。近劝
学所长李景纲串同第一高小校长梁萄钧垂瞩常产，藉学网利，强占
议所，破坏商团，□侵权害商，全邑哗然，群情汹汹，恐激祸变。
谨沥情呼吁，乞迅赐电县撤究，以惩学棍，而恤商艰，无任翘切。
香山绅商界代表商店张伯荃、宏章店刘秉良、民兴店等共一百七十
余家暨绅商议事所各董事等同叩，详续呈。

（《军政府公报》修字第一百十一号，1919 年 10 月 1
日，"公电"）

黎天才致孙中山等电
（1919 年 10 月 2 日）

广州军政府各总裁、各部总次长、参众两院、莫督军，南宁谭督
军，桂林李省长、漳州陈省长、方会办，琼州沈总司令，云南唐总
裁，贵阳刘督军、王总司令，武鸣陆总裁，漳州陈总司令，郴州谭
督军，赵、张、谢、林各总司令，衡州吴师长，溆浦周总司令，辰
州田、张、胡、林各总司令，韶州李督办，诏安方会办，成都熊督
军、杨省长，资州顾军长，泸州赵军长，重庆余镇守使，万县黄总
司令、卢副司令、田旅长，绥定颜总司令转石总司令，新津刘师
长，涪州但师长，巫山转城口王总司令，夔州柏指挥，王总司令，
上海唐总代表、孙总裁、章太炎、汪精卫、孙伯兰、张溥泉诸先生
均鉴：

顷奉唐联帅漾电，内开：北廷与日本私缔亡国条约，原未经正
式国会通过，巴黎外交失败，实为此密约所茧缚，我西南决不承

认。拟请军府联名，正式通告中外，一致否认，切责北廷，力争取消。苤谋远虑，曷胜钦佩，业经电复，极表赞同。

查此项密构条约，均因北廷军阀派穷兵黩武，军费竭蹶，告急日人，铸成大错，致日人在巴黎和会倔强有词，而我国完全失败，卖国丧权，莫此为甚。近闻北廷有补行签约之说，日人怂恿直接交涉之谲，二者有一，即足断送国脉。我西南护法，原为保国，凡山东及密约各问题，应请军府宣告中外，严电取消，则莽莽神州，不致沦为万□①。诸公救国，夙具深谋，谅表同情，临电依依，无任翘跂。黎天才叩。冬。印。

（《军政府公报》修字第一百十九号，1919 年 10 月 29 日，"公电"）

汪德渊致孙中山函
（1919 年 10 月 3 日）

中山先生道席：

当癸卯春间，德渊与蔡孑民君等方立光复会于沪，未几张溥泉、邹慰丹（太炎易慰为威）二君自日本来奔。值章太炎君刊行驳康书，邹君亦发箧出宿构稿本《革命军》者，刊行于沪。是时禁网方密，除镜今书局外，无人敢为出售。乃由黄宗仰寄千册于先生。嗣先生来函，盛称《革命军》为南洋所崇拜，而此时章、邹已被清吏俞明震构成大狱，拘押于四马路巡捕房。

其时同志星散，蔡孑民君避地青岛，吴稚晖君赴巴黎，而为章、邹援沪者，但叶浩吾（瀚）、林万里（獬）、陈佩忍、汪颂榖（诒年）及德渊数人，与清吏争持。十月，章、邹乃被判定，监禁于提篮桥西牢，章三年，邹五年。狱官仅许每月入狱展省一

---

① 原文如此。——编者

次，以德渊及香山徐敬吾君（已故）往省之次数为多。邹君在狱方及二年，不堪其虐，遂撄痨瘵。忆乙巳春末，与邹君最后晤面，邹君向德渊大泣，言半月之前，无力任役，为印捕所殴，至今胸骨大痛，夜不能寐。顾此言方脱口，在侧监视之西捕即曳之入，不许复与德渊见面矣。（是时清政府既恨吾党，外人更不以人类见待也。）于是同人乃相为援护之策。一面托西牢翻译陈某，向管牢西吏乞请许邹君入医院诊治；一面更请工部局书记朴兰德向领袖领事疏通。然其结果，仅得到同仁医院就诊一次。惟许不任力役，在狱中病房养病而已。未几邹君在狱病故。是时德渊因事离沪，仅由徐敬吾收殓营葬。次年徐亦客死于沪，邹君墓地知之者愈少矣。

光复之始，由德渊揭广告于《神州日报》，觅邹墓所在，久而无效。盖因国人心量褊狭，迷于一往，苟其事无利于己，即不肯为。又或以邹君为光复会员，视若与己无预，此殆偏迫之劣性使然。嗣后托上海地方官向龙华一带代觅，亦未有效。三年春间，曾向龙华遍检诸墓，冀可有获，乃为军人干涉而止（此时龙华已成军用禁地）。及至前月与吴稚晖君面谋，更登广告寻访。幸广告方揭，即有人报告，因而觅获于距龙华五里之华泾镇上。因邹君逝时有同学刘季平君，世居华泾，曾于祖坟之侧为邹君营葬，且为立石以志之。其风义承堪并邹不朽矣。德渊现拟约合同志于国庆日往展邹君之墓，并欲相其地势，为崇加封树之计。

邹君当日著书立说，力襮满人之魄，固尝有以佐助于先生。幸值先生在野优游之日，当能为此式彰之计，故敢略伸原委以请也。如荷赞成，当于日内造谒，以竟谋营。特达，并叩
勋祉，不尽

　　　　　　　　　　　汪德渊拜上　十月三日

孙中山批：代答以：请吴稚晖先生来商办法可也。

　　　　　　　　　　　（《国父墨迹》，第 384 页）

周则范致军政府总裁等电

（1919 年 10 月 3 日）

广州军政府总裁诸公、莫督军、参众两院议员诸公，南宁陆总裁、谭督军，云南唐总裁，贵阳刘督军，成都熊督军、杨省长，漳州林督军、陈省长，三原于督军，郴州谭督军钧鉴：

　　顷读竞存省长马电，拟拨余德侨存款，建设护法大学，为百年树人之计，伟画周详，无任钦佩。夫军府保留巨款，以备不时之需，此刻难于分还，似属不成问题。惟国家强弱，系乎人才，仁[人？]才贤否，关乎教育，以此大宗优款建立大学，洵为根本要图，则范极表赞同。至名称，似宜用中华大学，庶几为国育才，大公无我。务望诸公一致提倡，成斯美举，以冀人才辈出，国家强富，喜不懿欤。周则范叩。江。印。

　　（《军政府公报》修字第一百二十一号，1919 年 11 月 5 日，"公电"）

中华民国学生联合会总会致军政府各总裁电

（1919 年 10 月 4 日载）

军政府各总裁钧鉴：

　　北廷派王揖唐为议和总代表，而公等无一言反对，何耶？王氏何人，公等宁不知之？公等以护法为名，乃与毁法者之首领言和，清夜扪心，亦为内疚。请速严辞拒绝，否则国民将课公等之罪，与毁法者等，惟公等熟思之。中华民国学生联合会总会叩。

　　（《军政府公报》修字第一百十二号，1919 年 10 月 4 日，"公电"）

谭浩明致军政府各总裁等电
(1919 年 10 月 4 日)

广州军政府各总裁、参众两院、莫督军，上海唐总代表、熊秉三先生，云南唐总裁，武鸣陆总裁，贵阳刘督军，成都熊督军、杨省长，三原于督军、张会办，郴州豫〔谭〕督军、赵总司令，永州萧镇守使，夔州黎总司令、王总司令、柏总指挥，巫山送城口王总司令，施南唐总司令，漳州陈省长，诏安方会办，汕头吕督办，韶州李督办，溆浦周总司令，辰州田、张、林、胡各总司令，各省议会钧鉴：

组公宥、沁电均敬悉。张敬尧谋举外债，擅以湘省官矿产增押，遗害全湘，破坏大局，闻之同深一恨。应请军府电诘北廷，严饬张氏停止进行，大局幸甚。浩明叩。支。印。

（《军政府公报》修字第一百十八号，1919 年 10 月25 日"公电"）

黎天才致孙中山等电
(1919 年 10 月 5 日)

广州军政府岑总裁、伍总裁、各部总次长、参众两院、莫督军，南宁谭督军，桂林李省长，漳州林总裁、陈省长、李会办，琼州沈总司令，汕头吕督办，云南唐总裁，贵阳刘督军、王总司令，武鸣陆总裁，郴州谭督军、赵、张、谢、李各总司令，溆浦周总司令，辰州田、张、胡、林各总司令，韶州李督办，诏安方会办，成都熊督军、杨省长，资州顾军长，泸州赵军长，绥定颜总司令，东川石总司令，重庆余镇守使，新津刘师长，万县黄总司令、卢副司令、田旅长，夔州柏总接〔指〕挥、王总司令，巫山转城口王总司令，上海唐总代表、孙总裁、章太炎、孙伯兰、汪精卫诸先生均鉴：

自段氏与日人私订密约，借款押路，群情愤激，海内骚然，已成不可收拾之局。顷读谭督军等沁电，段派张敬尧又复效尤，既将湖南沙〔纱〕厂暨长沙新河马路拍卖于前，复将全湘官矿抵押于今，日全国之胶以自肥，明目张胆，肆行无忌，若非力为制止，则该派势力所至，何一不可抵押，又何一不可拍卖，将见神州大陆无片地之存。应请军府准如谭督军等所请，立电北廷，严饬张敬尧将一切私约即行废止，湘民之幸，亦全国之福也。谨贡微忱，伏祈裁察。黎天才叩。微。印。

（《军政府公报》修字第一百十八号，1919 年 10 月 25 日，"公电"）

贵州省议会致军政府各总裁等电
（1919 年 10 月 6 日）

广州军政府各总裁、参众两院，衡州吴师长，常德冯旅长，夔州柏总指挥、黎总司令，豫军王总司令，泸州赵、叶两军长，重庆黄总司令，三原于督军、张会办，郴州谭督军，南宁谭联军总司令，辰州周、田、张、胡各司令暨各军总司令，各省督军、省长、省议会、各报馆均鉴：

顷致北京一电，其文曰：北京徐菊人先生、龚仙舟先生鉴：报载鲁、直公民团因山东无故下戒严令，马良惨杀义士，赴京请愿，被当局鞭笞拘禁，蹂躏不堪等语。逖听之余，曷胜发指。夫我西南兴师，志在吊民伐罪，诛锄奸党，义声所道，无不望风归附，效顺去逆，移戈北指，肃清奸党，意中事耳。其所以首倡和平，不忍再战者，无非因外患日迫，不能不暂息阋墙之争，以图对外耳。乃我公曾不稍有丝毫觉悟，此以诚往，彼以诈来，谋和之时作媚外之事，卖国行动日进不已。而于国人所驱欲甘心之卖国党段祺瑞、徐树铮、曹汝霖、马良、章宗祥、陆宗舆辈，则回护之不遗余力，且益扩大徐树铮、马良之兵权，西北、山东任其横行，曹汝霖则召之入府，迁居北海，派人保护，抚慰有加，近更闻命其与日人芳泽秘密交涉，意欲补签德约。凡此诸端，共闻共见，似此言和，和于何有？今则蹂躏爱国公民之事又见之矣。夫人民为国家之元体，何能任意荼毒？今当此外患凭陵之秋，果公必欲行此压抑民气之事，希图媚外，则谓其不为李完用，其谁信之。至和议开幕，本会对于我公屡进忠言，无非冀其觉悟，而卒之言者谆谆，听者藐藐，似此情形，其甘心破坏和局诡谋显然，国民何能为公等谅。今特再作最后之忠言，我公如尚有丝毫爱惜国家之心，则请毅然下令诛除卖国奸党，以谢天下，否则惟有请我军政府宣布罪状，慷慨誓师，以成我护法之业，达我除暴安良之志耳。敢布区区，伏维亮察。贵州省议会叩。麻。印。等语。请一致主张，不胜盼祷之至。贵州省议会。麻。印。

（《军政府公报》修字第一百二十号，1919 年 11 月 1 日，"公电"）

四川省议会致孙中山等电
（1919 年 10 月 6 日）

广州军政府各总裁、参众两院，武鸣陆总裁，上海孙总裁、唐总代表，云南唐总裁，各省督军、省长、省议会，北京徐菊人先生、龚仙舟先生均鉴：

近日各报均载日人芳泽来华，交涉贷我巨款，以求补签德约，或由两国单独交涉山东青岛问题，恐非无因。务望当局严拒，举国力争，慎毋再堕诡谋，致陷我于万劫不复之地。本会代表全川民意，誓不承认，更望全国一心，协力拒绝，不胜厚幸。四川省议会叩。鱼。印。

（《军政府公报》修字第一百二十三号，1919 年 11 月 12 日，"公电"）

策进永久和平会致军政府各总裁电
（1919 年 10 月 7 日载）

广州军政府各总裁钧鉴：

南北和平会议，北庭于停顿数月后，始以全国唾弃之安福首领王揖唐为北方总代表。发表后举国哗然，反对之声四起，北庭悍然不顾，岂惟蔑视钧府，抑且蔑视民意。本会以策进永久和平为职志，万难承认此卖国代表，公决电请钧府坚持到底，前提八条件不达目的不止，否则苟且言和，本会不得为公等恕也。（下略）①

（《策进永久和平会会员公电》，《申报》1919 年 10 月 7 日）

广州参众两院致孙中山等电
（1919 年 10 月 7 日）

广州护法政府各总裁、各部长、各省军区代表、莫督军、省议会、海军各舰长、马总司令、林总司令、沈总司令、赣军彭总司令，漳州陈省长、方会办，潮州伍军长，诏安林督军，黄冈吕督办、王副司令、陈师长，韶州李督办，武鸣陆总裁，南宁谭督军、李省长、省议会，云南唐总裁、省议会，成都熊督军、杨省长、省议会，贵阳刘督军、王总司令、省议会，郴州谭督军、赵总司令，夔州黎总司令、唐总司令、柏总指挥，豫军王总司令，万县杨总司令，巫山王总司令，辰谿周总司令，辰州田、张、胡、林、萧各总司令，陕西三原于督军、张会办，上海孙总裁、唐总代表及各代表、章太炎、吴稚晖、孙伯兰、张溥泉诸先生均鉴：

---

①　原文如此。——编者

北廷毁法乱国，腥闻中外，诸公不忍法敝国丧，诉于兵戎，势非根本廓清，决无罢战之理。北廷畏遭殄灭，乃以和议相诱，同人等烛知其奸，曾一再进以忠言，而诸公坦怀相示，谓彼果能悔祸，吾辈当遇以至诚，免至斫丧国脉。同人等感诸公之仁慈，亦既默尔而息。尽瘁于和议者垂一年矣，今竟何如。和议初开，北廷即乘和议期中急攻陕西，此其无诚意之证一。和会复开，唐总代表提出八条，北代表即拒绝讨论，相率引退。此其无诚意之证二。王揖唐以卖国毁法之巨魁，国民共弃，主战殃民之首领，中外咸知，北方竟令若辈充和议总代表。此其无诚意之证三。

近且靳云鹏内阁出现矣。靳云鹏者非他，段祺瑞之死党，而军事协定签押之代表也。报载彼有取消军事协定之议，被日使拒绝。夫以亲手签字之人，而忽有毁约之议，遭人剥斥，宁何待言。靳氏亦明知其无效，而故为此者，实欲欺罔国民愚弄国民，岂真有毁约之意乎？靳氏狡骗如此，试问以此人而斡旋和局，无论王氏改换与否，究与和局何关。推北廷用心，不过假靳氏以缓和直皖感情，为协以谋我之备，岂真有丝毫议和之诚意乎？更证以北廷之政象，无一不与西南相反，西南拒签德约，北廷则力图补签；西南主张废除廿一条及一切密约，北廷则力谋保存；西南反对非法借债，北廷则大发公债，售于日本者，每百元只收卅元；西南反对参战军、国防军、边防军，北廷则力加扩充，并预布满、蒙、甘、新为日人拓殖根据；西南反对卖路，北廷则于济顺各路换文之外，复益以洛潼；西南主张惩办卖国贼，北廷则重用卖国贼，奖励卖国贼；西南主张保护爱国青年，北廷则拘捕戮辱。且今山东参战军师长马良，大倡中日合并之说，处反对者以极刑。西南日言救国，北廷则日谋卖国；西南日谋护法，北廷则日谋坏法。凡兹种种罪戾，多出于南北修好，国民酷望和平之时。彼如眼中有西南与国民者，应对于其暴虐行为稍加限制，示吾人以接近机会。今其行为如此，则其蔑视国民之意，已为天下所共见。此而犹欲以口舌争论，和平解决国是，自非至愚，宁肯出此？

欧洲和会失败以来，国人已悟救国之道，专求在我，我不自爱其国，而望人之爱我国，绝无是理，故民族自决之声浪洋溢乎国中。近且是非大明，沪滨商团联合宣言，谓非完全承认唐总代表提出八条，即拒绝开议，且谓与其苟且图和，勿宁忍死须臾。津沪各界请愿联合团宣言，亦以救国护法为前提。吾民族之决心，于此可见。传曰：得道者多助，失道者寡助，寡助之至，亲戚叛之，多助之至，天下顺之。以天下之所顺，攻天下之所叛，故君子有不战，战必胜矣。古训如此，西南诸公可以豪矣。

往者军兴之始，单纯为法律问题，今则于法律之外加以救国。法律问题，国中尚有未了解之人；救国问题，则固生长于斯者所喻之责任。诸公倘能奋臂一呼，吾知应声者必遍地有也。乃观诸公始终以求和为目的，北廷现象如前所举，万无和议可言，即使成功，不过化中国为夷狄，奴五族为顺民耳，岂诸公兴师讨贼之初志乎？若明知其不成而姑与委蛇，将使外人益轻视我无组织国家能力，有起而代理之心，国人益不能满足欲望，有愈呈纷扰之象，国之祸福未可知也。

矧今者北廷已受制于倭酋，三韩覆辙不远，诸公席数省之地，拥百万之众，而不急声讨伐，图根本之解决，必待沦为三韩，而后凭赤手以挽神州，恐为时已晚。试一读韩人兴复运动之惨史，未有不泫然陨涕者。使韩人早自觉悟，何至今日备受人间未有之厄运乎。诸公当代俊豪，万流崇仰，诸公之精神，即吾族之精神，诸公之荣誉，即吾族之荣誉，诸公忍听吾国为三韩欤？抑乘时而图挽救欤？皆国人所急欲请命者。尚望周鉴舆情，速定大计，一致电请军府停止和议，下命讨伐毁法卖国之贼，率全国国民作最后五分钟之奋斗，行见正义战胜于强权，回复合法之和平与永久之和平，俾吾民循轨辙而图进取，与列强争生存于天壤，斯为目前惟一之急务，当为全国士夫所共认也。若犹徘徊观望，坐失机宜，以陷吾国于不生不死之境，以贻吾族志行薄弱之讥，甚非仁人志士所宜出此也。敢布血诚，伫候明教。参议院议长林森、众议院议长吴景濂、副议长褚辅成暨两院全体议员叩。虞。印。

　　（《军政府公报》修字第一百十八号，1919 年 10 月
25 日，"公电"）

张煊致孙中山函
（1919 年 10 月 7 日）

中山先生大鉴：

　　顷读《建设》一、二号，载先生《建国方略》之一《发展实
业计划》，无怪先生弃总裁如敝屣，以先生为国经营，固大有作为
于将来也。煊读第一号总论，宏纲巨制，秩序井然，已令人五体投
地；及觇第一、第二计划，原始要终，有条不紊，锦绣山河，庄严
世界，活跃纸上，感羡之余，诚不自知其手之舞之，足之蹈之。惟
如许计划安得如许人才，以资臂助，此又煊为吾国前途悲者。近阅
报载，竞存于漳曾发通电，有将军政府所收关余款项，以为护法大
学创办经费，设立于上海或广州。此举若成，则可为先生计划之预
备。集举国优秀人才，而养成完全学识，于以辅佐先生，使由理思
上之计划，而成为事业上之进行，庶几有其豸乎。兹并附致竞存函
稿一件，并望先生对于竞存之主张，设法以达其目的，是所切盼。
并希赐复为祷。肃此，敬请

钧安

　　　　　　　　　　　张煊（印）鞠躬　十月七号

　　孙中山批：代答，奖其有心。

附：张煊致陈炯明函

竞存先生大鉴：

　　读报载尊处通电护法各要人，合请军政府以关税余款为护法大
学创办经费，诚可谓能为吾国定百年大计者。夫以今日之吾国所最
缺乏者，惟人才耳。况吾国土地之大，物产之富，人口之聚，而优

秀分子之众，岂区区北京一大学足以容之者哉。是宜建设大学于上海或广州，实为今日之要图，且以留护法之纪念，意至善也。惟自先生通电之后，寂然无以应者，岂别有注意未之及欤，抑亦视为可缓不之顾欤。在煊之见，以为最急最要者，无以逾此。何者，当此外侮日迫，内乱频仍，不有大学集优秀分子以为中坚，则对内对外实无他法以善其后。观于北京大学数月来之举动，我西南百数十万之雄兵，所不能为者，而彼能为之。使吾西南亦有大学以为声援，其效果当何如耶？此先生之卓识所为不可及者也。惟先生已发动于前，自当再接再厉以继其后。煊亦同时致函中山先生，设法维持，务恳积极进行，是所切祷，并希赐复为盼。此请

钧安

张煊鞠躬　十月七号

（《革命文献》第四十八辑，第 283 ~ 284 页）

尹承福等致孙中山函
（1919 年 10 月 8 日）

孙总裁钧鉴：

奉读复书，佩仰奚似。慨自军阀作威，大法凌夷，权奸窃柄，国将不国，与其苟且迁延，何如急图补救。补救之方，制宪其始基之矣。

窃以制宪为护法中最要之一事，护法尤以制宪为必经之一途，前此国会两次解散，制宪为其一大原因。凡以宪法为国家共同遵守之常经，政府恐其箝制，军人畏其约束，妄加干预，百般摧残，法律系统垂危，将坠如一线耳。兹当国会地在护法区域，时在护法期间，既无政府之干涉，又无军人之侵扰，兼以南北不和不战，内忧外患，险象环生，趁此时机，集会制宪，博取人民之心理，吻合时势之要求，诚为不可再失之机会。两院议决之于前，舆论附和之于后，特以人数涣散，深为顾虑。派员招待，函电交催，言或过激，情非得已，初何敢

轻量暂未来粤议员之人格。且此制宪问题之发生，异议实始于和会停顿，而后一般造言生事者议论沸腾。一则曰南京单纯制宪，一则曰老成党人制宪，一则曰新旧国会合并制宪。谣诼纷歧，听闻煽惑。

如果此时将宪法制成，日后在和议席上则制宪已不成问题，直可以国会自由行使职权为根据。又奚必拘执前日提出之第五条，由和会宣告前总统六年六月十二日之命令无效云乎哉。盖以宪法一经制定，和会再开，南方代表方得进一步着想，有发言展拓之余地，亦以见两院议定制宪，正是表示护法之决心，为行使最高权之发轫也。

回忆我公率舰来粤护法，固不欲以护法始，以误国终。我同人等亦当以法为国本，本固国宁为念。诚愿仰承护法本旨，在粤制宪，以副我公属望，代表国民行使最高权之至意。然必须悉数来粤，始得有行使之权能，未有一个国会而分处两地，能以行使其职权者。国会与公始终一致，而进行之方容或稍异，异途同归，有不期然而然者。敬祈我公偕同唐总代表返粤，坚持初衷，指示正轨。并拟请七总裁来粤会议一次，决定和战大计。除提案外，请即发起提倡开七总裁大会议，妥筹一护法救国扫奸诛寇之良策。是否有当，伏候钧裁。谫陋之言，统希鉴察。

　　　　　尹承福、徐邦俊、樊文耀、袁麟阁、董庆余、李
　　　　　宣哲、方因培、周维屏

孙中山批：覆以普通励辞。

　　　　　　　　（《革命文献》第四十八辑，第 312～313 页）

谭延闿等致军政府各总裁等电

（1919 年 10 月 10 日）

各总裁、参众两院、唐总代表、各报馆均鉴：

前闻张敬尧将湖南全省矿产，私向英工程司葛某抵押，延闿等已于沁日通电反对，计荷察及。顷接确报：张氏将全湘矿权抵借外

债三千万元，只待实业厅察议草约呈复即实复行；与美商私约，合办白铅炼厂，先付定银二十万元。是张氏私卖湘矿，私借外债，均已证实。果使奸计得售，吾湘沦胥即在旦夕。生死相关，决难坐视，应请军府一面急电北廷，勒令废止此项私约，一面电英美两使转向英美商人勿与签字，声明未经湘议会通过，凡张氏私订之约，一概不发生效力。并望诸公一致主持，以伸公愤。如果张氏悍然不顾，必欲肆其敲剥，即系有心挑衅，和局破裂，咎有攸归。延闿等保卫桑梓，职责所在，惟有尽其力所能及，图最后之对付而已。迫切陈词，伏维鉴察。谭延闿、赵恒惕、林修梅、张翼鹏、林支宇（以下衔略）① 叩。蒸。

（《否认张敬尧抵押湘矿》，上海《民国日报》1919
年10月14日）

熊希龄致军政府七总裁等电
（1919年10月10日）

大总统、国务院各部院，各省督军、省长、各都统、巡阅使、护军使、镇守使、各师旅团长，广东军政府七总裁，云南唐上将军，永州谭组庵先生，上海南北总、分各代表，各省省议会、教育会、商会、《顺天时报》及各报馆均鉴：

上年南北和会复停后，希龄深痛邦人君子莫肯念乱，故对于和议之事，非仅缄口不辟谈，抑且洗耳不愿闻，故自五月以后，希龄个人谢绝调人责任，迄于本月止，未发一电，未通一函，当亦诸公所悉，绝非希龄所可隐饰。近闻各报仍复多方揣测，定属误会。谨再声明。伏惟鉴察。熊希龄。

（周秋光编《熊希龄集》第7册，第241页）

---

① 原文如此。——编者

旅沪湘事维持会致孙中山等电
（1919 年 10 月 11 日）

北京徐菊人先生、靳翼卿先生，天津熊秉三先生，广州军政府岑总裁、伍总裁、参众两院、参谋部、李督办、方会办、莫督军、张省长、上海县孙总裁、唐总代表、各分代表、孙伯兰、章太炎、张溥泉、曹亚伯诸先生、各报馆、中华民国学生联合会、各界联合会，南宁陆总裁、谭督军、李省长，云南唐总裁，贵州刘督军，成都熊督军、杨省长，诏安林督军，漳州陈省长，长沙总商会，郴州谭延闿先生、赵师长、林纵队长、林处长，衡州吴师长，常德冯旅长，辰州湘西参事会、田、张、林三总司令，溆浦周总司令，保靖方司令均鉴：

　　叠接湘中父老械电，张敬尧将吾湘全省矿产，向英商订立合同二十条，抵押三千万元，闻之骇痛已极。两年以来，张氏假军民两政，苛扰残暴，业已刮皮见骨，湘民待死不暇。今竟丧心病狂，竭泽而渔，举全省矿产和盘拍卖。此约果成，则吾三湘宁有孑遗！仁等寄迹上海，既不忍生者作无归之民，更何忍视祖宗丘墓之所凭荡为乌有。诸公皆公忠爱国，岂忍亡国惨祸先见于湖南，特此泣恳迅电设法极力阻止，保全湖南，即所以保全中国。并恳在南北和议未解决以前，速将张氏撤换，以救湘民。临电不胜迫切待命之至。旅沪湘事维持会熊仁、谢申岳、阳兆锟、萧晋藩、谢寅杰、黄根培、曹锐、刘焕藜、李大年、陈申立等二百六十七人同叩。真。

　　（《湘事维持会请撤张敬尧电》，上海《民国日报》1919 年 10 月 11 日，"公电"）

四川省议会致孙中山电
（1919 年 10 月 11 日）

　　昨见报载公电参众两院辞去总裁职务，曷胜骇诧。我公手创民国，功成不居，薄海内外，凤同钦仰。比以救国护法，树帜广州，登高一呼，众山皆应，凡我西南各省所以坚同仇敌忾之心，厉百折不回之志者，何莫非公有以系其心而作之气。今者和议中止，切盼进行，正赖公与各总裁主持于上，俾贯初衷。倘因政见偶乖，遂尔洁身言退，徒快敌人之意，莫竟护法之功，如国家何？如苍生何？尚望融洽意见，勉为其难，中国前途，庶几有豸。一发千钧，系公出处，以公明决，谅不恝然也。

（《川省会挽留孙先生电》，上海《民国日报》1919年10月26日）

四川省议会致军政府各总裁电
（1919年10月12日载）

广州军政府各总裁钧鉴：

顷据报载：四川盐运使张英华，召募缉私营至十八营之多，并在上海购买军械各等语。查张英华原衔北京非法政府任命而来，后虽闻我军政府加以委任，议员究竟仍遵北廷伪命，抑恪受我军府委任，纯愿为护法区域官吏，并未通电表示。态度不明，已可概见。此次所募缉私各营，是否秉承我军府训示办理，即谓该员对于盐务计划，必须增兵置械，事后曾否呈请我军府核准备筑，均不可得而知。窃川省年来迭苦兵祸，民不聊生，现值和议重开，所有主客各军正在力谋收束之际，乃该员竟于此时滥招军队至十八营之多，是否为北方主战派所唆使，阳假缉私之名，阴行内奸之计，星火燎原，不可不察。况川省既属护法区域，运使一职最关重要，无论该员有无其他诡谋，亦不能容此不明去就、首鼠两端之官吏，污我地方。经本会一再讨论，多数可决，用特吁恳钧府迅赐查办，召集政务会议，将张英华盐运使职务立予罢免，另拣贤员接替，俾专责成。并一面电令本省军民长官，立将该盐运使驱逐出境，以肃官方而销隐患。不胜迫切待命之至。四川省议会叩。

　　（《川议会请撤张英华电》，上海《民国日报》1919
　　年10月12日）

王安澜致军政府各总裁等电
（1919年10月12日）

万急。广州护法政府主任总裁及各总裁、各部总长、参众两院：

　　诵读湖南谭、赵诸公沁电，及柏总指挥皓电，知北廷将有与日人直接交涉，阴谋补签德约之举，闻之不胜骇汗。窃查巴黎以主持正道组织之和会，其对德和约既侵害我领土，夺剥我主权，耻尤甚焉。我国议和专使，本全国人民之公意，拒签德约，亦得世界之同情。美国议院之提议，列邦舆论之驳诘，已可概见。是青岛问题甫有平会之望，而国命尚有一线生机者，谁不曰拒签之力耶？借[际]此生死关头，间不容发，凡有血气，莫不于惊涛骇浪之中，一致坚持到底，□挽既倒之狂澜，而免亡国之惨剧。彼二三卖国奸贼，丧心病狂，反敢与国民公意为敌，结合外人，阴谋补签，抑独何心，竟敢为亡国大夫，而污我黄炎神胄也。若不扑杀獠，势必引入外人为殊之势力，便一己之私图，牺牲国家人民而不惜。人之无良，未有甚于此者。

　　我军府总揽乾纲，对于北廷阴谋，应有严厉之诘责，西南诸公，高瞻远瞩，当此危机一发，急起为死，当之反抗，义声所播，敌胆自寒。澜虽不才，誓当执戈以随其后。区区此心，统希亮察。王安澜叩。文。由城口递巫局转发。印。

　　（《军政府公报》修字第一百二十五号，1919年11月
　　19日，"公电"）

谭延闿等致孙中山等电

（1919 年 10 月 13 日）

广州军政府岑主任、各部总裁、各总次长、参众两议院，武鸣陆总裁，广州莫督军、马总司令，鄂军李总司令，肇庆林镇守使，琼州沈总司令，韶州李督办，漳州林督军、陈省长，诏安方总指挥，南宁谭督军、李省长，云南唐总裁，成都熊督军、杨省长，贵阳刘督军，上海唐总代表、南方各分代表、孙总裁、章太炎先生、孙伯兰先生、熊秉三先生，湖南善后协会，各省省议会、教育会、各报馆均鉴：

湖南省教育会本届会办选举，照定章应由该教育会旧干事员筹备，通知全省各分会并各教职员，依法选举，纯属民意机关，不受政府干涉。张敬尧忽委道尹为湖南省教育筹备长，代办选举，蹂躏教育尊严，违反法定手续，剥夺人民自由，经该教育会长陈涧霖等呈请收回成命，张敬尧悍然不顾，倒行逆施。以教育会职权而论，本有取得法律上建议政府之权，今反以政府而建议措置教育会之权，与迫胁解散亦何以异。逞一人之强权，流学界之祸水，是而可忍，何事不为！此种非法选举，延闿等誓不承认，敬恳诸公主持法律，一致赞同。临电无任跂祷。谭延闿、赵恒惕、林友［支］宇、林修梅、张翼鹏、宋鹤庚、廖家栋、鲁涤平、吴剑学、罗光闿、谢国光、刘梦龙、李韫珩、李仲麟、萧昌炽、刘耀祖、叶开鑫、唐生智、瞿惟臧、张指武、刘硎、周则范、田应诏、张学济、林德轩、胡学伸、萧汝霖、周伟。覃。印。

（《军政府公报》修字第一百十九号，1919 年 10 月 29 日，"公电"）

居正呈孙中山文

（1919 年 10 月 13 日）

敬呈者：本党规约及各通则业已校印，恭呈钧览。本应由本所分寄各处，惟查本部规定设立总务、党务、财政三部，其各部主任，应由总理委任。现各部主任尚未任定，以致无从着手。用恳钧裁，迅将各部主任指定，以专责成，不胜待命之至。专此，敬呈总理钧鉴，并叩

崇安

　　　　　　　　　本部事务所居正谨呈　十月十三日

　　孙中山批：呈悉。即委居正为总务主任，谢持为党务主任，廖仲恺为财政主任。孙文。

　　　　　　　　　　　　　　　（《国父墨迹》，第370页）

浙江和平救国会致军政府诸总裁等电

（1919年10月13日）

北京大总统、国务总理、边防督办、参众两院、各部总长，四省经略使，东三省张巡阅使，长江巡阅使，各省督军、省长，热河、绥远、察哈尔都统，龙华、宁夏护军使，广州政府诸总裁，西南各督军、省长、各路总司令，各省镇守使、各师、旅长，各省省议会、教育会、商会、农会、各公团、各报馆均鉴：

　　国内和平，急于星火，南北对峙，险象环生。前者和议中辍，瞬经半载，迁延既久，坐失机事［事机］。嗣经政府改派王揖唐为北总代表，并付以全权，俾易解决。□电西南，初不闻表示迎拒，是西南诸公第以法律为和议之根据，不以个人问题为开议之标准。谋和初衷，迄未泯息，凡属国民，孰不钦仰。乃日前军政府于北总代表王揖唐个人，忽有歌电表示反对，而孙中山先生又通电声明辞职，不负责任，真相莫明，颇滋疑惑。时值北总代表莅沪，外间不察，指摘纷乘，潮流所极，适为一般奸人利用之时机，力谋破坏，阻挠丛生，卒使南北代表齐集，不克开议。而南总代表唐绍仪，复被迫不得已而辞职，和议益行停顿。是我国民所企盼南北当局早派

代表，赓续和议，速谋统一之种种渴望，几至都成泡影。

慨自军兴以来，祸乱相寻，阋墙之争，岁无宁日。今幸和局重开，吾民之生机始有一线之转圜，何意阴谋播弄，乘机思逞，始则以北统代表个人问题，多方煽惑。一面复箝制南总代表唐绍仪，不得行其职权，使出于辞职，以达其最初包办和议之目的。夫和议为□和平□，一面□关系全局存亡，何等迫切，何等重要，岂容少数奸人垄断，遂其私图？设使日久变生，和议破裂，衅端重开，责有攸归，罪何可逭。如我西南诸公，诚欲谋和议之进行，则议案提出，自应本和平初旨，以法律事实诸问题为依归。对人关系不成问题，迭经各界通电指斥，事理昭然，不难反省。若必长此相持，旷时费事，和局之成，期诸何日！嗟我黎庶，岂能再罹锋镝。兵到之处，庐墓为墟，商辍其业，农辍其耕，富强处此，亦难支持，况我孱弱，何堪设想！

惟有仰恳大总统、诸总裁，迅予催令南北总代表从速开议，尤望各界诸公力蠲成见，一致分电南北当局，同声呼吁，促和平之局早放光明，则大局前途幸甚。时势危迫，祸机四伏，亡日亟矣，不忍不言。迫切陈词，伏维公鉴。浙江和平救国会叩。元。

（《关于促和之要电》，天津《大公报》1919 年 10 月 19 日）

湘籍国会议员李执中等致军政府各总裁等电
（1919 年 10 月 14 日载）

军政府各总裁、各报馆均鉴：

查张敬尧入湘以来，迄今两载，病民蠹国，罄竹难书。迭经全省公民一再声罪致讨，并详列罪状，请愿和会代表列为专条，万恶昭彰，神人共愤。讵张氏怙恶不悛，倒行逆施，必欲将我三〈千〉万湘人，陷于万劫不复之域。前次私售湘垣纱厂、马路，阴谋破露，幸未告成。乃欲壑未盈，野心不死，今更以全湘官矿，悉行托英工程司葛某抵押外债三千余万，订约二十六条。警讯传来，令人发指。窃吾湘矿产丰富，当此实业竞争时代，非仅一省利权攸关，实全国命脉所系。张逆此举直接欲陷我桑梓，间接复陷我国家。执中等忝膺代表，职责所关，□恶□奸①，惟力是视。除函请护法政府，严电北廷立罢张逆取消私约外，特电告中外人士，所有湖南各处矿山，无论公产私产、已开未开，无论何人，凡与私订合约，我湘人民誓不承认。并恳爱国诸公，一致维持，用申讨伐。不胜迫切待命之至。谨闻。湘籍国会议员李执中等二十五人同叩。

（《否认张敬尧抵押湘矿》，上海《民国日报》1919年10月14日）

彭养光致孙中山函
（1919年10月14日）

先生钧鉴：

养光抵粤后，即察视各方情形，其主张改组者，已为尽人所同，惟对人问题不能解决。陆荣廷各方均不信任；唐蓂赓不能舍滇而就粤，且年龄亦不及格；岑春萱〔煊〕仅政学会一部分推戴之，然亦不欲其为总统，只欲其作总理；伍秩庸之朽眊，已为人所共弃；唐少川之不能独立有为，亦为人所共知。就中比较倾向先生者，实较他人为多，虽吴莲伯、褚辅成等，亦不能独异。因于本日约同各方在褚寓开谈话会，经多人讨论人之问题，暂不提出，先派四人至军府述达改组之意，俟改组议定，再提出应选之人。本日谈话会之情形如此。

养光初到，真详情形，尚未全得。惟所晤及之人，于谈话间推

---

① 原文如此。——编者

崇先生者，实居多数，究竟如何，容续陈报。敬请
钧安

彭养光上言　十月十四日

孙中山批：代答：来函收悉。

（《革命文献》第四十八辑，第 326 页）

唐克明致军政府各总裁等电
（1919 年 10 月 15 日）

万急。广州军政府各总裁暨参、陆两部总、次长钧鉴：

前□属军鞫宜密探报称：敌军纷纷增加兵力于巴东大枝坪等地，呈报在案。顷复据前线各旅长胡帛翼等称：敌兵□有增加，其步哨进逼防线，敌我相距十余里，气势汹汹，诚恐发生冲突等语。除严饬一律准备，勿稍疏懈，并一面飞报黎联军总司令外，理合驰报钧府鉴核，指示应付方略，俾资遵循，实为至祷。唐克明叩。删。印。

（《军政府公报》修字第一百二十号，1919 年 11 月 1日，"公电"）

李述膺致军政府总裁电
（1919 年 10 月 17 日载）

广州军政府诸总裁钧鉴：

顷接三原于总司令、张副司令急电称：前月陈树藩假名阅兵同州，竟于二十二日率刘世珑等突攻我六路澄县南三十里之酥酪镇驻军，我寺前镇驻军闻警驰援，相持至二十四夜，不得已退守北二十里之社村。陈氏以战胜得意，猛力追击，现方节节进攻，未知所

届。我以现方待和，未得军府命令，未敢遂行对战，似此衅由彼开，不能不取正当防卫。即乞除一面迅电北京严诘阻止，并饬令退守原地外，即日复示对付方法。整军以待，不任悬悬。于右任、张钫。歌。印。等语。谨转奉闻。李述膺。

（《李述膺通告陕西战祸电》，上海《民国日报》1919年10月17日，"公电"）

河南省议会致军政府七总裁电
（1919年10月17日）

广州军政府七总裁钧鉴：

天祸中国，南北失和，停战会议，荏苒一载，累经决裂，耽误时机，驯至外交事宜着着失败，前敌防军跃跃欲试，商务停滞，生民涂炭，每一念及，不寒而栗。迄今王总代表业已莅沪，二月以来，毫无声息，伏思南北一家，原属同气，有何意见不能化除，有何隔阂不克接洽，果开诚相见，迅速开议，一切纠纷立可解决。倘竞争权利，牺牲国家，窃恐统一之局未成，而覆亡之祸立至。敝会代表河南，心所谓危，难安缄默，谋〔谨〕布区区，尚希亮察。河南省议会叩。筱。印。

（《军政府公报》修字第一百十九号，1919年10月29日，"公电"）

赵恒惕致孙中山等电
（1919年10月17日）

万急。广州军政府各总裁、各部长、参众两院、莫督军、马总司令、林总司令、鄂军李总司令、赣军彭总司令，韶州李督办、郑师长，潮州吕督办，漳州陈省长、方会办，武鸣陆总裁，南宁谭联帅，云南唐总裁，上海唐总代表、各分代表、孙总裁、孙伯兰先生，天津熊秉三先生，贵阳刘督军、王总司令，成都熊督军、杨省长，夔州黎联军总司令、柏总指挥、豫军王总司令，巫山送城口王总司令，施南唐总司令，三原于督军、张会办，南宁李督军，南昌陈督军，衡州吴师长，长沙李师长，常德冯旅长，郴州谭督军，溆浦周总司令，辰州田、张、林、萧各总司令，泸州顾军长，溆浦赵军长，各省送省议会、教育会、商会、农会、各报馆均鉴：

北廷卖国，全国痛愤，举凡路矿、森林、实业、税收，无不抵押净尽，破产之祸在于眉睫。前此所仅存，惟田赋一宗，乃本年九月，北廷又募集民国八年公债，额定二万万元，鬻发行五千万元，以国家田赋收入担保，随意买卖抵押，既无内国字样，又无限制外国人收买，作为无效之明文，仰全国田赋，间接向国人抵押借债。换言之，即我卖田赋与外人也。

夫国家元素以土地为主要，国库收入以田赋为大宗，我国以农立国，践土食毛，尤为四万万人所托命。无论民主国家，国库负担非经正式国会通过，不能生效，即专制时代，民贼独夫亦未有以田赋公然拍卖者。北廷倒行逆施，竟敢冒天下之大不韪，甘心以田赋授之外人，其丧心病狂，直欲推倒国家以立底于灭亡而后已。茫茫禹甸，实滋他族，凡有人心，能无发指。

我西南护法兴师，原期救国，国之不存，尚有何和平之可言。应请军府速电北廷，严重交涉，以取销八年公债，为惟一之先决问题，诸公深识远虑，尤望发摅谠论，共挽危亡。恒惕效命行间，惟有竭智尽力，以为我祖宗之丘墓，先畴之畎畆［浍］，争存亡于旦夕耳。肤受之病，急不择音，掬泪枕戈，伫候明教。赵恒惕叩。筱。印。

（《军政府公报》修字第一百二十一号，1919 年 11 月 5 日，"公电"）

五族国民和平共进会致军政府各总裁等电

（1919 年 10 月 18 日）

　　南北和议，对人不成问题，而反对王总代表，至使停顿者，因由一二野心党派鼓惑播弄，多方破坏，冀仍遂其私图。本会于促和东电，曾一及之。嗣叠阅□□世道维持会虞电，武汉商务研究会鱼电，浙江和平救国会、全国和平维持会各真电，中华国民促进和平会寒电，武汉商务协会暨陕西公民请愿团各电函，发伏抉奸，须眉毕现。足见吾民望和心切，扶正嫉邪，公论自在，而于吾会有心理之同。乃迄今又已有日，和局仍在沉闷，不幸而中本会戎衣再启之前言。纷传湘南告警，闽陕亦在岌岌不终日之中，哀我人民，何辜遭此。唐总代表本早有对人无问题之言，旋惑于党派播弄之痛苦，迫于不得已而辞职。本会曾又上书攀留，近闻军政府亦有慰留之表示，可见谋和宗旨，南与北同。

　　今本会请再为北政府敬告者：湘闽陕即有冲突，切勿因南军一部分之决裂，而以决裂报之。当严令前敌各军，但可抵御，不宜宣战，始终仍以力图和平为宗旨。电促王总代表设法从速进行，不得再有内部之争。

　　请再为王总代表敬告者：衔命南来，既于反对者无理之诋毁，绝未有一度之反唇，所以动心忍性，不惜牺牲个人，皆为吾民已能共见。仍宜坚忍卓绝，委曲求全，成此和局，终为人民之利赖，建不世之殊勋。

　　请再为军政府敬告者：欧战两方，原属敌国，棼乱甫平，决成樽俎。吾国南北之争，不过因政见各异，而于吾人民非有不共戴天之深仇。兄弟阋墙，必先言归于好，乃可外御其侮。务宜蠲除意见，对人问题，不设成心，当为人民谋生存，不可再为党派所利用。并宜举一切庞杂之党派争，一扫而空，毅然决然，速电唐总代表即与开议，以安人心，而奠大局。

请再为反对党派敬告者：反对个人，实反对和局，即实为该党权利之争。综所藉口，不外财政、军事、外交诸大端。抑知国家经济困难，乃恃借债为生，军阀之扩张，亦以内乱未平之故，外交之失败，亦以南北不统一之故。不和则财政何能整理，军事何能收缩，外交何能抵制？匪独此也，现值欧战告终，外人必挟全力对付吾国，倘再迁延，将至亡国。亡国奴且并已有之权力而失，胡有未来之权利？尚何争执之有？尚其扩大眼光，不再作挑拨破坏之举，俾吾人民早食和平之福，仍属秦越一家。否则，南北不少明达，决不始终受愚，纡回曲折，和议终必告成，而吾破坏诸君，徒此作伪日拙，所有鬼蜮行为，吾民不难一一揭其罪状，认为公敌必诛。利害轻重，宜熟权之。

请再为吾工商各界敬告者：自南北争战以来，所受痛者，惟吾人民最深，故渴望和平亦惟吾民最切，此为吾真正民意所在，无智愚均能辨之。彼破坏和平者，犹复假托民意，颠倒是非，淆乱黑白，莫此为甚。在彼党，因有作用，别具肺肠，此犹可说。而在本埠一二附和者流，亦复吠影盲从，真不可解。推其心理，未始不以即有战事，湘闽陕远隔他省，与己无与，安居租界，托庇外人，尽可幸灾乐祸。殊不知沪上商务，全恃外省，外省扰乱，金融一断来源，生机同绝。所望工商各界，速本吾真正民意，同伸正论，急起直追，一体促和，但问条件，对人勿再吹求，俾免延误，早出水火而登衽席。今事愈急矣，本会故不惮烦言，大声泣告，伏乞谅察，民国幸甚。五族国民和平共进会叩。啸。

（《五族和平共进会之促和电》，天津《大公报》1919年10月23日）

国会议员李载赓等致孙中山等电

（1919年10月19日载）

南宁陆总裁，云南唐总裁，上海孙总裁、唐总裁钧鉴：

诸公倡义护法，勋业彪炳。救国救民，举世共仰。惟自就职总裁迄未来粤，此间职务率由代行，原非得已。愿为代表者又未必躬自出席，辄复委人代表之，甚或代表之代表亦不出席，又委代表代表之代表。阶级愈多，意思之隔阂愈甚，例如一省长问题相争数月，且莫能决，甚非所以为政也。况当局不变，一切大计待决甚殷。以言固结内部，非诸公亲莅会会商，故无以祛障碍而利推行。以言解决对外，非诸公居中运筹，尤无以系人心而作士气。时局危急，千钧一发，务恳克期命驾来粤，主持大计，以免坐误事机，不胜迫切待命之至！国会议员李载赓、朱念祖、李宣哲、谢鹏翰、王谟、曾绍斌、聂相清、叶逢春、李应森、金镛昌、段炳、吴道达、尹承福、董庆余、方子杰、贺升平同叩。

（《旧国会议员电请总裁回粤》，上海《申报》1919年10月19日）

古汉光致孙中山函

（1919年10月19日）

中山先生伟鉴：

汉实不才，屡蒙钧诲，远怀芝宇，时切遐思。缅自广州军府奉教以来，握别奔驰，无日不神依左右。奈关山迢递，未获再谒公门，重领大教，怅何如之。兹者汉时抱杞人之忧，值此大局纷更，只望先生挈领提纲，以抒和议，达到吾党最终之目的，普天之下，莫不共赖先生旋乾转坤之力也。汉现蒙许军长汝为宠召，委为部下办事，趋辕效力，藉捌光阴。愿言同志，自愧才疏，犹欲效命前驱，以供鞭执，未免有忝厥职。然而汉身虽在闽，而神常向往，伏望先生储天下之才，当天下之任，谅不以功成遽退，雅度健安，以不出为苍生哭也。今者秋深凉夜，翘首云天，感怀所属，分裂增伤，胡天地之茫茫，感予怀之渺渺，临楮神驰，低徊无限。肃此，敬颂

福安，诸祈

垂照，不既

名（古汉光（筱斋）广东梅县）正肃

八年十月十九日

如蒙赐复，照此通信处可也，汕头上杭县粤军第五支队司令部某某收启。

孙中山批：作答奖励。

（《革命文献》第四十八辑，第278页）

各省各军代表致军政府总裁函
（1919年10月19日）

军政府总裁诸公钧鉴：

日前函请召集军事会议，正期速决大计，藉资进行，乃接政务会议复函，必俟前敌复电到齐，方准召集。就表面言之，似属郑重将事；就实际言之，直为故意延宕。查关于和战事件，代表得参预会议，业经军政府组织大纲第二、第三两条明白规定。如来函所云，是军政府组织大纲可以无效，而各省各军之派遣代表，转为多事。军府不承认各省各军代表则已，如其承认，则无论为和为战，自当随时集议，矧当大局吃紧之时，宁敢毫不闻问？代表等依据法律，诉诸职责，前此函请召集军事会议，实为正当办法，并非格外要求。盖征求前敌意见为一事，召集代表会议为一事，不能混为一谈也。用特再行函达，仍请明定会期，以凭开议。时机危迫，万无可缓，此候

政禧，并盼

速复

各省各军代表公启   十月十九日

（《各省军代表与军府》，《申报》1919年10月29日）

浙江和议促成会致军政府诸总裁等电

（1919 年 10 月 19 日）

北京大总统、国务总理、参众两院，广州军政府诸总裁、旧国会，各省督军、省长，上海王总代表转各分代表、唐总代表转各分代表，各省省议会、各公团、各报纸均鉴：

和平希望，举国一心，时局危亡，祸在眉睫。慨自西南昌言护法，战祸频仍，当局鉴于人民之痛苦，外交之紧迫，遂锐意谋和。最初西南要求和会地点，政府不惜委曲求全，由宁移沪。乃动议未几，西南忽有八条之提出，致使朱前总代表知难而退，和议中止。王总代表未派以前，南方屡次敦促改派，频责北方之无诚意。及王总代表已派之后，忽又积极反对，命令唐总代表不予开议，用意所在，真莫测也。

夫舍战言和，固徇民意之请求，以民意之从违为从违，斯为法故，立法之机关即民意集合之所在。南方不尝言护法乎？今试执途人而问之曰：愿和愿战？吾知其必曰：愿和。虽易千万人而问之，所答当不稍异。是民意之倾向可知。虽然今日之和，岂不议能和者耶？拒绝总代表，已表示其不愿和。既违反民意，尚得谓之护法耶？如谓王总代表系主战之人，故不与言和。则今日衔命南来，未尝不因时势之变迁，一再宣布其谋和之诚意，否则又何必担任总代表，而多此一奉〔举〕？且西南近日已在筹备开战，观臧致平入京报告南军增兵，及旧国会议员白逾桓之提出开战建议案，事实彰著，无可讳言。是北方主战之人，今已变其初旨，方孜孜以言和，南方主战之人反走极端，甘居主战之祸首，窃为拥护法之帜者不取也。

总之，民生凋敝，外交紧迫，速成救援尚恐不及，如再假对人问题摧残和议，斯为民意之公敌。民意之公敌，即为全国国人之公敌，吾国人必将群起而声讨之。彼时虽有甚于护法之美名，亦恐不能假用矣。伏乞大总统严电西南，务从真正之民意，牺牲一切权利思想，即速诚意谋和，恢复吾民之元气，共谋外交之进行，则全局幸甚。浙江和议促成会叩。皓。

（《和议促成会电》，天津《大公报》1919年10月25日）

滇军第三师师长郑开文致军政府各总裁、参众两院电

（1919年10月20日载）

窃维西南各省迭次举义，一则曰护国，再则曰护法。夫护国则使国不分裂，护法则必使法不沉冥，乃二者俱不可得，姑出于划疆独立。既独立矣，即应有独立精神、独立能力，一方面统一军政，一方面整理民政，务使军实充足，民气发扬，进可以战，退可以守。虽不敢云雄视列强，亦不致为列强所侮，斯不负首义诸公之苦心。

然欲达以上之希望，非选举正式总统，组织正式政府不为功。乃自举义以来，徒拥一军政府之虚名，环视各方面，军政不统一，民政不整理，较未举义以前，尤有甚焉。群龙无首，其吉安在？况又为北方所咍，今日议和，明日议和，无论和议骤难告成，就令告成，彼北庭对于西南要人，其能推诚相与，畀以海陆军权、财政权、外交权乎？窃敢谓所畀者，教育部、司法部等总次长，使之循例画诺，委蛇耳，伴食耳。我首义诸公，虽有统一军政、整理民政之心，何由展布？且北庭以前所借外债，不下数千万元，其债务之履行，将令北方诸省担任乎？抑由南北平均担任乎？由北方担任，万万无此办法；若平均担任，又非民情所甘。且和议告成后，大权在握，并将大借外债，以多数入彼私囊，以少数购买军实，以为防御南方之计划。我南方诸省将永久屈服于北庭，而债务之履行，亦

永无纪极。虽然力能履行,尤可说也。内顾民生,凋敝已甚,而外人之追呼,亦日甚一日,亡国相去不一间,此可为痛苦者也。

开文武人,本不应干预大政,然而栋折榱崩,被压惟均,故不揣冒昧,妄参末议。务恳俯赐采纳,迅将选举正式总统、组织正式政府问题,立为解决,不胜待命之至。

　　(《和议搁浅中之粤消息》,《申报》1919 年 10 月 20 日)

李烈钧致孙中山函

(1919 年 10 月 20 日)

中山总裁先生有道:

　　前上寸笺,计邀鉴及。兹奉手示,备荷注存,无任衔感。惟我辈嫉恶如仇,亦无怪奸徒侧目。既幸托庇无恙,已以一笑置之矣。远劳慰问,敬以鸣谢。我公政躬不豫,尚祈为国珍摄。敬请
痊安

　　　　　　　　　　　李烈钧顿启　十月二十日

　　　　　　　　　　　(《李烈钧集》下册,第 451 页)

熊克武致军政府各总裁等电

(1919 年 10 月 20 日)

广州军政府各总裁、各部长,上海唐总代表,龙州陆总裁,南宁谭督军,贵阳刘督军,云南唐总裁,郴州谭督军均鉴:

　　冀公铣电、如公筱电先后诵悉。和议既未决裂,总代表自无辞职之理,况北方投间抵隙,时蓄阴谋,我虽随事预防,犹虑未周,总代表关系全局安危,若遽萌退志,将何以外戢戎心,内慰群望?

克武谨从蒉、如两公之后，务祈少川先生力排纾难，曲全终始，并请诸公一致挽留为祷。熊克武叩。号。印。

（《军政府公报》修字第一百二十四号，1919 年 11 月 15 日，"公电"）

童杭时致孙中山函
（1919 年 10 月 21 日）

中山先生大鉴：

别后返粤，备述先生爱护国会德意，现国会同人益深景仰，已提案不信任军政府主任总裁，日前（星期六）下午开议，业得大多数之赞同。惟或有主张省略审查即付表决，或有主张再付审查，以致大起争执，尚未议决。定本日下午再议，想可通过。但闻又有人提出改组案，而杭时等则主张先通过不信任案，再议改组，以免纷歧延误。总之无论如何，主任总裁亦必出于辞职矣。特此布闻，敬请
勋安
固卿、仲恺、展堂、觉生诸先生均此候好。

童杭时敬启　二十一日

孙中山批：代答收悉。

（《革命文献》第四十八辑，第 327 页）

祁大鹏致孙中山函
（1919 年 10 月 21 日）

中山先生大鉴：

前游沪滨，备领教益，兼赐书籍，伟言谠论，启发良多，感荷

之私，良不可言。北京学生界内部尚作种种计划，力图社会之运动，倘得万一之效，或不致有负先生谆谆之嘱也。鹏近同三五好友办一曙光杂志，定于下月一号出版，同人等学力绵薄，尚望先生时赐大教。至于交换、广告、杂志代派三事，若得《建设》杂志同意，尤所感盼。如何之处，尚希赐复，并候

大安

祁大鹏谨启　十月二十一号

（《革命文献》第四十八辑，第365页）

军政府政务会议致孙中山等电

（1919年10月22日）

云南唐总裁，武鸣陆总裁，上海孙总裁、唐总代表、各分代表，南宁谭督军、李省长，贵阳刘督军，成都熊督军、杨省长，三原于督军、张会办，郴州谭督军、赵总司令，夔州黎联军总司令、柏总指挥、豫军王总司令，辰州田、张、胡、林、萧各总司令，溆浦周总司令、赣军彭总司令均鉴：

对德恢复和平案，前经通电宣言，并电准北方赞成一致行动，本军府当即交提国会议决去后。兹准咨复，对德战争状态应宣告终止，并于即日宣言，其文曰：为宣告事：查我国于六年九月二十六日对德宣战以来，中德两国立于战争地位，及去年十一月十一日，协约各国与德订约休战，随开和会于巴黎，本年六月二十八日和约告成，我国因和约内关于山东三款致未签字。惟我国与协约各国始终取同一态度，对于德国恢复和平之意亦复相同，兹经提交国会议决，对德战争状态应即宣告终止，为此布告，咸使闻知，此布。等语。特电奉闻，希前转饬各机关知照。政务会议。养。印。

（《军政府公报》修字第一百二十一号，1919年11月5日，"通告"）

居正呈孙中山文

（1919 年 10 月 22 日）

敬呈者：本月 日奉总理命，任正为本部总务部主任，遵即邀集各主任，及旧日事务所诸干事会议，清理旧卷，分别部署。今将总务部组织纲要草定缮就，恭呈钧核，伏恳即日核准，以便施行。此呈总理钧鉴。

总务部主任居正谨呈 十月廿二日

附：总务部组织纲要

第一条：总务部掌理关于本部机要、庶务、交际、收发、公报各事务。

第二条：总务部设分科办事如左（下）：机要科、庶务科、交际科、收发科、公报科。

第三条：机要科掌事务如左（下）：一、关于典守印章事件。一、关于保管册籍事件。一、关于委任事件。一、关于文牍事件。

第四条：庶务科掌事务如左（下）：一、关于置备保管各项物件。一、关于铸印事件。一、关于事务所内一切会计事件。

第五条：交际科掌事务如左（下）：一、关于接洽海外交际事件。一、关于接洽本部各项交际事件。

第六条：收发科掌事务如左（下）：一、关于收入函电、拆译、摘由、登记、交主任分配事件。一、关于发出函电、编号、登记事件。

第七条：公报科掌事务如左（下）：一、关于编辑事件。一、关于印刷及发行事件。

第八条：附则 办事细则除按照本部事务所办事规则规定外，须遵守以下之规定：一、关于各科处理事务，有应由主任核定者，须交主任核定之。二、关于收入函电封面有署交私人者，不得拆阅。三、关于公报应否发表之件，须前一日由干事会议决定。

第九条：本纲要自　月　日施行。

（陈三井、居蜜合编《居正先生全集（中）》，《中研院近代史研究所史料丛刊（40）》，1999，第 255~257 页）

焦易堂致孙中山函[①]
（1919 年 10 月 22 日）

中山先生钧鉴：

前上一函，想早接到。兹又启者：今日两院联合会对于岑宫保提出不信任投票案，已经成立，现付审查。改组军府案亦通过，正在起草。将来结果，恐老岑仍难滚蛋。即使去岑，陆或当权，是去一虎而来一狼，仍无良好希望也。

国会同人近多觉悟，甚望先生再出，勉膺艰巨。如果议和法律问题可以达到目的，外交事实能有改良机会，似宜商诸少川先生，密电吴、褚，由国会方面主张开议。不然，易堂恐现时护法者将来一旦权利到手，仍是乱法之人也。天下滔滔，无处不是。若再相持年余，不战不和，日日借款，国家前途，不至伊于胡底！

鄙见如此，不知先生以为何如？专此。顺候

勋安

　　　　　　　　　　焦易堂谨启　十月廿二日

孙中山批：觉生代答以来信收悉，先生着代答云：国会行使职〈权〉，北京颇有赞成之意。如果有确实消息，先生当发通电主张，此时国会议员可齐到北京，行使职权，则护法目的可算完全达到矣。否则，必当重新革命而已。

（《国父墨迹》，第 374 页）

---

① 原函未署年份，仅署 10 月 22 日，信封邮戳显示 1919 年 10 月 29 日到上海，酌定为 1919 年 10 月 22 日。——编者

华侨联合会致军政府各总裁等电
（1919 年 10 月 22 日）

北京大总统、国务院，广东军政府各总裁钧鉴：

欧战告终，世界已庆和平之兆，内讧未息，南北尚无统一之机。敝会为华侨机关，屡接海外各埠函电，咸谓当此时局，宜息内争。王总代表南来，已誓诚意，则对于中日密约固宜设法取销，其余条件亦须表示让步，俾得早日开议。至南方则宜注意条件，勿坚持对人问题，务期早决和局，协力对外。盖华侨居留海外，时起风潮，忍死待援，望和益切。伏恳南北当局以民意为重，速图和平统一，以免国家危亡。华侨联合会叩。养。

（《华侨联合会促开和会电》，天津《大公报》1919年 10 月 29 日）

程天放致孙中山书
（1919 年 10 月 23 日载）

中山先生是我很钦佩的一个人，因为无论外界对于先生怎么样的诽谤，怎么样的怀疑，先生在二十多年前，能够提倡革命，能够实行革命，这一段的功劳是不可没的，是全国人都应该感谢的。我前天在寰球学生会听见先生的演说，觉得先生在二十多年前提倡革命的精神，到现在还保持弗失，愈加佩服。但是先生的演说中，有希望我们学生界的地方，我对于先生的主张也有怀疑的地方，所以特地写这封信，请先生赐教。

先生那天讲现在要救国有两种方法：一种是维持现状，就是要求北廷恢复国会，使国会能完全行使职权，那就什么事都可以解决。第二种是破坏现状，就是要重新□①命，并且要希望学生界出来主张这两种办法之一。我以为这两种办法，就只有第二种能够救国，第一种觉得很不妥善。我并不是讲国会不应该恢复，不应自由行使职权，我以为在官僚、军阀、政客的势力未推倒以前，去要求北廷恢复国会，是敝多于利的。有几层原因：第一层，北廷是没有权可以恢复国会的。先生那天讲，现在大家要求北廷取消中日间种种条约，北廷是没有权力可以取消的，订条约和废条约都要国会同意，我们如果要他取消条约，就不啻承认他有权订立条约了。我以为国会问题也是一样的，约法上没有规定政府可以解散国会，所以解散国会是非法的无效的，我们现在如果要求他恢复国会，就不啻承认他有解散国会的权力了。所以照道理讲，是不应该的。第二层，国会为什么不能完全行使职权，就是因为官僚、军阀、政客作祟的缘故。所以我们要国会完全行使职权，就要先合多数国民的力量，把这般卖国的官僚、暴戾的军阀、捣乱的政客驱逐得干干净净，这就是□②命，那时国会自然能够完全行使职权。倘使我们没有把官僚、军阀、政客推倒，就去要求恢复国会，国会恢复了，要想尽职，一定惩办这班官僚、军阀、政客，官僚、军阀、政客那里肯受国会的惩办，一定是又用暴力□国会解散，那是我们不是白费一番气力吗？所以我们现在救国唯一的方法，就是要□③命，就是要合全国平民的力量去革官僚、军阀、政客的命，不当去要求北廷恢复国会。

先生那天讲：辛亥以后政治，所以这般腐败，不是革命党没有建设的能力，是革命党破坏的功夫做得不够。这几句话我以为很对。辛亥那一次革命，除得去了一个满清皇帝之外，所有旧官僚、旧军阀、旧政客、旧制度、旧思想一毫没有除掉，旧的既然

没有破坏，新的什么能够建设呢？所以现在几个民党中人，不谈破坏，专门讲建设，我极不赞成。譬如一所房子，年代太久，到处都倾斜破坏，我们要得安居之乐，自然非建设不可。但是我们如果不去把这所旧房子拆卸下来，却专去研究新房子的餐室怎么样造，寝室怎么样造，客厅怎么样布置，这不但是画饼充饥，简直是痴人说梦哩。先生你从前能革满清政府的命，难道现在不能□①官僚、军阀、政客的命么？希望你努力前进，我们也愿意尽我们一部分的责任。

（《程天放致孙先生书》，上海《民国日报》1919 年
10 月 23 日，"专件"）

彭堃致孙中山函

（1919 年 10 月 23 日）

中山先生大鉴：

军府制度不良，其势亟须改组，各省各军均表赞同。国会议员亦已提案，昨日两院联合会曾将此案通过，推定起草员二十七人。查粤中政团共有五组：（一）褚寓，即原有之益友社也；（二）照霞楼，即原有之民友社也；（三）新新俱乐部，即新补选议员所组合也；（四）五十号，即原有之政学会也；（五）石行会馆，即政学系之支派也。以上五政团，除五十号与石行会馆少数外，其余三政团，以先生手创民国，尊重国会，群相仰望，极表欢迎。处此酝酿之余，不能不事前准备。务恳一面派人来粤，与各代表暨国会接洽；一面派人赴滇与唐督疏通。先生悲悯为怀，谅不忍坐视沦胥也。

再，黔议员暨代表李世荣，仰慕先生，较他派尤切，嘱堃代为

---

① 报载时将"革"隐去。——编者

道意。专肃，敬叩

勋安

彭垫（印）谨启 十月廿三号

孙中山批：答以文对于国会议员，只望个人本良心上之主张奋斗耳，余则悉听自然也。请转布此意，李君为我道感。

（《革命文献》第四十八辑，第 327~328 页）

国会议员田铭璋等致孙中山等电

（1919 年 10 月 23 日）

上海各团体、各报馆转孙中山、章太炎、唐少川、孙伯兰诸先生，各省省议会、教育、农、商、工各会均鉴：

顷接唐冀赓总裁皓电，惊悉伪廷既卖东部，又割西邮［陲］，丧失国土，几至一省之多。苟非目睹危机，绝不言之如斯痛切。诚哉，比较青岛，重逾数倍，足见伪廷祸国，不遗余力。务望全国人民一致电斥，免成事实而保领土，国家幸甚。国会议员田铭璋、杜汝舟、王福缘、何印川、何晓川、韩桂荣、李希莲。漾。

（《国会议员田铭璋等通电》，上海《民国日报》1919 年 10 月 31 日，"公电"）

吉林省议会致军政府总裁电

（1919 年 10 月 23 日）

广州军政府大总裁均鉴：

和议停顿，将及一载，大局纷扰，统一无期，举国皇皇，莫知所届，倘再迁延数月，欧和告成，外人协以谋我，其将何以御之。现英藏交涉，风云日紧，俄蒙勾煽，警报频传，而山东青岛问题尚无具体之解决，内争不息，遑言对外，爱国之士，怒焉如捣，岂我大总裁诸公以命世英杰，为全国所共仰，而反昧此？诸公志在护法，但求于法有济，似不必有所苛责，南北代表莅沪多日，希即开诚布公，迅令订期开议，法律事实主张虽有不同，然南北完属一家，彼此同应让步。连年兵燹，民不聊生，已达极点，常此纠纷，不惟人民无生活之路，而国际地位尚不知降至何等。诸公爱国素具热诚，务望电嘱唐总代表勉任艰巨，速开和议，以副人民殷殷盼和之苦衷。时机危迫，间不容发，剀切陈乞，尚希望鉴纳。吉林省议会叩。漾。印。

（《军政府公报》修字第一百二十三号，1919 年 11 月 12 日，"公电"）

黄孝愚致孙中山函①
（1919 年 10 月 23 日）

中山先生钧鉴：

伪廷非法，层见叠出，理宜根扫，另组新府。奈势碍达，权作和计，亦应坚守法律，勿令稍松。

现众反王，似注个人条件，大题忽未提及，虽本意系护法起见，但未免隔搔之弊。并有将密约争论，是否全布，究属逐末之图。先生譬德为北，则反对个人，自不成问题，提恢国会，凡种切非法条件，既未经国会通过，定付无形打消，扼要片言，唤醒梦梦。孝愚现正组织大会，不日成立，一概需赀，纯然义务，俟开会时谨将煌煌训语，遵奉拼［？］达。如北否悛改，南苟迁就，敷衍告和，不依法解，大拂民情，无计何方，宁死否认。当即分电各地，抗纳粮税，实行组织正式政府。旅沪各省同志，多数赞成，爰

---

① 原函未署年份，据信封邮戳酌定为 1919 年。——编者

敢冒昧，直陈拟议，当否之处，伏乞钧裁，俾决南针。

先生与张〔章〕太炎先生，诚护法中之纯粹二老，余不无短长。其间异口同声，皆是云云。再热禽恋燠，代马欣飚，蓄志多年，愿列高足。先生道周中外，谅必菅菲不遗，正如子舆设科，来归定受，倘幸宫墙得入，铭感靡涯。希赐学术一部，奉为圭臬。便否邮掷，合并呈恳，不胜祷盼待命之至。

名正肃　十月二十三日

孙中山批：代答以先生现非设帐，无收门生之事。学说即寄一册，如能实力奉行，则胜形式多矣。

（《国父墨迹》，第 372 页）

龙州县国民大会致军政府总裁电

（1919 年 10 月 24 日）

广州军政府列总裁钧鉴：

徐、段国贼，借款借械，主签苛约，断送青岛，媚外压内，无非恃某国为奥援，以残杀我同胞。国民等惕于国家之危亡，不得不亟谋救国之后援，谨于本月二十四日公开国民大会，到会者万余人，激昂奋发，众口同声。讨论结果，依照本省国民大会表决六大纲：一、和约不签字；二、取消中日密约；三、惩办卖国贼；四、提倡国货；五、维持教育；六、电上海国民大会，发起组织全国国民大会，主张全国一致行动。除分函电参众两院外，理合函电钧府。公等护法热忱，救国苦心，仍恳始终贯彻，张我挞伐，歼彼国贼，饬护法各省前方军士严阵以待，国民誓当一致为公后盾，社稷利赖，惟速图之。龙州县国民大会叩。敬。印。

（《军政府公报》修字第一百二十三号，1919 年 11 月 12 日，"公电"）

国会议员王福缘等致孙中山等电

（1919 年 10 月 25 日）

广州护法政府，上海各团体、各报馆转孙中山、章太炎、唐少川、孙伯兰诸先生，全国各省省议会、教育、农、工、商各会、各机关均鉴：

北廷柄国，无日不以拍卖为事。今人民共愤，仍悍然不顾，近又飞机潜艇两债续成，利息重至六厘。究其用意，无非伪和欺人，暗中备战，以戕我同胞以为快。凡有心肝，宁不发指。事关重要，万希一致力争，主持打销，庶免沉陆，则国家幸甚。国会议员王福缘、田铭璋、何晓川、何印川、杜汝舟、韩荣桂、徐清和、董根云、李希莲。有。印。

（《军政府公报》修字第一百二十四号，1919 年 11 月15 日，"公电"）

湖南国民大会致军政府各总裁等电

（1919 年 10 月 27 日）

军政府各总裁、督军、省长、各省县教育会、各团体、各报馆均鉴：

顷阅各报载张□①敬尧，派湘江道尹王丙坤为改选省教育会筹备长，读之不胜骇异。查教育会改选，照章应由四干事员为筹备员，通知全省，依法改选。乃张□委员筹备，是将民国机关，改为官办，意欲召集一般下流，听其驱使，而后为所欲为，无人评议。阴谋诡计，路人皆知，倒行逆施，莫此为甚。惟望吾湘人士，一致拒绝，当道诸公，同声反对，如有由此非法改选者，即教育之败

---

① 报载时隐去，疑为逆字。——编者

类，吾民之公敌，凡我湘人，应群起而驱除之。临电迫切，无任企盼。湖南国民大会叩。沁。

　　（《湖南国民大会来电》，上海《民国日报》1919 年11 月 2 日"公电"）

旅沪湖南省议员彭兆璜等致军政府各总裁电
（1919 年 10 月 27 日）

广东军政府各总裁钧鉴：

　　张敬尧擅将全湘矿权，密卖与英国银公司代表葛兰特，定洋三千万圆，订约二十条。论鬻产，则断绝湘人生机；论投资，则延长西南战祸；论违矿例，则尤丧失国家主权。湘人因懔危亡，誓以死拒。璜等言责所在，除径电英使绝对否认此项矿约外，特电恳钧府严电北庭，勒令张敬尧取销该约，并乞电告英使，声明此违法契约当然无效，以维矿权，而全民命。迫切陈词，无任翘企。湘省议会议长彭兆璜，议员袁海鹏、刘明镜、黄本溥、罗良干、吴静等叩。感。

　　（《旅沪湘议会议员反对卖矿》，《申报》1919 年 10月 30 日）

陈邦侯等致军政府各总裁等电
（1919 年 10 月 30 日）

成都熊督军、杨省长，云南唐联帅，广州军政府各总裁钧鉴：

　　窃自北廷不纲，靖国师兴，宋公辑先以革命巨子与石总司令入主川北，凡所设施，莫不以护法卫民为职志。至今军民爱戴，全道依为干城，几于有口皆碑，无腹不鼓。顷奉命令，另调重庆监督一职，凡在治下，靡不骇异，以为用人行政大府自有特权，而邦候[侯]等生命财产所系，又宁忍借寇之我先。用是不避斧钺，敢献刍言，特将宋公辑先已过德政，为大府缕晰呈之：

一曰儆贪墨以清吏治也。宋公下车伊始，即以澄清吏治为入手方法，犹忆去年巡查到县，罗沈航知事即以受贿贪财见撤矣。于是闻者褫魄，全道官吏无有再敢失德者，而吏治以清。

二曰缉盗匪以靖萑苻也。军兴以来，伏莽潜滋，人民鲜能安枕，宋公以北道道尹兼清乡司令，不独留心政治，于各团股匪尤尽力歼锄，而地方以靖。

三曰兴实业以厚民生也。川北地瘠民贫，久苦兵祸，宋公念民生凋敝之余，非徒空言护法，更注重实业，如顺保潼丝厂，如留法俭工会，如各县实业所、劝工局，如各县农林公社，如遥设苗□，未有不殚精竭虑，极力提倡，而实业以兴。

四曰举学校以宏作□也。往者，大兵之后，十室九空，学宫鞠为茂草，士庶久无经声，宋公莅件[任]之日，会商石公，首禁军队驻扎学校，次令所属县学以次开堂，而于教习优劣，学款充绌，时派员调查，务期实事求是，不致虚旋光阴，贻误英年，是以全道闻风，诵声不绝，而学校不因兵荒而废弛。

此其治民之荦荦大端，在人耳目，非敢伪饰者也。至于阐幽德，伸士气，禁烟苗，重国货，其遗爱在民，尤属更仆难数，无俟赘录。仰更有进者，宋公以政治大家，兼富军事学识，治民之暇，与石总司令左提右统，治军有法，故能保全滋大，全师皆强健之兵。

夙日患难相依，今者心腹与共，一旦奉调远离，不惟人民失去生佛，而石公无此良友，亦觉自坏长城，此后军民缪辊，谁为佐理？戎马倥偬，谁为分劳？万一因此掣肘，发生窒碍，岂但非北道之福，抑亦大府之忧也。在大府统筹兼顾，必有荩谋硕画，无庸吾侪小民鳏鳏过虑。惟邦侯庐墓所在，桑梓情殷，又不能不借箸一筹，以为泰山河海之一助。万不获已，协电挽留，泣恳大府，俯念地方为重，即日收回成命，使宋公得以久于其任，从容措理，俾竟全功，而彰勋能，不独下邑之光，将来国史与有荣焉。临电迫切，无任屏营待命之至。岳池县议会议长陈邦侯、商会会长罗农云、视学谭致中、团练局长柏林国、民社理事长谭厚生、县立高等小学校长蔡征、县立女学校校长杨星离、农会会长杨晖吉同叩。

（《军政府公报》修字第一百三十号，1919 年 12 月 6日，"公电"）

靳云鹏致孙中山等电
（1919 年 10 月 31 日）

广州岑云阶先生并转伍秩庸先生、陆干卿先生、唐蒉赓先生、孙中山先生、林悦卿先生鉴：

感电悉。前据湘督报告南军图攻湘东情形，迭经电请查照阻止在案。兹准电告，组庵巧电所持各节，适在中央电诘之后，事之有无，不辨自明。现在中央诚意谋和，湘督断不敢轻开兵端，仍希转告组庵为盼，湘督处已另电转知矣。云鹏。卅一。印。

（《军政府公报》修字第一百二十四号，1919 年 11 月15 日，"公电"）

潘季伦致孙中山函①
（1919 年 10 月）

中山先生尊鉴：

历呈芜函，谅均投前。兹有敝友周君应时，于前月忽患种疯之

---

① 原件未署年月日，信内容应为 1919 年事，且原件信封背面署有"十月二十六日即九月初三日发"字样，查 1919 年阳历 10 月 26 日即阴历九月初三日，故酌定为 1919 年 10 月。——编者

症，一手一足不能动，口不能言，惟尚神志清楚，现在广东博济医院调治。昨季伦船埠时，接伊弟济时兄三信详告病情。缘周君乃我民党中坚人物，于以后时局大有关系，况情所关切，只得飞函四面叩求疗治之术。切思先生素明医理，定有奇方，以救能员，务恳火速函告为祷。

再者，倘组织正式政府成立，选举先生为大总统，万望弗推辞。盖前日赞成辞总裁者，即留正式总裁之地位耳。犹此正可率国民以讨贼也，然后诸事整顿改革，以达救民之目的耳。肃此专呈，敬请

钧安，并希

垂照不恭

潘季伦鞠躬上书

孙中山批：代答以在医治为最上法。

（《革命文献》第四十八辑，第 367 页）

伍毓瑞致孙中山函
（1919 年 11 月 1 日）

香山先生赐鉴：

奉诵祥云，藉谂德躬健胜，不既心仪。毓瑞一介凡庸，徒封故步。乃承隆眷，注念频烦，感激亦何可量。国是纷纭，豪强窃发，群公衮衮，饮鸩自甘。不有哲人，祸乱真未知有艾也。承示以仍当贯彻护法主张，不屈不挠，法语之言，敢不书绅。惟勉以干城，愧未敢耳。四载珂乡，了无建树。械单饷绌，无所为计。惟誓以精诚贯彻此护法二字，以勉尽吾党之责任耳。谨遣周雍能敬问起居，伏惟训示。

伍毓瑞谨肃　民国八年十一月一日

孙中山批：作答云：桂贼不灭，民国不能生存，故救国必先灭

贼而统一南方，然后乃能出师北上，力争中原。务望力作士气，以赴时机。

（《国父墨迹》，第 376 页）

谭浩明致军政府各总裁电
（1919 年 11 月 2 日）

飞急。广州各总裁钧鉴：

　　岑总裁感电奉悉。我公领袖西南，殚心国事，决疑定计，勋业崇隆，海内倚为安危，天下同其忧乐。即有少数稍持异议于我公，固无增损，不宜以一人之去就，使全局受其摇动，即成功尚非引退之时，而急难忽怀高蹈之想，闻令惊惧，寝馈难安。伏乞体念时艰，贯彻护法初旨，勿萌退志，尤望诸公一致挽留，同维大局，至为盼祷。浩明叩。萧。

（《慰留岑总裁之四电》，《申报》1919 年 11 月 12 日）

缪嘉寿致军政府各总裁等电
（1919 年 11 月 2 日）

广州军政府各总裁、政务会议、参众两院诸公均鉴：

　　现北廷派徐恩元向美国借款三千万，除扣还民国五年已借之五百万外，今又交二千五百万，以全国烟酒税作抵，并以盐税余款担保，已经成立。此种借款，无论从何方面说，均非国家之福。年来北方所恃与南方对抗者，纯恃借款一端，故得肆意妄为。若不设法打消，则现在助长北廷嚣张，将来重增人民担负，且此后赓续滥借，不知伊于胡底。目前为救国计，非惟推倒北廷不可，而南方力量又难急切达到目的，惟有断绝财源，或可不击自倒。

美国前曾倡议，中国南北未经统一以前，无论何国不得借款，兹忽反汗，实因于中国情势不甚明瞭，故为北方所蒙蔽。若一经揭破，必不自食前言。所有打消理由，社论既多，无待赘述。当此紧要关头，务请切电美国国会及政府，宣示反对，并严诘北廷，使知觉悟，国家前途，胥利赖焉。谨贡愚忱，伏候明教。缪嘉寿叩。冬。印。

（《军政府公报》修字第一百二十七号，1919 年 11 月25 日，"公电"）

熊克武致孙中山等电

（1919 年 11 月 5 日）

万火急。广州军政府岑总裁、伍总裁、林总裁，各部长、各代表、参议院、众议院、莫督军、李督办、吕督办，上海孙总裁、唐总代表，云南唐总裁，武鸣陆总裁，南宁谭督军、李省长，郴州谭督军、赵总司令，贵阳刘督军，漳州陈省长，诏安方会办，辰州田、张、胡、林各总司令，叙［溆］浦周总司令，夔州黎总司令、王总司令、柏总指挥，成都抄送蓝慰问使、杨省长均鉴：

军府不宜改组，前电已详言之。昨奉冀公卅一电，语极痛切，不忍卒读，正拟再电陈词，冀收同声相应之效。忽后奉云老感电，竟以异说朋兴，思且洁身引退，巨浪惊涛之来，使人神魂震骇。

夫大敌当前，而主帅逃避，全局未宁，而中枢摇动，言念前途，焉识死所。云老崇德硕望，举国同钦，此次戮力护法，领袖群贤，筹应万方，宅心良苦，七省义师，方倚为长城。北廷卖国，神奸久已侧目嫉视，而莫敢报怨，乃国会诸公，必欲于此时指摘而击去也，武诚大感不解也。果必寻隙蹈瑕，媒孽其短，则古今中外，安有完人。况披荆棘，建军府，制度草创，自百官有司，至于介胄荷戈之士，或惧袭要区，或崛起行陈，皆非素相统摄，命令或有不行，而决疑定策，咨询志周，原求妥协舆情，自必迁延时日。如是而犹不蒙曲谅，动辄见尤，将虽肯以不訾之身，排百难而府众诟，传不云乎：欲加之罪，何患无辞。不问事之成败，而苟责于人，究于国家奚益也，岂惟无益且有害。

克武僻处西陲，耳目闭塞，然以愚虑所及，果令军府改组，云老去位，旦暮之间，必生危险。约而言之，盖有三焉：零陵一呼，七省响应，国会议员开议于广州，数十万义师疾战于郊野，其他云合景附者，不可胜计。处境各殊，见地自别，惟皆以诚信相孚，精神相喻，趋尚相契，情感相融，故能相劝相让，相谅相安，休戚关心，而利害与共。假如衅端骤启，猜忌滋多，群疑满腹，众志隳败，虽有贤者，将何以善其后？加之北廷间谍，散布流言，阴谋煽动，护法之人，自此各怀危惧，不待北军之压境，而西南已分崩离析矣。其为危险一也。凡动力之以权位而团结者，亦必至于权位不可必得，而后始涣散焉。如最近之直、皖之争，其初固起于段、冯之莫能下，然亦实有人见吾统帅坚持数岁，虑其权位之不克保，而逐密使通勤于西南，而卒之不敢明目张胆来襄义举者，又以见西南内部犹未统一，未可恃以成功也。假令西南分离益甚，内部情实暴露无遗，则凡通勤于我者皆绝我，而后协以谋我，权位诱之于前，我更驱之于后，直、皖二系之弃近嫌修旧好，斯其时矣。其为危险二也。自顷以来，北廷罪恶昭著，偕亡之叹，充盈国中。中流之士夫暨夫农工商人，咸晓然于西南师出之有名，日夜祷祝其必胜。即在昔反对党派，举欣欣然向风慕义，乐为诵赞，旌旗所指，舆论从之。盖自辛亥、丙辰后，未有若今日之盛也。假以不忍小忿，激成内讧，芸芸之能，将谓我等护法其名，逐利其实，南与北同是一丘之貉而并弃之。民心难得而易失，书曰：怨岂在明，不见是图；见而图之，将何及矣。其为危险三也。此三危者，事势之所必至，庸俗之所共喻，非敢张皇其词，藉以耸动观听也。

南北两军，相持日亟，胜负之数，尚不可知。万一激战，而惟视内部之联结为何如？联结则胜，结解则负，无可幸逃。靳云鹏之团合北系，正见及此，岂以我义军之贤明，所见反出靳之下耶？传闻列强要约于中国未统一前，不得借款，横暴如日本，亦以拘束顾忌，未敢独投资。北廷军费方苦无着，我辈共矢素志，勤修战备，即令北系团合，扼之可使坐困。所注意者，我或自绝而见弃于友邦，固为北廷造成借款之机会耳。然既已自绝，旦暮之间，危险立见，又奚必待列强之助饷北廷，而后可以注意乎？西南偏安之局，暴尸喋血而暂定之，岂忍拼作一掷。不独西南，将民国存亡国民生死问题，争兹一着；稍或差异，则我辈躬与其事者，必至外多清议，内疚神明，此身之不识死所，更无论矣。

风雨同舟，当共努力，即有怀疑，徐容商议。克武诚愿云老勉为其难，无存退志，并望诸公一致挽留，奠安危局。至于军府改组之议，尤望国会诸公审慎，言有尽而意无穷，惟冀鉴其愚款，俯予采纳，则厚幸矣！临电不胜悲痛。熊克武叩。歌。印。

（《军政府公报》修字第一百二十六号，1919 年 11 月
22 日，"公电"）

吴山致孙中山等电

（1919 年 11 月 8 日）

广州参众两院、军政府各总裁、各部总次长、大理院、总检察厅、莫督军、钮、马、林、沈、魏、刘、李、彭各总司令，寄送各省各军代表、省议会、省长署、教育会、商会、学生联合会，照霞楼褚寓，石行会馆，南园五十号，新新俱乐部，各学校，各法团，各机关，报界公会，各报馆，武鸣陆总裁、南宁谭督军、李省长、省议会、教育会、商会、各司令、各学校、各法团、各机关，上海孙总裁、唐总代表、各分代表、孙伯兰先生、章太炎先生、谢慧生先

生、谭石屏先生、吴稚晖先生、国会议员通讯处、报界联合会、和平期成会、策进和平商业公团联合会、留法俭学会、中华职工协进会、全国各界联合会、学生联合会、各学校、各法团、各机关、各报馆，云南唐总裁、省议会、教育会、商会、各司令、各师旅团长、各学校、各法团、各机关、各报馆，贵阳刘督军、王总司令、省议会、教育会、商会、各学校、各法团、各机关、各报馆，潮州方会办，黄冈吕督办，漳州陈总司令、各司令、各师旅团长、商会、国民大会、各法团、各机关，三原于督军、张会办、叶总司令、各军师旅长，韶州李督办，郴州谭督军、赵总司令、各军司令、各师旅团长、辰州田、张、胡、林、萧各总司令，衡州吴师长，辰谿周总司令，施南唐总司令，巫山送城口王总司令，夔州黎联军总司令、柏总指挥、王总司令，重庆黄总司令、商会、教育会、各学校、《民苏》、《民治》、《民信》、《西方》各报馆，万县卢副司令，顺庆石总司令，绥定颜总司令，成都熊督军、杨省长、省议会、商会、教育会、各学校、各法团、各机关、军师旅团长、各报馆，北京各学校、各法团、学生联合会、各报馆，天津省议会、《益世报》、徐季龙先生、商会、教育会、各学校、各法团、各报馆，热河、绥远、蒙古海、察哈尔各都统暨各省督军、省长、省议会、教育会、商会、各学校、各法团、各机关、各军师旅团长、各报馆公鉴：

窃维我国无论南北，何党何派，均无实力足以统一中国，且无实力以统一西南。若久猜忌倾轧，一旦利属渔人，同归于尽，悔无及矣。今欲护法救亡，惟贵团结，既云团结，当融党见，欲融党见，惟贵公诚，各持极端，即成冰炭不容，万事瓦解。北方各系，除徐世昌、段祺瑞、徐树铮、靳云鹏、王揖唐、曹、陆、章等诸卖国贼，与亲日毁法之叛督数逆外，不乏爱国男儿。若能弃逆效顺，当予自新。南方各党，迭共患难，迭次同盟起义，奔走流离，民国八稔，革命四次，饱经艰险，九死一生。各党各分子扪心回顾，二十年来彼此所经颠沛亡命之苦痛，身命之牺牲，父母家室之别离，牢狱无告之惨状，方且悯恤之不遑，何忍相煎之过意，不亲旧日之同盟，而爱不共之仇敌，不念覆舟之危险，而起无谓之纷争，一德一心，犹虞难济，相摧相拆，讵能更生？风潮愈险，愈当互助外，愈急愈宜抵御，利他主义即是利己，若以损人为乐，结果损己尤甚。

国会上年宣言有曰：两院议员依法临时集会于广州，凡职权所在，国本所关，若宪法会议之继续、总统选举会之组织，固当勉尽职责，次第进行云云。今者两院法定人数已足，正宜凝神一志，创万古不磨之大法，树民国永垂不朽之丕基，只求有利于国家，何妨融化一时之成见。以中正公平制宪，则字字皆地义天经，以丝毫偏私执政，即事事皆纠纷荆棘，权术莫如袁贼，结局令人寒心，柔滑莫若冯妇，终被武人屏黜，孽皆自作，无任抚膺。夫轨道之邪正，原根于心，而应于事，至定论之是非，实不在己，而在于人。鹬蚌相持，不知互让，同归一死，人皆非笑，缘木求鱼，无补事实，旷日费时，人劳徒劳，平心而观，达人君子，当明采择。嗟嗟，人非圣贤，孰无差失，君子之过，如日经天，勇于自觉，可祀上帝。不揣冒昧，谨贡刍言，知我罪我，敬候明教。吴山叩。庚。印。

（《军政府公报》修字第一百二十七号，1919 年 11 月 26 日，"公电"）

靳云鹏致西南各总裁电
（1919 年 11 月 9 日载）

唐总代表既无法慰留，应另定继任之人物，务宜从速拟定，早日莅沪，以便和会续开。中央对于总代表人的问题，并无丝毫成见，所希望者惟在南北双方开议之宜早耳。吾辈既为国效忠，宜以国家为前提，勿得各存私见，长此相持不下，恐酿成沦胥之祸，望诸公深长思之，务宜速谋统一之策，则国家幸甚！

（《靳总理致西南各总裁电》，长沙《大公报》1919
年11月9日）

刘显世致孙中山等电
（1919年11月9日）

急。广州军政府岑总裁、伍总裁、林总裁、各部长、各代表、莫督军、李督办，上海唐总代表、孙总裁，武鸣陆总裁，云南唐总裁，南宁谭督军、李省长，郴州谭督军、赵总司令，成都熊督军、杨省长，夔州黎总司令、王总司令，漳州陈省长，广州吕督办，诏安方会办，贵阳王总司令，辰州分送田、张、萧、林、胡各总司令，溆浦周总司令均鉴：

唐总裁卅一电悉。念自护法军兴，几经缔造，险阻艰难，始有今日。岑总裁遭大投艰，深谋默运，勋猷事□，薄海共知。倘军府内部尚有商榷之处，惟有协力和衷，徐容整理。闻国会建议改组，以致岑总裁避嫌引退。际此和局再梗，大敌当前，一旦因此动摇大局，适中北廷之计。瞻望前途，隐忧靡已。此间昨已专电挽留西林，务恳诸公一致主张，维持现状，切劝西林毋存退志，以安大局，实所盼祷。刘显世。青。印。

（《军政府公报》修字第一百二十六号，1919年11月
22日，"公电"）

粤籍国会议员孔昭晟等致护法政府各总裁电
（1919年11月9日）

护法政府各总裁钧鉴：

本月八日，各校学生因追悼同学后列队巡行，路经先施公

司，有人高呼抵制劣货，而警察竟施用武力，致学生受伤者十余人，甚至前往救伤之看护妇亦殴伤二人。执警政者倘能设法调停，尚可和平了结，乃不为此计，忽将学生二百余人关闭该公司内，循至翌早，闻警务处长魏邦平复加派游击大队，全上刺刀，势如临敌，驰往该公司将学生等拘捕十余人，返厅留押，虽亲友探问均被禁止，衣服食物亦不许送进。似此滥用职权，摧残学类，民愤沸腾，势恐激成大变。因特联恳迅令该处长，即将学生立行释放，并将该处长查办，不胜待命之至。粤籍国会议员孔昭晟、苏佑慈、王釜、王鸣庞、刘芷芬、杨梦弼、李炳焜、何铨绳、李清源、谢环村、李英铨、谢英伯、李洪翰、林伯和。青。

（《军政府公报》修字第一百二十六号，1919 年 11 月 22 日，"公电"）

云南省议会致军政府各总裁等电
（1919 年 11 月 10 日）

广州军政府各总裁、参众两院、莫督军、张省长，各省督军、省长、省议会、教育总会、商务总会，上海全国学生联合会、商业公团联合会、各法团、各报馆均鉴：

顷读广州国会筱日宣言，北廷擅发八年公债，总额二万万元，又复贱价售与强邻，以田赋为抵押，阅之不胜发指。查北庭近年以来，专以借债为惟一宗旨，关税不已，抵及路矿，盐税不已，抵及森林，举凡国家固有之财源，无不抵押殆尽，仅遗此田赋一宗，藉延全国之命脉。乃北廷尤不遗余力，竟欲拱手而送诸外人，在若辈丧心病狂，甘心卖国，固不足责，独惜吾国庄严灿烂之河山，将沦为朝鲜、印度之续，亡国灭种，祸迫眉睫。诸公热心爱国，万不忍使全国土地，任若辈断送无遗，务望急起直追，速谋挽救，本会同人俟竭驽钝，以为后盾。临电迫切，不胜盼祷。滇省议会。蒸。
印。

　　　（《军政府公报》修字第一百三十号，1919 年 12 月 6
日，"公电"）

广西全省学生会致孙中山等电
（1919 年 11 月 11 日）

急。广东军政府、旧国会，护法各省督军、省长，全国学生联合会各
省分会、上海孙中山先生、上海各界联合会总会，各团体，各报钧鉴：
　　中华不幸，天降酷凶，莽莽神州，行被□□①兼并，我学生等
心焉痛之。故京津发难于先，粤桂响应于后，群为救国之举动，并
非违法行为。国家正当若何奖励之，劝勉之。乃有大谬不然者，杨
以德逮捕天津学生，马良惨杀山东同学，言之寒心，直欲奉我神明
之祖国与□□②而后已。但山东、天津处于非法政府之域内，亡国
奸贼之范围，杀因救国之学生，无怪其然。我南方处于护法政府之
下，月前广州之学生，为救国之运动，检查劣货，惨遭魏某逮之下
狱者十余人，经几许严重交涉，被捕者始幸免一死。惨矣！乃此次
亡国公司因贩运劣货入口，被同胞共弃，彼果有良心，正当真正表
白。乃舍此不图，而迁怒于学生，某日卒警捕去演讲者数人，今尚
未释。而曾、程、黄、古四君，因此次奔走呼号，勉国人以爱国，
遂致卧病以至于死，痛哉！顷报载，十一月八日，粤学生在东园致
祭四君后，大举巡行，道经先施亡国公司，忽遭该亡国伙伴马、欧
二贼、卒警械击，伤及男女学生三十余人。闻有被伤过重者，现入
医院，生死未卜。夫死者泥尚未干，伤而垂危者复现，警察伤人，
暗无天日，其横蛮甚于北廷，法纪何存？非严惩主使及凶奸，则粤

---

①　报载时将二字隐去，应为日本。——编者
②　报载时将二字隐去，应为日本。——编者

学生尚有立足理耶？敝会业于十日电慰外，特此请贵会团体一致通电力争，务使死者瞑目，生者自由，规复法权而后已。谨电。

广西全省学生会叩　十一月十一日

（《广西学生会援救粤学生电》，上海《民国日报》1919年11月22日"公电"）

国会议员李希莲等致孙中山等电
（1919年11月11日）

广州护法政府诸总裁，上海孙中山、章太炎、唐少川、孙伯兰先生、各界联合会，各省省议会，各省教、商、农、工、商各会，各报馆均鉴：

阅报载：伪廷拟以会国〔国会〕、省议会为基础，举各省名宿，将命名曰国老会议，共定国是，谋新建设等语。查集会结社本人民之自由，每因招自政府，其结果无不专利，如袁氏之参政院、筹安会，适成帝制之谋；段之督军团、公民团，又成复辟之祸，进而迫挟总统解散国会；后段氏自为总理，又有指令与民意毫无关系之临时参议院议员，私改选举法，以供其专横。呜呼！至斯而官，国之革命成功，而民国之精神消灭矣。今徐氏又设此非驴非马之机关，抬集无聊政客，议承意顺旨之事，为帝制耶？为复辟耶？其黑幕可想而知。但此会固非护法各省省议会所赞同，即非护法区域各省省会，果为完全民意选出之议员，亦绝不举此。即有小数省分，势处积威，纵不能不举，而所谓真正名宿者，亦绝不为金钱势力所动，以应非法之抬。况国既言者，则少年之中国何存，会无根据，所议之宗旨安在？际此风雨飘摇之国家，发生法外惑人之举，贻祸又何堪设想？我全国明达当必深恶痛绝者。万恳一致电斥，免成事实，则民国前途幸甚。国会议员李希莲、何晓川、何印川、董云、徐清和、王福缘、韩荣桂、邢麟章、姚翰卿、沈殿三、李伯荆、郭相维、王谟、于仲铨、王宪章、金永昌、张凤九、高家骥、田铭璋。真。印。

（《军政府公报》修字第一百二十七号，1919 年 11 月
26 日，"公电"）

熊克武致孙中山等电
（1919 年 11 月 11 日）

万急。广州军政府各总裁、各部长、参众两院、莫督军、张省长、李督办、吕督办，南宁陆总裁、谭督军、李省长，云南唐总裁，贵阳刘督军，郴州谭督军，漳州陈省长，诏安方会办，上海孙总裁、唐总代表、三原于督军、张会办均鉴：

兹派刘光烈为军政府政务会议四川代表，兼军事委员会四川军事委员，凡有关系川省军政应行接洽事件，即由该员办理，以归划一，而免纷歧。谨电奉闻，伏祈亮察。四川督军熊克武叩。真。印。

（《军政府公报》修字第一百二十九号，1919 年 12 月
3 日，"公电"）

国会议员王福缘等致孙中山等电
（1919 年 11 月 11 日）

广州护法政府总裁，上海孙中山、章太炎、唐少川、孙伯兰诸先生、各界联合会，各省省议会、教育会、农、工、商各会、各报馆鉴：

北廷卖国残民，全国今已觉悟，乃怙恶不悛，竟由意舰运来军械二万一千三百箱之多，又允给张敬尧枪五千枝、弹五百万粒，于此停战言和时期，明目张胆出此，非与人民宣战而何？查北庭搪塞言和，以诚意责人，今所谓诚意者竟如斯耶！万乞全国人民一致电

诘，庶弭战祸，而全民命，则人道幸甚。国会议员王福缘、何晓川、董耕云、邢麟章、何印川、徐清元、田铭璋、韩荣桂、张凤九、姚翰卿、郭相维、李伯菉、沈殿三、陶礼焱〔燊〕、王谟、王鸿庞、金永昌、王宪章、于仲铢、李希著〔莲？〕。真。印。

（《军政府公报》修字第一百三十号，1919 年 12 月 6 日，"公电"）

王安澜致孙中山等电
（1919 年 11 月 11 日）

万急。广州护法政府主任总裁及各总裁、各部长总长、参众两院、各军军事代表，武鸣陆总裁，云南唐总裁、马总参谋，上海孙总裁、唐总代表及各代表，广州莫督军、马总司令，汕头吕督办，韶州李督办，诏安方总指挥，肇庆林总司令、陈省长，贵阳刘督军、王总司令，南宁谭督军、李省长，郴州谭督军、赵总司令，辰州张、胡、田、林各总司令，衡州吴师长，溆浦周总司令，成都熊督军、杨省长、但、刘、吕各师长并探送蓝慰问使，重庆余镇守使、黄总司令、黔军朱参谋长，顺庆石总司令，绥定颜总司令，资州顾军长，泸州赵军长、吕司令转屏山何总司令，万县姚总司令、卢副司令、田梯团长，夔州黎总司令、豫军王总司令、柏总指挥，施南唐总司令，巫山颜师长，陕西三原于督军、张会办并转耀县滇军叶军长，上海全国学生联合会、全国和平联合会、和平期成会及各省和平期成会、学生联合会，各省议会、各商会、农会、工会、各教育会、各报馆均鉴：

顷读湖南谭督军□、蒸电，均悉。张敬尧抵押全湘矿权于英美商人，私借外债，断送湘命，罪恶昭彰，行将成为事实，资人贪囊，殊堪发指。查张贼盗卖湘产，至再至三，前接谭督诸公沁电，安澜愤极，已于俭日通电反对，迭经西南护法诸公一致严诘，各在案。乃张贼利令智眦，犹复悍然不顾，势必灭绝全湘三千万人民之生命不止。应请军府飞电北庭，制止张贼欲壑，并一通告英美领事，声明未经湘省议会通过者，勿论何项契约，国民誓不承认。诸公救国心长，爱民志切，湘亦中华民国之领土，湘民亦中华民国之人民，尚望主持公道，同声公愤。拯湘民于水火，免国土之沦胥者，此安澜则所心向默祷者也。谨此电达，伫盼明教。王安澜叩。真。印。

（《军政府公报》修字第一百三十二号，1919 年 12 月
13 日，"公电"）

贵州省议会致军政府各总裁等电
（1919 年 11 月 12 日载）

广州军政府各总裁、参众两院，北京徐菊人先生、龚仙周先生，上海议和各代表，各省督军、省长、省议会，各司令、各法团、各报馆均鉴：

近日报载：徐树铮因美国旅京汽车公司介绍，向美国资本家借款四百万元，以伪国务会议通过之边业内国公债五千万元内抽一千万元作抵押品。又称新银行团成立，相约不得单独投资，日人方面独坚执须置西北边境及满蒙借款于例外。似此情形，徐树铮保无以筹边名义，暗中向日人借种种巨款，以扩充军事实力，而破坏和议云云。

查自武人乱法以来，北庭暗中向外人结约借款，不止一次。如上年以苏省凤凰山抵押之军械借款，及以闽省矿产抵押之四百万日款，以全国地丁及吉、江两省林、矿抵押之日款，以全国田赋抵押之万万元借款。每有一次借款，本会即有一次呼吁与反对，乃北庭略不置顾。吾国民之反对愈烈，而北庭之进行愈急，甲款甫经到手，乙款又在运动，森林、矿山抵押尽罄，甚且抵及田赋、地丁。缔结密约，日有所闻，卖国罪状，更仆难数。近则美国之借款又见

告成矣。夫吾国自国会非法解散后，外交大权一握诸非法政府，遂尔为所欲为。然历次借款与各种密约，既未经合法国会之议决，本属不生效力，吾民早经宣言，誓不承认。各友邦鉴于我国武人之专横，民意不伸，亦早经宣言在和议未成以前，绝不借款于中国。独日人别怀异心，兢兢以边境满蒙之借款为例外，而边境大权现在适握于卖国贼徐树铮之手，是日人之心已显而易见。乃北方当局反甘之如饴，倒行逆施，势不至亡国不止。

当此法律失效国贼肆毒之日，本会除函致外交团外，惟有缕举颠末，通告于我举国同胞之前，请始终主张公道，反对日人之行动，俾免助长内乱以碍外交。临电不胜盼祷之至。贵州省议会叩。印。

（《黔议会请防小徐借款》，上海《民国日报》1919年11月12日）

广东省议会议员黄佩荃等致
军政府各总裁等电

（1919年11月12日）

军政府各总裁、广东莫督军、张护省长钧鉴：报载本月八日先施公司马旋德、欧尧督同警察伤害巡行学生身体，及救伤之看护妇身体一案，经学生报告法庭，验明有据。警察厅长魏邦平不依法将该公司督凶犯人马旋德、欧尧，及行凶警察拘送法庭治罪，反偏听该公司一面之词，硬将送案犯人马旋德、欧尧释放，又将被害学生押送惩戒场。其颠倒是非曲直，有出乎人民意料之外者。观其令惩戒场长文内，有至悔过乃释之语。惟此次该公司马旋德、欧尧督警殴伤学生，其罪系在马旋德、欧尧及警察，而魏厅长反将被害学生押交惩戒场，其过又在魏厅长。学生有何罪可惩，何过可悔，既无过可悔，而必惩之以罪，则学生终无释放之一日，与处无期徒刑何异。况此案伤害学生身体，显犯普通刑律，应属司法范围，魏厅长职司警察无权处断，乃竟越权为之。以警察而侵犯司法职务，此风一开，法庭归于无用，警察可以横行。压制学生事小，紊乱国法事大，护法省区万难容此黑暗。为此电请迅饬立将学生提释，并将督凶马旋德、欧尧，行凶警察等犯拘送法庭，按律治罪，俾昭公道，而维国法。曷胜企祷。广东省议会议员黄佩荃、陈秉铨、王鸿饶、王叙揆、杨宏业、黄锐、许森芳、陆盂飞、彭龚梅、曾儒彬、张思严、潘治庵、关强伯、冯葆熙、罗朝荣、吴爕梅、李济源、张春冀、李权铭、李宏基、罗赓铺、凌瑞淇、欧阳祥、陈巨理、曾国琮同叩。文。

（《广州摧残学生之愤潮》，上海《民国日报》1919年11月20日）

广东报界公会致孙中山等电
（1919 年 11 月 13 日）

加急。广州军政府各总裁、各部长、参众两院、莫督军、张省长、省议会、李参谋总长、各省各军代表，韶州李督办，武鸣陆总裁、谭督军、李省长，云南唐总裁、周省长，漳州陈总司令，郴州谭督军，三原于督军，成都熊督军、杨省长，贵阳刘督军，香港报界公社，上海孙中山、唐少川、章太炎、孙伯兰、胡汉民、汪精卫先生、粤侨联合会、广肇公所、日报公会、全国报界联合会、各界联合会，北京报业公社、广东同乡会转各界钧鉴：

此次学生界提倡杯葛救国，人具同心。庚日举行巡行，为省会警察厅长魏邦平所部警察游击队，殴伤学生，伤押十数人。报界有闻必录，本为天职，乃该厅长魏邦平因报纸登载此项新闻，于事实认为偶有不符，辄尔不经更正手续，暮夜派队包围报馆，搜查稿件，逮捕员役，连夜捕去记者十数人。似此摧残舆论，妨碍救国，法律何在，官规何存？护法区域有此违法官吏，同人不敏，窃实耻之。诸公民国砥柱，社会中坚，鉴此狂潮，当予维护。谨布情况，惟希亮察。广东报界公会叩。元。

（《广东报界公会之呼吁》，上海《民国日报》1919年11月20日）

廖湘芸等致军政府各总裁等电
（1919年11月15日）

军政府各总裁（衔略）① 鉴：

周则范、杨玉生等附逆谋乱，湘芸率所部于元日通电，与周则范脱离关系，宣布讨伐各在案。是日，适杨玉生来部，将所带队伍驻扎距本部五里地之水尾眇，湘询来意，答以商榷改编军队，秉承中央各问题。言语之间，威迫利诱，备致其极。湘芸突围，布置早已配备，官兵愤慨，当将杨玉生处决阵前，旋将带来队伍围缴武装，贻函杨逆部卒，劝以大义，冀其来归，仍敦凤好。人之好善，谁不如我，或能不启衅端，一面对于杨逆部卒则取防守，一面对于周逆总部则取攻击。寒日未及拂晓，驰赴溆浦县城，即将该逆总部包围，宣布声讨原因，部卒闻之，同深敌忾，竟将周逆首级以献。当将溃众收编，地方安堵如故，各部皆已相率来归，将次办竣，惟一梯团长陶懋劼潜逃不知去向。其该逆尸首则予厚殓，而遗族已妥为保护。湘芸迫以正谊，未敢及私，回首前尘，怵焉如捣。

现湘芸以原有职守，维持秩序，俟其编制完竣，当呈候军政府核示遵行。惟周逆派往各处代表，应即否认，一切行为当归无效。至周逆所设之共政处、审检两分厅，以及其他骈枝机关，拟一律暂行停办，财政处仍归罗菜负责，惟另设前湘西护国军总司令部清理处，遴委当日在职掾属，责成清报，以昭慎重，藉资撙节。湘芸不敏，怅触良多，

---

① 原文如此。——编者

深知今日潮流迥殊往昔，非有新精神不足以成新事业，求达到此目的，自非坚忍沈毅不为功。湘芸倦伏湘西，经营惨淡，已届两年，差幸士卒同心，得成此举，仍归本此奋斗的精神，以求最后之胜利；处权利禄，誓不介怀，非以鸣高，藉资针砭。谨布愚忱，幸祈明教。廖湘芸、章裕昆、萧湘、邱长荫、文乃武、张宗轩、刘镇南、潘康时、李武、谭启韶、叶本固、萧型、梁觉贻、康廖兴、□王励、谢国章、刘钺、王□、邹毓林、汤之聘、吴杰暨全体军官等同叩。删。印。

（《溆浦廖湘芸等致南方通电》，《申报》1919 年 11月 20 日，"公电"）

吕超致孙中山函[①]
（1919 年 11 月 17 日）

中山先生道鉴：

不奉书教，瞬一年矣。自读辞职电后，每慨时局日非，惘然若失。比闻河间巨公暨湘中诸彦，又将敦促出山，重肩重任，不审已得我公同意否？超僻处西陲，对于政局之变迁，每苦不能得实，特派张君蔚彬前来请训，务恳示以趋向之途，俾得贯彻护法卫民之本旨。此间近状，即由张君面述，兹不赘陈。肃叩

百弗，诸维

霭照，不庄

　　　　　　　　　　　吕超谨上　十一月十七日

孙中山批：作函奖勉，期望甚殷，为国尽力。并告以时局情形，及反对分赃和议，拟先扫除南方顽固腐败武力，以统一民治基础等等。

（《国父墨迹》，第 378 页）

---

① 原函未署年份，据内容判断，应为 1919 年。

唐继尧致孙中山等电

（1919 年 11 月 17 日）

万急。广州军政府岑总裁、伍总裁、林总裁并转上海孙、唐两总裁，广州莫督军、李参谋部长、赵交通部长、参议院林议长、众议院吴议长、褚副议长暨两院同人，南宁陆总裁、谭督军，贵阳刘督军，成都熊督军、杨省长，漳州陈省长，郴州谭督军，三原于督军鉴：

北庭坚不撤换王揖唐，和会久顿，国会诸君以失望于时局，主救济之方，遽有改组军府之议。夫西南以艰苦奋斗之人，支撑破碎不堪之时局，军府内外周旋，汲深绠短，苦心孤诣，不能一一表暴方众，其有不能悉满人意之缺感〔憾〕，尧等何敢自讳。此间详加研究，解究济〈之〉之方，在体察时局之变化，立坚固不拔之根基，军府改组与否，实非先决问题，轻易更张，反于时局将蒙不利。深望诸公平心体察，先联合为时局之研究，立一矩步，相同意志，相合之主义，以整齐各方意见，然后再进而求内部之整顿，于时局前途庶有进步之望，而无崩溃之忧。

窃就鄙见，陈兹六说：（一）以民治主义制定宪法，立最高之信仰，以吸收内外之人心；（二）竭力推播正义，以倡导全国之趋向，使武力统一派之主张失所根据；（三）就西南各省，施行适当之地方制度，实行改良政治，立护法救国之表信，以待全国之转移；（四）对于和战相机回应，一面整备实力，以静待外交时局之变化；（五）以遵行宪法及取消卖国密约之主旨，为战之步趋；（六）以各省各军合一致，为进行之标准。尧窃□六者于时局根本，有应几先决之必要，主义已竟，再求其他，自可迎刃而解。敢布区区，伫候明教。继尧。筱。印。

（《军政府公报》修字第一百三十三号，1919 年 12 月 17 日，"公电"）

谢心准致孙中山函[①]

（1919 年 11 月 18 日）

先生钧鉴：

敬肃者：前次上书，蒙由邵元冲君代函示复，早经敬悉一切。

现在时局变幻至此，知先生断不忍旁观。第此时吾党进行，究取何种政策？道路传言，莫明真相，此心至深焦念。而旧日可靠之同志，在此抚脾〔髀〕兴嗟，渴盼消息者尤不乏其人。先生此时对于大局之进行，及对粤局之处置，有可以书函指示者，深望赐示一二，俾知方向，以尽棉薄。或示知应与何人接洽，以便照行。如有面示之处，亦望赐复，俾得立行来沪，领命一切也。粤局愈弄愈坏，实不忍言。专肃，敬候

钧安

仆谢心准谨肃　十一月十八号

孙中山批：如尚有有力之同志可帮一臂，以扑灭桂贼。此时宜预备一切进行方法，可与周之贞接洽。

（《国父墨迹》，第 380 页）

徐树铮致孙中山电[②]

（1919 年 11 月 18 日）

树铮月前因公奉派来库，值蒙官府向内情殷，迭经晤叙，情愿撤消自治诚悃。昨晚遂以具呈大总统文件，照会树铮，弁京代呈。当录往复照会原文，照会一件译如下：查外蒙自治以来，民穷财

---

①　原函未署年份，据信封邮戳为 1919 年 11 月发，当月 22 日寄达上海。——编者

②　原件印戳为 1919 年 11 月 22 日 11 时自北京发电，同日到达上海。——编者

尽，险象环生，自治官府不胜忧惧。念外蒙前境为中华民国领土，久想举自治全权归还中央。兹逢贵使远来，迭经官府及喇嘛等会议多次，众意佥同，已呈奉博克多哲布尊丹巴呼图克图汗核准，具呈大总统收回政权，及时治理，俾外蒙全境日臻兴盛。除另派员晋京商订善后条例外，兹专文附送原呈，请贵使带京转呈。相应照会贵使查照施行，须至照会者，右（上）照会西北筹边使徐。中华民国八年十一月十七日，蒙古，已［乙］未九月五日。经照复文曰：为会复事，准贵自治官府照会内开云云，等因。准此，欣睹顺自治官府，奉博克多哲布尊丹巴呼图克图汗轸念民情，愿撤消自治，以外蒙全境治理全权归还中央政府，及时振兴，企图富强，爱国殷诚，普天同庆。本使躬逢其盛，诚欣诚跃。谨当转呈大总统收回政权，优加礼遇，力谋□救之，□荣地方之兴盛，昭示五族无疆之麻。尤盼贵官府早日遴派代表到京，啄评哑哽事宜，本使当在京竭诚预备接待。相应照会贵治官府查照，须至照会者。右（上）照会外蒙自治官府，中华民国八年十一月十七日。等语。希察及，制树铮。巧。

孙中山批：已答，一并存案。

（《革命文献》第四十八辑，第 297～298 页）

靳云鹏致孙中山等电
（1919 年 11 月 18 日）

广州岑云阶先生并转伍、陆、唐、孙、林诸公鉴：

前奉元电，以据报闽督日增兵备，属为阻止等因，当即电询李督，兹接铣电复称：铣电悉。查泉州施田、沙县，并无增兵情事，林陡谓节节增兵，不知以何为据，谨复上转诘问，等语。特复，希察照。云鹏。巧。印。

（《军政府公报》修字第一百二十九号，1919 年 12 月 3 日，"公电"）

汕头商人代表陈子和等致军政府总裁电

（1919 年 11 月 19 日载）

总裁钧鉴：

汕埠太古庄倒闭，商等被欠颇巨。该庄破产，照律公摊，乃滇军夏旅长述唐出而羁产独占，商等血本无着。夏旅长存项是否军饷，倘属私人债权，应照商法公摊，方为公允，乞派员彻查究办。除另文详呈外，敬陈。债权代表陈子和等五十三人血叩。

（《军政府公报》修字第一百二十五号，1919 年 11 月 19 日，"公电"）

陕西公民救陕会致军政府七总裁电

（1919 年 11 月 19 日载）

广东军政府七总裁钧鉴：

迩来全国各报纷载：北廷本月八日公布公债条例，拟额二万万元，以田赋为担保品，抵押外债，据闻已押入某国，每百元抵三十元等语。舆论沸腾，人民恐骇。

查田赋为国家主权所系，附丽于国家成立要素土地之上，土地为国家之基础，人民之命源，国税、地方税收入之主宗悉在于斯。以田赋而押诸外人，无异举国家生命以授人，北廷虽至谬顽，何忍出此，陷吾民于永劫乎？且军兴以来，计其外款，已逾二亿，迹其用途，有一投诸生产事业乎？不过竭人民之膏血，重人民之担负，充当局逞欲图私穷兵杀人之资料而已。人民之血膏有限，当局之欲心无餍，此二万万元之公债，能充当几日糜费乎？此后又将如何乎？北廷曾一念及之否？且各友国鉴于我国内乱之无已，客冬有暂不投资之决议，以促进我国之平和。今言和已几周岁，而解决尚遥遥无期，乃不谅友邦之好意，复欲与某国以内债之名行外债之实，再逞其杀人乱国之计，饮鸩止渴，自甘沦亡，人谋固遂，我国前途尚堪问耶？矧连岁兵燹，人民凋敝，已臻顶峰，各省皆然，秦中尤甚。北廷应体恤民艰，急图更始，何竟斫丧心肝，行同豺虎，违反民意，只图自私？秦民九死之余，糊口不给，流离转徙，到处皆是，乌有能力担负此债，以益其水深火热也。

望即电达北廷，着速明令取消，用顺舆情，以保国脉。临电迫切，呼吁哀鸣，祈赐俯察，无任企待。陕西公民救陕会叩。

（《军政府公报》修字第一百二十五号，1919 年 11 月 19 日，"公电"）

覃振、林祖涵致孙中山电
（1919 年 11 月 19 日）

孙总裁钧鉴：

湘西廖梯团长湘芸宗旨纯正，义勇过人。此次护法兴师，转战千里，和议开始以来，维持地方秩序，克尽厥职。日前周、杨之变，该团长即日详电陈报一切，早请军府政务会议处分，一秉大公。诚恐远道不察，传闻异词，特述颠末，用达钧听。覃振、林祖涵叩。皓。

（《广东覃振林祖涵来电》，上海《民国日报》1919 年 11 月 30 日，"公电"）

北京国务院致军政府七总裁电
（1919 年 11 月 20 日载）

据邮务局转呈云南邮务局报告，谓云南省署近发行一种金币，以发放薪俸等用，并由云南公报声明，此项金币系法定钱币，一律通用。

而富滇银行则又向各机关通知，谓此项金币当银币十元使用，另有当银币五元之金币，不日发行云云。查币制划一为立国之要道，今虽南北未臻统一，然对外则自当表示一致，若云南果如所报发行金币，则□币制问题益增纷乱之途，而币制统一更觉困难。当此财政急宜整理之时，又别生一枝节，倘外人执以问难，何词以对？务祈转知云南，即行停铸，并将已发行之金币一律收回，以维圜法，国家幸甚。

（《京华短简》，《申报》1919 年 11 月 20 日）

广东报界公会致军政府各总裁等函

（1919 年 11 月 20 日载）

军政府各总裁、督军、省长钧鉴：

此次学生本于救国热诚，提倡杯葛，乃不幸横被摧折，可为痛心。敝会同人对于此种新潮，固抱悲观，但亦皆以地方治安为重，故关于此类新闻纸之记载，照实直书，毫不存左右袒之意，此明眼人自能洞见者也。

乃广东全省警务处长兼省会警察厅长魏邦平，对于报馆记载此项新闻，辄以造谣二字相加，于十一月十二日暮夜，派队包围报馆，搜查稿件，逮捕员役，连夜捕去不下十数人。查报业习惯，新闻如有不实，原可照章更正，此官民所共知共守者。魏邦平纵为执行职务，维持治安起见，对于报馆刊登新闻，如果认为事实偶有不符，当然以书函要求更正，何得未经过此项手续，遽尔施行逮捕？且当先施公司肇事之始，省会第八区署于十一月九日尝一度以公函送敝会。有顷，奉警察厅电话：现阅国民、大同等报刊，刊派先施公司殴伤学生传单，其中情节未尽相符。诚恐各报递照登载，致淆观听，亟应通知报界公会传知各报，对于此项新闻务须访查明确，审慎登载，以免将来更正手续之繁等语。是该厅亦知更正之惯习，且抽象的指明关于登载学生事项。今知此惯习，乃竟不出此正当行为，摧残舆论，妨碍救国，龙氏窃粤，无此蛮横。

为此专函奉逃〔达〕，务希转饬行政长官，饬令该厅将现捕各报员役迅予省释，嗣后对于报馆登载新闻，当依法办理，不得再有此法外行动。否则舆论被摧，事犹其小，以护法政府下之行政官吏，有此举动，将何以维系人心，号召天下？钧座以护法为全国倡，当必不愿厕身于违法之列，此则敝会所欣欣乐闻大命者也。专此祗颂

勋祺

广东报界公会谨启

（《广东报界公会之呼吁》，上海《民国日报》1919年11月20日）

保属各法团等致军政府各总裁等电
（1919 年 11 月 20 日）

广州军政府各总裁，云南唐总裁，成都熊督军、省议会均鉴：

川北自军兴以来，一道两尹，政务纷歧，匪风四起，幸宋辑先道尹出巡保都，统一北道，察吏民，练团清匪，教育、实业次第整顿，政声所播，民望悉归。法团等屡悬借□，请速发明令，以安人心。保属各法团及公民张家俊、刘汉基、□际隆、何恩溥、朱寄阶、萧正乾、李明究等叩。哿。

（《军政府公报》修字第一百三十号，1919 年 12 月 6日，"公电"）

福建学生联合会致军政府各总裁、参众两院电
（1919 年 11 月 20 日）

广州军政府参众两院、各总裁钧鉴：

铣日日人无故持枪械惨击学生，十余垂死，军警商民多伤，全

城罢市罢学，恳电北庭严向交涉。闽学生联合会叩。哿。

（《军政府公报》修字第一百三十号，1919 年 12 月
10 日，"公电"）

广东学生致全国书
（1919 年 11 月 21 日载）

呜呼！吾粤不幸而有亡国公司之怙恶卖国，吾粤更不幸而有
警察厅长魏邦平之叠次纵容奸商，摧残士气。连月以来，毒焰滔
天，暴力撼地，凡属有血，欲得甘心。方之鲁省马良、天津杨以
德，罪当倍等，而丧尽天良，惨无人道，则未有若今回伤杀爱国
学生之酷者也。学生等死里余生，一丝未断，敬为我父老兄弟姊
妹陈焉。

本月八日，学生联合会开会追悼黄复颜、范曾养、古太一、
程万镒四君。下午二时礼毕，冒雨巡行，藉以唤醒国人，坚排劣
货，用继四君未竟之功。讵至□□①公司门前，各生鹄立长堤，
齐呼抵制亡国公司。该公司突命欧耀、马旋德二伴，率同警察数
十人持枪拔刀，狰狞向学生曰：如有再呼者，格杀勿论，捉将警
厅里严办。各生以其强横无理，不甘屈伏，呼声益高。欧、马二
伴暨警兵等，不由分说，各出枪刀，猛向学生乱击。登时被重伤
者有朱〔李？〕毓椿（广州中学生，胸部受拳，立即晕伤）、王
汉武（公立法政，背部受伤，吐血）、潘宝泰（岭海生，肩部受
伤）三人，微伤者数人，均即抬入公司柜面，由同行妇孺、民国
两医校施救。一面将欧、马二伴扣留，交由该管区长押回区署，
以便移交法庭解决。惟恐将来或有顶替之弊，故令其拍照以免狡
脱。起押时并无扯破衣服，损伤肢体情事，亦无失去戒只、银物

_____

① 报载时隐去，应为"先施"。——编者

等语，百目共睹（警厅布告欲以此架诬，可痛）。又一面电请地方检察厅派员诣验，惟该厅谓向无出外验伤之例，嘱令抬往，各生以距厅路远，不愿再劳伤者，遂改请广东医院医生前来。意欲填回伤格作证，即行分别返校，提起公诉。但自肇事至此，均由学生用竹杆关拦门首，不许闲人前进，秩序整齐，见者莫不叹服。

岂料二时左右，医生甫到，正在查验李［朱？］毓椿时，忽有警队数十人汹汹而来，举枪将学生关拦竹杆推毁，并与站立门前之警员，协力向学生丛乱刺乱击，中以杨其伟、洪威二人指挥最力。于是又复伤及符明昌（公立法政生，腰胸部重伤）、刘贻德（教忠师范生，后枕部械伤，由下向上长约十五仙迷，深约半个仙迷）、马师赞（番禺师范生，尾闾部械伤）、梁秉义（教忠师范生，头部械械［伤］，头晕）数生。幸将警兵之枪刀（刀上有血迹）、曲尺拿获作证。然过路行客莫不激愤，学生只有尽力维持，再行派员禀知地方检察厅。迨该员去后，警兵即将公司前后门紧闭，欲软禁学生，抢回凶器，以致检察官到场，再三交阅公文，仍谓要有命令，方得启门。检察官正欲电质魏邦平，即有警兵自东亚酒店奔出，请其内进，在楼上喁喁私语约一点钟久，始到验伤。验毕，各生将枪、刀、曲尺等凶器呈缴，坚不肯收。检察官之意，竟若宁学生受冤，而不欲失却公司方面情面者，殊费人玩索。旋军政府又派副官亦谓，保存犯罪证物，系属司法职权，坚不接受，于是各生只得仍旧保管。迨副官去后，该公司中人频请检察官上楼，形容鬼祟，欣欣倍前。各生见其形迹可疑，急举蓝祥奎、王国栋二人尾随，蓝等一去不返。只见各门仍前关闭，在内各生，自午至夕粒米均未入口，守候门外各生，急往德昌公司、绮霞楼购买饼干、茶水、饭粥，从铁闸送进，并无将该公司饼干、罐头大饮大嚼（警厅布告欲以此架诬，可痛），有德昌公司、绮霞楼可质。即环观各途人亦共见闻，且对于警员种种恶行，无不发指目裂。但在内学生仍贴不久即行解决开门、幸勿暴动等字在铁闸上，在外学生亦书万勿暴动、紧守秩序等旗，四围高举，直至天明，门闭如故。

及九时许，突有警察数百名，自东亚酒店入内，齐上刺刀，直冲下楼，声言奉厅长令逐杀学生，一时杀气腾腾，遂向学生刺殴。于是张师舜（述善中学生，左臂部、右胁部械伤）、梁泽民（东莞中学生，胸部、背部械伤，吐血）、陈式熹（工业生，背部拳伤，吐血）、吴湘（广州法政生，左臂部械伤）、陈英勉（妇孺女生，左翼骨部、手部、肺部俱械伤）、陈爱珍（妇孺女生，手臂受械伤）、蔡沙棠（岭海生，胸部伤）、云逢瀛（公立法政生，脚部、胁部械伤）、谢理芝（岭海生，伤肺部，吐血）、庄铭勋（公立法政，肩部械伤）、丁鸿模（公立法政，腰部伤）等各负重伤，而张殿邦、黄仲河、邓钧、陈衍松等（警厅布告十一人，惟目下失踪者尚多）复被拿去，沿途亦受殴重伤，经已送往惩戒场监禁。其蛮横不法，言之痛心。后复强搜枪、刀、曲尺各犯罪证物，搜回后，始启门驱逐被困及受伤各生。警兵如狼似虎，学生有逼至堤畔致溺，生死不明。各不得已，即将受伤者送广东医院医理，并往警厅质问。而魏邦平亲自答称，所有举动，皆系本自彼意，并出示诬陷学生，以图掩饰。似此魏邦平身为厅长，前此既惨押学生，今复变本加厉伤杀学生，至再至三，戾气淫威，实已至极。除请地方检察厅依法起诉，并请愿军政府、省长、督军、议会将其撤换查办外，谨将详情沥述，伏乞全国父老兄弟姊妹悯兹惨状，共□凶蛮，务使光天化日中，尚有士气活动之余地。总之，魏邦平一日不□，学生一日不休，千夫所指，不疾而死，岂以一纸颠倒是非之文告，遂掩厥众怒耶？我父老兄弟姊妹其明厥心，振厥勇，协同□此大逆不道之民贼，岂宁生等之幸，抑邦家之福也。

广东全省学生谨上。

（《粤学生泣告全国书》，上海《民国日报》1919年11月21日）

湘西护国军代表姜玉笙致孙中山等电

（1919 年 11 月 21 日）

广州参众两院、军政府各总裁、各部长，暨护法各省督军、各军总司令并驻粤各省各军代表，上海孙总裁、唐总裁、章太炎先生、孙伯兰先生钧鉴：

顷致郴州谭督马电一通，文曰：万急。郴州谭督军钧鉴：新成密。顷阅广州《中华新报》载廖团长湘芸致电军府，谓周蔗生总司令有私通张敬尧嫌疑，被其部下狙击丧命等语，闻之不胜骇异。查周总司令素隶麾下，其平昔行谊，当在洞鉴之中。此次护法夙所主张，悉属正大，即玉笙迭次宣言，亦均得其同意，是否真诚护法，当为天下人所共见。据报所载果有通敌情事，固属咎由自取，若系奸人倾陷，既戕其身，复污其节，则国法具在，自应从严究办，以伸军纪而正人心。值兹国家多难，正赖御侮同心，似此残忍成风，前途何堪设想？督座权衡在握，当不使亲爱部下蒙不白冤也。至湘西护国军军事代表一职，玉笙请从此辞，恳饬另派，以便交替。谨此电呈，静候明示。姜玉笙叩。马。等语。奉闻。姜玉笙叩。马。

（《湘西护国军代表姜玉笙氏电》，上海《民国日报》
1919 年 11 月 30 日，"公电"）

靳云鹏致孙中山等电

（1919 年 11 月 21 日）

广州岑西林先生并转伍、陆、唐、孙、林诸先生均鉴：

佳电悉。查派留学日本第三期陆军大学，尊处准派三名，应将检定员名、各官阶、学绩先期开送，以便由参谋本部审查汇送。业于十月蒸日电复在案。仍希查照前电，将该员等官阶、学绩送部，并饬该员等届时来京，听候审查汇送。无任企盼。云鹏叩。个。印。

（《军政府公报》修字第一百三十号，1919 年 12 月 6 日，"公电"）

赵又新、顾品珍致军政府各总裁等电
（1919 年 11 月 22 日载）

广州军政府政务会议各总裁、各部长、国会议员诸君鉴：

川南陆军墓地告成，订于阴历重九行大祭礼，并开各界运动大会，前曾通电在案。猥蒙诸公锡以诔章挽联，并派代表与祭，是日数万军民欢欣鼓舞，共吊国殇，从此南北阵亡将士，忠魂有所凭依，生□死守，咸深感激，特电申谢，用志弗忘。赵又新、顾品珍。

（《军政府公报》修字第一百二十六号，1919 年 11 月 22 日，"公电"）

烟台海军学校学生致孙中山等电
（1919 年 11 月 23 日）

各报馆，北京政府、新国会，广州军政府、旧国会，各省督军、省长、省议会，天津黎宋卿先生，上海孙中山先生、南北总代表，福州萨上将，广州林总裁，北京蔡子民先生，南通张季直先生，章太炎先生钧鉴：

慨自甲午战败，海军一败不振，前总统黎公暨前总长程公始议兴之，乃有全国招生之举，而生等始得置身海军矣。无如事变中来，二公去位，全图顿挫，国人痛心。生等首当其冲，尤难忍受，及今志绝途穷，四方莫骋。欲违心苟进，则何以对国人，欲勉强支持，又难以达素志，是以人人自危，挺而走险。爰于十一月二十三日全体离校来沪，务以此中痛史，宣告国人，然后分途回省，陈述一切，使国人洞明黑暗之情，亟为根本改革之计，则生等虽出海军，贤于在海军多矣。迫切陈情，不胜待命之至。烟台海军学校二十一省海军学生同叩。漾。

（《烟台海军学生公电》，上海《民国日报》1919 年
11 月 25 日，"公电"）

云南省议会致军政府各总裁等电
（1919 年 11 月 23 日）

广州护法政府政务会议各总裁、参众两院、各部总次长、各省督军、省长、省议会、教育会、总商会、学生联合会、农会，上海全国和平联合会、商业公团联合会、各法团、各报馆钧鉴：

顷致北京徐菊人一电，文曰：北京徐菊人先生钧鉴：顷接广东参政〔众〕两院庚日通电：北庭当轴又以飞机借款名义，贷英金八百万磅〔镑〕，草约业已成立，并先交款五十万磅〔镑〕，以为开办航空局经费等语。阅之殊堪诧异。夫欧战告终，世界潮流已渐趋于和平地位，何用借此巨款，备此大宗军用之品，是显示全国以贯彻武力之主张，不惟南北问题解决无期，即东亚纠纷将由此而益起。先生素抱息事宁人宗旨，谅亦早见及此。即使此项借款，实为巩固国防，传递邮件之必要，然未经正式国会议决，当然不能有效。应请先生速下明令，将此草约克日取消，不胜盼祷。滇省议会。漾。印。等语。拍发在案。应请协电抗争，务达取消草约目的，是为至祷。滇省议会。漾。印。

（《军政府公报》修字第一百三十八号，1920 年 1 月
7 日，"公电"）

广州九善堂院、总商会致军政府总裁等电

（1919 年 11 月 24 日）

北京大总统、国务总理、参众两院，广州军政府总裁、参众两院，
上海南北总代表钧鉴：

改革以来，南北相争者数次，人民死伤者以百万计，而军费
之负担以粤为重，且值天灾横祸，困苦数倍于他省，故望治之殷，
更形其切。但和会虽开，停顿者再，望穿秋水，隐忧特甚，况当
外交日亟，刻不容缓，诸公热诚爱国，料有同情。万乞各除成见，
开诚布公，迅复开议，以国事为前提，以法律为依归，勿再迁延，
以维大局。涕泣陈词，伏祈鉴谅。广州九善堂院、广州总商会叩。
敬。

（《（民国）南北议和会议卷宗集成》第四册，第
1517 ~ 1518 页）

中华民国全国公民和平协助会致军政府总裁等电

（1919 年 11 月 25 日载）

北京大总统、国务院，广州军政府岑总裁及诸总裁钧鉴：

日人在闽无端暴动，戕杀我学生、军警，并及外人，侮辱国
权，莫此为甚。且有日武官在场指挥，日领不加制裁，反电调军舰
示威，直以高丽见待，举国愤激，势酿巨变。恳即本闽省国民大会
议决四条，与日政府严重交涉，以维国权，而平公愤。倘彼强横无
礼，则本会当振起全国国民精神，以为政府后盾，誓雪耻而后止。
若仍忍辱迁就，则媚外误国，不能为当局谅矣。临电无任迫切之
至。

（《和平协助会之公电》，《申报》1919 年 11 月 25 日）

林斯琛等致军政府各总裁等电

（1919 年 11 月 25 日）

广州军政府各总裁诸公、参议院、众议院、海军部、旅粤福建同乡会、福建林督军、学生联合会、报界公会转各报馆，汕头《大风报》转各报，学生联合会转各团体，漳州陈省长，探送方会办，福建《新日报》转各报馆，各学社转各团体钧鉴：

　　叠接福建函电：十一月十六日夜，日本籍民持械戕杀学生，殴辱军警，全城罢市罢学，群情汹汹。籍民在闽，为虎作伥，种种罪恶，中外咸知。此次日人又利用之以构衅，戕害我青年，捣乱我秩序，横冲直撞，旁若无人，辱国丧权，莫斯为甚。李厚基甘心媚外，仇视学生，日人蛮横实为有因，不去庆父，噬矢何及。同人愤激万状，大愒危亡不已，泣恳我护法诸公，亟筹办法，以救我水深火热之闽人。迫切电陈，匍匐请命。福建诏安明社代表林斯琛、吴□汀暨全体社员叩。有。印。

　　（《军政府公报》修字第一百三十一号，1919 年 12 月
　　10 日，"公电"）

李根源致孙中山等电

（1919 年 11 月 26 日）

广州军政府各总裁、各部长、参众两院，武鸣陆总裁，云南唐总裁，上海孙总裁、唐总代表、湖南善后协会，广州莫督军，漳州陈省长，贵阳刘督军，南宁谭督军、李省长，成都熊督军、杨省长，郴州谭督军、赵总司令、省议会，辰州张、胡、田、林各总司令，溆浦周总司令，永州萧镇守使均鉴：

　　顷接湘省议会通电，张敬尧与美商韦订办常宁水口山白铅炼

厂，先得定银二十万两一事，同深愤慨。张敬尧盘踞湘中，肆行搜括，前此经军府电诘北庭，西南各省同声阻遏，悍然不顾，变益加励，长乱怙恶，至此已极，不为之所，势将以祸湘者而遗祸大局。务请军府暨诸公，一致主持，力予制止，以慰湘民，而全国产，大局幸甚。根源叩。宥。印。

　　（《军政府公报》修字第一百三十二号，1919 年 12 月
13 日，"公电"）

中华工商研究会致军政府各总裁等电
（1919 年 11 月 27 日）

北京大总统、国务院，广东军政府各总裁钧鉴：

　　生民苦兵祸久矣，不解南北所争何事，有何不可解之仇？以欧洲频年之大战争，一旦且能释嫌修好，我乃操戈同室，年复一年，迄无宁日，得毋中外人程度太不相侔乎？

　　子舆有言：无敌国外患者国恒亡。乃我处楚歌四面之中，东事未决，闽警又来，自由派兵，随意登陆，阻禁无效，试问我国尚复成何国家？双方皆有子孙，亡国有何乐趣，不图仍复冥顽罔觉，倘非别有怀抱，安忍出此？人则利用欧战发展其商，我乃自相残贼之不遑。坐失时机，可为痛哭者一。欧战既歇，人方竞谋于和平席上增崇其国际地位，我乃互相倾轧，俾忌我者得以乘间肆谗，卒至历年丧失土地、政权丝毫无补。罔顾大局，可为痛哭者二。和会闭幕，人方利用商战，逞志东方，以图取偿欧战中经济之损失。我南北双方应如何牺牲私人权利，放开眼光，而聚精会神以因应此世界潮流，力图自卫，乃一误竟至再误，忍心害理，藉口政争，实即捣乱，甘为利用，甘蹈灭亡，统一无期。则南北共和，人已露其端倪，将予分认，四分五裂，畴实为之？可为痛哭者三。天予良机而不知用，人来劝告而不知觉，曾谓不生不死之统一问题，可任我双

方常此相持不决乎？曾谓统一后中国遂可骤跻富强乎？善后一切未可乐观，而国际上所蒙之影响，尤有难言隐痛。然能及今早谋统一，固犹为彼善于此，所谓尽其在我，成败利钝，非可逆睹也。兴言及此，不得不深相致〈意？〉于我双方向之不能见微知著，俾我风雨漂摇之中国，早能奠于安全地位。荏苒至今，可为痛哭者四。

　　本会为工商研究机关，溯自民国肇造，于今八载，年年称兵，所有附属会中各工商历年所受损失不知凡几，常此南北分峙，茫茫禹域，尚何工商之可言？近据各工商纷纷来会讨论啖饭之策，唯吁双方俯念我工界困苦颠连已达极点，毅然决然迅谋统一，勿再与民宣战，使海内工商各界有急不暇择之一日也。迫切陈词，伏维矜谅，临电曷胜悚惶待命之至。中华工商研究会叩。沁。

　　（《工商研究会也发通电》，上海《民国日报》11 月 28 日）

刘显世致军政府各总裁等电
（1919 年 11 月 27 日）

广州军政府各总裁、莫督军，武鸣陆总裁，郴州谭督军，云南唐总裁，南宁谭督军，成都熊督军、杨省长鉴：

　　福建日侨杀伤学生事，关系甚重，我西南各省似宜同纾正论，以为交涉后盾，特此奉商，切盼伟略。刘显世。感。印。

　　（《军政府公报》修字第一百三十三号，1919 年 12 月 17 日，"公电"）

诏安青年爱国会致军政府各总裁等电
（1919 年 11 月 30 日）

广州军政府各总裁诸公、参议院、众议院、海军部，福建林督军，旅粤福建同乡会、学生联合会、报界公会转各报馆，漳州陈省长、福建《新日报》转各报，上海全国学生联合会、福建善后协会、旅沪福建同乡会、《申报》转各报馆、商界联合会，北京灵清宫陈弢庵先生转福建同乡会、学生联合会、报界公会转各报馆均鉴：

日本籍民在闽无故持械，戕杀学生，轰击军警，丧权辱国，至斯已极。现日本民在闽尚日恣赶杀，以为挑衅之门，日舰五艘逼入台江，包藏不测祸心，福建危亡，急在旦夕。□□疲皇，仰天啸泣，同人等情关桑梓，痛属切肤，椎心饮血。金乞执事，极力图救，严重交涉，拯闽人于水火，挽国脉于濒亡，是切是荷。福建诏安青年爱国会代表郭诗铭暨全体会员叩。陷。印。

（《军政府公报》修字第一百三十三号，1919 年 12 月 17 日，"公电"）

杨庶堪致军政府各总裁电
（1919 年 12 月 1 日）

广州军政府各总裁钧鉴：

报载福州日侨因学生沿街演说，竟敢擅行逮捕，击杀多人，既悖公法，复残人道，横肆至此，痛恨实深。应请钧府向日使严词诘问，并提出正式交涉，以期民命有所取偿，国权不至丧失，是所万祷。庶堪叩。东。

（《军政府公报》修字第一百三十六号，1919 年 12 月 27 日，"公电"）

李烈钧致孙中山等电
（1919 年 12 月 2 日）

急。广州军政府岑总裁、伍总裁、林总裁、各部长、莫督军、参议院林议长、众议院吴议长、褚副议长暨两院同人，南宁陆总裁、谭督军，云南唐总裁，贵阳刘督军，成都熊督军、杨省长，漳州陈省长，郴州谭督军，三原于督军，上海孙总裁、唐总代表均鉴：

自时局停顿，前敌将士内部人心渐形懈怠，激烈者虽间有积极主张，稳健者每坦怀静觇世变，若何应付敌人，振兴内部，鲜有言者。良机坐误，辄用慨然。奉冀公筱电，对于时局，研究陈六说，以策进步，洵足树矩步，相同德志，相合之大义，以整齐各方之力，有应几先决之必要。前三说为西南建国之企图，后三说为西南救国之要略，南针已定，方向无歧，所望国会速制良模，军府早定大计，步趋一致，处以毅力，则国事犹有为也。谨布区区，统候明教。烈钧叩。冬。印。

（《军政府公报》修字第一百三十三号，1919 年 12 月 17 日，"公电"）

陈炯明致孙中山函
（1919 年 12 月 5 日）

中山先生大鉴：

闽李前有赞成先生主张之表示，炯恐其口头应酬，故特派君佩兄亲往接洽妥当，然后发电请示核夺。得稿后仍派君佩兄前往，讵彼遂变卦，以有国会一层难于复电。吾人所要求者只此一点，彼若赞成言和而不赞成主张，虽复电亦无用，故君佩不得要领而回。此人自食其言，殊不足谋，故本早发电请作罢论。此事交涉无效，致费清神，实深抱歉。

实业计划各篇均经读过，规模远大，吾国如能实施，世界各国当退居一位。此间诸事如恒，无善可以告慰，差幸地方人心归附，得以稍为尽力耳！现着手各属交通，计明正可得二百里之马路，驶行汽车，并拟施行劳动教育，使劳动界皆识字，思想自可变迁，然而进图社会主义之实现亦不难事。先生对于整顿闽南如有所见，请指示南针。

兹付上茶花、水仙花各件为新年之用，余由陈其尤面陈。此请寓安

陈炯明敬启　八年十二月五日

（《革命文献》第五十一辑，第 243 页）

旅京福建学生联合会致军政府各总裁电

（1919 年 12 月 5 日）

广州军政府各总裁鉴：

日人暴动，蹂躏国权，凡是国人，莫不感愤。此间政府已提出正式抗议，请一致讨外，福建幸甚，中国幸甚。旅京福建学生联合会。微。

（《军政府公报》修字第一百三十八号，1920 年 1 月

7 日，"公电"）

田应诏等致孙中山等电

（1919 年 12 月 5 日）

广州军政府各总裁诸公、各部总次长、政务会议、参众院、莫督军，韶州李督办，武鸣陆总裁，云南唐总裁，贵阳刘督军，成都熊督军、杨省长，夔州黎总司令、王总司令、唐总司令，施南柏总指挥、吴总司令，陕西于督军、张会办，广西谭督军、李省长，福州林督军、陈省长，郴州谭督军、赵师长、林民政处长、林总队长，永州萧镇守使，上海唐总代表暨各分代表、孙总裁，武岗周司令，各报馆均鉴：

顷据湘议会通电，张敬尧与美商借款办常宁水口山白铅炼厂，

得定银二十万两一事，令人发指。查张氏入湘，搜括公私财产不可胜计，兹又私擅结约合同炼厂，括铢湘民，宁有是理。务请军府主持，力予制止，并希诸公一致主张，以保公产，而慰湘民，幸甚。田应诏、张学济、萧汝霖、林德轩、胡学伸叩。微。印。

（《军政府公报》修字第一百三十八号，1920 年 1 月 7 日，"公电"）

唐继尧致军政府各总裁等电
（1919 年 12 月 6 日）

万急。广州参议院林议长、众议院吴、褚两议长并转两院诸君、军政府各总裁、各部长均鉴：

和议搁浅，南北均知坐待之非计，各思整顿内部，以乘隙攻瑕。而南方局势未见进步，推原其故，前此误于和之未成，后此误于战之难决，实时势使然，非一党派一势力之过。惟时会变幻，来日大难，应急谋巩固西南之方，与对付北庭之计，兹就愚虑所及，条列办法，托由王有兰、王乃昌两君即日起程，来粤代表一切。务望国会、军府协商一致，于鄙见加以研究，确定方针，护法前途，庶几有豸。唐继尧。鱼。印。

（《军政府公报》修字第一百三十九号，1920 年 1 月 10 日，"公电"）

陆福廷致孙中山函
（1919 年 12 月 6 日）

中山先生钧鉴：

十月十五，在汕头读邵样代书先生之示训，生铭诸座右，朝夕奋勉。于十一月七号抵漳州，于月之一号因事来鼓浪屿。北军臧部有五连，欲向义投诚，刻下生为接洽，已大有眉目。其余他部，探询内容，无不怨李、骂李（因十余月不发军饷，皆入私囊之故），皆罕斗志。其浙军潘部，系守厦门地盘，作中立之态度，兵官若此，无论和战，闽局或可早定，虽然此一偶〔隅？〕耳。刻南北政府，利令智昏，皆入歧途，难以托赖，非国民自觉自决，或可挽回危局。而元祖精神，实我先生一人是赖，无论何次革命，皆我先生手创，而他人坐享其成。及至办糟，又得先生拯救改造，先天下之忧而忧，后天下之乐而乐，设使国民能本先生政策施行，此数年诚可驾美欧西矣。生系军人，力尽军职，一方面鼓吹民智，紧步后尘也。余再谨陈，敬叩

崇安

学生陆制福廷敬书　十二月六号

孙中山批：无地址，不覆。

（《革命文献》第四十八辑，第 278～279 页）

唐宝锷致孙中山函

（1919 年 12 月 8 日）

先生钧座：

敬启者：秋间在沪，屡承钧诲。自粤垣省长风潮发生，与吴铁城诸君代表粤侨回籍，忽忽不知暌隔四月余矣。

下走奔走和会，调停粤局，一事无成，此间政局，想铁城早有报告矣。现在国会情形，人数虽可制宪，意见甚难调和，护法面具一日不去，大局一日不决。昨见报载先生与徐树铮往来解决电文，以国会自由行使职权为唯一条件，以护法为始终，使一般假护法二字扩张权利地盘者，无所凭藉，阴谋束手，人心大快。此事下走与北方知人通信，曾再四为之劝说，总以安福面子窒碍为词，苟能妥

定解决手续，则南北统一只旦夕间事耳。下走不才，于此举之促成，虽为执鞭，实所忻慕。

北风多厉，诸惟珍重。哲生大哥在此常晤，并闻。专肃，敬请
冬安

名正肃　十二月八日

孙中山批：代答以无论何人，果有悔过，文自无所不容也。对于徐甚以此望之。

（《革命文献》第四十八辑，第297页）

凌钺致孙中山函
（1919 年 12 月 9 日）

中山先生鉴：

不通音问，三月于兹。前阅上海、香港各报，揭载上月宥日先生与徐逆树铮电信全文，披读未竟，毛发俱悚，始疑奸人伪造，淆乱听〈闻〉，继乃确切证明，实难缄默。

查徐逆犯卖国大罪，久为天地所不容，先生居造国首功，正为海宇所同钦，人格比较，相差天渊。今日与之通讯，钺即认为失当。先生大度包容，以为彼能悔罪，当然予以自新，要知徐逆人面兽心，举北京之老妓官僚，尚难逃其术中。巧电蒙古情形，以钺察其用意，系施狐媚技俩，破坏吾党威信，掩盖彼等罪恶，藉此夸耀国人，曰汝等诬我卖国，试看民党领袖孙中山先生犹比我为陈汤、班超、傅介子之流，汝等尚有反对之余地耶？果尔汝等非爱国也，直乱党耳。执此心语，质诸徐逆，亦当不寒而栗。故钺断断言曰：徐致先生巧电者，为诱先生复电也，先生之宥电一到，徐逆之贼胆愈大。在先生认为可与为善，在徐逆恃为卖国奖证。

钺洞烛徐逆之肺肝，特进先生以忠告，勿为群小所煽惑，直接通讯于敌人。钺素性刚直，论私交为先生之良友，论公益为国民之

代表，忍教先生节操无形丧失，民党旗帜中途变色？自此以后，凡遇贼徒来电，均宜置之不理，并请揭载报端，后加按语。如是对待，则奸计无由得逞，而吾党之铁壁铜墙，不能乘隙而入矣。拙见及此，即希采纳。

众议院议员凌钺叩　佳　印

八年十二月九日

孙中山批：作答云徐收回蒙古，功实过于傅介子、陈汤，公论自不可没。近闻徐颇有觉悟。如真能悔过自新，文当无所不容也。

（《革命文献》第四十八辑，第 296～297 页）

靳云鹏致孙中山等电

（1919 年 12 月 9 日）

广州岑西林先生并转伍、陆、唐、孙、林诸先生均鉴：

准参谋本谋〔部〕函：留学日本第三期陆军大学一事，本部拟定于九年上半年选送，俟各省保送人员到齐，审查汇送留日，以示一律。请转致粤中，按照本部计划规定，届期任令陈锐等来部，听候审查汇送，以免歧异等因。希即查照办理，无任企盼。云鹏。佳。印。

（《军政府公报》修字第一百三十六号，1919 年 12 月
27 日，"公电"）

全国禁烟联合总会会长安铭致军政府各总裁等电

（1919 年 12 月 10 日）

广州军政府伍秩老转各总裁、国会吴濂伯先生转各议员、各报馆均鉴：

民国肇造，八载于兹，内讧时起，外侮迭乘，上则百政停滞，

下则四民失所，幸去岁欧洲和会激动双方当轴，知国内谋和为当务之急。顾和议甫开，因条件参差而决裂，因个人意见而中止，纷扰年余，迄无结果。推究其故，实缘南北党派林立，互相倾轧〔轧〕，甲势优而乙嫉，乙势胜而甲诇。代表更换若干，人保无中伤者，从而牵制乎？为今之计，惟以议和为救急之策，南北当道各宜疏通，党派内部之畛域能消，两方之联合自易，总代表更换与否悉无问题。矧青岛问题未决，福建交涉又来，当御外侮，遑问内嫌，政府持和缓态度，致青年学子奔走呼号，瞻顾前途，曷胜浩叹。

诸公爱国，素所钦崇，际斯雨风漂摇之时，果忍为鹬蚌之争，使渔人得利乎？伏望早息小怨，共挽危局，一发千钧，时不可失。再，内政之最宜注意者，英约烟禁不容或缓，禁种、禁运尤须竭力维持。值此政变纷歧，弗暇分心，要政得失，相形何容置喙。事机危迫，急不择言，谨贡刍荛，敬候明教。全国禁烟联合总会会长安铭。蒸。印。

（《军政府公报》修字第一百三十八号，1920 年 1 月 7 日，"公电"）

五族国民和平合进会致军政府各总裁等电
（1919 年 12 月 12 日）

北京大总统、国务总理、段督办、各部总长、徐筹边使、大理院长、步军统领、警察总监、京兆尹、参众两院议长、议员，各省督军、省长、各护军使、各师旅长、各省商会、各地学生联合会，广州军政府各总裁、旧国会议员，各报馆均鉴：

闽事发生，群情愤激，事关国耻，自应力争。然日人举动横蛮，固属意存陵蔑，而追原祸始，则我南北不早统一实为厉阶。横览古今，旷观中外，未有内政不修而有对外之能力者，亦未有内争不息而能杜外人蔑视者。我南北频岁相持，公私凋敝，授人以隙，何可讳言。

慨自二次谋和，政府特派王总代表到申，原为促进平成起见，乃时逾两月，南方仍持对人问题，致稽开议，漂摇风雨，险象环生，外侮之来，宁非自召？值此存亡绝续之际，为同舟共济之图，窃谓对外交涉固宜有敌忾之同心，而对内谋和更当为根本之谅解。须知南北二字，本属不祥名辞，反对个人，尤戾国民公意。唐总代表早有爱国为重之宣言，中山先生亦驳反对个人之谬说，此外如伍秩庸与议员之谈话，暨唐冀庚〔赓〕之复徐固卿之电文，皆重在解决法律，不问党系，不问个人，其于南方反对北总代表一节，尤力驳其不合情理。报纸记载，共见共闻，果以救亡为先，讵忍再持异说？

所望我南军政府蠲除意见而顾大局，旧国会诸公爱国家而重良心，我北政府舍是非而求事实，互相退让，无论如何，但以速和为目的，分电王、唐两总代表克日开议，共策进行。我果南北统一，吾知日人见我内哄已平，民气已固，国力渐充，对外可以一致，匪独闽省交涉将有良好结果，即已失青岛不难渐次收回。且实业从此振兴，亦无抵制外货之必要，而我六百兆人民国家，何患无转弱为强之日。否则，和议再事迁延，人有强权，我无后盾，窃恐目前闽事犹其发端，缅甸、高丽覆辙不远，试一念及，能不痛心。

我军、政、学、商、工各界不少明达，必能赞同本会宗旨，对外要求严重交涉，对内务宜合电促和，双方并进，庶可解决根本，挽救危亡。事机已迫，祸在燃眉，挥泪陈词，伏乞鉴采。五族国民和平合进会叩。文。

（《（民国）南北议和会议卷宗集成》第四册，第1533～1535 页）

陈炯明致军政府各总裁等电

（1919 年 12 月 12 日）

广州分送参众两院、军政府各总裁、政务会议各部长、各军代表、莫督军、林督军，韶州李督办，黄冈吕督办，诏安方会办，云南唐总裁，南宁陆总裁、谭督军，贵阳刘督军，成都熊督军，三原于督军、张会办，郴州分送谭督军、赵总司令，夔州黎联军总〈司〉令、柏总指挥、豫章［军］王总司令转送城口黄总司令，施南唐总司令，辰州田、张、胡、林各总司令：

日人在福州欧〔殴〕毙学生，军警复驶舰示威，蔑视公理，举国同愤。林议长来电所述交涉四端，极为正当办法，应请一致电达北庭，严重交涉，毋稍退让，以保国权，曷胜翘企。陈炯明。文。印。

（《军政府公报》修字第一百三十八号，1920 年 1 月 7 日，"公电"）

吴醒汉致孙中山函
（1919 年 12 月 12 日）

中山先生钧座：

鄂西改革情形，前经缄陈，计邀钧览。刻下柏公业已入施，醒汉即日交卸代职回防，所有一切善后事宜，概由柏公负责。惟唐克明尚安居夔州，多方鼓簧，希图淆惑观听，幸逃法网。而黎总司令前于寒电允依法办，嗣有敬电，为唐洗刷，离奇怪诞，莫此为甚。除再电恳唐冀公，迅予电饬黎总司令，将唐克明严行看管解案讯办外，恳先生致电军府及唐冀公，速组法庭审讯，以伸法纪，万祷万祷。

再者，鄂军自兴师以来，转战千里，崎岖上游，三户孑遗，不绝如缕。追念辛亥创造之鸿业，不禁望江汉而陨涕，尚乞先生念此首义之邦，大力维持，以保此一线之根基，则鄂局幸甚，大局幸甚。所有详情，特派高君辛吾前来面陈，诸希垂察为祷。专肃，恭叩勋安

吴醒汉谨上　十二月十二日

孙中山批：作答函悉。前派熊秉坤来述一切，望设法办理可

也。军府、唐督处通电皆未便，为请谅之。

(《革命文献》第四十八辑，第 265~266 页)

湖南省议会致孙中山等电
(1919 年 12 月 13 日载)

广州军政府各总裁、各部总长、参众两院，武鸣陆总裁，云南唐总裁，上海孙总裁、唐总代表、湖南善后协会，广州莫督军，韶州李督办，漳州陈省长，贵阳刘督军，南宁谭督军、李省长，成都熊督军、杨省长，郴州谭督军、赵总司令，辰州张、胡、田、林各总司令，溆浦周总司令，永州萧镇守使均鉴：

复据湘报，张敬尧与美商韦加借订办常宁水口山白铅炼厂一所，先得定银二十万两，事已垂成。查张氏入湘以来，抵押矿权，标卖纱厂，贩运铜元、谷米出境，种种剥削，令人发指。今复合组白铅炼厂，捣括锱铢，湘民宁有生理！特恳钧府一面迅电北庭，勒令废约，一面电美领事，转饬美商勿与签字，免至激成公愤，并希诸公一致主持，以保湘北，而维民命。临电迫切，伏乞垂鉴。湘省议会叩。印。

(《军政府公报》修字第一百三十二号，1919 年 12 月 13 日，"公电")

钮永建致孙中山等电
(1919 年 12 月 13 日)

军政府岑、伍、林总裁、政务会议诸公，武鸣陆总裁，云南唐总裁，上海孙总裁钧鉴：

自欧和盟约发起国际劳动会议，各国莫不派遣劳资代表，此事于世界民生问题，关系至大。况吾国民侨寓欧美非澳各洲各岛，统计无虑千万，不出劳资两界。即参战期内，为国效力之华工，赴欧作苦者亦逾数十万，现尚多数留欧，势不容漠然坐视。幸得为协约国参战中之一员，应有之国际资格，更不容放弃。北政府迷醉于卖国政策，竟拒绝劳资代表之派遣，将来会议开时，论及东方民族劳资问题，我既无代表与会，某国必将悍然不顾，操纵左右于其间，置我千万侨民于万劫不复之地。巴黎五大会议之前车具在，深为寒心，此种外交上自杀政策。我西南政府既以护法救国，为民请命，应急起匡正于现时，毋追悔无补于事后。请将海内外各工团请愿派遣劳资代表诸文电，提交政务会议，决定办法，迅速派遣代表赴会，声明北方之失策，慰渴望之群情，海外千万无告之侨胞，于焉有赖，而国内生计革命之潮流，亦可预弭。是否有当，伏候鉴裁。钮永建叩。元。印。

（《钮永建请派劳动代表》，上海《民国日报》1919年12月24日）

湖南全省公民会致军政府各总裁电
（1919年12月13日）

广州军政府各总裁钧鉴：

报载钧府致北庭请查办张敬尧祸湘一电，至为盛〔感〕激。现张氏搜括之计，想我湘民供给之力已竭，张氏一日不去，湘民一日不生，湖南善后协会电称各情，实系湘民血泪。钧府以护法护民为职志，吁恳再电北庭，严重诘责，明示答复，限期撤免，以伸国法，而拯湘民。临电哀迫，迫赐待命。湖南全省公民会叩。元。印。

（《军政府公报》修字第一百三十八号，1920年1月7日，"公电"）

菲律宾宿务书报社薛家弼致孙中山等电
（1919 年 12 月 14 日载）

孙中山先生鉴：请转致上海各界联合会并学生联合会诸君鉴：

日本人在福州逞凶，残杀我国人民，吾人务须始终坚持，勿稍馁怠。宿务书报社薛家弼叩。

（《两联合会电讯》，《申报》1919 年 12 月 14 日）

留日福建同乡会致军政府各总裁等电
（1919 年 12 月 15 日载）

北京大总统、国务院、外交部，广东军政府各总裁、参众两院，各省、督军、省长、省议会、各团体、各报馆均鉴：

日人横行福州，掳杀无忌，扰乱治安，杀伤警吏，森领事故纵于前，曲庇于后，日公使反提抗议，先发制人，是皆侮我已甚，忍何可忍？且复蔑视公法，擅派军舰，纵兵上陆，横捕居民，国家主权究谓谁属？倘复饮泣吞声，苟且了事，将横暴频来，国何以国？诸公荷国重任，横逆是御，所冀协力同心，力争危局，毋稍退让，致危邦国。学生等父母之邦，与存与亡，临电惓惓，无任愤抑。留日福建同乡会叩。

（《留日福建同乡会电》，上海《民国日报》1919 年 12 月 15 日"公电"）

武汉国民大会致军政府各总裁等电[①]
（1919 年 12 月 16 日）

北京大总统、国务院、参众两院，各省区督军、省长、都统、护军

---

① 原件未署年月日，原电邮戳为 1919 年 12 月 19 日在汉口付邮。——编者

使、镇守使、省议会、农工商教育各会、全国各界联合会、全国学生联合会、全国商会联合会、各团体、各报馆，广东军政府各总裁、各司令、参众两院，各地国民大会均鉴：

闽案发生，举国愤慨。今日本埠开国民大会，到者十余万人，议决条件如下：一、撤换驻闽日领。二、日政府向我政府谢罪。三、慰恤死伤同胞并赔损失。四、惩办行凶日人。五、惩办日领署警长。六、保证侨华日人，嗣后不得携带武器，及再有此类行动。七、撤退日舰。八、收回日本在华领事裁判权。务恳一致协争，以重国权，而伸民意。武汉国民大会叩。铣。

（《革命文献》第四十八辑，第 261～262 页）

靳云鹏致孙中山等电

（1919 年 12 月 17 日）

广州岑西林先生、伍秩庸先生、林悦卿先生，武鸣陆干卿先生，云南唐蓂赓先生，上海孙中山先生、唐少川先生鉴：

和议中辍，荏苒至今，民望嗷嗷，迫于饥渴。云鹏组阁伊始，即经竭诚呼吁，促成平和。乃沪会仍复虚悬，甚至不绝如缕。民生日蹙，元气重伤，内政外交，几有儳焉不可终日之势。又况山东问题尚未解决，福州交涉又复发生。推厥由来，何莫非国纷所召，若更不亟谋统一，恐外侮衅隙将□有不可思议者。比者外蒙鉴于大势，尚且撤销自治，我南北本属一家，何忍鹬蚌坚持，自贻伊戚？云鹏无似，敢本匹夫有责之义，再抒为民请命之忱，务望群公协力提携，促速开议，并照迭电所商办法，以互让之精神谋简单之解决，和局早成一日，则国是早定一日。云鹏虽属军人，未娴政治，苟利于国，无不黾勉进行，俾政治次第刷新，同臻乐利也。事迫时危，千钧一发，临风布臆，伫候复音。靳云鹏。篠。印。

（《南北最近之要电》，长沙《大公报》1919 年 12 月 22 日）

湖南善后协会聂其杰等致军政府各总裁电

（1919 年 12 月 19 日）

广州军政府各总裁钧鉴：

　　顷闻张敬尧派湘矿局长张荣楣，在北京将水口山铅砂预卖与马意克布流金，等价美金一百四十万元，期以五年，已于本月十二签订草约，交洋六万元，即日将呈政府调印，不胜惶骇。无论南北，未统一以前，双方不得借债，张氏此举用意何居？第以该矿为湘省地方公产，湘人命脉所关，岂有不经省会议决，将砂抛［押？］借外债之理。且湘省比年兵灾奇重，元气枯竭，千疮万孔，罅补为难，仅此几微，用为善后，犹不足以资万一，乃又为张所攫夺，加增地方债务，重累将来，湘人誓死不能承认。迫恳钧府迅电北京政府，转饬张敬尧取消草约，以保公矿，而纾湘困。临电不胜迫切待命之至。湖南善后协会聂其杰等叩。皓。

　　（《军政府公报》修字第一百四十号，1920 年 1 月 14
　　日，"公电"）

陈炯明致孙中山等电

（1919 年 12 月 20 日）

万急。广州参众两院、军政府各总裁、各部长、各军代表、莫督军、张省长、林督军、李联军总司令、浙军吕总司令、赣军彭总司令、钮司令、汪精卫先生、章行严先生、粤军邹代表，韶州李督办，南宁陆总裁、谭督军、李省长，云南唐总裁、周省长，贵阳刘督军，成都熊督军、杨省长，三原于督军、张会办，郴州谭督军，夔州黎总司令、柏总指挥，上海孙总裁、唐总裁鉴：

　　筹设西南大学一事，已届实施之时，第规划既宏，基金宜厚，敝军财政虽处困难堪，敝军袍泽以兴学育才为国家至计，均乐分期节俸输将，兹拟凑集五万元，陆续缴拨。诸公热心教育，百倍于炯明，知必能汇集巨款，相与有成也。仍盼惠教，幸甚。陈炯明。哿。印。

（《军政府公报》修字第一百四十号，1920 年 1 月 14
日，"公电"）

上海中华国货维持会致军政府各总裁电

（1919 年 12 月 20 日）

广东军政府各总裁钧鉴：

　　敝会迭接烟酒业纷纷函陈：烟酒借款已成事实，两业工商群起恐慌，务求转请政府速即取消，免增民困等语。伏查国人所需烟酒，向用国货，自洋烟洋酒盛行后大遭打击，加以公卖盛行，尤成弩末。今更授权外人，不啻将吾国烟酒两业聚而歼之，倒行逆施，莫此为甚。兹事重大，关系国权民脉至巨，务求迅赐维持，电致北京政府速即取消借款，以维工商而安人心，不胜急切待命之至。上海中华国货维持会叩。哿。

（《军政府公报》修字第一百四十四号，1920 年 1 月
28 日，"公电"）

鲁籍众议院议员丁惟汾等致孙中山函[①]

（1919 年 12 月 26 日）

中山总裁先生大人钧座：

　　兹有恳者，前由林子超、吴濂伯议长电请设法营救之薄子明、

---

① 原函无年份，孙中山批函时间为 1920 年 1 月 17 日，内容似应为 1919 年。酌定
　为是年。——编者

赵挥尘二君，此次因护法之役率其部下首义禹城，以致山东当道悬赏缉拿，避居法界，已三阅月。忽经公共租界包探陈云忠等于十九日捕去，指为劫匪，实受山东政府贿买造案。现交公廨讯判，已请律师声辩。惟沪护军使受鲁督张树元之托，交涉引渡，进行甚急。万祈先生设法，先为阻止，切勿引渡。至本案真像，本系捏诬，自不难水落石出。详细情形由刘君芙航面陈。刘君切实可靠，务请纳而教之。专此。恭候

道安，不备

　　　　　　　　　山东众议员丁惟汾　刘冠三　邓天一

　　　　　　　　　　　　　　　　　十二月廿六日

　孙中山批：已极力设法阻止引渡。

　　　　　　　　　　　　（《国父墨迹》，第 382 页）

葛庞致孙中山函

（1919 年 12 月 27 日）

中山先生钧鉴：

　　暌违紫宇，瞬息经年，遥瞻北斗，倍切遐思。庞于去岁返湘，量敌前线，曾奉芜词，翼邀南针，不期鸿雁凌空，潜踪灭影。今尾诸君子之后，职忝戎长，戈荷先锋，际此军务倥偬，未遑恭询兴居，仁厚长者，幸不我责。民国成立，八稔于兹，政治窳败，权奸叠兴。加以此次战争，屈指数年，欲求根本解决，北廷则一再把持，欲即整戈直指，则西南诸将未必一致赞同。或徘徊观望，权利印于脑筋；或希图分裂，法律视等弁髦。徒使兵连祸结，生民涂炭。内讧未已，外患方来，时局岌岌不可终日。先生西南领袖，中外共钦，我得我失之语，计之已熟，振笔直书，自有成竹。庞自顾菲材，岂容末议，第念天下兴亡，匹夫有责，益以频年奔走，诚恐废于一旦，以故不揣谫劣，敢献刍荛，临风布意，不罄

欲言。肃此，敬叩

钧安，并翼

垂察，不宣

葛庞（印）谨肃　十二月二十七日

　孙中山批：代答，此函悉，前函未收。今日救国急务，宜先平桂贼，统一西南，乃有可为，请将此意传布湘中同志将士知之。

（《革命文献》第四十八辑，第262页）

马希元致孙中山函[①]
（1919年12月29日）

中山先生阁下：

　前在沪滨，叠谒崇阶，时领清尘。钦大德之无私，益寸衷之轸结。敬维功高华盛，名迈寰区。仰企云乔，曷胜露颂。

　希元自沪返京后，滞濡两月，始于菊九西旋，梅十抵里。仰托福庇，差慰征役。大著学说，夏间邮寄此间，一时热心人士，遍为传观，趋之若鹜。咸钦先生之热忱爱国，书如其人。惟边省官权特重，书业不广，骤欲发刊，坊间似有积重难返之势。必因势利导，或可办到，须持之以渐耳。

　大著学说后卷，刻间谅脱稿矣。如已出版，务望颁寄数册，以资珍诵，而备周观，毋任盼切。专此，敬请

钧安，维祈

亮鉴

马希元谨上　十二月二十九日

　孙中山批：代答：函悉，书尚未出版。有便请将甘省人心时事

---

①　原函未署年份，1919年底自甘肃兰州付邮，1920年1月17日到达上海。酌定为1919年。——编者

常常详报为荷。

（《国父墨迹》，第 388 页）

吴山致孙中山等电
（1919 年 12 月 30 日）

广州参议院林议长、众议院吴议长、褚副议长、两院议员、军政府各总裁、各部长、次长、大理院、总检察厅、代表办公处、各省各军各司令代表、莫督军、省长公署、钮、马、林、沈、魏、刘、李、彭各总司令、除［徐？］梦岩先生、梁锡臣先生，武鸣陆总裁、南宁谭督军、李省长、高等审、检两长，云南唐总裁、高等审、检两长，贵州刘督军、王总司令、高等审、检两长，潮州方会办，黄冈吕督办，漳州陈省长、各总司令、高等审、检两长，韶州李督办，上海孙总裁、唐总代表、各分代表、孙伯兰先生、章太炎先生、汪精卫先生、吴稚晖先生、胡展堂先生、廖仲恺先生、戴季陶先生、吴铁城先生、林焕庭先生、邵元冲先生、全国各界联合会、《救国日报》、王宏实先生，天津《益世报》、除［徐］季龙先生，三原于督军、张会办、叶总司令，郴州谭督军、林民政处长、赵总司令、高等审、检两长，辰州田、张、林、萧、胡各总司令，夔州黎联军总司令、柏总指挥、王总司令，衡州吴师长，巫山送城口王总司令、重庆黄东川道尹、孙性廉先生，万县卢总司令，顺庆石师长，绥定颜师长，成都省议会、熊督军、杨省长、向政务厅长、高等审、检两长并转各地方审、检厅均鉴：

　　山承署司法次长之乏，奉令代理部务，凡百空疏无状，惟凭真道救国主义就职任事。誓愿牺牲肝脑，追随邦人君子护法，护到国会自由行使职权，确能监督政府时为止，救国救到国权领土完全恢复时为止。树此二的，候教励行，如有毁法卖国之和议，陷我黄胄人格人权，绝与国人共弃之。吴山叩。卅。印。

（《军政府公报》修字第一百三十八号，1920 年 1 月 7 日，"通告"）

石青阳致军政府各总裁电
（1919 年 12 月 31 日）

广州军政府各总裁钧鉴：

军府念川中各军劳苦，遣蓝上将入川慰问，青阳上托诸公之威灵，下赖将士之用命，报国有志，护法无功，谨与诸将吏士驰电鸣谢，以答军府慰问之至意。青阳叩。卅一电。

（《军政府公报》修字第一百四十一号，1920 年 1 月 17 日，"公电"）

邓铿致孙中山函[①]
（1919 年～1920 年间）

先生钧鉴：

前由黄子荫兄带呈一函，谅邀钧鉴。兹铿奉竞公命到省沪间，视察各方情形，于今日由厦抵汕，大约在此间担［耽］搁一星期，即起程回省往沪矣。肃此，即请

大安

铿谨上　十一号

精卫、展堂、执信诸兄均此不另。

（《革命文献》第四十八辑，第 284～285 页）

---

① 此函年代未详，约在 1919～1920 年。原件封面书"上海法界环龙路四十四号转孙先生大启，邓缄寄"，盖有"惠潮楼督办署"缄戳。——编者

柏文蔚致孙中山函

（1919 年）

先生钧鉴：

往者大驾，率领海军建义南越，文蔚不自审量，急犇鄂渚，图为洛钟之应。比抵汉皋，南北将校，咸来款附，义旗轩举，已在旦莫，会有岳、长之失，先所经营，悉成泡幻。不获已，冒险深入湘境，挺走常、辰，预计料量入蜀，要乞援师。行抵施南，适野关归巴，相继失陷，金虑鄂西不守，则湘西有捣亢之虞，四川有破扉之患，川湘并入敌手，则滇黔粤桂俱为动摇，西南大势，且将不堪。因以大义相责，兼效淮阴故事，筑坛誓师，悉乐效用，乃勉就指挥之职。任职经年，守此穷荒，振厉饥军，与敌苦战，尺地寸壤，幸无所遗，且屡为规复失地。徒以军府无一饷一械之接济，联军司令亦止空文守府，诸葛中原之志，顿成悬想。而和议之声，沸溢全国，引领东望，愧愤交并。据闻南北和席，以裁督减军、废去国防筹备处，并解散新旧国会等为条件。前此三者，均属正当主张；惟国会一节，关系立法精神，义师之起，即因国会而致。文蔚于此，深觉耿耿于怀。谅先生必有伟议，以辟其说，惟道远恨不即闻耳。顷因陈君幼挚赴沪之便，附贡尺一，略陈梗概。一切详情，并请陈君面达。尚祈清暇延谒，希为审听。肃颂

勋祺

柏文蔚（印）谨启

再，蔡君幼襄，死事惨烈，不殒命于沙场，而被戕于同类。部属三十余人，胥饮此无情之弹，随入地下。吾党之不幸，亦国家之不幸。其间详情，并托幼挚面陈，势难遝目彰之笔楮也。

文蔚谨（印）再启

（《革命文献》第四十八辑，第 263～264 页）

于右任致孙中山函

（1919 年）

中山先生惠鉴：

昨奉报书，并锡巨制，谊文稠叠，曷任拜嘉。更念学说之卓荦，指示之精辟，经纶天下有如挈矩，古所谓一言为法者，想先生亦未遑谦让也。颇欲再求学说百册，分赠同志，藉广探讨，所需书费，示知当奉寄也。陕军现势，尚足战守，护法职责，迄无耗斁，惟鸱枭时谋毁屋，殊深材轻任重之惧耳。邮路无阻，望常赐教言为祷。专肃布臆，敬请

伟安

右任（印）上言　十九日

孙中山批：照寄百册，不收费。

（《革命文献》第四十八辑，第 275 页）

彭程万致孙中山函

（1919 年）

中山先生赐鉴：

违侍以来，岁月忽迈，瞻依之念，与日而积。伏维视听聪明，起居宁泰，为颂为慰。比来和局再梗，国脉益促，北人之笃恶，怙势益滋。凡属含生负气之伦，罔不眦裂拳张。只以民生凋瘵于内，世界之新潮激荡于外，相与委蛇，冀以诚格，此在西南，固内外上下，同持斯旨。万虽书生，谬窃军誉，分应披坚执锐，作坛坫之后劲，促盟会之速成。矧自癸丑以还，匡山巇水，沦为鲸鲵枭獍之窟，睹父老之流离，念庐墓之颓坏，尤万所为痛心疾首者。顷奉军政府命令，任万为护法赣军总司令，心长力绌，惧弗

克胜。顾大义当前，不敢自废，经于八月一日就职于广州。伏维
先生冠冕伟伦，衽席万类，雄图毅力，粟黍殊俗，先机独得，后
进所归，尚望不弃樗栎，示之矩矱，俾遵循有自，步趋无失。岂
惟章贡蒙庥，或亦可望大局毫末之裨也。匆匆临颖，不尽神驰。
肃叩

崇安，伏希

垂鉴

彭程万谨启　十四日

孙中山批：元冲答以先生闭户著书，不问外事。嘱代寄语好自
为之云云。

（《革命文献》第四十八辑，第 270～271 页）

凌钺等致孙中山函
（1919 年）

中山先生伟鉴：

启者：敌势穷蹙，诱我停战，两院主张以取销伪总统、伪国会
为停战前提，军府闻此消息，以迅雷不及掩耳之手段，即于议决之
晚骤然发布停战命令，隳士气而长逆氛，不知是何居心？季龙列席
会议，事前既不与同人协商，临时又冒然副属，并闻此项命令实系
季龙起草，似此行动，实与先生派遣代表根本主张大相背谬。事关
民国存亡、法治前途、本党主张、先生信用良非浅鲜，同人公意拟
请改派汉民代表来粤较为妥善。如何办理，即请卓裁，不胜切祷之
至。专此，即颂

钧祺

凌钺、萧辉锦、高旭、彭养光、丁象谦、李执中、王法勤、高
凌霄、宋桢、黄策成、居正、王湘、王玉树、李春荣、吴宗
慈、田稔、赵舒、李文治、丁超五、覃寿公、丁惟汾、邓天

一、方镇东、尚镇圭、李克明、文笃周、张知竞、黄元白、牟琳、李含芳、狄海楼、刘峰一、张善与、刘荣棠、丁骞、陈廷颋、于法起、曹振懋、杭辛斋、梁星五、邵仲康、赵中鹄、杨大实、吕泮林、崔怀灏、赵金堂、陈纯修、彭昌福、方子杰、张凤九、王乃昌、唐玠、张树桐、李东璧、焦易堂、黄攻素、卢元弼、贺赞元、吴道达、陆昌烺、詹调元、禹瀛、张瑞萱、于均生、孔庆恺、张嘉谟、田增、李载赓、段雄、刘积学、万鸿图、彭介石、讷谟图、白瑞、石凤岐、王釜、陈玉麟、徐绳曾、吴崑、姚守先、王定国、傅鸿铨、角显清、胡正芬、陈义、陈则民、金尚诜、江浩、马宗周、刘万里、谢鹏翰、李瑞椿、李式璠、张大昕

（《居正先生全集（中）》，第 436～439 页）

靳云鹏致孙中山、唐绍仪电
（1920 年 1 月 3 日）

上海孙中山、唐少川先生鉴：

顷接广州岑、伍、陆、唐、林诸公号电云云，当即电复，文曰：号电奉悉。冀庚盐日电前经详复，中央主张所在，惟以和平统一为归，揭示甚明，当邀亮察。溯自元首就任以来，振导祥和，不遗余力。云鹏谬领国务，复经开诚相质，迄前示承确切之表示，以今日内忧外患，岌岌不可终日，试问舍和平统一外，讵有解决之方？舍速谋和平统一外，讵有挽救之策？不及兹自谋解决，自谋挽救，彼群强耽耽集目，东亚将有起而代谋者，噬脐之悔，嗟何及矣。日月载驰，岁聿云暮，此一年中商榷之苦心，往来之陈迹，已成幻影。继兹九年以往，其果能开诚商洽，谋简单之解决，抑仍将因循时月，益增视昔视今之慨，是在诸公之毅力耳。尊电询及和战两途，一若和议不幸决裂，仍当诉诸武力也者。此不惟云鹏所不忍

言不忍闻，抑揆诸社会心理，对此当具如何之感想？诸公明达，试一回思，当必憬然悔悟矣。和会中辍，半载于兹，中央续派总代表在沪守候，亦已数月之久，其所以停顿，原因只在南方不与接洽。果能从容廊厦，续商国是，则中央总代表既负有代表责任，于一切待决问题，自能得详切之办法；至对人问题，中央累电委曲声明，成案可稽，无烦更赘，是亦在诸公之平心省察也。若来电所云，借款购械，以及野心团之奉军，冯玉祥之惊耗，凡此道路传闻，辄乖事实，诸公抑何轻信？时艰日迫，群望方殷，所望鉴此悃诚，共图匡济，俾和平实现，统一有成，国家前途，实利赖之。云鹏。江。印。等语。我公渴望和平，万流仰镜，尚希毅力主持，俾获早日解决。无任企祷。靳云鹏。江。印。

（《靳总理之谋和意见》，天津《大公报》1920年1月6日）

江苏省议会致军政府各总裁等电
（1920年1月3日）

北京大总统、国务院，广州军政府各总裁，各省省议会、教育会、商务总会、各报馆均鉴：

内争靡息，外侮纷乘，促进平成，惟期互让。查沪上和会之设，本为中外具瞻，苟能早接敦槃，何难图根本解决。应请南北当局，责成各总分代表克期开议，俾餍群望，并应假以事权，用专职责。值此国命如缕之时，宜有快刀断麻之计，若复迁延日久，枝节横生，转恐筑室道旁，纷梦莫理，当亦非我当局统一和平之本旨也。伯监等心所谓危，难安缄默，掬诚敬告，尚希鉴采。江苏省议会议员陈伯监、于树深、梁鸿卓、黄申锡、周昶、胡允恭、刘长春、凌恩锡、戴镇龄、周家俊、朱翼云、陈为轩、华彦铨、屈嗣奎、夏嵩、薛文奎、郝应泰、胡毓彬、孙翰宗、冯士奇、秦炳章等叩。江。

　　（《苏省会又有促和电》，天津《大公报》1920 年 1 月 8 日）

中华国民请愿会徐维绘、黄奠华致
军政府诸总裁电
（1920 年 1 月 3 日）

广州军政府诸总裁鉴：

　　和议停顿，阅日已久，人民困苦，咨嗟载道，欧战且复修好，南北何难携手，偶有政见未洽，亦应速为商榷。值兹外侮内入，亟宜合力相御，若再因循迁延，势必外人藉口商务起而干涉，则国家之权之尊严将蒙巨大之损失。敝会本国民公意，为良心主张，以为与其受外人干涉而和，不若自动而和，与其局部秘议而和，毋宁公开和议而和。为今之计，惟仰恳速令唐总代表复职，授以全权，立为赓续和议，终期和议早成，国家巩固，不胜同受福利之赐。中华国民请愿会徐维绘、黄奠华叩。江。

　　（《军政府公报》修字第一百四十一号，1920 年 1 月
　　17 日，"公电"）

靳云鹏致孙中山等电
（1920 年 1 月 4 日）

广州岑西林先生并转伍、陆、唐、孙、林诸公均鉴：

　　南北相持，乃一时变象，其终必归融洽，此可断言者。航空筹备纯为国防永久计划，决无对内作用，盖欧战虽终，列强军备迄未减缩，远东已成第二之巴尔干，权衡大势，不能不急图所以自卫之策。公等皆具世界眼光，爱国热忱尤所敬佩，掬诚奉达，谅亦以为

应急之务也。云鹏。支。印。

（《军政府公报》修字第一百四十一号，1920 年 1 月
17 日，"公电"）

靳云鹏致孙中山等电

（1920 年 1 月 4 日）

广州岑西林先生并转伍、唐、陆、林、孙诸公均鉴：

据广东省公民周则民、何天相等呈称：广州市政公所招商承办
电车路，以二十年为期，收报效银一百万元，匀计每年只得报效银
五万元。承商者三人，一为外国籍华人伍籍盘，余皆英人，监约者
又为英律师，在英国政府注册。以粤政府为一造，由军民各长官签
字，以商公司为一造，合约书英人年历署，中国正朔不书。期满后
中国政府收回自办，仍须将所署路轨、厂栈、机器、车辆、物料、
地价照价补回，限期交足，逾期不清，展期三年，三年后尚未交
足，续展三年。中外无此法律，倘遇事①，甚或有戒严，更恐托词
护路保商，调驻军队，后患何极。人民再三抗议，该公所竟置不
恤，华股尚未开招，先招洋股十万元，意图挟制，居心实不可问。
迫请迅电台端，急为制止，并照会英公使，将粤人否认情形严重交
涉，以弥险患等情。查所称各节如果属实，关系国权至巨，中央断
难漠视，务望责成该市政公所，速与外商设法废约，毋贪近利，以
滋后患。并望先行据实电复，俾明真相，藉资应付，至深跂祷。云
鹏。支。印。

（《军政府公报》修字第一百四十一号，1920 年 1 月
17 日，"公电"）

---

① 以下约 40 字难以辨识。——编者

李根源致孙中山等电

（1920 年 1 月 4 日）

广州军政府岑总裁、伍总裁、林总裁、各部总次长、参众两院、各省代表、莫督军、张省长，武鸣陆总裁，南宁谭督军、李省长，云南唐督军、唐总参谋长，贵阳刘督军、王总司令，郴州谭督军、赵师长，辰州田、张、林、萧各总司令，上海孙总裁、唐总裁，漳州陈省长，三原于督军，成都熊督军、杨省长及各局，广东、广西、云南、贵州、四川、陕西、湖北、湖南、福建送西南各省各督军、各会办、各军长、各总指挥、各师长、各旅长、各总司令、各司令、各镇守使、各交涉员、各海军舰长、各省议会、各商会、各报馆钧鉴：

张敬尧擅将湖南矿山押卖美商一案，迭经谭督军暨湘人通电反对，乃张毫不为动，进行犹剧，近接组公勘电，有已订草约，交洋六万元等语，在湘人命脉攸关，固死不承认，吾辈兴师讨逆，原为护法保民起见，应请一致主持，严电北庭，取销此项押款草约，以杜狡谋，不仅湘人感激已也。李根源叩。支。

（《军政府公报》修字第一百四十三号，1920 年 1 月 24 日，"公电"）

靳云鹏致孙中山等电

（1920 年 1 月 5 日）

广州岑西林先生并转伍、陆、唐、孙、林诸先生鉴：

禁烟一事，经中央迭颁严令，雷厉风行，原期拔本塞源，为民除害。乃据外人言及，川、滇两省近复有栽种鸦片情事，即陕、闽南军驻扎地方，亦复不免等语。查现在统一虽未告成，国信所关，对外自应一致，即祈严电川、滇各省，及陕、闽南军所驻各处，务令一律实行禁绝，永断根株，免贻口实，是为至要。详情如何，并盼示及。靳云鹏。歌。印。

（《禁烟电文一束》，天津《大公报》1920 年 1 月 8 日）

谭延闿致军政府各总裁、各部总次长电
（1920 年 1 月 6 日）

广州军政府各总裁、各部总次长钧鉴：

案据湖南善后协会聂其杰等皓电称：顷闻张敬尧派湘矿局长张荣楣，在北京将水口山铅砂预卖与美商马意克布流金，等价美金一百四十万，[勤]期以五年，已于本月十二日金[签]订草约，交洋六万元，即日将呈政府调印，不胜惶骇。无论南北，未统一以前，双方不得借债，张氏此举用意何居？第以该矿为湘省地方公产，湘人命脉所关，岂有不经省议会议决，将砂押借外债之理。且湘省比年兵灾奇重，元气枯竭，千疮万孔，罅补为难，仅此几微，用为善后，又为张所攫夺，加增地方债务，重累将来，湘人誓死不能承认。迫恳钧座分别迅电军府及北京政府，转饬张敬尧取消草约，以保公矿，而纾湘困。等因。查和议方在进行，而张敬尧私卖水口山矿砂，增重湘民负担，是何居心？湘省频年兵燹，存此区区矿砂，亦不能留为善后之用，敲骨吸髓，民靡孑遗。应恳钧府，专电北京政府，饬张敬尧即将草约取销，以苏民困，而省债累。毋任翘盼。湘南督军兼省长谭延闿叩。鱼。印。

（《军政府公报》修字第一百四十三号，1920 年 1 月
24 日，"公电"）

靳云鹏致孙中山等电

（1920 年 1 月 8 日）

广州岑云阶先生、伍秩庸先生、林悦卿先生，武鸣陆干卿先生，云南唐蓂赓先生，上海孙中山先生、唐少川先生鉴：

据上海全国和平维持会支电称：和议开始，于今已一年矣。去年今日，北代表相率南来，南代表亦渐集沪上，和平空气弥漫国中。我兵连祸结之国家，与创深痛巨之国民，对此一线曙光，其希望为何如耶。乃一年以来，统一之功效未成，意外之风波迭起，阴云密布，治丝益棼，离间构煽，变端百出。倘非代表诸公毅力坚持，处以镇守，则本所托之和议机关，不为阴谋家所破坏者，亦几希矣。而若辈转谓，和议未开，由于代表不良，造谣惑众以欺吾民。然吾民究非终可欺者，讵不知和议未开之故，名为南北相持，实则奸人播弄，互相勾结之为害也。北连南而操同室之戈，北与北之感情以伤，南连北而图私人之利，南与南之猜忌以起，南北本身之纠纷莫解，自无从谋全局之和平，和议久停，有为势所必至者。所谓国民大会也，仲裁机关也，局部谋和也，对人问题也，皆为一般精神过敏之政客见景生情也。机〔?〕活动之方略，于解决时局丝毫无与。今幸天心悔祸，南北当局连电促和，各省法团竭诚呼吁，虽素持舆论之旧国会议员，亦电促速开和议，取销对人之谈，足征举国一致希望和平，发于良心之觉悟。蒙蔽凭持之术既穷，政客之技穷矣，连某倒某之策不行，勾结之风息矣。天心人事，息息相通，和平之机熟矣。南北本是一家，兄弟阋墙，何至终年不解于此，而各省军民长官暨农商学工各界乘机催促，督令主持和局者，以救国为重，不得再事因循，积极开议，开诚布公，以谋统一，国家前途，庶有豸乎。

又，据江苏省议会议员陈伯盟等支电称：沪上和会之设，中外具瞻，苟能早接敦槃，何难图根本解决。应请南北当局，责成各总代表克期开议，俾餍群情各等语。

查沪会停顿以来，迭经电促开议在案，据电前情，具见国民心理渴企和平。除电知王总代表，催促集议外，希即转知沪会，以慰群望。靳云鹏。庚。印。

（《军政府公报》修字第一百四十八号，1920 年 2 月 11 日，"公电"）

云南省议会致军政府各总裁等电

（1920 年 1 月 9 日）

广州护法政府政务会议各总裁、各部总长、参众两院，北京徐菊人先生、靳翼青先生，各省督军、省长、省议会、教育会、商务总会、农会、学生联合会、各界联合会、上海和平联合会、商务总会、各法团、各报馆钧鉴：

迭接湖南雅礼大学三十七校学生代表易巽等寒日、湘省议会蒸日代电，称：湘闻闽警，激于爱国热忱，联合学商，焚烧劣货，湘督张敬尧遣弟敬汤督率军警，包围学生，捕辱殴杀，全体学校解散殆尽等语，闻之殊深骇异。夫外交失败，全视举国民气为之后援，湘省学生激于福州交涉，联合商团抵制日货，以爱国之热忱发而为救国之义愤，风声所播，举国皆兴。张敬尧镇抚全湘，应如何从中调护，乃竟视同仇敌，滥遣军警肆行摧残，为虎作伥，甘心媚外，实为国民公敌。务恳一致主张，将湘督张敬尧严行惩办，另简贤明将帅抚绥湘民，并与日本严重交涉，戢内奸而御外侮，民国前途，庶其有豸。滇省议会。青。印。

（《军政府公报》修字第一百四十九号，1920 年 2 月 14 日，"公电"）

孙洪伊致军政府总裁等电

（1920 年 1 月 10 日）

广州参众两院、军政府总裁，各省护法军将帅，各省议会、教育会、农、商学会、全国各界联合会、全国学生联合会、各省各界联合会、学生联合会、各团体、各报馆均鉴：

近日所传南北和议复活，完全动于少数人权利地位之私，置全国民意于不顾。此次内争虽发端于毁法，然就大量观察，实人民与恶旧势力之一大激战。西南护法军盖隐受人民之使命，作人民之驱，非自为战争主体，可狐埋之而狐撝之也。

北洋军阀自近者言之，则胡清迤袁之委蜕。自远者言之，则数千年专制政体之沉淀物，成此结晶。辛亥去之不尽，丙辰去之又不尽，驯至今日，外侮欺陵，内治腐窳，财政紊滥，军队横溢，岌岌不可终日。此正恶旧势力总崩坏之时，而中国政治上、社会上革故鼎新之一大转纽，非同一枝一节之政治问题可以补苴迁就。苟图讫事者，譬之治痈，不务排脓伐毒，而汲汲收口之是求，蕴蓄既深，祸迟而大。即以外交一端而论，北庭亲日卖国，深入樊笼，不能自脱，岂一与言和遂能悔祸？且因言和，而彼假统一之名，更可为所欲为，而莫予毒矣。是亡国条约永无废弃之望，国家生命永无复活之期，其险象不特不能减少，且益加甚焉。推之一切政治，罔不如是。

夫言和于一年以前，犹可曰恢复约法国会，惩办一二祸魁而止耳。今则国内革新运动，一日千里，证以世界最近趋势，此恶旧势力必无复存之理。亦正惟南北偢扰之际，国人感受四围激刺者多，乃得奋发蹈厉，以迈征于自求多福之一途。我凋敝瘦弱之民族，乃有与先进国民争生存于今后世界之希望。

伪庭兵疲财竭，众叛亲离，方谋自保之不暇，不得已乞灵于和议。我若堕其奸计，遂予以收拾溃局之机。则一旦兵气聚而复散，人心动而复静，彼乃得从容大借外债，多树党援，藉以延长生命，势必更竭其瘠牛偾豚之余力，以摧折新机，斫丧国脉。极其结果，将酿成社会之大破裂，而最后胜利必仍在人民。至时国人惩前毖后，诛□①党恶，南北军人既成一邱之貉，今日号称护法诸公行且与之同烬，而举国人民之生命财产糜烂荼毒之惨，必有数十百倍于今日者。

惟愿西南毋忘辛亥、丙辰，全国人民毋忘五四、六三，疾起直追，斥罢误国劳私之和议，群怀塞源拔本之决心，勿为威怵，勿为利诱，须知改革必无近功，纵敌乃贻后患，群策群力，再接再厉，必至恶旧势力铲除净尽乃止，奠我永世民治之初基，完成数年革命之大业，国家之幸，亦人类之福也。临电不胜惶悚。孙洪伊叩。蒸。

（《孙洪伊斥南北和议电》，上海《民国日报》1920年1月20日）

姚澄安、李白襄致孙中山等电
（1920年1月11日）

广东军政府各总裁、参众两院，上海唐总代表、孙中山先生，云南唐联帅，贵阳刘副帅，四川熊督军、杨省长，郴州谭组安先生，北京熊秉三先生、范静生先生，各省省议会、教育会、农会、商会、各报馆均鉴：

吾湘自张敬尧入据以来，迄今年余，稽其暴戾恣睢荼毒湘民之虐政，如纵兵抢劫民财、垄断金融机关、私开日新盐号，以及勒加盐厘、劝种罂粟、擅开米禁、箝制舆论、遍布侦探、罗致细故、暗杀公民。其尤甚者，如摧残教育、强奸法定团体、抵押矿山及湖田执照、新河码头，盗卖纱厂及长沙一切公产，年余之中，吾湘膏血

---

① 原文如此。——编者

几被吸尽，湘民生计几被断绝。察其虺蜴之心、豺狼之性，必欲置吾湘数千万生命于死地而后已。

查湘矿固湘中命脉所关，而教育尤国家强弱所系，今张氏摧残教育，是欲以祸湘之心移祸全国也。至张氏抵押及盗卖湘中一切公产，以及与美商私订合办白铅炼厂，及水口山矿砂各合约，业经湘民迭电反对，誓死不承认。张氏现虽拥兵自雄，悍然不顾，一俟大局敉平，自有万国公判。事实俱在，公理难泯，无待评述也。惟于教育一项，张氏入湘之初，始则纵令军队强占校舍，藏书图籍备受摧残；继则缩减各公私立学校款，至朝夕饔飧不能供具，乃至八年六月以后，各公私立学校学款，竟至分文全无。职教员因不能枵腹从公，相率罢课，遂使省城各学校学生同时辍业，实无异张氏直接解散。刻下省城无一学生踪迹。莘莘学子，远道负笈，对此宝贵韶光，讵忍一旦抛弃其修业至四年纪者，遂使九仞之功，亏于一篑，其他一二三年级者，亦复携卷旋归，惨然就道，岂得已哉。其有境遇窘困之家，对于其子弟学费之负担，平日已竭尽棉薄，一旦视其子弟废学归来，更为伤心。自省城各学校被张氏摧残蹂躏解散以来，至今已垂数月，而北廷迄未过问。对于各界迭电吁请撤换张敬尧，亦复置之不理，一若视湘省数十万学生同时失业为不足轻重者。而惟以植党营私、争权夺利、大借外债为务。利令智昏，遂至蔑弃立国本计，国之不亡，尚待何日。

前读八年一月北廷伪令，犹以兴学育才为口实。今吾湘如此惨变，竟至毫不过问，丧心病狂，莫此为甚！公民等既恨张之凶横，复愤北廷之纵恶，□①奸蔑视教育，例吾湘若化外，视湘民若仇雠，是明使张氏以焚书坑儒之手段对吾湘学子，以刀锯鼎镬之酷刑待吾湘人民也。公民等俱系湘民，同属学界一份子，剥床切肤，引痛实深，用效秦庭之哭，吁请我西南当道诸公严电北廷，迅速撤换张敬尧，以救吾湘数千万不绝如缕之生命。临电迫切，涕泣陈词，

---

① 原文如此。——编者

伏乞垂鉴。湘西公民姚澄安、李白襄同叩。真。

　　　　（《湘西公民请撤张敬尧通电》，上海《民国日报》

1920 年 1 月 28 日，"公电"）

罗仁普致孙中山函①
（1920 年 1 月）

逸仙先生足下：

　　仆草野庸人，罔知顾忌，惟早岁自甘淡泊，不慕荣利，耕读之暇，研究医学。后遇同志杨瑞尧、张尊、高照林、杨中靖、章甫诸君，鼓吹国事，未尝稍懈，力维革新，始终如一。今幸先生《建国方略》出版，无任欢迎。诵读之余，重开茅塞，真为千古辟一新生活，使吾国人早日趋于正轨。先生之功高矣伟矣，先生之学渊矣博矣，不待仆赘述矣。但仆于先生之说而有请教焉者数事：科学家所谓元子者，是否为先天真一之炁？元子之知，有无等级？太极动而生电子，科学家能否把太极收服来看？道家烧炼，究竟所烧炼者何物？方士所创之烧炼，究竟到底能否得长生药？道家烧炼与方士烧炼有无分别？三民主义、五权宪法，何时出版？恳赐教言，勿吝为感。敬祝
健康

　　　　　　　　　　四川崇宁县罗仁普鞠躬谨启

　　通信处：四川成都西顺城街九龙巷口罗同人药房某收。

　　孙中山批：代答：欲知此种新理，须从物理、化学为功，不得从古说附会。（又于来函询问"三民主义、王权宪法何时出版"句下，批"尚未有期"四字。）

　　　　　　　　　　　　　　（《国父墨迹》，第 394 页）

---

① 　原函未署年月日，根据信封邮戳，该函系 1920 年 1 月 14 日自四川崇宁寄往上海。酌定为是年 1 月。——编者

旅沪湖南各界联合会致军政府各总裁电

（1920 年 1 月 14 日）

广州军政府各总裁钧鉴：

张敬尧在湘罪恶昭著，迭经人民胪举事实，请求罢撤在案。乃北京政府既事优容，而军府亦无切实办法，坐令张拥兵盘踞，流毒至今，万姓奄然，近状尤迫。窃念连年构难，民实何辜，西南省区湘灾独巨，自罢战言和，委蛇使命，钧府似于湘民疾苦，视同秦越肥瘠。既倡护法于前，何忍弃民于后，揆诸情义，能无恧然。伏恳悯念残黎生机垂尽，迅电北京政府，限期撤换张敬尧，以为议和先决问题。如无确答，则钧府为民除暴，宜有决心，倘谓有碍和平，岂任湘民坐毙。变生局部，咎在北庭。临电神驰，不胜企祷。除派代表谒陈一切外，谨先电闻。旅沪湖南各界联合会梁乔山、聂其规、瞿宣颖、彭兆璜、周君南、姜济寰、曾毅、黄钺、曾继梧、朱恩绶、荆嗣佑、张民苏、孔昭绶、袁海鹏、文启□、左宗澍、罗良干、李裕、葛方焘、尹褰枢、傅君剑、曾醒吾、陈子霖、萧凤仪、张默君、张声焕、彭耕朱、章汤松、廖恂、郑家俊、周毅、王猷、刘明镜、陈芝寿、张述、许贯三、叶之乔、周光午、曹任远、谭常恺、王泽湘、江正先、郑兆荣、王恢先、王木代、王宗训、梁鸿书、刘大禧、粟瑞田、张溥、汤竹庵、唐瑞麟、刘潜、吴静、黄本溥、陈卓明、傅汶明、黄承鼎、黄至刚、薛世纶、余弘、蒋廷桢、王奎、黄赞昌、陈常武、贺□礼、刘南陔、梁云照、沈炳麟、伍其勋、彭季能、邹安众、侯厚培、谭光、王大寅、傅广生、黄庆文、赵振岳、谭家栋、杨宏准、朱彩廷、张国元、陈桂生、何鼎延、曾树园、罗抟九、杨开劲、袁仲曾、刘承泽、萧松乔、陈煦、李祚辉、高鲤臣、李仲修、马兆榜、周况、王恺泽、王茂生、朱凤藻、王启刚、吴达模、史久松等千二百四十一人同叩。寒。

（《军政府公报》修字第一百四十九号，1920 年 2 月
14 日，"公电"）

谭延闿致孙中山等电

（1920 年 1 月 20 日）

广州军政府总裁诸公、各部总次长、政务会议护法各省各军代表、参众两院、莫督军，韶州李督办，武鸣陆总裁，云南唐总裁，贵阳刘督军、王总司令，成都熊督军、杨省长，夔州黎总司令，施南柏总司令，豫章［军］王总司令，泸州赵军长、顾军长，顺庆石总司令，重庆黄总司令、卢副司令，三原于督军、张会办并转耀县叶军长，南宁谭督军，福州林督军，漳州陈省长，诏安方会办，汕头吕督办，衡州吴师长，上海唐总代表、各分代表、孙中山、孙伯兰、何雪竹、章太炎、谭石屏、张溥泉、胡汉民诸先生、湖南善后协会、湖南各界联合会大会，天津熊秉三先生，南通张季直先生，各省议会、各省教育会、各省商会、各报馆、万国禁烟联合会均鉴：

张敬尧盘踞湘中，于今二载。搜括民财，屠戮民命，纱厂、矿砂之拍卖，田赋、军米之诛求，金融、纸币之紊乱，军队之剽掠，种种事实，罄竹难书。近之散种烟子，解散学生，则其设心尤险，而为祸尤烈。鸦片流毒尽人皆知，禁烟期限载在条约，湖南本禁绝省分。张敬尧入湘大弛烟禁，自军署及所属各机关，白昼开灯吹食，又通令各县种烟，自奉天贩运烟子四十余大包，经鲶鱼套车栈查获通告在案。种烟愈多，则民间之吹食愈多，非尽湘人而沉入黑籍冤魂不可。乌乎！湘人何罪，杀之以刀兵，杀之以括掠，又杀之以烟毒，哀我子黎，吁天无路。然犹曰一时之痛苦，可期救济于将来，身体上之痛苦未可则绝乎人心。若其摧残教育，一日而解散七十余校，暴戾恣睢，一至此极，则近世界所未闻见者也。湖南教育经费岁定八十余万，张敬尧刻减其半以饱私囊，以其余四十余万扣发纸币，折现仅得十之一二，无米之炊，各校岌岌。福州告警，学生忾于外侮，激为焚毁劣货之举，张敬尧使其弟敬汤率军警合围痛殴，致令全体罢课，又迫令数万学生同时解散，不准淹留，各男女学生奔走呼号于北京于衡阳达数千人。莘莘学子，失学流离，夫何人斯悲罹罪罟，而张敬尧犹目之为学匪，犹恐学生之复归于校，且多方罗织以遂其摧残之□□，焚书坑儒竟见于共和国家，此变尚有天日。烟毒之□□湘人以虐，种摧残教育之祸，则湘人堕于聋哑瞽□之辈而万劫不复。乌乎！其视湘人为非州〔洲〕之黑奴逻，抑鹿豕耶！水深火热，一至此极，维诸公之悯念，一致主张，湘人幸甚，全国幸甚。谭延闿。号。印。

（《军政府公报》修字第一百四十八号，1920 年 2 月 11 日，"公电"）

上海商业公团联合会致军政府各总裁电

（1920 年 1 月 20 日）

广州军政府各总裁钧鉴：

和会中梗，瞬逾半稔。最近俄乱进逼，德约履行，外交风云日益险恶。乃起视国内，犹南北对峙，不谋统一，不策防御，究以何项争点绝对不能相容，两方当局迄未明示。长此争持，坐视四亿同胞滨〔濒〕临绝境，扪之良心，何以自解？敝会默察祸变，忍无可忍，谨再竭诚呼吁于诸公之前。苟国权不受束缚，国土不被侵略，其他对内问题何事不可磋议？试观欧战列强，血战四载，为各民族争生存，其结果尚不免负累忍痛，本互让之协商求和平之实现，况同处民族之代，共当外患之冲，而又何怨不消，何嫌不释，必欲将国权国土拱手外人而后已。诸公纵不为自身计，宁不为子孙计耶。国际联盟瞬将开幕，外人之表同情于我者，亦动以国内统一相顾望，否则将失国际上之地位。诸公果不忍中华民族命运斩绝，请速破除成见，方谋统一，以救国危。时机万变，急切直陈，伏维省察，伫候电复。上海商业公团联合会叩。号。印。

（《军政府公报》修字第一百五十号，1920 年 2 月 18
日，"公电"）

上海国是研究会致军政府总裁等电

（1920 年 1 月 27 日）

北京大总统、国务总理、参众两院，广州军政府总裁，上海南北代
表均鉴：

和会牵延，瞬经匝载，王总代驻沪，久候唐总代辞意打消，双
方可重接敦槃，局外方同深私幸，不料某系惟恐此时和局有成，不
能达分赃目的，竟又奇想天开，提议修改会议规则。其表面系欲缩
小总代权限，扩展分代职责，而其里面实欲挤唐总代表而去之，由
该系之首席分代表起而替唐，把持议席之权，垄断和后之利，阴谋
谲计，昭然若揭。脱缘此而唐总代表幸至摆脱，势必局面一变。上
尔拟裁总表，即以分代接洽解决之谬说，至是或见诸实行，则不啻
授该系以刃，而速大局于亡。敝会旁观者清，难安缄默，伏愿我当
局等勿为所蛊，共摘其奸，以促平成，而餍群望，斯则国家之福，岂
惟敝会之幸。急切以道，无任屏管 ［营］。上海国是研究会叩。感。

（《国是研究会电揭阴谋》，天津《大公报》1920 年 1
月 31 日）

广州参众两院议员致孙中山等电

（1920 年 1 月 29 日）

广州军政府岑总裁、伍总裁、林总裁、李参谋长、赵部长、吴代理
部长、莫督军，南宁陆总裁、谭督军、李省长，云南唐总裁，贵州

刘督军，四川熊督军、杨省长，漳州陈省长，上海孙总裁、唐总代表、章太炎、孙伯兰、汪精卫先生，陕西于督军，郴州谭督军，各省省议会、商会、教育会、农会、工会、学生联合会、各报馆、各团体，上海商会、教育会、农会、工会、全国学生联合会、商业公团联合会、各报馆、各团体，北京商会、教育会、农会、工会、学生联合会、各报馆、各团体均鉴：

一月六日宪法会议议事日程，为地方制度第十一条至第二十二条，议长按照议事日程第十一条第一项开议讨论。终局后，议长先表决尹承福、陈家鼎、徐兰墅、李载赓、童枕时等各修正案，均否决。次表决张瑞萱修正案，议长宣告表决结果，在席人数五百九十二人，起立者四百六十四人，已足四分三以上可决，徐兰墅提起疑义，要求反证表决，杨福洲、韩玉辰、宋汝梅等主张用宪法会议规则第三十九条之规定投票表决，张知本、张我华等以三十九条系独立条文，现经提起表决疑义，应适用第三十八条，先行反证表决。时已届法定时间，议长宣告延长半点钟，以两种主张交付院议公决，赞成适用三十八条，起立者四百十四人，多数可决。后议长宣告反对张瑞萱案者请起立，反证表决结果，议长宣告在席人数五百九十二人，四分之一为一百四十八人，起立者一百四十三人，不足四分之一，证明前次表决已足四分三以上可决。时已五时三十分，延长时间已到，议长宣告延会，此是日会议经过之情形也。

八日宪法会议议事日程，为地方制度第十一条第二项至第二十二条。忽有参议员沈钧儒、金兆棪、杨永泰、秦锡圭、张鲁泉、孙光庭、刘新桂、王銮声、杨森、扎布、杨择、丁文莹、杨天骥、韩玉辰、郑际平、杨福洲、宋汝梅等十六人，众议员徐兰墅、张佩绅、陈鸿钧、李为纶、欧阳振声、裴廷藩、周之翰、朱溥恩、陈祖基、徐绍熙、袁麟阁、刘彦、廖希贤、钟才宏、王源瀚、魏郁文等十六人，称六日张案反证表决后，有人再提起疑义，强求重行表决，并以八日议事日程明列第二项，相率不出席，以示抵制，冀推翻六日表决。真日陈鸿钧等复捏造事实，通电欺罔全国，同人等隐忍至今，不与申辩，经林议长、褚审议长先后设宴，劝告不听，伍总裁驰书劝告无效，各分子、各政团复纷纷协商，彼等忽而赞成，忽而反汗，种种变幻，摹拟不出。明知院外协商，非法律所赋予，同人等不惜委曲迁就者，实欲完成大法，冀彼等最后之觉悟也。一月十八日晚，由不出席议员代表沈钧儒、王源瀚提出条件，要求十一条一项下加但书，文曰：但大总统依官制之规定，得派专员分别管理。且在协商会郑重申明单独表决但书，如能办到，即可一致出席。十九日协商仍无异议，二十一日各政团一致赞成但书，允连署提出，交付审议后，再列议事日程。而沈钧儒等忽又反复，不赞成自己提出条件，欲将但书与十一条第一项合并表决，冀贯彻推翻表决之主张。同人等自是始识沈等之真意。

计自八日起至于二十四日止，协商已有八次，彼等不出席亦已满八次。在此时期，同人等心力交瘁，无术挽回。前犹疑为手续之争，内容之争，今始知非手续及内容之争。前犹疑各报载徐世昌电李纯，忠告南方停止议宪，及某某分代表主张南京制宪等电，均为报纸谰言，今欲不信不能。证以不出席议员，大半居军府要职，而章士钊更明目张胆，为文攻击国会不宜制宪，可知彼等决心破坏制宪，酝酿已久，绝非口舌所能挽回。嗟夫！世道人心堕落至此，夫复何言！

惟彼等既决心破坏制宪，而不愿居破坏制宪之名，复饰词以欺我国人，是不可以不通告我国人。

一彼等谓六日反证表决后，有人提起疑义，认为表决不确定，下次开会须再行反证表决。查民国五年后，隔日不能再行表决之先例甚多，今举其一：如民国五年十月十六日宪法会议审议会会议录，载以大总统有解散权。付表决，主席报告表决结果，在场四百七十二人，起立者三百十四人，三分二少二人，不足法定人数。汤松年、刘崇佑等起言表决有疑义，董增儒说明有疑义之理由，陈铭鉴请照规则三十八条，用点唱表决，附议者三十人以上，主席宣告应即反证表决，即由秘书长点唱席次。张伯烈反对反证表决，议员有同时发言者，议长王家襄复席，李兆年起言：尚未反证表决，议长何以复席？审议长报告：今日第七十五条表决未有结果，下次再行表决。主席宣告延会，下次开审议会，即以其他动议付讨论表决。时李兆年起言：前次表决有疑义，即应先行反证表决。主席宣告李君稍有误会，盖今日不能反证前日之表决，因现在出席人数与前日已不相同，不能反证表决。此后遂为确定之先例。当日民党与研究系之争，几不亚于今日之广州。即今之不出席诸人，亦主张隔日不能再行表决之人，卒经几度疏通，研究会自认隔日反证表决为不合理，不愿开此恶例，自愿牺牲己见，故对于主席宣告，一无争论。岂以研究会能牺牲于北京者，今日彼等乃不能牺牲于广州乎？岂以彼等与同人等同主张于北京为合法，今日吾辈单独主张即为违法乎？而况此次反证表决后，并无人报明席次再提起疑义，依照规则第三十八条说明疑义之理由，有反对诸人之函电，不能指实为何人提起疑义，说明理由可以反证，则议长自无从据以咨询附议。所谓提起疑义者，已完全不能成立，此次再行反证表决，欺我国人者一也。

　　一谓议长所发议事日程地方制度第十一条第二项至第二十二条为不合，非变更议事日程，则不出席。查议案之成立，在于表决，表决为议会神圣不可侵犯，安有四百六十四人表决成立之案，议长一人有权能徇小数不出席者之请，将表决推翻之理？第十一条第一项既经通过，议长当然列第二项，有何不合之有？即让一步言之，彼等果有正当理由，应出席据法以相争，何故以不出席为要挟？再让一步言之，彼等在议会恐不能得多数之同情，欲以不出席求协商之结果，此亦人情恒有，何以彼等所提出之但书，已经各派容纳，拟经审议后列入议事日程，而彼等自身忽又反复，其非争议事日程已可概见，所谓遁词，知其所穷也。此以议长违法，欺我国人者二也。

　　一谓张案破坏统一，开酋〔省〕长专制之风。查张案为省设省长一人，执行省政务，既曰国家行政得依法令委任，当然有可不委任者。省政务为本章第二条规定之省教育、实业、省财政、市政、省警察及保安事项之类，为省长分内之事。国家行政除军事外，为外交、国税、司法、邮电、路政之类，为中央分内之事，中央尽可派员管理。至委任省长执行之事项，其权仍在中央，有何破坏统一之有？况张案以下条文，明定省长为参事会会长，省政务执行之方法，以省长及参事员之连署行之，对于省议会共同负责，是明明合议制，有何省长专制之有？若照原案规定，使省长统辖一省之军政、司法、外交、国税，如前清之督抚然，大有尾大不掉之嫌，适成外重内轻之弊，恐彼等所谓破坏统一者，在此而不在彼也。此以破坏统一等语，欺我国人者三也。

一谓使赞成张案者人数果在四分三以上，何所惮而不行投票表决？不知起立表决，与投票表决均属法律所规定。当日韩玉辰等主张用第三十九条投票表决，议长已预备投票，而同时张知本等以提起疑义，系根据第三十八条，当然适用同条，用起立表决。两说既有争议，议长当然交付院议公决，既经四百余人大多数赞成，适用第三十八条，议长有何权力推翻表决，而徇少数之请？议长纵欲坚持投票，其如法律不许何？若谓宪法会议专凭秘书口说，议长报告，适为秘书、议长之傀儡。然则前此二读会通过之条文，凡未经投票手续者，均可推翻乎？此以投票表决说，欺我国人者四也。

至谓议长按铃开门，尤无一辩之价值，以时间既到，议员退席，为议会惯有之事，议长当然开门，有何违法之有？此外彼等日语人曰：今日所订宪法不适于用。不知适用与否，非经试验不明，今尚未颁布，何能以少数意见断定不适于用？同人学识有限，不敢信所订条文为尽善，然赞否均本良心，不掺杂一毫私见，要旨以能发扬国辉，保障人权为依归。若果将来不适于用，亦可循法定手续修改。今日恶法胜于无法之时，何苦以少数私见，即自行推翻乎？此诚同人不解者也。

彼等又曰：此等宪法，北方必不承认。不知吾人制宪，是否悉依北方意见，尚属疑问。况北方并未表示意思，吾人何能知彼欲何条而加赞成，彼不欲何条而当反对。议会通例，在于表决，表决结果，少数服从多数，即同人自身亦不能自主。若不循此通例，是已将议政根本打翻，有何事可议？且宪法公布后，即生效力，何待北方之承认？此又同人所不解者也。

彼等又曰：此等宪法，南方亦不承认。同人等役粤三年矣，知南事甚悉，就护法团体言之，海陆军人希望宪法者也，各政治家希望宪法者也；就民意机关言之，各省省议会，商会等希望宪法者也；就社会言之，则制宪促成会，宪法庆祝会，如潮似水，汹涌而起，希望宪法之成，较各方为尤热。不知彼所指不要宪法之南方，属于吾国何地？此又同人所不解者也。

凡兹所陈，诚如彼等通电所云，皆我忠爱国家、忠爱地方之国民，亦得判其得失，同人不暇一一言也。尤又进者，民国宪会两遭摧残，赖同人牺牲无量生命、财产，始挽回约法赋予同人制定大法之权，同人虽无状，然以饱经忧患之身，重念国人精血之寄，知非此无以报答国民，奠定邦本。七年议宪开会未久，致为和议所破坏，同人深为痛心。八年之夏，同人复感外患之激刺，内政之纷乱，益知非此不足以解决时局，遂由同人再三集议，立大决心，发大宏愿，鼓大勇气，欲于最短时期完成制宪，以博最后之光荣。赖西南诸公多方维持，费尽千辛万苦，始得于八年十一月十八日开宪法会议于广州。开议之始，亲丧不给假，扶病必出席，病在垂危者，尚以缺席论，揆诸常理，未免不情，衡以一路哭何如一家哭之义，同人虽节哀夺情，亦甘心忍受也。故开议两月，已通过若干条文，成绩如何，当为海内所共见，所余者仅地方制度寥寥数条耳。使彼少数人不加破坏，虽谓今日已庆成功可也。而少数阴险反侧之徒，以宪法若成，于彼交换条件盘踞地盘之私图不利，遂甘冒不韪，出最坚决、最卑劣之手段，以破坏垂成之业，使南方不能竟护法之功，北方不能循法治之轨，国民不能享法治之赐，纷纷扰扰，莫知所极。将来民不堪命，潮流激荡，必酿成全国大破坏之日，事果至斯，彼等之肉岂足食乎？同人迫不获已，敢对父老兄弟姊妹之前，郑重声明：此次宪法会议破坏，实由于现居军府要职少数之议员，同人不任其责。

现议定自二十四日起，宪法会议暂行停顿，以待彼等最后之觉悟，一旦彼等有出席之表示，即应继续开议，以副国人之期望。同人等诚信未孚，不能感化同侪，致数年惨淡经营之根本大法，又遭顿挫，既负国民之委托，复增时局之纷纠，清夜扪心，咎戾良多。急遽陈词，不知所云。宪法会议议长林森、副议长吴景濂、代理审议长褚辅成暨出席议员五百二十人叩。艳。

（《革命文献》第五十一辑，第 253～259 页）

澳洲华侨余荣等致孙中山等电
（1920 年 2 月 11 日载）

上海孙中山先生转各报馆均鉴：

　　闻北京政府对于日本要求直接交涉一事，不肯坚拒。此种行动，显为漠视国家利益，后患不堪设想。吾辈侨民誓不承认，愿国人极端反对，免堕卖国贼术中，后悔无及。澳洲华侨余荣等叩。

（《澳洲华侨余荣等否认日牒电》，上海《民国日报》
1920 年 2 月 11 日，"公电"）

四川学生联合会致军政府各总裁、参众两院议长电
（1920 年 2 月 11 日载）

　　顷接上海学生联合会电云：近传北政府将以京汉、京绥两路与拟筑之张库铁路合并，名为汉库铁路，向日本抵押巨款。此说果成，则中国命脉全归日本，其为害之烈，较诸高徐、顺济诸路尤过倍蓰。北廷当道媚外图私，昨年私卖青岛，因高徐、顺济铁路吾民力竭声嘶，仅乃保留签押，今复欲一举南北咽喉之干路断送日本，似此行为，显系居心卖国，甘作奴隶。鲁难未已，闽事尤剧，国家

前途，日形危殆。吾民何幸，忍听权奸之操纵，坐受亡国之惨苦，是以鼓励民气，牺牲一切，愿为诸公后盾。维严词诘究，誓师申讨，非锄尽卖国贼，勿苟言和，珍此朝食，共扶国命。幸甚。四川全省学生联合会叩。

（《四川学生联合会要电》，上海《民国日报》1920年2月11日，"公电"）

李述膺致军政府各总裁电
（1920年2月15日）

广州军政府各总裁钧鉴：

屡接三原于督军及各司令函称：陕靖国军苦战连年，精力俱疲，近复旱象已成，民食悉尽，军队饥寒之状，惨不忍言，甚至有请长官将全体枪决以速死者。嗷嗷之声，遍于全军。何图以护法义旅，受天之厄至于此极。设不幸而一军告化［？］，则陕中根据尽失，西南大局亦将动摇。窃谓陕西今日，地方罗掘之穷，不减于郴桂；人民供役之苦，有过于湘南。务恳援湘军之例，按月拨发关余之款五万元，藉支伙食，俾获延喘。无任急切待命之至。李述膺叩。删。

（《李代表为陕军请饷》，上海《民国日报》1920年3月6日）

武昌总商会致军政府七总裁等电
（1920年2月16日收）①

北京大总统、国务总理、参众院，广东七总裁、旧国会，上海王总

---

① 该时间为上海和会秘书处收讫日期。

代表、唐总代表及各分代表钧鉴：

和会久停，人民失望，国势危亡，生民涂炭。查其阻滞之由，实为某派捣乱把持，借护法之美名，行攘权之阴谋。总长、省长指名交换，现金、债票任意要挟，一求不遂，鬼蜮百出。近更号召局部，另变法门，反对总代，破坏和局。须知双方总代表只问资望、实力能否负责履行条件，岂可故事刁难，藉遂私谋。吾国政客伟人，因发展本党本派之势力，庶置国利民福之和会于不顾，尚云爱国，实不敢知。商民等疮痛既深，隐忍殊难，爰电颠末，揭开黑幕。尚祈我当道顾全国本，俯顺民情，毅然饬全总代表从速开议，以救危亡，则岂仅商民等一部之幸，实全国人之幸也。武昌总商会叩。

（《（民国）南北议和会议卷宗集成》第四册，第1553～1554页）

钮永建致孙中山等电

（1920年2月18日）

广州军政府岑主席总裁、伍、林总裁、各部总次长、政务会议诸公、莫督军、张省长，武鸣陆总裁，云南唐总裁，上海孙、唐总裁，南宁谭督军、李省长，四川熊督军、杨省长，贵州刘督军、任省长，陕西于督军、张省长，湖南谭督军，福建漳州陈省长，北京蔡子民先生，通州张季直先生，南京李督军、齐省长，江西陈督军，山西阎督军均鉴：

欧战告终，德奥二国庚子赔款已允停付。近据俄国新政府宣言，国际间之债务均一应取消，是俄国赔款亦可不付，即英、美、法、意等国，以我在参战之列，亦有退还赔款之说。查该项赔款，原由各省摊派，既不必解交各国，则昔日加征于吾民之税额，果可按成减轻否？如其不然，则此项溢款不过移供野心家增长杀人之具，万万不可也。宜莫如以取诸民者，为民谋切要之事。

吾国自清末创设学校以来，人民渐有世界智识，比较之下，相形见绌，遂有力事改革之图，由专制而立宪，由立宪而共和。然而共和八年，未受共和幸福，而祸乱相寻未已者，岂共和之害也，良以人民智识未尽开通，道德观念犹然薄弱，于是野心家乘此秩序未复，因而为利，人民之困苦遂益火热而水深。试观欧美各国，经一次之改革，即有一次之进步。盖其改革也，由人民之意旨而来，民气既咸［成？］，即有野心家，亦何从施其兽性，操纵颠倒，以毒乱天下。故欲解决吾国祸乱之本，非扩张教育事业不可，效虽迟缓，十年、二十年后必有食其果者。否则，当此新潮澎涌，不但内国永无治平之望，且外人挟其智力，相侵相逼而前，吾民恐将无生活之余地，大可惧也。幸有兹赔款溢余之机会，当急图解决，阻止官场移作别用，留存本省民治机关，专办本省教育事业，取之于民者，仍用诸民，顺理而行，谁得非之？

诸公为民国斗山，中外所仰，应请及时筹划，为国家树根本，为人民求乐利，似无急于是者。敢进刍言，不胜切盼。钮永建叩。巧。印。

（《军政府公报》修字第一百五十三号，1920 年 3 月
3 日，"公电"）

熊克武、杨庶堪致孙中山等电
（1920 年 2 月 24 日）

广州军政府各总裁、各部长、参众两院、莫督军、李督办，武鸣陆总裁，云南唐总裁，南宁谭督军、省长，郴州谭督军、赵总司令，三原于督军、张会办，漳州陈省长，上海孙总裁、唐总代表、南北各代表、国民大会、各界联合会、和平会、各报馆，北京徐菊人先生、靳翼青先生，南京李督军，武昌王督军，南昌陈督军，衡州吴

师长，各省督军、省长、省议会、各都统均鉴：

　　山东问题，我国绝无与日本直接交涉之理，昨已由克武于筱日电请诸公，贯彻拒签德约本旨，一致主张，驳回日牒，拒绝直接交涉，用副民意，而救危亡，计邀省察。兹据四川全省学生联合会暨成都商学联合会先后请愿，电争鲁、闽之两案，并电北京释放被拘学生等情前来。查学生曾否被拘，已否释放，远道传闻，难明真相。如果尚在拘囚，自应早予释放。至鲁、闽两案，关系国权至巨，各方文电纷驰，群情日益愤慨，民气激昂至此，外交当局正可倚为后盾，若再横遭摧残，国且不国。万乞诸公尊重民意，毅力坚持，一洗国羞。临电无任恳悃之至。熊克武、杨庶堪叩。敬。印。

　　（《军政府公报》修字第一百五十六号，1920 年 3 月13 日，"公电"）

饶鸣銮致军政府各总裁电

（1920 年 2 月 25 日）

广州军政府各总裁钧鉴：

　　密。得报李厚基在闽近设立实业厅，谋将全闽官产抵押日本借取巨款。日本在闽银行长某氏已有台湾之行，筹备接洽。日本馋涎福建，靡伊朝夕。李氏此举，实速亡闽，且阴历年关李氏曾以屠宰各税抵借三井数十万元。闽人闻之，尤深痛憾。际此和局未定，李氏何得擅借外款自肥？近复变本加厉，抵押全国［闽］官产，揆其用心，不至于拍卖全闽不止。銮为闽人，不忍缄默，敢恳钧府严电北庭，制止李氏，以顺民情，而固国本，幸甚。饶鸣銮叩。有。

　　（《饶鸣銮致军府电》，上海《申报》1920 年 2 月 26日，"公电"）

王文华致孙中山等电
（1920 年 2 月 26 日）

广州军政府各总裁、各部长、参众两院，各省督军、省长、各军总司令、各师、旅长、各省议会、各团体、各界联合会、学生联合会，上海孙中山、孙伯兰、唐少川诸先生、议和各代表、各报馆均鉴：

近闻上海和议复将开议，吾人喜惧交集，兄弟阋墙，和之甚易，而以停顿至今卒不能和，岂非唐总代表坚持外交条件耶？此等条件，关系国家存亡，坚持不和，吾人认为非常正确，即不能和，国人当忍耐之。今北庭有直接交涉之说，英美有磋商借款之事，如和议复开，坚持前议以为监督，吾人宜其喜也；变更主张，乘机苟和，则亡国之罪和议实尸之，吾人不惟惊惧，当与国人共诘之矣。唐总代表高瞻远瞩，老成谙练，吾人素所钦服，当能始终贯彻救国主张。传闻之说，真伪难知，欲言之隐，吐之为快。唐突陈词，尚希谅察。王文华叩。宥。印。

（《军政府公报》修字第一百五十六号，1920 年 3 月 13 日，"公电"）

上海全国公民救国会致孙中山等快邮代电
（1920 年 2 月 29 日）

北京大总统、国务院、各部院、段前总理、参众两院、吴警察总监、王步军统领、南苑、西苑、北苑各军师、旅、团、营长，各省督军、省长，长江巡阅使，东三省巡阅使，保定曹经略使，上海护军使，各省陆军师、旅、团、营长，热河、归化、察哈尔各都统，各省省议会、商会、教育会，上海议和代表唐少川先生、孙中山先生、孙伯兰先生、章太炎先生，天津熊秉三先生、严范孙先生，广东军政府七总裁，武鸣陆巡阅使，郴州谭组庵先生，漳州陈省长，韶州李根源先生，陕西三原于右任先生均鉴：

山东青岛问题，前因北京有中日直接交涉之说，曾由本会及各省团体迭电抗议，北京迄未表示。近闻将派员与日本驻使直接开议，深可骇异。其所持理由，谓日本将有退让之意，不知此类流言，均属日人诈诱奸谋，未足信也。彼国外相宣言，彼所持者，青岛一隅问题，并非关于山东全省，以为欧美误会。试观日本此次提出者，在在以根据欧洲和会条件，及民国四年中日所订二十一条，为交涉之要旨。夫二十一条之约，非山东全省乎？且其附属换文内，有山东、福建两省海港、路矿，不得割让他人，且不仅山东一省，并将福建牵入，领土之权均尽丧失，尚得曰青岛一隅之关系乎？

北京外交屡次失败，非独高徐、顺济酿成巨祸。即参战一举，在我方自谓表示拒德，以为大功告成，酬庸旌功，而不知日本与协约各国，已暗结承认青岛归日之条件，其骏愚被惑，堕人术中，而不稍觉，尚得谓之外交胜利乎？此次若再以青岛问题，付之若辈昏庸之手，一误再误，必致使亡国而后已也。我国此次既已拒签德约，自应全国坚持，宁使永久迁延，或终有解决之希望，犹愈于名存实亡。日本当此暴德武力扑灭之后，国已孤立，应有戒心，绝不敢再以强迫施之于我。观于此次俄国西伯利亚之案，日本陆军省虽主增兵，终以美国撤兵，而作罢论。俄国现势，四分五裂，日本尚无能为力，矧我地大人众，岂复不逮于俄？塞尔维亚以四百万人口之国，犹敢与德奥开战，杜兰斯湼以非洲一隅之地，犹敢与英吉利强雄之邦抗持数年。我以四万万人民之同心，苟与日本相抗，安见塞、杜之不若乎？

当民国四年中日交涉之后，袁项城于是年五月十日、七月二十一日，所颁各省军民等署之密谕，痛切警告，足见尚有人心。彼时今大总统，尚以国务卿署名于后，段前总理亦在陆军总长任内，同负责任。惩前惕后，应有敌忾之念，何致今日，反忘旧憾，曲意事仇，以丧失国土，违反民意乎？现今各省军民长官，及各师、旅、团、营长，均曾受民国四年五月七日之耻，亦曾受袁项城五月十日、七月二十一日之密谕，何至为虎作伥，事事与吾人为难，殴辱拘捕，无所不至乎？大凡强国之欲吞灭弱国，必先摧折其国军警之勇气，而后抑压其国之民意，方得为所欲为。我各省军警官弁兵丁，尚忆民国二年之南京、兖州、汉口惩处军人三案，及滦州杀毙巡警一案乎？彼日本人于南京，不过于扰乱之中，误毙数名，在汉口、兖州，不过偶辱日本一小军官，而日本则要求我国军队，全军向彼国领事举枪谢罪，并令我国军官行刑受罚时，日本派员监视，其视我国军人，曾狗彘之不若也。日兵在滦州偷窃人物，我巡警干涉，为理甚正。而日本军官率兵杀毙我警数名，且强权不肯赔偿，又视我巡警亦狗彘之不若也。其他郑家屯、辽源州，杀毙我军人，东三省各属伤害我警察之案，不一而足。公等或身亲，或耳闻，当尚历历在目也。其摧折我军警之气，已若此，今又用种种威迫压我民气，福州之案，天津、北京之案，强迫北京拘辱学生，至再至三。而军警各界，不思民国二年、四年之种种屈辱，反与学生为敌，试问于心安乎不安，忍乎不忍？

吾人深虑国人善忘，或有不知其详情者，用特将民国二年、四年各案，摘要披露。务望自大总统以至各军警，翻然省悟，力拒日本，勿与直接交涉，免蹈从前覆辙，国之幸也。否则，吾人将以最后之手段相对待，爱国卖国，亦在公等之自择而已。上海全国公民救国会。艳。

（《救国会反对直接交涉之代电》，《申报》1920年3月1日）

王天纵致孙中山等电
（1920年2月29日）

广州军政府总裁诸公、各部总次长、政务会议、参众两院吴、林、褚正副议长、各议员先生、海军各舰长、护法靖国各省各军代表、莫督军、李印泉督办、吕、方两督办，武鸣陆总裁，南宁谭督军，贵阳刘督军、王电轮总司令、上海孙总裁、唐总代表、各分代表、章太炎先生、汪精卫先生、张溥泉先生、孙伯兰先生，郴州谭督军、赵总司令，辰州胡、田、林、张、萧各总司令，衡州吴子玉师长，成都熊督军、杨省长，泸州赵军长，资州顾军长，绥定颜总司令，顺庆石总司令，宁远刘师长，新津刘师长，重庆朱参谋长、余镇守使、黄总司令，万县卢副司令、田梯团军〔长〕，夔州黎总司令，施南柏总司令、王梓材总司令，三原于督军、张会办转耀县叶军长均鉴：

兹复唐蓂帅诘责北庭不解除协约之铣电，文曰：云南唐联帅钧鉴：奉读铣电，钦佩莫名。段、徐偏党，不惜举国之祸患，以固伊个人之权利，其处心积虑，实堪痛恨。钧电指陈利弊，披沥奸谋，爱国忧民，发乎真性，直言谠论，足警凶顽。倘北方天良未泯，翻然觉悟，立予解除协定，则固中国之福。万一始终不悔，则惟有遵我联帅之办法。天纵不才，窃愿率其全部，一致主张，除复电赞同外，相应通电各方云云。用特电达诸公，务恳同心协力，一致力争，不胜盼祷之至。王天纵叩。艳。印。

（《军政府公报》修字第一百六十号，1920年3月27日，"公电"）

靳云鹏致孙中山等电

（1920年2月30日①）

广州岑西林先生并转伍、陆、唐、孙、林诸公均鉴：

有二电悉。武昌车站截获湘省私运鸦片一事，兹据教士会、各界联合会等来电，当以事关烟禁，已电湖北省督军、省长查办矣。承询，特复。云鹏。卅。印。

（《军政府公报》修字第一百五十八号，1920年3月20日，"公电"）

---

① 原文如此，疑误。——编者

湖南善后协会暨湖南旅沪各界
联合会致孙中山等电

（1920 年 3 月 1 日）

广州军政府各总裁、参众两院、莫督军，广西陆总裁、谭联军总司令，云南唐总裁，贵州刘督军，四川熊督军，陕西于督军，漳州林督军，上海孙总裁、唐总代表、章、彭两代表、各报馆，郴州谭督军、赵师长、林旅长、林民政长，衡阳吴师长，常德冯旅长，长沙李师长，岳州王、范两师长，湘西各将领，北京汪颂年先生，天津熊秉三、范静生、郭侗伯先生均鉴：

张敬尧祸湘，罪大恶极，中外共知。两年以来，焚烧我室庐，屠戮我父兄，奸淫我子女，掠夺我财货。公产则矿山、纱厂押卖一空，金融则纸币、现银盘剥殆尽，滥索军米而私卖日人，擅加盐税致民皆淡食，勒商纳饷，利析秋毫，纵兵劫民，室无完土。近日摧残教育，罢学达万三千人，布种烟苗，运子至四十五袋。诸如此类，擢发难终。

本会不忍湘民之久罹水火，迭经胪举各罪状，请愿和会，请愿北京政府，恳予撤惩，并电军政府转电北庭办理，迟之又久，终莫得效。旋复经湘绅范源濂等在京控诉，及湖南学生代表、教职员代表、各界代表向北庭请愿，呼吁累月，充耳不闻。推其心，殆欲置湘民于死地，以张敬尧祸湘为犹未足，或并无权力以撤张。夫政府至不能辖制军民长官，及故纵残贼，祸国殃民，均失为政府之实。今北庭之不恤民瘼既如此，而张敬尧之怙恶不悛又如彼，则伐罪吊民，军政府及护法各省责无旁贷，此本会之所期者一也。湘南诸军，号称数万，桑梓治安，与有其责。湘局至今非湘人自决，夫复何望。此本会之所期者二也。在湘北军，如衡阳吴师、常德冯旅、长沙李师，军纪严肃，民所爱戴。共除残贼，以拯湘民，此本会之所期者三也。湘西湘南虽时有隔阂，然驱张之责，实同负之。兄弟急难，阋墙御侮，如更分裂，无异自戕。今宜共举义旗，协同一致，此本会之所期者四也。

要之，本会所主张，在以湘人自力驱逐张敬尧，而乞各方共同
援助，以武力为局部之解决，而无碍大局和平。且北廷负固，即衅
自彼开，即谓破坏和平，吾湘当不负责。又况驱张纯以人道正义为
归，本无所谓南北问题，即无和战关系。本会瘏口哓音，一年于
此，湘民死不择荫，急无复之。诸公爱家爱国，具有同情，宁忍坐
视吾湘沦于万劫而不之救？用敢代表湘民，为最后之哀吁，期诸公
以必行。倘犹迟回迁延，则是使湘民绝望。诸公坐食民力，拥兵自
卫，亦何以对国家？情急词迫，伫候鉴裁。湖南善后协会暨湖南旅
沪各界联合会叩。三月一日。

（《湘人驱张之迫切》，上海《民国日报》1920 年 3
月 16 日）

国是研究会致军政府各总裁等电
（1919 年 3 月 2 日）

北京大总统、国务总理，广州军政府各总裁，上海南北总代表并转
各分代表钧鉴：

报载爱国同盟会散布传单，谓南方已拨三十万元与吴佩孚，令
吴退防汉口，将别令李根源、成桄等进攻长沙，并于福建方面有所
进行等语，殊骇听闻。查现在外交紧迫，国势阽危，协力御侮犹虞
不足，岂堪再战，自速危亡。窃念西南诸公素重爱国，断无陡尚意
气，舍和言战之理，料必无聊政客危词耸听，藉冀荧惑，遂其私
图。特恐鼓吹不已，战祸竟由此而生，则大局前途，势将不堪设
想。应请我南北当局，分催驻沪双方总代表等，趁此时机，赶速开
议，各捐旧隙，相见以诚，则槃敦既重事周旋，谣言自归于泯息。
掬诚敢告，惟祈鉴纳。国是研究会叩。冬。

（《国是研究社要电》，天津《大公报》1920 年 3 月 5 日）

四川全省学生联合会致军政府
各总裁等电

（1920年3月6日）

广州军政府各总裁、参众两院、学生联合会，各省督军、省长、学生联合会、各界联合会、教育会、农会、工会、商会、各团体、各报馆、各师旅团、各都统、各镇守使、护军使暨全国父老昆弟诸姑姊妹，上海学生联合总会、各界联合会、国民大会，天津学生联合会、各学校钧鉴：

顷致北京国务院一电，文曰：北京国务院钧鉴：闽案发生，瞬逾三月，□①舰游戈［弋？］，尚未撤退（因未得确实报告）。国人方奔走徬皇，一致同仇，竭寝馈之力，搜集屡次肇衅铁证，与山东问题共诉诸国际联盟，为适当之解决。政府既不能根本民意，为一次之抗议，复不能速弭内讧，秣马厉兵，与国人共作敌忾。比者，日人得尺进步，牒催我直接交涉山东案矣。报纸喧腾，载贵院已决与日人直接交涉，是闽围欲断送，而山东又欲断送，美、英、法诸友邦尚欲保留，而我国不欲保留。在巴黎和会且反对与各国共同签字，而今则赞成与日秘密缔约。一筹失着，铸成大错。纵政府不惜亡国，独为媚外计，然以外交之手段言之，盖亦太左矣。

自八年五四以来，全国人士所不惜牺牲生命精神，冒白刃犯万死，及今已十阅月。而其强毅之心力，浩然之勇气，尤蒸蒸日上而不少息者，此其远因固深积于□□之侵凌，而其进［近］因则惟在山东问题之解决。山东问题当如何解决，即德人在山东之一切利权，吾国以参战之结果，当然归于无效，当直接收回之是矣。山东问题一日不解决，则东亚空言一日之和平，而此欧战告

---

① 本篇报载时多处将"日"、"日本"隐去。——编者

终之和约，亦一日未得圆满之成立。故苟欲谋中日之和平，以达东亚之和平，谋东亚和平以达世界之和平，则惟有誓死守义，力争山东之收回。而世界各国亦宜尽力为相当之援助，使此扰乱和平罪有攸归。若世界各国皆不顾正义，悍然允山东权利之归日人继承，则吾国民当断头粉身，独力以与强日抗。若各国犹以和平为念，不承认强日之无理要求，则吾国人当随世界之后，听其公判。此其事盖非中日两国之所得交涉，亦非中日两国之所能交涉矣。

夫自和约拒绝签字以来，吾国早已不承认日人山东权利之享有。中德宣战，德国在山东之权利，早已消除。日人今日之强占山东，实系寇盗行为，不自引去，则吾国人宜逐之去。不逐之去，则宜诉诸友邦，共挥之去。逐之去，则不待直接交涉，共挥之去，则不得直接交涉。且也，向使国人无对外之呼号，友邦无保留之提议，忍辱直接交涉，犹可以谢国人也。今也，友邦有保留之承诺矣，事之济否，端在以吾国之态度为趋向。内觇民气，外审各国舆情，直接交涉均属冒昧，为居心卖国行同降虏之行动，学生等抵死不能承认。为此特电贵院，迅将日本公文驳回，山东权利当然中国收回，日本何能直接交还。倘彼仍强顽不灵，学生等愿牺牲一切，起为后盾。若听二三武人之播弄，民意罔惜，恐卖国之罪，百口莫赎，众怒难犯，颠覆立见，谅非公等之所深愿也。事关国家存亡，即祈将经过事实与现持交涉之方针，明白宣告国人，外交公开，举国力争，中华民国幸甚。四川全省学生联合会叩。歌。即希全国人士本良心之主张，作一致之行动，不达收回山东之目的，宁举国与□□一战，不可委曲求全。临电迫切，枕戈以待。四川全省学生联合会叩。麻。

（《川学生反对直接交涉》，上海《民国日报》1920年3月8日）

张绍曾致孙中山等电

（1920 年 3 月 6 日）

北京大总统、国务院、参众院、段芝老、王聘老，广州军政府各总裁、政务会议，上海和会总分代表、孙中山、孙伯兰先生、全国各界联合会、护军使，承德、归化厅、张家口都统，各省督军、省长、镇守使、师团长、省议会、商会、教育会、各报馆，库伦西北筹边使并转办事长官公鉴：

国事扰攘，和议久悬，内政外交，益陷难境，瞻念前途，靡知所届。

窃维此次内讧，亘时三载，大争之起，其旁因虽有多端，而主因实起于法律。法书不备，故解释纷乘，有其权而不守规程，与满其实而任为依附之曲解互用。曲解之智，济其自便之图，究其所归，公私俱困。诚能关于法律问题，两弃其非难，以济约法之不备，一遵夫正轨，用使法律之完成，法律迨归所遵循，而政治外交事实诸问题，亦依法律之绘墨，奠正当之解决。如是正念一转，则纠纷俱消，统一之局，指日可待。

旷观国内形势，国民曩望和平，同声呼吁，今已久求不遂，转念和不足恃，渐怀厌薄心理，进而别谋自救之方。当兹欧战告终，世界民众思想变迁，非旧治所能满足，政成法完如欧美，尚苦于调剂之方，矧在吾国，民生凋敝，政治棼乱，相持者纵能成一时之功，奚可为永久之计乎？况今兹国际形势，远东争霸已在酝酿之秋，我国因应当否，近之关系国本之存亡，远之倚伏世界之和战，正宜同舟共济，一致预筹，倘任长此分崩，先授人可以操纵之隙，所有外交，非供甲之牺牲，则为乙所愚弄，其结果为人前驱以自残耳。

总之，今日时危势迫，非速和无以谋统一，非统一无以对内外，而和议之能否成功，又现双方之有无觉悟。果使俱能彻幽自觉，将一切权利思想捐除尽净，本良心之主张，实行所谓爱国家、爱法律、爱永久和平，根本既已同情，枝节更何异议。息影伏居，久疏世故，时艰蒿目，难默于怀，谨贡区区，以供参考。诸公热诚为国，识略冠时，凡兹所陈，俱在洞鉴，尚希捐除意见，协力敦促沪会速成，尤望本觉悟之真诚，定会议之准则，俾国是归于正当，邦基□以永宁，国家幸甚。张绍曾。鱼。

（《军政府公报》修字第一百六十一号，1920 年 3 月
31 日，"公电"）

熊克武致孙中山等电

（1920 年 3 月 6 日）

广州军政府各总裁、各部长、参众两院、莫督军、张省长、林、马、曾各总司令，武鸣陆总裁，南宁谭督军、李省长、云南唐总裁、周省长，贵阳刘督军，郴州谭督军，辰州田、张、林、胡、萧各总司令，诏安方会办，漳州陈省长，汕头吕督办、王总司令，上海孙总裁、唐总代表并转西南各分代表，三原于督军、张会办并转叶军长，施南柏总指挥、鄂军李总司令、赣军彭总司令、夔州黎总司令，巫山送城口王总司令，成都抄送杨省长均鉴：

奉军府巧电，具悉北庭以京汉、京绥两路，抵借日本债款卅兆元，不胜愤诧。北庭向假外援，摧陷同类，而滥借外债，尤为国人所痛心。京汉、京绥两线，或贯毂中原，或绵亘边塞，若听其举畀外人，直龥扼各站，殊为自杀。军府既经抗议于前，我西南各省自当力争于后，应请诸公共抒伟见，联电北庭。即祈冀公主稿，领衔拍发，共挽危机，无任祷切。熊克武。鱼。印。

（《军政府公报》修字第一百五十九号，1920 年 3 月
24 日，"公电"）

上海学生联合会致军政府总裁电

（1920 年 3 月 10 日载）

军政府总裁诸公钧鉴：

顷风闻北廷向日本单独借款九百万，其唯一条件即以吾国全国米粮随时供给日本，不胜惊诧。自国会解散后，彼等滥借外债，肆无忌惮，为数之巨，较前清一代而有余。诘其用途，无非浮冒军费，以供私人权利之争。置全国人民于不顾，债台高筑，抵押殆尽。今则搜刮手腕竟及于民食问题。当此米价飞腾，生计奇窘，凡有人心，孰忍出此。望速联名反对，促其打消，毋使欧洲面包风潮重见于吾国。幸甚幸甚。上海学生联合会叩。

（《反对北政府夺吾民食》，上海《民国日报》1920年 3 月 10 日）

孙洪伊致全国通电

（1920 年 3 月 10 日）

广州参众两院，各省省议会、教育会、工商农学会，全国及各省各界联合会、学生联合会、各团体、各报馆暨全体国民公鉴：

自对日直接交涉问题起，国人一致反对。徐、段辈性与人殊，拘戮京津学生，禁压各地救国运动，势非贯彻其卖国计划不止。

吾国官僚武人，以作官为本业，不生利而专分利，已为社会之大蠹。犹不知止，复举我祖宗所缔造、子孙所托命之土地，公然拍卖，以饱私囊。试屈指一数，今之统兵大员、当权显宦，有一人不拥有数百万资产者否？多者且在数千万以上。下逮奔走附丽之寄生虫，亦各十数百万不等。从前君主时代，竭天下以奉一人一家，更变本加厉，以卖国金钱供养此十百虎狼。前清督抚家资达百万，即为贪赃。今彼辈皆三数年前之篓人子，一跃而富等邓通，豪比石崇，人无司徒铜臭之羞，家存犹太富人之想。此等国家，此等社会，而可以不至破裂，古今宁复有治道公理之可言！语曰：物极必反。压力愈重者，反动力必愈大。俄国革命之初起，世人视同洪水猛兽，一时有破坏世界现状之虞。亦以专制不平之已极，遂愤然一逞，以至于此。夫改革所以求人民之幸福也。以改革之故，而使糜烂遍于全国，亦岂志士仁人之所忍言。是故过度之危险，上者避免之，次亦求所以减少之。世变所趋，顺以应之，则其行安。逆而拒之，则其祸烈。方今社会革命之声，喧传宇内，其势必蔓延于中国。中国井田旧制，以八家各耕百亩，后虽得自由占田，大率皆小农，无最大之地主。去封建时代已远，更无所谓贵族。一切产业方始萌芽，机器之用未广，亦无所谓大资本主。人民间不平不均之弊，实较他国为少。果得民意的良好政府，以民主精神运用社会主义，于发展之中，寓平衡之意，即可消大乱于无形，求至治之渐及，此固吾民所日夕以求者。

为各国革命之目标者，大资本家也。吾国之大资本家，即官僚武人，以彼威福，自己贪纵无厌，举国皆穷困，而彼辈独享富厚。则愤恨不平之既久，不免驱役于感情，而饥寒困厄之切肤，将不复权衡其利害。吾国旧史例，凡历朝末造，政治败坏至极，必酿成激烈革命，一次大乱十数年，人民死亡过半。今铲除阶级、均衡贫富之说，适中于一般人心。吾国社会组织本不牢固，无业游手之人特多，一旦铤而走险，祸更烈于俄国。盗贼流氓，劫掠无禁，寻仇报怨，杀戮横行，天下几多之罪恶，皆假社会主义以行。堤防废弛，横流旁溢，人性失常，彼官僚武人固皆相恒以俱烬，而我无辜人民为改革之牺牲者，更不知至于何等。言念前途，真有不寒而栗者。

一国政治之现相，皆一时人民心理造成。吾民日颠倒于恶旧势力之下，而不知大祸之将至。段祺瑞尸坏法乱国之罪，反许为能负责任；徐世昌为险诈无耻之尤，而冀其收拾时局。彼辈所以能跋扈恣睢，而不即颠覆者，即此种薄弱心理使然。吾国儒者论治，必归本于人心。现今如报纸之言论，个人之讲演，一切浚发民智之宣传画册，以至公众集会、游行示威，无一非人民必要武器，亦各国改革时必由之路。特患无彻底之觉悟，一致之主张耳。果真一个人尽其个人能力所至，一团体尽其团体能力所至，必使国民运动普遍于一县一城一镇一乡而止，人人皆晓然于改革之不容已，殊途同归，万目一的。官僚武人所恃为卫队者，即此武装之军警，军警亦一人民，被少数人挟之而走，秦之暴力至亡不衰，最近俄德奥诸国数百万之海陆军，一旦投戈解甲，参加人民革命，人同此心，心同此理，官僚武人之军警，皆将一变而为吾民之军警，彼更何所恃以与吾民抵抗者。夫颠覆卖国政府以救目前之危亡，建设民意政府以消未来之祸乱，此当今之急务，只在吾民心理一转移间耳。古人云：祸福无不自己求之者。愿国人三复斯言。孙洪伊叩。蒸。

（《孙洪伊致全国各界电》，上海《民国日报》1920年3月13日）

熊克武致孙中山等电

（1920年3月12日）

飞急。广州军政府各总裁、各部长、参众两院、莫督军、李代表伯玉，武鸣陆总裁，云南唐总裁，南宁谭督军、李省长，郴州谭督军、赵总司令，三原于督军、张会办，漳州陈省长，上海孙总裁、唐总裁，贵阳刘督军，成都抄送杨省长均鉴：

藏案自去岁英使重提种种要求，国人莫不发指眦裂，函电纷驰，急请补救，以图保全方法，可挫外人之逆焰，作政府之后援矣。乃事未逾年，寒蝉噤口，久不闻声，泡影昙花，竟成幻想。每一念及，不禁怃然。武待罪西川，镇抚无术，徒以国家领土所关，又以川边连年防卫綦重，饥寒交迫，何以用之不已者，乃于财政万分困难之中，勉于烟酒税兑□拨付边防，并酌派任裕祥责令防务，以免侵入。无如税款所存无多，烟酒税每月收入，全数又不过三四万元，杯水车薪，何能为济？窃念迭据陈使飞报，藏人乘我空虚，联络乡匪，大举内犯，已由□白德及巴、理、雅、稻等处陆续增兵，并进据白利□□□要隘，且有进窥瓲孜、垆林之势。警耗急报，纷至沓来，且索款日必数起，罗掘筹备，应付俱穷。然以关系重大，虽在危难震撼之中，仍不敢稍存诿卸，爰一面设法补充，调队援助，一面飞电陈使，率部进□。顷据该使通电，已经于鱼、庚等日分队出关矣，后事若何，尚难逆睹。独是战衅将开，需款尤多，无米为炊，巧妇不能，诸公爱国心长，想能顾念川省绌疲情形，设法补助，并为合办，即请军府，迅予指拨大宗款项，立汇来川，俾资接济，不然独立难支，万有不虞，武则实不敢负责任也。临电迫切，急不择言，幸赐复教。熊克武叩。文。印。

（《军政府公报》修字第一百六十五号，1920 年 4 月 14 日，"公电"）

唐继尧等致孙中山等电

（1920 年 3 月 14 日）

北京徐菊人先生、靳翼青先生、段芝泉先生并分送各机关，天津黎前大总统，广州军政府各总裁、各部长、参议院、众议院并分送各机关、各军代表、海陆各军司令，武鸣陆总裁，各省督军、省长、都统、镇守使、省议会、教育会、商会、农会、学生联合会、各报馆，衡州吴师长，贵阳王总司令，资州顾军长，泸州赵军长、并请赵军长分转川、滇各军司令，洪江、辰州转湘西各司令，上海南北各总分代表、孙中山、孙伯兰、汪精卫诸先生并分送各团体、各报馆均鉴：

近迭据各方报告，北京当局以京绥、京汉两铁路联合抵押日本，借债□□①，闻之不胜骇异。

查该两路起点西北，直贯腹部，以形势言之，无论军事、商务均关重要。自前清以来，屡为外人所觊觎，差幸历来当局各具天良，惨淡经营，致今犹得保全，一旦抵押，债权既重，偿还无期，主权彼操，祸不忍言。今之当局忘心如此，既不足以保障国民之利益，又何以告慰前清以来之先贤。此其不可言者一。铁路为各国商战所必争，欧洲大战，论者谓起于土耳其许德人伯达铁路，信有征也。日人既蚕食满蒙，复谋山东，骎骎之势，已迫畿辅。今又假以利器，使再近至于中部，长江流域本为欧人凤所经营，两雄相遇，必起冲突，恐将以京绥、京汉为伯达之续也。近者巴黎和会之处置土耳其，当局岂无闻见乎？覆辙昭然，殷鉴未远。此其不可者二。去春以来，英美法各国劝告和平，相约不再借款，以延长吾国内之战祸。此次当局独向日本借此巨债，各国讵无违言，万一劝告再来，严词诘责，国家体面何存？国民体面何在？即谓实业借款，各国无干涉之理由，北方年来惯用此种技俩，然今日借此巨款将何所用，掩耳盗铃，人谁信之！此其不可者三。南北战争，祸延三载，其原因皆秘密借债，阶之厉也。议和以来，吾辈日夕以取消密约相聒者，借以挽北京年来之损失而已，乃一倡言和平统一，一方滥借日债，虽至丧失重大权利而不惜，是正与吾人之希望背道而驰也。以此谋和平，以此期统一，今西南为保全国权起见，又安忍以国家大权付之若辈乎？即谓财力艰难，需用甚急，然就实际论之，西南之拮据实过于北，军兴以来，我十省当局未尝向外人告贷分文，诚不欲人之乘助以劫我也。北京当局同为中华国民，何意无此天良！若必不畏言，独行其是，和平统一将等河清之俟。其不可者四。

旬日以来，恶耗传播，十省官民呼号反对，几于全国一致，此非挟有党派之见、意气之争于其中也，皆爱国心之表现而已。继尧等忝总师干，素以服从舆论，保障国权为己任，事关国计，祸伏隐

微，岂能坐视，不图挽回。务望当局诸公，各发天良，系铃解铃，一转移间而已，日月之更，君子曰然，各省疆吏、各方团体共起执言，藉图补救，誓以解除条约，保全路权为务。奋全国之民气，促执政之警醒，若必执迷不悟，尚行己意，继尧等愿为诸公后盾也。临电神驰，无任盼祷。唐继尧、谭浩明、刘显世、谭延闿、熊克武、陈炯明叩。寒。印。

　　（《军政府公报》修字第一百六十一号，1920 年 3 月
31 日，"公电"）

杨庶堪致孙中山等电

（1920 年 3 月 16 日）

广州军政府各总裁、各部长、参众两院、莫督军、李代表伯玉，武鸣陆总裁，云南唐总裁，南宁谭督军、李会办，郴州谭督军、赵总司令，三原于督军、张会办，漳州陈省长，上海孙总裁、唐总裁，贵阳刘督军，成都抄送熊督军均鉴：

　　川边危急情形，熊督军文电言之甚详。战端一开，需款必巨，川中财政，罗掘已穷，实无力为之筹备。诸公念领土之沦失，边防之当固，即乞设法援助，一致主张，协请军府指拨大宗款项，急汇来川，以资救济，无任盼祷。杨庶堪叩。铣。印。

　　（《军政府公报》修字第一百六十五号，1920 年 4 月
14 日，"公电"）

旅沪国会议员致孙中山等电

（1920 年 3 月 18 日）

上海孙中山先生、唐总代表、西南各分代表、章太炎、孙伯兰先

生、《申报》、《民国日报》、《时事新报》、并转各报馆、各团体，云南唐总裁暨司令、各师旅长，广东海军林总司令、各舰长，成都熊督军、杨省长，贵阳刘督军，郴州谭督军，漳州陈省长，鄂西柏总司令、黎总司令暨各司令、各师旅长，广州李参谋部长暨各报馆，香港《循环日报》、香港《晨报》、《共和报》暨各报馆均鉴：

军政府于盐日致靳云鹏一电，谅入台鉴。当南北分争以来，其在战争期间无论已，即在和议开始以还，北京政府何日不依借债为生活。军府诸公若果知外债之可危，自当揭其奸诡，诉之国民，以待最后之裁判。否亦当正言忠告，冀其或且不敢遂行。乃循此电词意，前虽以多债危国为忧，终复以共商借债相约，是不啻表示赞成卖国，特不许北方有此专卖权耳。悖谬荒唐，抑何至此！军府为护法中枢，当轴皆一时名望，断不至有此举动。只是军府迄以时局沉滞，形势散漫，绝少积极负责之人，已成无可讳饰之事实。而三数金壬，因而滥厕其间，把持一切，狗苟蝇营，唯利是视，道路侧目非一朝矣。伪廷正利用此辈相与周旋，成则北方独享其丰，败则南方共负其责。至于国家之存亡，民生之休戚，非彼辈所问也。诸公爱护国家，主持正义，尚望力图挽救，共拯危机。伐罪吊民，义无回顾，口诛笔伐，责在士夫。悲愤之辞，未知所择，倘蒙明教，幸赐鉴原。不胜企祷之至。旅沪国会同人公叩。巧。

（《旅沪国会议员通电》，上海《民国日报》1920 年 3 月 26 日）

黎天才致孙中山等电

（1920 年 3 月 18 日）

广州军政府各总裁、各部总次长、参众两院、莫督军，南宁谭督军，桂林李省长，漳州林总裁、陈省长、李会办，琼州沈总司令，云南唐总裁、贵阳刘督军、王总司令，武鸣陆总裁，郴州谭督军、赵总司令，辰州田、张、胡、林、萧各总司令，诏安方会办，成都熊督军、杨省长，资州顾军长，泸州赵军长，重庆〈余〉镇守使、黄总司令，绥定颜总司令，重庆石总司令，绵阳吕师长，新津刘师长，合川刘师长，巫山田师长，卢副司令，施南柏总司令、王总司令，夔州蓝慰问使、王总司令，三原于督军、张会办，耀县叶军长，上海孙总裁、唐总代表暨西南各分代表、章太炎、孙伯兰、汪精卫、张溥泉诸先生均鉴：

　　勋五位陆军中将高君□群与其弟镃乍，近因施南内部纷纠，高君以桑梓观念由沪来夔，拟到施排解。三月铣日，由夔起程，筱日行过代溪十余里之沱寿沛，陡遇身着便服数人，持手枪向高君猛击，兄弟同时遇难。高君功在民国，连年奔走，乃遭奸人之害，闻报之下，曷胜惊悼。除饬财政处长孙鹗斌妥为厚殓外，并恳赏二千串严缉凶犯，以正兴望，而慰幽灵。谨此电呈，伏乞察核。黎天才叩。巧。

　　（《军政府公报》修字第一百六十六号，1920 年 4 月17 日，"公电"）

吴醒汉致孙中山等电
（1920 年 3 月 20 日）

孙中山先生、章太炎先生、孙伯兰先生、曹亚伯先生并转旅沪同乡，广州国会鄂籍议员诸公均鉴：

　　新成密。黎辅臣觊觎鄂西地方，前以统一为名图谋并吞，屡经电陈，计邀省察。近怂第四旅长杜邦俊由前线率兵袭击胡旅长，图害鄂西，又谋夏一鸣生命。阴谋败露，始由黎军总部派兵通缉杜旅，扬言奉有黎令不准用武，实则虚张查办，一面以监视为名，派遣重兵，逼临施建。刻丁旅军队停止进行，专整军实，闻来者尚络绎，有进无退，用意可知。醒汉已去电请其退兵，如其不退，则敝军奉令守土，不得听其宰割，背城一战亦所不辞。或谓黎、柏不和，故有此举。然柏、黎不和为另一问题，何得藉此摧残鄂军，蚕食鄂土？事关鄂人存亡，特此预达，祈公等主持正义，警告黎军，幸勿以柏故而漠视之也。吴醒汉叩。号。印。

（《高尚志被暗杀要电》，《申报》1920 年 3 月 27 日）

黎萼、潘起山等致孙中山函[①]

（1920 年 3 月 23 日）

中山先生钧鉴：

曩者帅府改组，乱机已伏，同人等义愤填胸，痛斧柯之莫假，即就粤中联合同志，筹备实力，此中经过之艰难困苦，诚不可以言喻。中间时机未熟，未敢轻举，处强暴之下，惟有愈进行而愈秘密，得有今日，此皆辛亥诸役之教训也。

此次协和出师，舆论归之。粤中同志均以存亡关头，忍无可忍，要求赓续而起，经同人等筹议数次结果，乃克日分任布置，报告钧座，俟命令行事。前者曾将先后原委，托同志丁君士杰代陈，未识达到否？

刻粤中军事，瞬息万变，同人等之进行，一日千里，谨将最近之布置情形，详陈钧座，敬祈火速指示方略，俾有遵循。所有报告、计划、请求三大端，另纸缮陈。至前次委托丁君代表报告，系一时权宜，并非全权，合并申明，敬请

钧安

　　　　黎萼、潘起山、邝敬川、邓天一、陈存、周济
　　　　时、赵维桢、张民康、林亮夫等谨呈

　　　　　　　　　　　　　　三月二十三日

　　　　　　　　（《国父墨迹》，第 399～400 页）

---

① 附件未见。署"九年三月二十三日"，即 1920 年 3 月 23 日。——编者

李绮庵、李安邦致孙中山函

（1920 年 3 月 26 日）

中山先生钧鉴：

敬禀者：绮庵、安邦奉命搭南京船到港。船上蒙各同志优待，热心筹助款二百一十元，骆宝山兄、曾洪兄热心助送手枪三支，子弹三百五十颗。至厨工用人难以相信，适区玉兄在南京船做工，将南京船工辞，愿往先生处担任厨工，至每月工金，由先生给。

到港后，与周之贞兄、邹海滨、何克夫兄商量进行办法，及救国军之名称。邹君云救国旗号已发出，难以更改，且当日与李协和磋商，要李协和公认方得等语。绮、邦本拟称第四、第五军名号，邹君又云李协和本公认吾三人，如多称名号恐有未便。绮庵是以不明白邹君用意所在，绮庵为革命只知有奉党首领之命令是从，其他则不识矣！故绮庵现取名称讨贼军，安邦为讨贼第一军，绮庵为讨贼第二军，朱本富兄为讨贼第三军。现绮庵计划由香山、江门、四邑而通于阳江，先由兵船而占居香山、江门，通阳江，然后整顿攻广州城。至牛山炮台及鱼珠炮台或有把握。至钦廉方面，海滨、明堂亦欲办理，他主张先占高、电、琼、崖，然后通约陆兰清，方取钦廉。绮庵主张无论如何不能通约陆兰清，要先打去陆兰清，方得钦廉。现绮庵计划已定好，面对人说不办理钦廉，内中即密派心腹人往钦廉办理，亦约有密电码，如钦廉得手，定由北海密电报告。如有报告时，请先生千祈即请唐继尧出军为要。

至广州之事，李嘉品由京返港亦开办，如徐勤、莫擎宇、钟鼎基等皆进行办理，皆无实力者。如周君之贞亦不甚有把握，他现在将前日解散之旧部，由四会阳山左近编出有二三百人，与张怀信接近。如李耀汉前日亦出有六七百人，居新兴城后退回天堂，今已退入山中。如邹海滨君随处皆办理，亦毫无把握，虽林虎之军驻罗定属之军官，本与他有交情，派人往说，亦不敢先为发难，止答复候时机而已。何克夫君更无把握。现各人亦催绮庵速发，大抵先为发动者，要绮庵等方有把握。

至财政一层，绮庵奉命与邓慕韩兄亲见林晖庭君，林君称云一万元不能负担，仅永久担任一千元。绮庵见林君如是之情形，其一千元之款绮庵未敢收用，因此次绮庵无一万元之款实难以成功，故无款不宜办理，故不敢收。至科兄之信，现科兄在省城未面谈，未交，约迟之三四天来港方面交。至带来之书籍，已交下工商银行，候科兄来取。

此时得云南消息，唐督已集众六团军队，近广西百色，现陆荣廷在广东调五营人往回百色，用马济为司令，已起程西去矣。现广东军队空去，全调往北江，其政策无论如何，先打散李协和，方能了肯。现绮庵因财政困，以阻进行，如先生财政稍有，即电汇来，方能进行，否则亦空谈而已。其中详细情形难录，亦托区玉兄代为转达，此禀。敬请

金安

李绮庵　李安邦禀　三月廿六日

（《革命文献》第五十一辑，第 201～203 页）

黎天才致孙中山等电

（1920 年 3 月 29 日）

广州军政府各部总次长、参众两院、莫督军、张省长，南宁谭督军、李省长，漳州林总裁、陈省长、李会办并转胡总司令，琼州沈总司令，云南唐总裁，贵阳刘督军、王总司令，武鸣陆总裁，郴州谭督军、赵总司令，辰州田、张、胡、林、萧各总司令，诏安方会办，成都熊督军、杨省长，资州顾军长，泸州赵军长，重庆余镇守使、黄总司令，绥定颜总司令，顺庆石总司令，绵阳吕师长，新津刘师长，合州刘师长，万县卢副司令、田梯团长，施南转王总司

令，三原于督军、张会办，耀县叶军长，夔州王总司令，上海孙总裁、唐总代表暨西南各代表、章太炎、孙伯兰、汪精卫、张溥泉诸先生均鉴：

奉唐联帅宥电开：迭据敝部第一军总司令柏文蔚电称，疾病甚剧，请速派员接替，以资休养，而重防务。情词迫切，未便强留，所有柏总指挥原任鄂军第一军总司令职任，应由蓝慰问使天蔚就近接任，俾专责成等因。现蓝使拟佳日由夔起程，赴施接任，柏总指挥驻施日久，情形熟悉，已敦请仍回施宜前敌总指挥原任，共撑危局，以固鄂防。合电奉闻，统希查照。黎天才叩。艳。印。

（《军政府公报》修字第一百七十号，1920 年 5 月 1 日，"公电"）

云南各界联合会等致军政府各总裁电

（1920 年 3 月 30 日载）

北京徐菊人先生、靳翼青先生，广东军政府各总裁，各省督军、省长、各团体、各报馆均鉴：

山东问题，应提交国际同盟会裁处，民意咸同。兹乃有拟与日本在日京直接交涉之说，揆之彼我情势，稍有不测，宁系山东一省。应请协力争持，至盼至荷。云南各界联合会、总商会同叩。

（《云南各团体来电》，《申报》1920 年 3 月 30 日，"公电"）

黎天才致孙中山等电

（1920 年 3 月 30 日）

广州军政府各部总次长、参众两院、莫督军，武鸣陆总裁，云南唐联帅，南宁谭督军、陈省长，漳州陈省长，诏安方会办，汕头吕督办转陈总司令，贵阳刘督军、王总司令，上海孙总裁、唐总代表、章太炎、孙伯兰、张溥泉、居觉生先生，郴州谭督军、赵师长，辰州田、张、胡、林、萧各总司令，成都熊督军、杨省长，绥定颜总司令，顺庆石总司令，泸州赵军长，资州顾军长，重庆余镇守使、黄总司令、朱参谋长、万县卢副司令、田梯团长，三原于督军、张会办、叶军长，夔州王总司令均鉴：

顷得柏总指挥文蔚亲笔函称：近闻第一军各师、旅长吴醒汉等，前有通电军府、冀帅及各友军，恳请文蔚反对蓝使之宣言，经文蔚根查该师、旅长所发微电，由何处发出，始悉电称系用第四旅印信，但此事李旅长化民毫未闻知，而吴师长及胡旅长距施甚远，更未与闻，大概系湘人窃用李旅之印而发。务乞转致蓝使，万勿介意，且此间同人并望其早来施等语。查柏文蔚欢迎蓝使出自真诚，而该军各师、旅长又皆能深明大义，惟该电之交发，既系奸人窃取印信，藉图淆惑观听，迹其技俩，无非小人之用心，对于鄂局初无何等关系，兹据函述前情，诚恐或有类此事件，以误传讹。传闻失实，特电奉闻，俾明真相，至祈鉴察为祷。黎天才叩。卅。印。

（《军政府公报》修字第一百七十号，1920年5月1日，"公电"）

刘显世致孙中山等电
（1920年3月30日）

广州军政府各总裁、参众院、各部长、莫督军、李督办、陈汉园先生并转国会议员诸公、汪精卫、吴稚晖、胡展堂、李石曾诸先生，云南唐总裁，武鸣陆总裁，南宁谭督军、李省长，郴州谭督军，衡州吴师长，成都熊督军、杨省长，夔州蓝慰问使，三原于督军、张会办，上海各总、分代表、孙中山、章太炎先生、和平会、全国各界联合会，天津黎前大总统、熊秉三、范静生、严节生诸先生，北京徐菊人先生、靳翼青先生，保定曹经略使，盛京张巡阅使，龙华、宁夏护军使，各省分送督军、省长、各都统、各总司令、各镇守使、各师、旅、团长、各省议会、各埠商会、各省学生联合会、各报馆均鉴：

陈汉园先生冬电计达，立言之痛，救国之忠，筹画之伟，识见之卓，□诵三薰，声泪俱下。慨自鲁案发生，舆论沸腾，国人誓死力争，薄海一致，几经奔走号泣，捐躯流血，仅得拒签结果，国家命脉不绝如缕。乃日人说我以利，胁我以威，先之以通牒直商，继之以移归东京，交涉诡谋险狠，无殊封豕长蛇。论日之德义，不若日耳曼之暴戾；论日之兵，不若德意志之强也。稍有血气，岂尽舆榇受降，奈何犹豫徘徊，为虎作伥，三晋大夫不如邹鲁仆妾，宁不可耻！在卖国诸孽，甘为外臣，牺牲国家，固所弗恤，惟数千年神州究何断送于金壬之手，谁为此祸，可为痛心。为今之计，如尚望北廷图补救，与商诸日人谋退还同出一辙，以若所为求若所欲且有后灾，不仅如缘木求鱼已也。提交国际同盟公判，久为国人公认，管见以为，应恳军府、国会、各部、各省团体公推代表，赴欧洲国际同盟会请愿，提出公判，此为全国民意，当不为列强所弃，一发千钧。务祈一致主张，贯彻办到[①]，主张伸张人权，以民族自决精神为群众互助张本，尤为本源要图，亟宜发尊。民权、民治次第推行，挽回国运，阐扬国光，在此一举。敢布心腹，伏候公裁。刘显世。卅。印。

　　（《军政府公报》修字第一百六十六号，1920 年 4 月
　　17 日，"公电"）

---

　　① 　以下约 60 字不清。——编者

易次乾致孙中山、唐绍仪电（稿）
（1920 年 3 月 30 日）

密。上海金星公司卢信公兄译转孙、唐二公鉴：

岑私议和，真日将各叛督牺牲护法之议和五条件，电请各省赞同。对国会拒发经费经三月，意在无形解散。林、吴与二伍俱来港，拟孙、唐、唐、伍及二议长通电宣布岑罪状，倘荷赞同，即复。并委托林、吴代签发，复电由缑笙转。次乾。陷。

（《北洋军阀史料·吴景濂卷（五）》，第 861 页）

黎萼、丁士杰致孙中山函[①]
（1920 年 3 月）

中山先生大鉴：

自违矩范，寒暑两易，瞻念国事，日切痛心。伏维吾先生手创共和，缔造民国，惨淡经营，卅［?］年于兹。讵意天不厌乱，恶魔国贼，接踵而起，祸国殃民，至此已极。

窃忆两年前，吾先生率海军来粤，护法军兴，倡西南之独立，揭护法之帜纛，遏北庭之威焰，褫国贼之魂魄，苟非掣肘于巨奸大憨、罔义图私之政学会，早已尽歼北虏，饮马黄河，驰骋塞外矣。嗟夫！彼政学会倒行逆施，泯知大义，惟权利之是图。其始也，联唐、陆以排吾先生以去粤；其继也，更欲联陆以排唐，西南全局必悉由若辈操纵而攫得之，始快意焉。若再不速起，灭此朝食，则民

国之亡，可以立待。

　　杰等年来默察时会之变幻，目击该系之背谬，卧薪尝胆，誓歼群丑，先期廓清内部，方能扫荡北虏。遂就粤中多方联络，以备吾先生返粤主持，解此纠纷。兹者唐会泽已有觉悟，毅然撤换李根源，并委任李烈钧统率寄粤之师，为解决粤局先声。今李根源抗命，耸动莫督为之后援，仇视烈钧，擅杀滇军将领，解散在粤滇军。烈钧为大局计，一面请命会泽，一面通电各省，亲率劲旅，决意讨贼，百粤人士，闻风激动。彼莫、李非但不知儆觉，反调兵遣将，势欲杀尽异己，以快其私，以致群情沸腾，大局瓦解。

　　现在烈钧之师已出，杰等素所联络之实力，亦跃跃欲动。值此时机，吾先生勋望隆重，舆情推戴，何不返粤主持一切，一面联唐攻桂，一面令闽窥粤。杰等在此腹地，联合各处，崛起潜力，规复羊城，歼彼幺魔，似无不济。谨就所计划者，为吾先生另具节略，缕晰陈之，务希迅予指示方略，幸勿失此大好时会，俾有遵循，是所至祷。谨此上陈，不胜迫切待命之至。敬请
崇安

　　　　　　　　　　　黎尊　丁士杰谨上

　　再者：本欲来沪面陈一切，只以部务事冗，不克抽身。兹由至友姚君返沪之便，密托代呈一切，所有未尽之处，伏乞垂询为叩。

　　　　　　　　　　　　　　　士杰又上

　　孙中山批：作答：如确有如此实力，如此组织，则当以起事为征。如能分头并起，以击桂贼，则文必竭力助成，务使各人成军也。如不能发起，则人械虽多，何济于事？故对于不能发起与一发而即散者，皆不欲与闻也。望公等竭力将各地人众，造成事实，然后来商可也。

　　　　　　　　　　　（《国父墨迹》，第398～399页）

熊克武致孙中山等电

（1920 年 4 月 1 日）

广州军政府各总裁、各部长、参众两院、莫督军、李督办、鄂军李总司令、赣军彭总司令、省议会，云南唐总裁、省议会，武鸣陆总裁，南宁谭督军、李省长、省议会，贵阳刘督军、王总司令、省议会，郴州谭督军、赵总司令，衡州吴师长，漳州陈省长，诏安方会办，辰州田、张、胡、林、萧各总司令，汕头吴督办、王副司令，三原于督军、张会办，上海孙总裁、唐总代表、南北各分代表、总商会、各界联合会、学生联合会、各报馆，北京徐菊人先生、靳翼青先生，南京李督军，南昌陈督军，武昌王督军，夔州黎总司令、王总司令，资州顾军长，泸州赵军长，成都抄送杨省长、省议会，各省督军、省长、各都统、各省议会、教育会、各报馆，宁夏、龙华护军使鉴：

中日军事协定本无订结之理，而乃藉口德奥秘密签订，至于欧战终了，协定之时效已失，又复托词俄乱，秘密延长，自顷对俄关系转变，协议又已失效，经军政府叠电商议撤废，而北京外交当局置若罔闻，群疑丛生，舆情震骇。

查该协定之丧权鬻国，阶厉酿祸，时有所陈述，无待繁说，今惟问我国是否尚有干涉俄乱之必要，与军事协定是否尚有坚留之理由耶？以言正义，则不应涉及俄国内政；以言利害，则不应重伤俄人感情。且内政国力，自保已难，近来未有干涉俄乱之实，而虚负其名，暗中损失，不言可知。若谓当时迫于事势，不得不与协商各国一致行动，则英美法意先后撤兵，并宣言不干涉俄乱，报载伦敦会议竟有决定与俄通商，行将承认劳农政府之说，至今犹迟回审慎于西伯利亚撤兵问题者，仅一日本政府。我国如权与英美法诸国始终一致，则干涉俄乱与否已不成问题，而从前因俄乱而延长时效之军事协定，今亦因不再干涉俄乱而失乃时效矣。

且日本政府终未必敢独异于协商，构怨于俄国，其所为迟回审慎者，或将举其不获逞施俄人之谋，倍蓰取偿于我。如报载传闻，日本要求俄人让渠在华权利之事，虽未征实，亦非无因，或为事前预防计划，不能不顾及军事协定之层层束缚，此仅就协定所藉以延长时效之对俄关系言。足信撤废主张，于理既为正当，于事尤不容缓。

惟历观我国对外交涉，何有确定方针之可言，藉曰有之，亦不过随日本为转移，自□其国，自割剥其权利，益以巩固日人在亚东特殊他〔地〕位而已。今我与日本之对俄方针，同为犹豫不明，其中消息，思之痛心。假令外交当局必仍随日本为转移，则于协定撤废与否，诚不难巧借名目，强为辩护。然国人反对之声，历久弥烈，即此大力，莫能制止，国家存亡，于此决之，务望军府坚持初议，杜之。临电迫切，不尽欲言。熊克武叩。东。印。

（《军政府公报》修字第一百六十八号，1920 年 4 月 24 日，"公电"）

卢永祥致孙中山等电
（1920 年 4 月 5 日）

北京大总统、国务院、各部总长，各省督军、省长、各都统、各护军使、各省议会，广东岑西林先生、伍秩庸先生、林悦卿先生，云南唐蓂赓先生，武鸣陆干廷〔卿〕先生，上海孙中山先生、唐少川先生、南北各总分代表、上海路透电报社、东力〔方〕通信社，北京、天津、上海、广东各日报公会转各报馆鉴：

慨自和议停顿，倏忽经年，国事纷扰，日甚一日。方今欧战告终，列强各国正谋发展其势力于国外，我国亟宜乘此时机统一南北，确定政治方针，以应付世界之潮流。若长此分裂，恐危亡之祸，即在目前，覆巢之下，宁有完卵，时急势迫，无可再延。

窃思和议之所以停顿者，实由于双方意见之争执，而究其争执之点，似均不关乎重要。愚意南北之和议，须从根本解决，所谓根本者何，即法律问题是也。盖共和国家，首重法治，西南各省，及主护法，故法律问题实为和议之基础，解决法律问题，即为谋和之捷径。其他各问题，均属诸善后办法之列，俟统一后从长讨论，不难解决。至若有主张以取消中日密约，解除军事协定，为开议前题者，以愚观之，此种案件乃属于外交上一部份之事，并非国家根本问题，但使国内有统一之日，则对外之交涉，必能得圆满之结果，可无虑也。

夫法律问题之重大，尽人而知之矣，旧约法之不适于国情，亦无可讳言矣，是非从速制定宪法不可。宪法为国家根本大法，根本法既立，则全国有所适从，而纷纠以息。顾制宪之用，属之国会，今中国固俨然有新、旧两国会并立矣，此新、旧两国会之互相攻击，自不待言，而人之偏重于某一方者，对于他之一方，亦不免有故为诋毁之词。平心论之，新、旧两国会中均不乏优秀份子，特因政见之不同，遂致趋向之各殊。愚意似不如于新、旧两国会中，各选出若干人，协商组织宪法委员会，择一适当地点，速开制宪之会议，如此则法律之纷纠既解，南北之内讧无名，促成统一，在此一举。此种办法如果为各方所赞同，可否即由南北两总代表依此方针，速开会议，俾和局早观厥成，则亿兆同胞，实利赖之。

永祥忝膺疆寄，平日对于时局，向不敢轻于发言，以避军人干政之嫌。惟目击频年扰攘，公私憔闷，瞻望前途，险象环生，自念同属国民一份子，睹大厦之将倾，忧危莫之同处，拊膺慷慨，忍无可忍，用本一得之愚，发为良心之论。临电傍惶，伫候明教。卢永祥。歌。印。

（《卢永祥促和之意见》，天津《大公报》1920 年 4月 7 日）

蔡巨猷致孙中山等电

（1920 年 4 月 6 日）

广州军政府岑总裁、伍总裁、林总裁、各部总次长、莫督军、参众两院、马总司令、各省督军代表、各报馆，肇庆林总司令，韶州李督办，武鸣陆总裁，南宁谭联帅，云南唐总裁，贵阳刘督军、王总司令并转刘总司令，上海孙总裁、唐总代表、孙伯兰、章太炎、彭静仁、章行严诸先生、湖南善后协会、湖南各界联合会、和平联合会、和平期成会、各报馆，成都熊督军并转黄、卢、石各总司令，漳州陈总司令、洪镇守使，诏安方总司令，万县柏、田、刘总司令，施南黎联军总司令、王总司令，三原于督军，郴州谭督军、赵师长、林总队长、林处长、廖、宋、鲁各旅长、各团长、罗、刘、李各司令，永州萧镇守使，武冈张司令、谢司令，衡州萧仲施、吕蓬孙两先生，溆浦陈司令，辰州卢旅长、田、张、萧、胡、林各总司令，内江王总司令、吴司令均鉴：

案奉督军谭巧电开：湖南守备队第五区自改编以来，退驻洪溆，防地辽阔，地方事宜尤为重要，亟宜专负兼管，以便策应。查该副使学望素隆，军民悉洽，应即特任兼管湖南守备队第五区全部事宜，除委任外，特先电令，仰即遵照等因。奉此。自顾疏庸，敢膺专阃，一再力辞，均不获命。伏念我周故总司令，手提劲旅，首义湘西，数载经营，勋威多著，不幸变生肘腋，惨遭戕害，巨猷忝在属僚，义不反兵，泣血歧途，誓师讨贼。惟时已丧主将，湘南阻隔，军民惶惶，巨猷电请黔督刘主持，以为靖国联军恢复第五区守备队名义，以刘叙彝为司令，巨猷管辖之，并就近归驻洪黔游击军王司令节制。深赖内外相维，将士用命，贼众渐灭，逆首潜逋，原防恢复。我故总司令原有一、二、三团，及卫戍司令所部各军队，靡不激昂慷慨，誓剪仇雠。即廖逆湘芸所部□［田？］梯团，亦多迫于暴命，非出本心，故事后只该逆带去枪支数百，投降北军，其余兵卒相率来归。军威复振，统驭更繁，因事改编，藉资整理，商之刘司令叙彝，再三执谦，推举前总司令部参谋长田镇藩继任，自请退就右翼司令之职。巨猷念其意志诚恳，遂呈请督座任命田镇藩为五区司令，罗茂兰为副司令，刘叙彝为右翼司令，赵镇南为左翼司令，义愤所至，士心愈固，故主虽亡，军力犹存。巨猷猥奉督命，谬领师干，亦惟勉竭棉薄，益同袍属，抚循士卒，以继周公未竟之志，而副上峰倚畀之殷。第大敌当前，防区辽阔，箪兵筹饷，经营多端，伏乞诸公不遗在远，时赐南针。临电神驰，伫候明教。湘西镇守副使兼管湖南第五区全部事宜蔡巨猷叩。鱼。印。

（《军政府公报》修字第一百七十一号，1920年5月5日，"公电"）

李绮庵、李安邦致孙中山函
（1920年4月7日）

中山先生钧鉴：

敬禀者：接数电皆悉。万元收到，本拟早日动作，因协和返省情形稍变，前日之答应动作者，今则观望，故再商计划方能动作。

前电亦谈及，现得广东之江防海军各舰长全体开会议，派代表与绮庵磋商，成绩极高，各人亦十分坚决。微电系舰代表自行起稿，惟舰之意，欲候竞存兄先发动而后响应。绮庵力主自行动作，而无候他人之理由。舰代表恐有力不足，若海军无根据之地盘，必然瓦解。绮庵力辩此说之非，将此意解释，广东江防各舰乃系广东全省之手足，亦桂贼之手足。若江防各舰一反正，则断绝桂贼之手足，桂贼不战而散，何患吾辈不成功而无地盘也。且舰乃系海上之炮台，游到何处即得何处之根据地，桂贼无奈我何。若各舰能助绮庵同时在广州先发作，潮汕之刘贼无战志，不战而解，竞存兄可长驱而直进，何必候他人？用此意解释，舰代表亦经动容，将来或办到，此阶级未定。现各舰代表已应允，绮庵无论先占何处，即率舰归来，此系第二级之办法。

至钦廉已经出发，因地方隔远，未得其真实消息，大抵成绩必高。已托其勿论何时，总求其能动作时，即刻发动为要。料其必能本此意而行，必达到此级。至潮汕梅兄已派伍慎修兄来港磋商，消息甚佳，他或不能自行发动，要候竞存兄发动时，方能响应，此系地理之关系。其办法：（一）如竞存兄发动，即时响应；（二）如竞存兄发动时，而不能即时响应，派到前敌战线时，即反向归来；（三）如上二计划仍不能行到，定必将大炮毁烂，而为竞存兄之助力。现与潮汕梅兄约有电码，呈上请察收，为潮汕之通消息。

现绮、安在广州方面进行甚急，成绩极佳，甚有把握，定能自行发动，一手续妥当，即发动。如发动必先电报告发动日期。本拟先日发作，因协和回省，前日之手续至今又有更改。现绮庵对各方面之言论，必不理滇桂军之调和是如何结果，协和之匹夫无学问无智识，我粤人应自决，万不能由滇桂军将我粤财产分赃，各舰各军亦以绮庵言为当。至前函示通知邓鼎峰兄，暂未通知，总相机而行。绮庵办事在前，必不大张旗鼓，要使人不知我之行动，虽吾党之人不俾其知，而忽然发作，方能有济，即兵法云迅雷不及掩耳也。至徐鹤仙兄之电，因协和回省，他亦返省，未得见面，电亦未交。如他来港，观其情形若何，然后将电交他。现滇军成为解体之象，军无战志，将来我举义时，他必不肯助桂贼，而亦不能助我，大抵守中立，请先生千祈严向唐督军交涉云南出兵为是。

绮、安遇事，定必与哲生兄同商进行，近日或过澳门至广东。江防海军团体坚固，绮庵素知其内情，前在上海时曾面提及。今果得此海军，故毫无疑惑于心，虽然兵法不厌诈，一方面与他舰代表磋商进行，在港租屋招呼他代表居住，一方面仍密托安邦兄与舰上之兵士设法布置，或劫或投，总求有济。绮庵曾亦敢对各舰代表大言曰：如汝各舰不归来，必用法破坏之，如破坏必用千倍之力。今得各舰热心同时动作，协力讨贼以救粤难，何患功不成。

至长洲各炮台，现亦进行，如区玉兄之厨工，有人能代理，着区玉兄来帮助办理炮台，因区玉兄炮台左近乡之人也。绮庵恐精神不及，且平日办事非常简单，不甚多人，系何人能办理此事即用之，否则必不接收也。至林晖庭之收条，已如命交哲生兄收取。应如何方略，乞时电示，甚幸！此禀

金安

李安邦、李绮庵上　四月七号

（《革命文献》第五十一辑，第 203～205 页）

谭延闿致孙中山等电

（1920 年 4 月 8 日）

广州军政府岑总裁、伍总裁、林总裁、各部长、莫督军、张省长、林总司令、沈总司令、李协和总司令、鄂军李总司令、赣军彭总司令，琼州李督办，武鸣陆总裁，南宁谭督军、李省长，云南唐总裁、周省长，贵阳刘督军、王总司令，成都熊督军、杨省长，漳州陈省长，汕头吕督办，上海孙总裁、唐总代表并西南各分代表，三原于督军、张督办，资州顾军长，泸州赵军长，施南柏总司令，夔州黎总司令、王总司令鉴：

诚锦公东电指陈利害，力拯艰危，药石良言，闻者兴起。自沪会一切停顿，时局日趋混沌，和既不能，战又未可，始趋因循，渐成荒怠。物腐虫生，堤决水溃，于是敌人离间之计，将领权利之争，政客捭阖之策，皆相缘而起，时而联甲排乙，时而舍张助李，黑幕重重，不可思议。至于今日，则尝胆秦越，衽席戈矛，显成破裂之局，几无维持之方，而敌人方且鼓掌称快于前，国民疾首蹙额于后，士卒怀疑徘徊于内，友邦评嘲腕惜于外，现象至此，言之痛心。尊电主张，以同御外侮、消弭内讧，实为惟一救济方法，延闿深表赞同，且不仅为西南内部计也，以言任事，以言国势，以言民

命，皆不容再予我以偷安旦夕之机念，贻大局无穷之隐忧。生死存亡，决于暂缓，惟〈此?〉一着，诸公卓识，必有至谋。延闿。庚。印。

（《军政府公报》修字第一百六十九号，1920 年 4 月 28 日，"公电"）

伍廷芳致孙中山等电

（1920 年 4 月 9 日）

上海林、吴、王、褚议长、国会议员诸君、孙总裁、唐总裁、各报馆、广州岑总裁、林总裁、莫督军、各省各军代表诸君、方会办、海军各舰长、各报馆，南宁陆总裁、谭督军、李省长，云南唐总裁，贵阳刘督军、王总司令，成都熊督军、杨省长，并转各总司令、夔州黎总司令、王总司令，施南柏总司令，三原于军督〔督军〕，凤翔叶军长，郴州谭督军，辰州田总司令并转张、胡、林各总司令，漳州陈省长、陈容甫师长，汕头吕总司令均鉴：

慨自国会被散，大法陵夷，国命存亡，间不容发。幸我海军将士暨西南诸将帅，先后崛起，以拥护约法为职志。由是国会来粤集会，组织军府，民国正统，断而复续，临时约法，亡而复存。廷芳遂亦随诸公后，奔走骏汗于护法旗帜之下。洎乎军府改组，易独裁制为合议制，由国会选举总裁七人，综揽西南政务，廷芳不力，承乏一席。受事之初，方期与诸总裁戮力同心，贯彻初旨，何图德薄能鲜，补救毫无。武人各为其私，军府形同虚设，抚躬自问，良用疚心。廷芳复何忍虚与委蛇，供人傀儡，爰于三月二十九日暂行离粤。深恐远道传闻，莫明真相，谨将去粤之故，为诸公缕言之。

共和政治，首重民意，民意所寄，厥在国会。是故拥护国会，护法也；破坏国会，违法也。国会议员，间关南下，开正式国会于广州，亦既两年矣。去冬赓续制宪，以意见纷歧，功亏一篑。我西南当局,宜如何竭诚拥护,聿观厥成。乃地方政府,擅以国会经费挪作军用,致国会无形解散,护法精神扫地以尽。此廷芳不能不去者一。按之军府组织大纲,大事取决于政务会议,政务会议组织于七总裁,主席总裁仅七总裁之一,较之其他总裁,并非有何特权。云老海内名流,夙所敬仰。廷芳等举为主席,原冀其号召群伦,力肩艰巨,不谓受人朦蔽,太阿倒持。迹其数年以来,一切措施,不以多数总裁之意思为依归,而以左右近习之是非为可否。试以近事证之,与北方数督军所协商之解决时局办法五条,维持军阀,牺牲国会,漠视外交,揆之吾人护法救国之初衷,大相刺谬。廷芳于事前绝无所闻,必俟信使往还,电商妥洽,然后举以相告。目无国会,目无军府,此廷芳不能不去者二。廷芳忝受公推,兼长财部,调剂出纳,责有专司。乃公款之支销,半属虚糜,详细之用途,无从过问。如变卖敌侨财产数十万元,为私人所把持,至今十余月,未见收支报告也。调遣滇军出发湘边,初索六万元,继增至十五万元,经廷芳支付八万,乃闻只给滇军一万,余则或以个人名义,犒赏桂军也,或为悍将扣留,用途莫测也。坐视虚糜,未能挽救,此廷芳不能不去者三。滇军驻粤多年,身经百战,其将官之进退,向受冀公之指挥。迹者,冀公撤销该军长李根源,原属行使职权,无可非议,乃李根源联同莫督军抗令称兵,全省驿骚,生灵涂炭。叹纪纲之不振,痛桑梓之伤残,此廷芳不能不去者四。军政府者,西南八省之最高统治机关也。其根本之结合,基于各省各军,其惟一之目标,基于护法救国。今被二三私党盘踞把持,假护法之美名,谋个人之权利,天下其谓西南何?此廷芳不能不去者五。

廷芳足迹甫出省会,而部员被监视矣,行李被扣留矣,银行存款被查封矣。近且准备控廷芳于香港法廷〔庭〕矣。彼私党之于廷芳,一若不共戴天也者。嗟夫!大法未复,国难未纾,廷芳一息尚存,此心不懈。日内赴沪,当与孙、唐两总裁,暨国会议长、议员诸君计划进行,并与护法各省电商大计,诸公明达,何以教之。谨电宣言,诸希垂察。

再：廷芳离粤后，广州政务会议不足法定人数，照章不能开会，一切行动概属无效。廷芳忝长财政，责任攸关，特将关税余款携以偕行。廷芳一生于公款出入，不苟丝毫，操守如何，国人当能共信，所有收支数目，自当详细报告。知关廑念，并以奉闻。廷芳。青。印。

（《伍廷芳声明离粤之通电》，《申报》1920 年 4 月 17 日）

张敬尧致孙中山等电

（1920 年 4 月 9 日）

北京大总统、段督办、国务总理钧鉴：

各部总长、段总司令、巡警总监，保定曹经略使，盛京张巡阅使，蚌埠倪巡阅使，南京李督军，武昌王督军，南昌陈督军暨各省督军、省长、各都统、各护军使、衡州吴将军、各师旅团长、各省议会，广东岑西林先生，香港伍秩庸先生，林悦卿先生，云南唐蓂赓先生，武鸣陆干卿先生，上海孙中山先生、唐少川先生、王揖唐总代表、南北各分代表，上海、北京、天津、香港、广东各界公社转各报馆鉴：

自沪会停议，内国希望之和平，经年犹无朕兆，财殚力竭，南北同揆，民困深矣，国本摇矣。图我者方欲藉财团以制我死命，虽理真如闽、鲁两案，图我内部分离，后盾无力，尚强词夺理不就范之势。物腐虫生，国将不国，合救犹虞不及，胡何久自争持？

夫北曰保国，南曰护法，其号虽殊，而欲达民国于永久不敝则一也。乃因趋向偶异，愤启兵戎，相竞年余，情见事绌，转而谋和平之统一，此正天佑中华，欲保其垂后之实力，外御其侮矣。顾沪上会议卒鲜成功，陷全国于不战不和之境，以致内政益难正理，外交益难斡旋，事变纷乘，危机四伏，种因得果，是岂保国与护法者初衷所及料耶。

往不可谏，来犹可追，失今不图，亡日尚矣。敬尧之思，筹一平允适当之法，贡献于群公之前，以期群策群力促进和平。顷读卢督军歌日通电，议由新、旧两国会中各选出若干人，组织宪法委员会，先定宪法，其他各问题均属诸善后会商，讨论解决。片言扼要，足可解纷，钦佩之余，极端赞同。夫民国九年中，所由纷纷扰扰迄无宁息者，皆由旧约法成于仓卒，不适国情，故不能范围群伦，弼成郅治。今诚能将根本大法制作昭垂，不惟共和立宪之精神昭若日月，即此九年中因无适用之法守，酿成种种之争持，皆可凭宪法之大的迎刃而解决。直截了当，一言兴邦，卢督军斯议之谓。

伏愿南北当轴暨我袍泽诸公采纳斯议，相与促成，和平曙光，赖兹展发。本是同根生，相煎何太急，争持数载，即肇颠危，若再迁延，恐难欲求如今曹之从容磋议，人将不我许矣。其亡其亡，系于苞桑，心所谓危，曷敢默息，诸公爱国，百倍敬尧，必不以鄙言直质，而乐予赞同也。并恳锡教，无任翘企。张敬尧叩。青。印。

（《张敬尧促和通电》，天津《大公报》1920 年 4 月
11 日）

伍廷芳致孙中山等电
（1920 年 4 月 10 日）

上海林、吴、王、褚议长，国会议员诸君、孙总裁、唐总裁、各报馆，广州岑总裁、林总裁、莫督军、各省各军代表诸君、方会办、海军各舰长、各报馆，南宁陆总裁、谭督军、李省长，云南唐总裁，贵阳刘督军、王总司令，成都熊督军、杨省长、并转各总司令，夔州黎总司令、王总司令，施南柏总司令，三原于督军，凤翔叶军长，郴州谭督军，辰州田总司令并转张、胡、林各总司令，漳州陈省长、陈容甫师长，汕头吕总司令均鉴：

自三月二十九日廷芳离粤以后，广州政务会议已不足法定人数，一切行动，绝对无效，任免职官，概属乱命。廷芳特将应用文件、印信及关税余款，携带赴沪，对于外交、财政两部事务，仍旧完全负责。特此通告。伍廷芳。蒸。

（《伍廷芳离粤后之第二通电》，《申报》1920 年 4 月 19 日）

蓝天蔚致军政府总裁电
（1920 年 4 月 10 日）

广州军政府总裁钧鉴：

慰问抵夔，值鄂西有事，唐联军总司令迭令天蔚，就近兼领湖北靖国第一军总司令职，辞不获已，遵于阳日抵施，青日视事。一俟内部稍整，即当入陕慰问，以竟职责。蓝天蔚叩。蒸。印。

（《军政府公报》修字第一百七十号，1920 年 5 月 1 日，"公电"）

廖仲恺致孙中山函[①]
（1920 年 4 月 12 日）

先生大鉴：

十一日下午抵漳州，见竞存兄，经将意见陈述。竞兄对于归粤一层，似有决心，但觉以粤军独立作战，非先筹备枪炮子弹不可。觉民所述，李、臧所允各节，似有误会，因随后执信、仲远与臧面

---

① 据《廖仲恺集（增订本）》所收同函，判断该函日期为 1920 年 4 月 12 日。——编者

商，臧只允粤军出发后，必尽力援助，已与觉民所述大相径庭。而竞存之意，则必须先得子弹，然后出发，盖事实上必如此，然后有成算而壮士气也。据执信、仲远两人察李厚基意，恐粤军得子弹后仍不出发，故非有一种保证，恐难得其相信。似此彼我之间，不能推诚，归粤计划，恐成虚愿。

弟到漳前数日，李遣代表来商，以竞存意归报李厚基，日间当有确复云。据弟观察，若先生不能设法使李先信粤军，给以子弹，则亦不能强粤军无助而先动。盖全军士气所关，非三数人之力所能左右也。请与觉生、子荫谋之。彼方屡言助战，而当此紧要关头，乃不能相信，李推之段，岂非笑话。请告觉生、子荫，问前途，若真不能，则归粤绝望矣。

沪若无特别事故，执信宜多留数日，以俟福州回报。专肃，敬请大安

仲恺手肃　十二日

（《革命文献》第五十一辑，第 240~241 页）

熊克武致孙中山等电

（1920 年 4 月 12 日）

广州军政府各总裁、各部总次长、参众两院、莫督军，南宁谭督军，桂林李省长，漳州林总裁、陈省长、李督办、沈总司令，云南唐总裁，贵阳刘督军、王总司令，武鸣陆总裁，郴州谭督军、赵总司令，辰州田、张、胡、林、萧各总司令，诏安方会办，夔州黎、王总司令，施南柏总司令、蓝慰问使，三原于督军、张会办，耀县叶军长，上海孙总裁、唐总代表暨西南各分代表、章太炎、孙伯兰、汪精卫、张溥泉诸先生，泸州赵军长，资州顾军长均鉴：

先后接柏、黎两总司令皓、巧两电，暨云南唐督军内电，惊悉第五旅陆军中将高君尚志与其弟诚之，确于筱日同在距代溪十余里永寿枫地方惨被戕害，曷胜怆恻。除通令协缉凶犯，务获究办，以

伸法纪而慰幽魂外，谨此电闻。四川督军熊克武。文。叩。

（《军政府公报》修字第一百六十九号，1920 年 4 月
28 日，"公电"）

王安澜等致孙中山等电

（1920 年 4 月 12 日）

广州军政府岑、伍、林各总裁、参众两院、莫督军，武鸣陆总裁，
云南唐总裁，贵阳刘督军，成都熊督军，南宁谭督军，漳州陈省长，
郴州谭督军，衡州吴师长，上海孙总裁、唐总代表、章太炎、孙伯
兰先生，泸州赵军长，资州顾军长，新津刘师长，合州刘师长，绵
州吕师长，顺庆石师长，绥定颜师长，重庆黄总司令、余镇守使、朱
参谋长、巫山卢副司令、田梯团长，夔州黎联军总司令、豫章 [军]
王总司令，万县颜师长，辰州田、张、胡、林、萧各总司令均鉴：

前奉冀帅电令，任蓝公秀豪接充第一军总席，柏公武烈仍回总
指挥原任。蓝公威德硕望，鄂中先觉，此间部属多属旧好，此次绾
领鄂西，军民腾欢，一致爱戴，现已于九日就任视事矣。特电奉
闻，请纾廑系，伏维鉴察。王安澜、吴醒汉、胡廷翼、易继春、李
务 [化?] 民、关借威叩。文。印。

（《军政府公报》修字第一百七十号，1920 年 5 月 1
日，"公电"）

孙光庭致孙中山等电

（1920 年 4 月 12 日）

广州军政府各总裁暨各部部长、大理院、各省区代表、莫督军、张
省长、省议会、钮总司令、林总司令、马总司令、沈总司令、福军

李总司令、浙军蒋伯器上将、湘军林浴凡中将、魏总司令、陈师长暨各军师长、吴稚晖、胡展堂、李石曾、汪精卫诸先生、市政公所、广东报界公会，漳州林督军、陈省长，潮州伍军长，黄冈吕督办、王副司令、陈师长，武鸣陆总裁，南宁谭督军、李省长、省议会，云南唐总裁、省议会，成都熊督军、杨省长、省议会，贵阳刘督军、王总司令、省议会，郴州谭督军、省议会、赵师长、林民政处长、宋、陈、廖、鲁、贺、李、张各旅长、各纵队长、各司令，韶州沈督办，琼州李镇守使，辰州田、张、胡、林、萧各总司令、湘西参事会，永州零陵镇守使，夔州黎总司令、吴总司令、柏总指挥、豫军王总司令，巫山王总司令，三原于督军、张会办，上海孙中山先生、章太炎先生、唐总代表、南北和会各代表、王儒堂、徐固卿、朱子桥、蒋观云、谭石屏、徐季龙、温钦甫诸先生均鉴：

本院印信前为林议长携去，当即从新另筹，仍照原文，曰参议院印，业于是日启用，统祈查照。孙光庭叩。文。印。

（《军政府公报》修字第一百六十九号，1920 年 4 月 28 日，"公电"）

黎天才致孙中山等电

（1920 年 4 月 13 日）

广州军政府岑总裁、伍总裁、林总裁、政务会议、各部总次长、参众两院、莫督军、张省长、吕督办、马总司令、鄂军李总司令、赣军彭总司令、护法各军各省代表，武鸣陆总裁，云南唐联帅，南宁谭督军，贵阳刘督军、王总司令，上海唐总代表、孙总裁、章太炎、孙伯兰先生，漳州陈省长，诏安方会办，三原于督军、张会办，耀县叶军长，郴州谭督军、赵总司令，辰州田、周、胡、林、萧各总司令，成都熊督军、杨省长、但师长，绵阳周师长，新津刘师长，合州刘师长，资州顾军长，泸州赵师长，溆浦何总司令，重庆黄总司令、余镇守使、黔军朱参谋长，顺庆石总司令，绥定颜总司令，万县卢副司令、田旅长，夔州王总司令，施南王总司令，巫山颜师长钧鉴：

三月俭日奉唐联帅宥电开：鄂军第一军总司令柏文蔚迭电恳辞，应即照准，所有该军总司令一职，现委蓝慰问使天蔚前往接替等因。奉此。蓝总司令遵于本月东日由夔起程，赴施接任。兹据柏文蔚佳电呈：于是日将第一军印信文件移交新任，接收清楚。复据蓝总司令蒸电呈：于九日就任，官兵人民尚称洽浃各等情，先后具报前来，用特电达，即祈查察为祷。黎天才叩。元。

（《军政府公报》修字第一百七十一号，1920 年 5 月 5 日，"公电"）

朱执信致孙中山函
（1920 年 4 月 14 日）

介石、仲恺，已于前两日到漳，介石述先生意欲符即回沪。但此处情形不定，故符俟有一决议，始行。大约至迟亦不过十日可决矣。当（陈）觉民除报李厚基愿助弹时，（李）协和尚未出巡，（陈）竞存大高兴，以为可有十二分把握。然照该信须以臧氏（致平）在厦接头为断。故次日即派（邓）仲元与符往晤臧氏。及到厦晤臧，臧乃言六八弹须待段（祺瑞），七九、六五弹仍须待李（厚基）复电，机枪及炮则无（但允求之段），其交付时日及地点均不能置答。而借兵一节，则以竞意须将拨来之兵改粤军号，归竞指挥，故臧亦不允，于是交涉并无结果。及符往安海约（许）汝为归，而李烈钧回省之消息已到矣。其时李厚基又派一谘议余筹来，言愿极力帮助。及细问其所谓帮助者，彼乃言觉民言总司令（陈炯明）欲回潮州，李督自然于交战后缺子弹时，源源接济，并且不止希望总司令回潮州，实希望其回广州。其时竞存与仲元告以非先得子弹不能发动之意。彼言如此则前后说话不相符，恐难取信，又无结果而去。现竞存拟派仲元、汝为往福州，与李商量，将吾人所能牺牲者尽数说明，彼所能助者于何时期何地能交付若干，亦一订定。回漳即布置攻击计划，一面由介石作成。此项交涉大约日内可行，结果则望于一礼拜内知之也。竞存意如有北兵参加攻粤，则须先生来主持，始免受人攻击。符经答以想先生必允来漳矣。

（《中华民国史事纪要（初稿）》1920 年 1～12 月，第 201 页）

唐继尧致孙中山等电

（1920 年 4 月 14 日）

孙中山、伍秩庸、唐少川诸总裁，并转林、吴、褚三议长暨国会议员诸君、和会总分代表（以外衔略）均鉴：

查上年军政府改组令，本国会非常会议修正之军政府组织大纲，选举总裁七人，组织政务会议，以合议制执行一切政务。继尧承选为总裁，当经派植藩至粤，代表出席政务会议。自本年二月，赵代表电请辞职，业经照准，嗣是继尧并未续派代表，参加会议，是自赵代表辞职之日始，所有军府一切行动，继尧概不负责。近据伍秩庸总裁电，略谓现从孙、唐两公之督促，国会议员之劝告，业于上月艳日离去广州等语。查军府政务会议，向以过半数之出席人员为法定数，现继尧未派代表，伍总裁又复离粤，中山、少川两先生亦均无代表出席，是军府政务会议已无成立之理由，所有一切政治行动，当然无效。至伍总裁现虽离粤，然所兼外交总长、财政总长，并未辞职，而国会亦并无允许伍公辞职之明文，所有西南各省军关于外交、财政事件，仍应责成伍兼部长主持之。事关重大，特此宣布，希垂察焉。唐继尧。寒。

（《伍博士离粤后之唐继尧》，《申报》1920 年 4 月 21 日）

孙光庭致孙中山等电

（1920 年 4 月 14 日）

广州军政府各总裁、□□部部长、大理院、各省区代表、莫督军、张省长、省议会、钮总司令、林总司令、马总司令、沈总司令、福军李总司令、浙军蒋伯器上将、湘军林洛凡中将、魏总司令、陈师长暨各军师长、吴稚晖、胡展堂、李石曾、汪精卫先生、诸市政公所、广东报界公会，漳州林督军、陈省长、洪镇守使，潮州刘师长，黄冈吕督办、王副司令、陈师长，武鸣陆总裁，南宁谭督军、李省长、省议会，云南唐总裁、省议会，成都熊督军、杨省长、省议会，贵阳刘督军、王总司令、省议会，郴州谭督军、省议会、赵师长、林民政处长、陈、廖、鲁、贺、李、张各旅长、各纵队长、各司令，韶州沈督办，琼州李镇守使，辰州田、张、胡、林、萧各总司令、湘西参事会，永州零陵镇守使，夔州黎总司令、吴总司令、柏总指挥、豫军王总司令，巫山王总司令，三原于督军、张会办，上海孙中山先生、章太炎先生、唐总代表、南北和会各代表、王儒堂、徐固卿、朱子桥、蒋观云、谭石屏、徐季龙、温钦甫诸先生均鉴：

自国会林、吴、褚三议长阴谋败露，别图求逞，挟印携款，弃职潜逃，两院留粤同人，以护法机关不容个人破坏，义愤所激，积极维持，更赖军政府协力同心，赞助挽救，当于鱼日开会议决，除通电宣告各节，及催参院王副议长正廷速回供职外，公推光庭为参院主席代理议长，兼理众院事务。自维衰庸，惧弗克胜，第以护法大业未竟厥功，职责所在，义不容辞，惟有勉尽棉薄，竭蹶将事，冀得贯彻初衷，以达护法救国之目的。方今国事阽危，民生凋瘵，正赖海内贤达一德一心，共挽危局。光庭驽钝，无补时艰，所幸诸君子勿吝珠玉，时锡嘉言，以匡不逮，则岂惟光庭等之幸，护法前途，实利赖之。孙光庭叩。盐。印。

（《军政府公报》修字第一百六十八号，1920 年 4 月 24 日，"公电"）

国会议员王宗尧等致孙中山等电

（1920 年 4 月 16 日）

上海孙总裁、唐总裁，香港伍总裁，广东林总裁，桂林陆总裁，云南唐总裁均鉴：

章士钊混称军府代表，向英按察署控诉提取关余案。查军府系合议制，今七总裁已去其五，法定人数不足，政务不能开议，何从取得代表资格？乃混称军府代表，控告军府总裁，尤为荒谬绝伦。

兹将章士钊呈辞驳斥如下：（一）原呈云：由军政府派士钊为代表，向伍廷芳取第八款所述之款项。按军政府组织大纲，规定凡事取决于政务会议，至少须有总裁四人之列席。自伍总裁赴港后，在粤仅有岑氏一人，已无政务会议，单独命令，不生效力，章士钊何得混称军府代表？（二）原呈云：伍弃职前往香府，弃职以后已非军府财长或他职官。按伍总裁乃外交部长兼财政部长，伍氏赴港，适当国会迁移之日，伍氏并无向国会辞职。是总裁、部长资格具在，何得妄指为弃职？若以离粤为弃职，则岑氏为驻粤总裁，亦曾赴韶赴港，章士钊亦得概指为弃职乎？（三）原呈云：伍氏不允将款交给章士钊或军政府。按章士钊自称为议和代表十一人之一，除章士钊外，尚有十人，且有总代表唐总裁在，章士钊果以何种资格得向伍总裁取得款项？（四）总裁系国会所选出，代表乃总裁所会派。今章士钊混称军府代表，控告军府总裁，紊乱纲纪，莫此为甚！

凡此诸端，皆章士钊混充军政府代表之铁证。不惟违背法纪，抑且丧失国权，我中华民国能容此民也。特电以闻。国会议员王宗尧、高福生、邓天一、杨大实、祝震、周学宏、魏吴涛、李正阳、张华澜、卢一品、巴达玛林沁、白瑞、童杭时、张瑞萱、丁惟汾、白逾桓、姚桐豫等。铣。

（《电驳混充军府代表》，上海《民国日报》1920 年 4 月 17 日）

谭延闿致孙中山等电
（1920 年 4 月 16 日）

广州军政府各总裁、各部长、参众两院、各省军事代表，武鸣陆总裁，云南唐总裁，南宁谭督军、李省长，广州莫督军、李督办、鄂军李总司令，贵阳刘督军，成都熊督军、杨省长，三原于督军、张会办，漳州陈省长，上海孙总裁、唐总代表，汕头吕督办，夔州黎联军总司令、豫军王总司令，施南柏总司令，各省省议会、各总商会、各学生联合会、各报馆均鉴：

　　刘督军卅电、政务会议佳电均诵悉。自东牒西来，国民奔走呼号，唇焦笔秃，乃北廷藉口慎重考虑，迄无严拒决心，而卖国奸僚，且与日人秘密计商，重肆阴谋，只知勾结外人，不恤违拂民意，东邻如彼，北廷如此，徒恃此文电呼号，结果如何，殊难逆料。刘督军主张公推代表赴欧请愿，即照民意自决本旨。王专使折冲樽俎，历著勋劳，既奉军府派充国际联盟代表，伸张公理，挽回国权，当有最后希望。惟外交上能力之强弱，视国民能力之大小为权衡，前此拒签德约，本为国际公举，然各国绝无非难之意，且有赞许之词，民意从违，可见一斑。况当和会开议之际，美总统曾言中国所受不平等之待遇，诉之国际联盟，必当力为救济，并协商英法各国，将日人可为让步之限度预记于会议录，以为异日根据。是各国本有取决于国际联盟之预约，即负有仲裁此不平条约之责任。又况鲁案真正事实，我国真正舆论，欧美远隔重洋，多未洞悉，而东邻狡黠，又复以片面之词颠倒是非，淆乱观听，和会失败者亦为一原因。今欲专重国民之主张，监督北廷之行动，恳友邦援助之趋向，戢东邻侵略之□〔野〕心，请愿一举，实为补救要策。全国省会、商会为法律上商民代表机关，拟请先于沪上各开一联合大会，推举代表若干员，讨论进行方法，预备交涉资料，然后驰赴国际联盟，为诚恳之接洽，作平反之要求，不惜秦庭之哭，终邀赵璧之还，爱国同胞，望共察之。延闾叩。铣。印。

（《军政府公报》修字第一百七十一号，1920年5月5日，"公电"）

熊克武致孙中山电
（1920年4月17日）

孙总裁鉴：

克武随诸公之后，兴师护法，谬总川军，于今三载。虽仰托军府威灵，境内粗定，而救弊扶衰，终非其任。重以大局纠纷，解决无日，既乏拨乱之方，复鲜斡旋之力。长此因循尸位，不特遗误地方，实乃无裨国事，抚躬内省，负疚良多。兹已电请军府，辞去四川督军一职，冀得别简贤良，藉补克武未尽之责。惟念数年以来，与诸公并力一心，共赴国难，提挈拥护，感荷殊深。当此内忧未宁，外患交迫，遗大投艰，实维诸公是赖。所望团结精神，俾西南局势，日增巩固，进而解决大局，克武身虽在野，亦得优游林下，终为幸民，则拜嘉惠无既矣。谨布区区，尚希鉴察。熊克武叩。筱。

（《熊克武通电辞职》，长沙《大公报》1920年5月2日）

刘显世致孙中山等电

（1920 年 4 月 18 日）

广州军政府各总裁、各部长、参众两院、各省军各代表，武鸣陆总裁，云南唐总裁，郴州谭督军，南宁谭督军、李省长，广州莫督军、李督办、鄂军李总司令，成都熊督军、杨省长，三原于督军、张会办，漳州陈省长，上海孙总裁、唐总代表，汕头吕督办，夔州黎联军总司令，施南柏总司令，各省省议会、各总商会、各学生联合会、各报馆均鉴：

谭督军铣电悉。显世前拟请全国派代表，赴欧洲国际联盟会请愿一事，政府代表已由军府电知王专使，国民代表应照谭督军主张，由省议会联合会、商会联合会选定若干员，先就沪上讨论方法，再驰赴欧洲，坚决进行，戢强邻之野心，为交涉之后盾，在此一举，惟公决之。显世。巧。印。

（《军政府公报》修字第一百七十一号，1920 年 5 月 5 日，"公电"）

李绮庵致孙中山电

（1920 年 4 月 19 日）

总理钧鉴：

灰电：敬悉。舰队发动，约需款一万元，请筹备，陈策叩。上电系舰队来稿，现与舰队同志磋商，约定五月佳日可能发难，乞即转电竞存，及云南协和，各路能否如期举行，一致动作。绮庵。皓。

（《革命文献》第五十一辑，第 197 页）

四川省议会致孙中山等电

（1920 年 4 月 20 日）

广州军政府政务会议、参众两院、军政府各总裁、各部长、莫督
军、张省长、各总司令、各镇守使、李督办、林督办，云南唐总
裁、周省长，武鸣陆总裁，漳州陈省长，诏安方会办，南宁谭督
军、马总司令，郴州谭督军、赵总司令，辰州田、张、胡、林、萧
各总司令，贵阳刘督军、王总司令，三原于督军、张会办，上海孙
总裁、唐总代表，资州顾军长，泸州赵军长，夔州黎总司令、王总
司令、蓝总司令，施南柏总指挥，成都抄送杨省长、但师长、向师
长、新津刘师长，合州刘司〔师〕长，嘉定陈师长，绥定石师长、
颜师长，顺庆石师长，重庆余镇守使、黄总司令、卢副司令，康定
陈镇守使均鉴：

熊督筱日辞电计达。本会已复咨挽留，文曰：本会于本月廿日
开会讨论，金谓川乱频年，民生凋敝，赖贵督军靖难有方，抚绥安
辑，三年以来，幸获粗安。惟外交紧迫，和议中梗，救国护法，未
竟全功，责任所关，讵忍恬退。应请督军勉为其难，勿萌退志，当
经一致赞同，除通电并公推本会正、副议长亲往敦留外，相应咨请
贵督军□□允予屈留，全川幸甚等语。特此奉闻，藉申民意。四川
省议会叩。哿。印。

（《军政府公报》修字第一百七十二号，1920 年 5 月
8 日，"公电"）

蔡巨猷等致孙中山等电

（1920 年 4 月 20 日）

广州军政府政务会议岑总裁、伍总裁、林总裁、各部总次长、参众

两院议长、议员、湘议员团、莫督军、张省长、马总司令、各军代
表、各报馆，武鸣陆总裁，南宁谭联帅、陈省长，云南唐总裁，贵
阳刘督军、王总司令，上海和会唐总代表、各分代表、和平期成
会、和平联合会、全国各界联合会、孙中山、孙伯兰、章太炎、王
儒堂、胡展堂、章行严、彭静仁、谭石屏诸先生、湖南善后协会、
湖南各界联合会、《申报》、《时事日报》、《新闻报》、《救国日
报》、《正报》，肇庆林总司令，漳州陈总司令、叶军长、洪镇守
使，三原于督军、张会办，汕头吕督办，韶州李督办、方会办，成
都熊督军、杨省长，重庆朱参谋长、黄总司令，康定陈镇守使，资
州顾军长，泸州赵军长，夔州黎总司令、王总司令，施南柏总指
挥，绥定颜军长，顺庆石总司令，巫山送城口王总司令，郴州谭督
军、国民大会、湘南善后协会、各报馆、新国民日报馆，衡州吴师
长、葛耀廷、仇亦三、萧礼衡三先生，武冈《民权报》，洪江王总
司令，凤凰厅转麻阳陈总司令，西南各省各军师旅团营长、各司
令、各镇守使、省议会暨各团体均鉴：并抄送靖会龙通淑辰各县知
事鉴：

　　天祸有邦，贤哲云萎，前湘西护国军总司令周公蔗僧讳则范，
天才英伟，虑国忠纯，学授阳明，壮娴武略，屡参帷幄，襄赞宏
规。元二之交，神奸蠹国，觊觎神器，黄袍称尊。邵阳蔡公，建议
[义]滇江，誓师庸蜀，公时荣戟绥宁，露布首应，驰檄五溪，长
驱沅芷，以饥病之卒摧新锐之师，拥十雄之城为湘黔之障。帝制殒
灭，论功懋赏，擢镇湘右，总管区符。

　　国祸荐臻，天宪中否，国会罢辍，元首失卸，公与醴陵刘公，
协盟长沙，连横声讨。刘出零陵，公出洪江，迨衡宝告捷，长岳
随下，公亦进挥荆鄂，入捷公安，结轸联辖，陈师露旅，骎骎乎
武汉破竹，中原响应矣。既而联军失利，代马南牧，列营连骑，
相望屠溃，公退屯常德，次师资沅。爰有敌长，举众内侮，公运
神策，偃旗阳退，回戈东指，贼众殒歼，朗江岩城，危陷获济。
继复介马烟溪，驱毂新化，大小百余战，无不以少御众，以奇胜

正。自南北媾和，分疆划守，公乃屯师溆上，扼沅资游，整军经武，剿匪息民，声威远厉，懿矩宏恢，外自新安而达辰、溆，内自通绥而迄会黔，金汤巩固，匕鬯无惊，隐然半壁长城，西南重镇矣。

天未忘祸，时不容邦，国之杌陧，乃部下有廖逆湘芸者，蛇蝎居心，豺虎不食，比匪为殃，忘恩犯上，鸱鸮毁室，蜉蚍撼树，戕我元勋，爰及袍泽。前湘西护国军第三梯团司令杨君振华讳玉生，维新巨子，鼎革勋臣，忠勇如沛，阚如虓虎，初振鞭于武汉，继树帜于湖湘，护国军兴，杨公部曲无役不从，功在司勋。讵意吴光谋篡，重悍延陵，寒浞复商，先夷寻灌，自古奸逆，如出一辙，尔乃方张。渑池之筵，竟舞鸿门之剑，杯酒兵戎，英雄命短。时有李谘议森龙，义形于色，骂不绝口，追踪仇牧，抗节睢阳。并有傅连长卓勋，缘戍辰阳，同时遘难，挥戈获爱，舍吾不逾。呜呼！黄鸟载咏，殉者三良，临危夺节，有义风矣。世衰伦败，民恶其上，贞亮不光，其何能济。

兹幸呼天讨贼，山岳同声，义期[旗]朝挥，奸巢夕破，虽安、史元先两观待戳[戮]，而岳、于忠烈追宠已彰，会雄溪重镇之劳，为周公起义之地，召棠不剪，闾巷讴思，徐剑领零，行路悽惋，谨订六月一日即阴历四月十五日，鸠合朋僚，追奠灵几，人亡国瘁，薄海同悲。尚冀傅奕铭词，田横歌挽，鸿篇巨制，哀宠遥颁，临风鸣哀，敢告执事。再，追悼会筹备处设洪江银行，合并奉闻。蔡巨猷、田镇藩、吴剑学、陈嘉佑、赵恒惕、林修梅、钟镇堃、林支宇、张翼鹏、宋鹤庚、鲁涤平、廖家栋、萧昌炽、刘叙彝、赵镇南、罗茂兰、陈汉钦、李芨、杨穆、张元卿、洪本枡、谢国光、张辉瓒、刘梦龙、李仲麟、李钧、罗先闿、吕苴筹、岳森、周介陶、罗菜、彭夝雉、欧阳堃、周鳌山、周毅、姜玉笙、梁玉麟、扬接[杨择?]同叩。号。印。

（《军政府公报》修字第一百七十四号，1920 年 5 月 15 日，"公电"）

参众两院议长林森等致孙中山等电

（1920 年 4 月 21 日）

上海孙总裁、伍总裁、唐总裁、各报馆，广州林总裁、各省各军代
表诸公、方会办、海军各舰长、各报馆，南宁陆总裁、谭督军、李
省长，云南唐总裁并转各总司令，贵阳刘督军、王总司令，成都熊
督军、杨省长并转各总司令，夔州黎总司令、王总司令，施南柏总
司令，三原于督军、张〈会〉办，凤祥叶军长，郴州谭督军、赵
总司令，辰州田总司令并转张、胡、林各总司〈令〉，漳州陈省
长、许汝为军长、陈容甫师长，汕头吕总司令均鉴：

　　军政府之职权行使，依军政府组织大纲，由国会选举总裁七人
组织合议制之政务会议行之。兹孙总裁文、唐总裁绍仪驻沪，亦无
代表出席；唐总裁继尧于二月已准其列席政务会议之代表赵藩辞
职；伍总裁廷芳又于三月廿九日离粤。是自三月廿九日始，政务会
议已不足法定人数。所有免伍廷芳外交、财政部长等职，及其他
一切决议事件，概属违法行为，当然不生效力。至军政府外交、
财政两部，只认伍廷芳为合法之部长，一切外交、财政事宜，仍
应由伍总裁兼部长负责。用特宣告中外，以维法纪，而正观听。
参议院议长林森、副议长王正廷、众议院议长吴景濂、副议长褚
辅成。马。

　　（《北洋军阀史料·吴景濂卷（一）》，第 200～201 页）

粤西三县耆民梁伟唐等致孙中山等电

（1920 年 4 月 22 日）

旧国会参、众两院议员、唐总代表、孙中山、伍秩庸先生、广肇公
所、粤侨商业联合会同乡诸公、漳州陈总司令鉴：

滇桂交讧，战祸骤生，各属民军闻变蜂起。旧肇军官长为保护桑梓之计，迫得合集旧部，驻扎肇属天堂内外各洞、春湾等处，新兴、阳春居民赖以少安。四月四号，滇变告靖，肇军即于五号率队全退。不料桂军贪图劫掠，进逼新兴，自勒竹以上直抵河头、天堂内外各洞，延及云浮、阳春两县，绵亘百余里。住户数万家，均被焚毁掠洗一空，绅耆妇孺，无辜枪毙者计逾千数，三属人民，喘息无所，匍伏待毙。窃思莫氏僭据非位，已逾两稔，不闻悔祸，而淫暴是逞，上抗中央，中蔑议会，下害民命，粤民何罪，独罹其酷。用敢吁请我两院议员、唐、孙、伍三先生、同乡诸公、陈总司令，俯念灾黎，设法维持，使三属生灵得出水火，而复天日。无任呼吁待命之至。新兴、阳春、云浮三县耆民梁伟唐、李作舟、练希贤等叩。养。

（《粤西报告桂军劫掠电》，《申报》1920年4月24日）

卢永祥致孙中山等电
（1920年4月23日）

北京大总统、国务院、各部总长，各省督军、省长，热河、察哈尔、绥远都统，各护军使，各省议会，广东岑西林先生、林悦卿先生，云南唐蓂赓先生，武鸣陆干卿先生，上海孙中山先生、伍秩庸先生、唐少川先生，南北各总分代表、上海路透报社、东方通信社，各埠各日报公会暨各报馆鉴：

歌日通电，计已达览。第恐各方尚有误会，不得不重言声明：永祥歌电所述，自信发于天良，既无丝毫私见，更无何种作用，此心此志，可质天日。

窃以为和会中辍，时局益艰，外患内忧，纷纠日甚，若非用简单办法，谋和议之进行，诚恐迁延日久，枝师〔节〕横生，牵涉之问题愈多，解决之方法愈难，和平统一，将永无实现之日。故就愚见所及，聊作刍荛，非敢有所主张，聊备诸公之采择耳。总之，时至今日，以促成统一和平为唯一目的。倘能从速解决，则择用方法，原不必过于拘执。不过解决方法之进行，手续必求其正当，态度必出于光明。盖不如是，不足以示至公，而昭大信。所可异者，自和会停顿以后，各方面时而接洽，时而疏通，时而单独媾和，种种传说，日有所闻，然均鲜成效。因上述之举动，近之阴谋，决不能发生效果，即幸而能成，亦不足以取信国人，而维持永久之和平。窃期期以为不可也。今之谋和者，莫不曰推诚相见，试问诚何由而见，势必破除一切阴谋，揭开各种假面具，一举一动，须与人以共见共闻，所谓开诚心布公道者是也。沪上和会为双方认定谋和机关，且中外观听所属，责任既有攸归，事权斯贵专一。愚见以为，无论用何种方法谋和，必须由和会正式开议，任何方面，不能干预。永祥此言，委系本于公理，决无偏私之见存于其中也。

再，永祥尚有管见，久欲言而未果，兹特陈述，与诸公一商确焉。尝闻人云：我国今日最为和议之梗、政治之害者，厥为督军制。彼殆谓督军握重兵，拥巨资，声势赫赫，足以把持政权，梗阻和局耳。斯言之当否，姑置无论。第念我国既号称共和，自应以民治为主，将来大局底定，督军制是否存在，尚属问题。惟就理论而言，共和国体之下，督军制似不相宜，是督军本非久存之物，亦非武人世袭之职。督军制之在今日，既受舆论之攻击，为时局之障碍，愚意不若此时自行提议废除之为快。夫今之抱爱国之热诚，为爱国之运动者多矣，天下之重，匹夫有责，必非督军始能负此责也。我辈解职下野之后，本个人之能力，亦可服务于社会，以尽国民之义务，初〈不〉必有督军之权位，始能勤力于国家也。至若有抱负不凡远到自期者，以为督军〔不〕之地位，可倚为凭藉，以展其大志，愚窃以为不然。试观美之现任总统威尔逊，法之现任总统戴香纳，皆由议员被选，初何尝有兵力凭藉乎？盖实至名归，必有然也。永祥默观世变，洞察人心，知欲救国家之危亡，必先牺牲个人之权利，废除督军制，实为今日切要之图。顾或谓凡为督军者，久拥厚资，本可满载而去。永祥亦督军也，莅任甫七月，自问决不敢以私利是图，亦无厚资之可拥，取消督军，请自永祥始。

永祥赋性戆直，向不作欺人之谈，亦决无沽名之念，本良心以立论，当为国人所共谅。人之爱国，谁不如我，共纾国难，想有同情。临电惶悚，勿任企祷。卢永祥。漾。印。

（《卢永祥促和之又一电》，天津《大公报》1920 年 4 月 24 日）

上海刘仲文先生公祭筹备处致孙中山等电

（1920 年 4 月 25 日载）

天津黎宋卿先生，上海孙中山、唐少川、伍秩庸、章太炎、孙伯兰、谭石屏、胡展堂、汪精卫、林子超、吴莲伯、褚慧生诸先生，广州岑西林、林悦卿、莫日初、李协和、林隐青、钮惕生、蒋伯器诸先生、李晓垣先生并转同乡诸公，云南唐蓂赓先生，广西陆干卿先生，贵州刘汝周、王电轮诸先生，四川熊锦帆、杨沧白、黄复生、石青阳、颜德基、卢锡卿诸先生，莆州黎辅臣、王旭九诸先生，施南柏烈武、蓝秀豪、王子材诸先生，吴厚斋先生并转同乡诸公，三原于右任先生，耀县叶香石先生，漳州陈竞存、许汝为、邓仲元、洪湘臣诸先生，郴州谭组庵、赵夷武诸先生，辰州田凤丹、张溶川、林德轩诸先生公鉴：

武昌起义功人勋二位刘仲文先生，于新历四月十二号告终沪寓。除哀启讣闻另寄外，谨先电闻。上海刘仲文先生公祭筹备处叩。

（《刘公仲文讣电》，上海《民国日报》1920 年 4 月 25 日，"公电"）

陆荣廷致孙中山等电
（1920 年 4 月 25 日）

广州参众两院、军政府各总裁、部长、莫督军、各总司令、镇守使，云南唐总裁、周省长，漳州陈省长，诏安方会办，郴州谭督军、赵总司令，辰州田、胡、林、萧总司令，贵阳刘督军、王总司令，三原于督军、张会办，上海唐总代表、孙总裁，资州顾军长，泸州赵军长，夔州黎总司令、王总司令、蓝总司令，施南柏总指挥，成都熊督军、杨省长、省议会，南宁谭督军均鉴：

　　熊督军筱电敬悉。窃念川中用兵数载，受祸最深，锦公不辞险阻，受命于艰难之际，抚循士庶，整率戎行，致使危局获安，疮痍甫复，苦心经营，海内欣仰。兹奉来电，遽萌退志，甚为惶异。现当国事方殷，端赖群策群力，合德同心，共图匡济，尚祈勉抑高蹈之怀，以竟救国之志。仍望军府及诸公一致慰留，以维大局，是所企盼。荣廷。有。印。

　　（《军政府公报》修字第一百七十四号，1920 年 5 月 15 日，"公电"）

军政府政务会议致孙中山等电
（1920 年 4 月 26 日）

云南唐总裁，武鸣陆总裁，南宁谭督军、李省长，贵阳刘督军、王总司令，成都熊督军、杨省长，三原于督军、张会办，夔州黎联军总司令、豫军王总司令，施南柏总指挥、蓝总司令、王总司令，辰州田、张、胡、林、萧各总司令，上海唐总代表、各分代表、孙中山先生、旅沪林、吴、褚三议长暨国会议员，漳州陈省长，诏安方会办，汕头吕总司令，广州林督军、莫督军、各省各军代表、鄂军李总司令，各省督军、省长、都统并转各团体、各报馆均鉴：

　　唐总裁继尧寒电称：上年军政府改组，依照修正组织大纲，选举七人组织政务会议，当经派赵藩至粤代表出席，自赵代表电请辞职照准后，军府一切行动慨不负责；又云政务会议向以过半数之人出席为法定数，现继尧未派代表，伍总裁又复离粤，中山、少川两先生亦均无代表出席，是政务会议已无成立之理由云云。查军政府组织大纲，并无出席人数之规定，政务会议条例虽有过半数出席之条，而第八条规定各部长得列席政务会议，是条例所谓过半数，当然指总裁与部长而言，条文明显，本无疑义。即假定指总裁而言，少川先生并未就职，中山先生复早辞职，总裁实只五人，今出席者总裁三人，仍属多数，谓为无效，恐生误解。至云伍总裁离粤，所兼外交、财政两部长，仍应责成主持。查伍总裁携关余二百六十余万，私离职守，显属法外行动，政务机关岂能随私人行动而迁移，政务人员离去机关，又何从行使其职权，业经八日政务会议议决明令免职，并通电声明在案。查总裁职权以政务会议行之，唐总裁继尧既未派代表出席政务会议，提具议案，又未征求各总裁同意，而以个人名义于政务会议外，对于已经免职之外交、财政两部部长仍应责成主持云云，揆之会议精神，依法不生效力。合并声明，特此布闻。政务会议。宥。印。

　　（《军政府公报》修字第一百七十号，1920 年 5 月 1 日，"公电"）

沈鸿英致孙中山等电

（1920 年 4 月 27 日）

广州军政府各总裁、各部长、参众两院、莫督军、张省长，广州、肇庆、汕头、廉州、琼州各总司令、各镇守使，琼州李督办，黄冈吕督办，云南唐总裁、周省长，武鸣陆总裁，南宁谭督军、李省长，漳州陈省长，诏安方会办，郴州谭督军、赵总司令，辰州田、张、胡、林、萧各总司令，贵阳刘督军、王总司令，三原于督军、张会办，上海孙总裁、唐总代表，资州顾军长，泸州赵军长，夔州黎、王、蓝各总司令，施南柏总指挥，成都熊督军、杨省长、省议会均鉴：

顷读锦公筱电辞职，不胜惊异。蜀中自丙辰以将，扰攘频仍，幸赖锦公夷平大难，长才毅力，薄海同钦，保障西南，厥功尤伟。方今国家杌陧，忧患频乘，安危存亡，间不容发，正冀发摅远谟，宏济艰难，上以赞军府护法未竟之功，下以慰海内苍生求治之望，何忍恝置，遽卸仔肩。务恳俯顺舆情，勿怀去志，非仅西蜀父老之幸，而大局前途实利赖之，并祈一致挽留，无任企祷。沈鸿英叩。感。印。

（《军政府公报》修字第一百七十四号，1920 年 5 月 15 日，"公电"）

四川国民大会致孙中山等电
（1920 年 4 月 27 日）

广州参众两院、军政府各总裁、各部长、莫督军、张省长、各总司令、各镇守使、李、吕督办、林总司令，云南唐总裁、周省长，武鸣陆总裁，漳州陈省长，诏安方会办，南宁谭督军、马总司令，郴州谭督军、赵总司令，辰州田、张、胡、林、萧总司令，贵阳刘督军、王总司令，三原于督军、张会办，上海孙中山先生、唐总代表、章太炎先生钧鉴：

川省改革以来，兵连祸结，罗、戴交哄，战事侵寻，至今思之，魂惊魄悸。诚以一省治乱，关系督军，得人则易乱为治，失人则转治为乱。己巳之役，熊督以总司令名义，统军民两政，秩序恢复，地方粗安。嗣军府畀以督军之职，莅任以来，兴利除弊，渐臻治理，整军经武，不遗余力，此非我蜀中父老子弟之幸福，实西南半壁之一大砥柱也。今遽闻辞职，实深警惧，我国民有田园庐墓生命财产之关系，不能不迫切呼号，挽回万一，况伏莽潜滋，外忧内迫，安可使武侯不在蜀中，莱公遽离河内，此国民所椎心顿足卧辙攀辕，不啻新亭之泣秦庭之哭也。

语曰：民之所愿，天必愿之。又曰：得人者昌，失人者亡。伏望我军政府，详察舆情，俯顺民意，不令引退，以救苍生。并乞我西南各师、旅长同心协力，一致挽留，则闾阎庶有复苏之庆，地方可无匕鬯之惊，大局幸甚，民国幸甚。四川国民大会全体代表刘汉钧、周文俊、蓝天一、金谨、夏全声、姜梦溪、文发周、周道三、杜挥羽、冉樵子、董毓菁、卢少陵、张鸾、温枘卿、赵季立、张煖灼、袁润海、贺渐逵、马云衢①、杨鉴新、温楫、杨少襄、彭望如、李固三、黄三品、邵从、丁文渊、刘亚觉等一万三千七百五十六人同叩。感。印。

（《军政府公报》修字第一百七十五号，1920 年 5 月 19 日，"公电"）

伍廷芳致孙中山等电

（1920 年 4 月 28 日）

上海林、吴、王、褚议长、国会议员诸君、孙总裁、唐总裁、各报馆、广州岑总裁、林总裁、莫督军、李部长、各省、各军代表诸君、方会办、海军各舰长、各报馆、南宁陆总裁、谭督军、李省长、云南唐总裁，贵州刘督军、王总司令，成都熊督军、杨省长，并转各总司令，夔州黎总司令、王总司令，施南柏总司令，三原于督军，凤翔叶军长，郴州谭督军，辰州田总司令，并转张、胡、林

---

① 以下尚有 40 字，错谬颇多，不录。——编者

各总司令，漳州陈省长，汕头吕总司令均鉴：

顷读所谓广州政务会议通电，不胜骇异。

查民国七年五月十八日，国会非常会议宣布之修正中华民国军政府组织大纲第三条载，军政府以由国会非常会议所选出之政务总裁七人，组织政务会议，行使其职权等语。是政务会议之分子，仅限于七总裁，其职权之行使，亦仅限于七总裁之公意。法文煌煌，无待解释。故同年七月十八日公布之政务会议条例第五条，载会议时过半数列席即可开议等语。夫组织政务会议之分子，既限于七总裁矣，则此条所谓过半数者，当然指七总裁之过半数而言。即以同年九月十九日公布之修正政务会议第八条言之，亦只云各部长得列席政务会议。夫仅曰列席，而不曰加入可决否决之数，则其不能行使职权可知也。曰得而不曰必，则其与法定人数毫无关系，又可知也。原军政府之改组也，易独裁制为合议制，亦欲网罗各方面之势力，而以七总裁为领袖，以收集思广益之效耳。该电谓各部长得列席政务会议，现总裁虽有辞职解职，而列席人员仍属绝对多数云云。果如所言，假如一总裁串部长八人，开九人会议，亦将称为政务会议乎？发电者亦知不能自圆其说，于是又曰：即以总裁而言，唐总裁绍仪向未就职，孙总裁文已经辞职，公电久未列名，现任职者五人，列席总裁及代理总裁实为三人以上，亦为多数，何得谓政务会议开会无效等语。孙、唐两总裁未得国会许可，谁得而去其职？况组织大纲明明规定政务会议职权，由总裁七人行使之，何得以所谓现任之总裁五人为限？果如所言，假如总裁不在职者六人，然则一总裁亦可自开政务会议乎？溯自军府改组以至于今，阅时几二十月，开政务会议一百五十余次，未见有总裁及代理总裁不满四人之列席而开议者。又议事纪录，均系总裁及代表总裁署名，而列席部长向不签名，如此可见部长不能可决否决行使总裁职权，毫无疑义也。会议纪录，班班可考。按之组织大纲则如彼，稽之会议先例又如此，此次通电，其必有人窃用政务会议之名义而发，毫无疑义。

至其他各节，如停发国会经费，无形解散两院，而谓廷逖过他人。谓运署未欠国会三个月经费，应有两院所给运署印文收据作证，似非凭空所能捏造。私遣代表参与南京会议，订定解决时局条件，而谓照例转达，绝未参以己意。抑知此种维持军阀、牺牲国会、漠视外交之条件，皆与护法救国之旨，绝对不能相容。云老身为总裁，不予拒绝，且不经政务会议，私与接洽，竟尔复电，复电之后，方示廷以电稿，其中云云，纯系云老个人意见。今乃觍然曰：照例转达，绝未参以己意，其将谁欺？变卖敌侨财产二十七万余元，由敌侨督办李书城私借七万余元于自兼鄂军总司令之李书城，私借一万四千余元于冷遹，并私借于各机关者而计之，不下十八万元，而谓私人把持，不知所指；支销关余等款，经廷随时报告于岑总裁及政务会议，而谓未见有片纸只字；领款八万，为滇军出发湘边之用，乃以一部分迳用个人名义，犒赏桂军，又一部分则为沈鸿英扣留，而谓廷凭空臆说；左袒李根源，抗拒唐总裁继尧命令，而谓廷不负责任；监视部员，多方设法始能逃脱，扣留行李，几番交涉始获取回，而谓廷欲加之罪，何患无辞。凡此诸端，事实昭彰，难逃公论，廷亦不必哓哓置辩。

此后，如再有假用政务会议名义之文电及一切行动，绝对无效，廷亦一概置之不理，务祈国人明鉴，勿为所愚，特此声明，诸希亮察。伍廷芳。勘。印。

（《伍廷芳致西南各要人之勘电》，《申报》1920 年 4 月 29 日）

叶夏声致孙中山等快邮代电①
（1920 年 4 月 28 日）

上海孙中山、唐少川、伍秩庸、林子超、吴莲伯、王儒堂、褚慧

---

① 原函未署月份，据内容判断，应在 1920 年 4 月。——编者

僧、孙伯兰、章太炎、徐固卿诸先生、参众两院议员、南方和平会议分代表诸先生公鉴：

窃夏声自昨秋去粤，忽忽半年，久不预闻时政。顷从国际律师协会归国，睹大局之蜩螗，聆各方之论议，自维戈戈一身，于西南为曾助内务之员，于北方以僦居有日之故，双方情实，闻见颇深，邦人君子倘许我以发言，则忠告善道或不致于偏倚。

溯自丁巳之秋，迄于戊午之夏，当时西南局势，军政府本以保障国会为职志，既护国会南下以开非常会议，复收盐税以供正式集会。天下之人皆知国会为正统，护国会即护法，护法即护国会，无所谓事实问题、局部问题、对人问题也。诚能同德一心，相与终始，则国人厌兵之日，和议开始之时，解决国会问题，南北即立归统一。不谓政客一流居中播弄，改组真正护法之军政府，而欢迎假托护法之岑春煊，由是党见纷岐，宗旨悖谬，军府蔑视国会，而国会屈事军府；军府欲包办议和，牺牲国会，而国会反迎合意旨，信任军府，曾不惜推翻既决之议案，违背法定人数之规定，延长临时议会之期限，自蹈违法以徇少数御用党之意见，而为军府效命；而军政府反以内无国会之掣肘，外有邻省之呼应，于是事实问题、局部问题、对人问题均先法律问题而主张，使国人几以为时局者，为彼事实、局部、对人而设，驯致平和会议久无复开之望，而护法目的愈趋而愈远。盖自前岁五月以来，护法大业久成告朔之饩羊，固不待今日之轧轹而始著矣。

夫今之军政府既非护法政府，而国会之行动，以严格论，亦未能悉合法律，则处今日而犹以贯彻护法本旨夸示国人，吾恐其不复足昭大信于内外也。且年来国人苦战乱久矣，即世界新思潮亦将不认战争为改革之良药矣。然则纵再蹈利用势力之覆辙，相率播迁，重整旗鼓，试问糜烂其民以外，究得收何等之效果耶？愚以为与其仍以非驴非马之护法自欺欺人于一时，何若因时制宜，以建设时代不拘常法为理由，而亟筹通权达变之办法。日前浙江卢督歌电主张，虽不无应行修改之点，而大体实未可厚非。盖历史上地方经分立之后，而议合并为一政府，则往往由国会主持和议，以国会之合并为唯一之条件。一千七百零六年，苏格兰自治政府与英伦政府合；一千八百零一年，爱尔兰自治政府与英苏政府合，皆由两方国会各举代表协议，以两国会议员全部之合并为统一之唯一条件，先例具在，固不妨复案。诚如此，则不惟大局赖以解决，而与护法即护国会之本旨亦无相违。尔来调人献策，以此为最近情理。尚祈诸公痛国家之分裂，念人民之疾苦，捐除成见，容纳嘉言，俾和会早开，法律解决，以慰民望而维大局。幸甚幸甚。

抑更有进者，前者孙公伯兰主张国会重返粤省开会，夏声粤人也，以为姑无论粤省岑春煊、陆荣廷等纵令督军莫荣新肆行暴虐，无恶不作，国会必受其迫害；即不致此，然粤人方谋逐山贼部落而复其故土，亦断不愿有国会之集会，以贻投鼠之忌，此则夏声敢代表粤一部分同胞，以婉谢吾国会同人者也。率直之言，维谅察焉。叶夏声。勘。

（《北洋军阀史料·吴景濂卷（五）》，第876~881页）

林葆怿致孙中山等电

（1920年4月29日）

广州参众两院、军政府各总裁、各部长、张省长、各总司令、各镇守使、李督办、林总司令，汕头吕督办，云南唐总裁、周省长，武鸣陆总裁，漳州陈省长，诏安方会办，南宁谭督军、马师长，郴州谭督军、赵总司令，辰州田、张、胡、林、萧总司令，贵阳刘督军、王总司令，三原于督军、张会办，上海孙总裁、唐总代表，资州顾军长，泸州赵军长，夔州黎总司令、王总司令、蓝总司令，施南柏总指挥，成都熊督军、杨省长、省议会均鉴：

迭读锦公筱、马两电，辞职荐贤，情溢言表。公之高蹈，洁身自谋固善，顾兹国是未安，三川地广，主客军队麇集，边圉正赖雄才镇慑，读张益州画象［像］记，诚非公莫属。深冀勉抑高怀，力任艰巨，并乞诸公一致挽留，贯彻初旨，共维大局，曷胜感幸之至。林葆怿叩。艳。印。

（《军政府公报》修字第一百七十四号，1920 年 5 月 15 日，"公电"）

川军将领吕超等致孙伍唐三总裁等电
（1920 年 4 月 30 日）

（衔略）熊克武督川已阅两年，屡误国家之大计，专便权利之私图，贪诈是其本能，挑拨悉为政策，诚吾蜀之大蠹，尤西南之内奸，劣迹昭著，罄竹难书，聊举数端，奉陈聪听。

丁巳之役，护法军既下重庆，熊氏犹假冯国璋伪电，窃取镇使位置，以便私图。嗣后更潜通北庭，信使往来不绝，所派和议代表刘光烈等，竟乘和议停顿，私入北京，钻营勾结，无所不至，报纸登载，丑声播溢。军府任命督川，私怀观望，延不就职，犹通电徐、钱，自取消罝，贻羞全国。罪一。

西南以护法兴师，自应治［始］终贯彻，而熊氏屡电主张苟和，赞成取销国会，经龚焕辰等迭电指斥，不知自悛，犹藉托边藏问题为言，不问南北，迹其所为，无非公然背叛。是以本年三月，川滇黔军事联合会议决各案，迭电阻挠，力图推翻。最近对于政学系与曹、李、张私结之五项办法，又复去电赞同，居心宁复可问。罪二。

军民分治以还，熊氏对于省长用人行政，干涉挟持，不遗余力，甚至自违通令，将指拨政费之成都各局少数税款亦予强提，以致省内各官厅政务停废。江防军即水警之易名，与全省警备队皆向归省长所直辖，强令改隶督军，以厚一己之势力，而削省长之权威。其侵越政权，紊乱民治，至此而极。罪三。

　　川中关税、烟酒、常关、造币等款，皆系大宗收入，熊氏藉口向归中央，并不交由行政机关经营。两年以来，计其收入，不下二三千万，一切哑盲，从事肥己。名为供给客军及川边饷项，实则概未发足，巨款既被熊氏吞握，遂致川军饷项万分缺乏，甚至伙食难继，迫不得已乃向民间筹借预备，以维现状之事。年来军政之不振，边事之败坏，财政之困匮，主客军之不能融洽，川滇黔联军之不能出兵讨伐，揆厥由来，皆熊氏贪权黩货有以致之。罪四。

　　熊氏志在附北，不惜毁法，故凡主客各军，皆以护法讨贼为职志者，悉认为妨害私图，加以仇视，每借防地及编制问题，百端构煽，其嗾使席正铭扰害黔军，尤近事之最著者。观所发吴忠癙护照，暨川造十平手枪等件，足见其居心破坏，无恶不作，证据昭彰，宁容遁饰。罪五。

　　熊氏附北毁法之素志，与政学系贩卖西南之政策适相符合，而主客各军周围监视，志不得逞，则欲利用伪造民意，以图欺人耳目，遂其奸谋，故不惜糜款十余万，收买议员，报纸摘发，道路啧啧，阴谋破露，各方诘责，置诸罔闻。罪六。

　　以上数端，皆其荦荦大者。究其原因，则自私自利之念蔽其良知，驯至悍然无所顾忌。西南不幸，有此巨凶，救国初衷，何由能达。超、湘等诚不忍以熊氏个人之悖谬，祸全川而误大局，不得已公同议决，先除障碍，以达联军北伐之目的。熊情见势绌，乃通电辞职，以图缓兵，而诡为赞同渝会议案，冀掩其平昔障碍出兵、附北毁法种种罪迹，更欲得军府挽留，藉以恋栈。此种行为，实无所取。若果无贪位恋权之心，不应为此掩耳盗铃之事。此项辞职公电，以事实言，无由得合法机关之解决，军府系由国会产生，而国会则已他徙；构成军府之七总裁，中山、少川两公辞职于前，伍、唐两公去位于后，则所谓国务会议已不足法定人数，当然无发布任命命令之权。今熊氏向法律失效之机关辞职，实属欺蔽民听，玩弄法律。以人格言，尤有速行去职之必要。

　　超等认为，熊氏通电辞职之日，即其督军资格消灭之日，此后熊氏一切妄发之号令，及与任何人缔结之契约，一律无效。

惟国是日非，出兵在即，川军众逾八师，不可无所统率，现既未有合法机关之主持，熊氏又无再执行职务之理由，万不得已，特由傅义、成勋、青阳、德基、洪范、复生、师谛等公推吕超为川军总司令，刘湘为川军副司令，共勖其勉抑谦衷，权摄军政。川滇黔三省现议联合出兵，业经共推唐、刘两公为川滇黔联军总、副司令，当兹军政府政务会议无形消灭之际，所有任免三省军事长官之权非联帅莫属。除联名专电吁请唐联帅，援从前熊氏出总川军成例，明令委任吕超、刘湘为川军总、副司令，饬其克日就职，以奠川局；并勒令熊氏立即交代，听候查办，若敢违抗，即由川滇各军一致进讨外，应请我护法诸公力持正论，促熊省悟，俾免负嵎自固，糜烂地方，川局幸甚，大局幸甚。谨电沥陈，无任屏营待命之至。川军第五师长吕超、第二师长刘湘、第三师长向传义、第四师长刘成勋、第六师长兼滇川黔靖国联军援陕第一路总司令石青阳、第七师长兼滇川黔靖国联军援陕第二路总司令颜德基、第八师长陈洪范、滇川黔靖国联军援鄂第一路总司令黄复生、副司令卢师谛同叩。陷。

（《川军电责熊克武》，天津《大公报》1920年5月9、10日）

钦廉绅商学各界代表潘承鎏等反对钦廉改辖通电
（1920年5月1日）

（衔略）① 窃维境域不容妄更，民意非可伪托。在昔民国五年，有人献于桂省当道，请割钦廉四属，改隶广西，经吾粤人民全体反对，此事乃寝。顷查有韦炳清、李依祖者，复以此议进，且闻

---

① 原文如此。就该电内容看，致送对象当包括孙中山。——编者

广西当道，已陈请军政府核办矣。顾惟钦廉四邑，二百万人之钦廉，亦全粤三千万人之钦廉也。何物韦某、李某，直视同二三私人产业，任意处分断送！闻其交换条件，系以怀集、贺县二县易我四邑，其所持理由若何，事甚诡秘，外间无由得知。而此辈奸人向为社会之蠹，此举并非抱有何种政见，要其伎俩，不外假托民意，捏称人民乐附西省，希冀荧惑当道，以为希荣取宠而已，何尝一议此中之利害耶。承鎏等愚以为改隶之议，有百害而无一利，试为约略言之。

钦廉隶粤，洪武迄今，数百年来，未之或改。人情风土，习焉而安，省郡一水之便，绅缙冠盖，来往过从，世谊通家，匪伊朝夕。昔之乡举，今之学校，济济衿缨，集中穗垣，朋友讲习，声气应求。自从海通，文化输入，交通者胜，困塞者败，天演公例，无待著龟。一旦驱其海洋性质之民族，以入于山岩穷谷之域，见闻寡陋，求学加难，日对榛莽，遑云进步。此就学界言之，不宜改隶者一。二省以工商闻天下，舟车所至，人力所通，靡不有粤商之足迹。内地各埠，因赖广帮投资兴业，即至海外穷岛劳动侨民，亦惟粤人最有联络。乡音是操，相提相携，本于地理，出乎天然，容有一致。一丧粤籍，异乡孤客，谁与为亲？此就工商界言之，不宜改隶者二。钦廉濒海而处，海盗不时出没，向赖省垣舟师，一气控制，始足以靖海氛，而安闾阎。若与粤省断绝关系，是自弃其保障，而居民无宁矣。此就地方治安言之，不宜改隶者三。两广毗连越南，东兴为两大要隘，东西两省就地分防，诚至当不易之策。今乃以边防要地，尽界西省，无论兵力，或有未逮，且以山国而兼顾海防，亦非所宜。此就国防计划言之，不宜改隶者四。顾说者谓粤省海岸线，绵延二十余里，大有鞭长不及之势，钦廉一隅，几视为瓯脱地。粤人诚无余力以经营，故通商日久，未有发展，若西省得之，则以全力扩张实业，地方必加繁荣。且其地势，欧人入中国之第一门户，若振兴之，可分香港之势力云云。此言似乎动听，而殊非事实也。钦廉僻在边徼，固不如广州之适中，且自英通梧州、法割海防以后，昔之由北海以通桂滇者，已移趋彼埠。商务衰落，此为一大原因。粤人经营未善，容或有之，若西省得之，必增繁荣云云，将就人民方面言耶，无论桂人资本家企业心未必有以远过于粤人，且凡大事业之兴举，如粤汉铁路公司之类，附股者原不限于吾粤，桂人果有余力从事实业，以图社会之繁华，当为钦廉人所欢迎，粤桂一家，又宁肯坐视肥瘠？抑就政府方面言耶，两省财用，从来不分畛域，而粤中政府，不乏桂人，如欲钦廉地方之繁荣，则以粤政府之地位，力图发展，当较易易。若属诸西省，则出其全力，属于东省，则置诸脑后，人其谓政府何？此就地方进步上言之，不必改隶者五。或曰：西省贫瘠地方，政费支绌，而钦廉饶鱼盐之利，若为西省管辖，财赋上可籍资挹注。此举盖为西省利益计也。夫苟有益于西省，虽稍损吾粤之收入，犹或有说，而细察钦廉年来经济状况，海潮暴涨，桑田沧海，维正之供，尚难支持，而边防海防，在在须费，尚有待于政府补助，若视为财赋之区，而加重担负，不惟民生重困，抑亦万办不到者也。此为西省财赋计，不必改隶者六。议者又曰：桂省处于腹地，若无军港，终不足以雄飞海内。昔俄人谋出黑海，又经营远东，皆抱此政策，桂人议割钦廉，盖为此耳。恶是何言也！夫两广一家，钦廉苟关军港，未尝不可为桂省之用，何出此阋墙政策，以自隘其界限？此种不祥之言，又岂当道所乐闻耶？此就两广形势上言，不必改隶者七。尤异者，闻其交换条件，系以怀集、贺县两县，易我四属。无论二之与四，过于悬殊，且既云交换，必有相当之利益，桂人既利吾钦廉，而必欲攫而取之，曾否计及怀、贺？弹丸小邑，究何取利于吾粤，为粤人必不可少之地，而后以之交换耶？天下不平之事，宁有过于此者！就公理上言，不能改隶者八。

　　自此事发生后，我四邑人民奔走相告，惴惴然恐大乱之将至。由众议委托承鎏等代表民意，千里浮海，竭诚呼吁。除联呈广州军政府各总裁、督军、省长，并请愿省议会外，素仰诸公爱国爱乡，具有同情，务恳协力维持，迅将钦廉改隶西省之议，立电当道取消，不胜切祷。钦廉绅商学各界代表潘承鎏、林锡康、宁海如、徐业暨二百二人同叩。东。

（《钦廉人反对改辖电》，上海《民国日报》1920 年 5 月 11 日）

李绮庵、李安邦致孙中山函

（1920 年 5 月 2 日）

中山先生大鉴：

敬禀者：来各电领悉。广属手续办理完善，随时能动作，现静候命令。如竞存兄处何时能动，乞早日电示。若竞存处不能全军动，可否酌量令许汝为兄全军动亦可。以目下广东局势而观，人心浮动，如漳州或云南，总求一处实能动作，广东必摇动，桂系军心必涣散。

虽现下在港各机关，如邹鲁君、周之贞君、黄明堂君所办之绿林不足倚靠，然有事时或可作为牵制。邓子瑜兄对于东江亦有进行，绿林亦不足恃，只作影响。马君伯麟东莞县有多少绿林，及前大元帅驻黄埔之散军，亦作响应之用。朱本夫兄阳江有两营军队，现隶属林虎，一有事时可调他即返广属。至钦廉有报告到，办理成绩甚佳，动期未定，现下由广西加派调六营军队驰钦廉，如手续办妥能动时，即由电报告等语。

现下桂军之调往惠洲〔州〕，只近梅嘉地面，名三十余营，实数二十营，由广西之新招兵到肇庆者约十营。至北江滇军已随李根源往琼州，而桂军调往北江驻防亦十四五营。现桂系军驻重兵东江及潮、梅、北江、肇庆等处，广州城不过七八营兵矣！若得漳州或云南或湘南一动，绮、安联舰队在广属一动，桂贼必寒心而解体。

现绮在广属所进行之事，秘密无人知之，确有把握。现所联络之舰有八只舰，兹将八只舰开列呈报，绮已面商予各舰长，亦曾介绍各舰长面会哲生兄接洽矣！各舰手续亦办妥。现绮计划发动时，先率舰队到香山，先占石岐城及江门，以一舰截西江，以一舰截三水河口，同时进兵顺德，即攻省城。如进攻省城三五日不落，即退回香山、石岐为根据地，用舰队保守，再整军进攻。如得他方之有动作，或漳洲〔州〕、湘南、云南之影响，绮此计划可希成功。因舰队在粤省势力占三分之二，而舰队一动，桂贼胆必寒，桂军亦无斗志。绮所以前日之定期亦此也。

绮又虑及如广属同舰队一动，若无他方之同时动作，或先动作，三五日攻广州城不下，桂贼必将东江、北江之全军调回，恐孤军难敌。且又新起之军，动作不成，有伤精锐，军心不坚，故候他方之动作助力方易成功。惟望时期以早日为妙，一则如日期延长至二三月之久，太浪费用；二则恐舰队走漏消息，更有不便。绮亦与舰队磋商，如消息走漏，无论若何即自行发动。乞先生催各方面速进行，以早日动作为要。

黄埔各炮台办理成绩亦佳，有事至攻城时，他方能响应。协和来港，仍候唐督方定行程。此间先生汇来款，可足敷发动之用，或起事后一时未能筹得款时，仍望接济。至刘志陆部下林百民事，已派人往潮汕密查未回，如有报告回时，即电报告，闻得现充副营长。梅放洲兄仍在港，候消息即回汕。此禀

金安

李绮庵　李安邦谨呈　五月二号

（《革命文献》第五十一辑，第205～206页）

刘成勋等致孙中山等电

（1920年5月4日）

广州军政府政务会议、参众两院、政务会议各总裁、各部长、莫督军、张省长、各总司令、各镇守使、李督办、吕督办、林总司令，

云南唐联军总司令、周省长，武鸣陆总裁、漳州陈省长，诏安方会办，南宁谭督军、马总司令，郴州谭督军、赵总司令，辰州田、张、胡、萧各总司令，贵阳刘督军、王总司令，三原于督军、张会办，上海孙总裁、伍总裁、唐总代表，夔州黎总司令、蓝总司令、王总司令，施南柏总指挥，成都抄送杨省长、省议会、商会、各法团、各报馆、曾厅长、聂道尹，资州顾军长分送泸州赵军长、朱旅长、姚道尹，叙府胡旅长，重庆余镇守使、王总司令、黔军朱参谋长、袁总司令，万县田梯团长，合州刘师长，顺庆石师长、卢副司令，绥定颜师长，康定陈镇守使，雅州黄道尹，大竹县陈统领均鉴：

奉读熊督军筱日辞职通电，高风亮节，有识同钦。惟是川局甫就粊平，国事尚忧有变，举凡整军经武，护法卫民，固西南之本根，起蜀中之衰颓者，在在均惟熊公是赖。且吾川每值一易督座，辄起一度纷争，民困缘此益深，军政因之益紊，前车之覆，历历可寻。军兴以来，兵连数载，赖熊公雍容坐镇，默化潜移，甫获苏息二年，尚针砭百孔，遽闻高蹈，益切隐忧。矧值北敌方强，日夜思逞，西南新造，团结待时，一旦易革命之元勋，失群龙之领袖，匪特长城自坏，敌将生心，更恐金堤溃防，横流莫御。成勋等忝绾军符，爱切桑梓，感张咏之定益州，攀辕同切，借寇恂而治河内，遮道尤深，除迳恳熊公仍肩居任，以竟全功外，伏乞军府亲电慰留，诸公同声维系，以劝贤劳，而固川局，不胜屏营待命之至。四川暂编陆军第四师师长刘成勋、第三师师长向传义、第五师师长吕超、第八师师长陈洪范、第一师师长但懋辛叩。文［支？］① 印。

（《军政府公报》修字第一百七十六号，1920 年 5 月 22 日，"公电"）

---

① 公报登载时注为 5 月 4 日，故"文"当为"支"之误。存疑。——编者

熊克武致孙中山等电

（1920 年 5 月 4 日）

急。广州军政府各总裁、李参谋部长、各部长、参众两院、莫督军、张省长、吕督办、李督办、林总司令、沈总司令、各总司令、各镇守使，云南唐总裁、周省长，武鸣陆总裁、南宁谭督军、马总司令，漳州陈省长，诏安方会办，郴州谭督军、赵总司令，辰州田、张、胡、林、萧各总司令，贵阳刘督军、王总司令，三原于督军、张会办，上海孙总裁、唐总代表，资州顾军长，泸州赵军长，夔州黎总司令、王总司令，施南蓝总司令，成都抄送杨省长、省议会均鉴：

武本菲材，谬总川军，荏苒三年，惭无建树，前经电呈军政府辞职，冀避贤路，乃奉政务会议宥电，以大局、地方相责，而护法诸贤暨本省议会、各法团、各界人士，复以大义相劝勉。抚躬复省，悚惧弥增，留既大违本怀，退则重负群望，重以时局艰虞，何责召易，言念同舟共济之义，宁存遑恤我后之思，用敢勉遵明令，继续任职。惟是力微任重，深措中疏，提挈劻勷，尤资鼎力，仍望时惠箴规，俾免陨越，毋任企祷。熊克武叩。支。印。

（《军政府公报》修字第一百七十七号，1920 年 5 月 26 日，"公电"）

北京廉钦会馆等致孙中山等电

（1920 年 5 月 5 日载）

伍总裁、孙总裁、唐、王总代表、康南海先生、学生联合会、粤侨联合会、广肇公所、潮州会馆、同声社、各报馆钧鉴：

闻廉钦割归广西，群情震骇，誓不承认。乞诸公警告两粤当局，重视民意，勿事孤行至祷。廉钦会馆董事张国元暨廉钦旅京同人王传本、顾锡仁、谢崇光、毛澄宇、杨权初等全体公叩。

（《北京廉钦会馆电》，上海《民国日报》1920 年 5 月 5 日，"公电"）

李烈钧、蒋尊簋致孙中山等电
（1920 年 5 月 5 日）

广州孙总裁、伍总裁、唐总代表暨林、吴、褚、胡、汪、李、周、曾诸公鉴：

敬电痕悉。石屏谭公，毁终沪寓，□伟一老，天不憖遗，之此麋他，义昭中外，凡属同志，震悼奚如，姨电奉唁，藉致哀忱。李烈钧、蒋尊簋叩。歌。印。

（《李烈钧集》下册，第 462 页）

在粤国会议员董耕云等致孙中山等电
（1920 年 5 月 5 日）

上海孙总裁、伍总裁、唐总代表、章太炎、孙伯兰先生、林、王、吴、褚四议长、各议员、学生联合会、各团体、各报馆，云南唐督军、贵阳刘督军、王总司令，四川杨省长、各总司令，夔州黎总司令、王总司令，施南蓝总司令、王总司令、柏总指挥，湖南谭督军、赵师长，湘南、西各司令，福建林督军、陈省长、各司令，南宁陆总裁、谭督军、各总司令，广东莫督军、张省长、各总司令，海军林总裁、各令、各舰长，各省省议会、各团体、各报馆均鉴：

慨自我国会南来护法，四稔于兹，几经险阻艰难，方足法定人数。近因政潮恶劣，两院议长及大多数议员相率避地，暂离广州，留粤议员只有百数十人。乃参议员孙光庭、众议员陈鸿钧竟敢以一二次之临时主席，冒称两院代理议长，窃取议员三百五十六人及三百八十四人名义，两次发布通电；又于四月三十日攘窃两院联合会之名，通告开会，阳假外交问题，实谋开非常会议，补选总裁。迭经在场多数同人反对，提出诘责，孙光庭自知情亏，俯首无词，比即自承错误，退居秘书长席，改联合会为谈话会。同人等方期孙等悔祸，不为已甚，对于大局，徐图调和，乃五月四日孙光庭、陈鸿钧又忽发通告开非常会议，补选总裁，同人极为诧骇。

查国会非常会议组织大纲第六条：国会非常会议之正、副议长，就现任两院正、副议长内推定之；正、副议长均有事故时，得选举临时议长。今两院之正、副议长，因一时之政潮与大多数议员离粤，既非议长本身别有事故，非常会议当然不能开会；即以有事故论，亦当选举临时议长，方可开会议事，断不能以一二次之众议院临时主席陈鸿钧窃取非常会议议长之位。同人等比即前往，则见军人荷枪监视议场，以暴力相威吓。同人睹此暴举，益为心痛，不忍以法律正义竟为威屈，遂根据国会非常会议组织大纲第六条再三质问，而陈鸿钧竟置若罔闻。卤莽灭裂，急以讨论，终局付表决，人数尚未点查，迳行宣告多数，遽尔发票投票，以一手掩尽全场耳目，甘心为此违法举动，补选总裁。同人等职在守法，誓不承认。况伍总裁廷芳始终未有辞职之宣言，孙总裁文、唐总裁绍仪虽从前或一度辞职，或未就职，皆未经国会允许。今忽选举三人，七而加三，其数为十，殊与《中华民国军政府组织大纲》第三条政务总裁七人之数不符。陈鸿钧等此举，不独视国会选举职权为儿戏，实为破坏西南之第一导火线。同人等环顾大局，心切忧危，仍再三力争，加以苦劝，陈均置不理。同人见其悍然不顾，无可挽回，不得已遂宣告退席。

关于此次违法补选总裁，同人决不负责。至派遣军队荷枪监视，惟袁世凯压迫选举大总统时有此恶举，今于护法策源地竟再出此，尤深慨叹。同人等饱经忧患，奔走连年，目击心伤，维持乏术，谨此电闻，诉诸全国舆论，即祈谅鉴。在粤参众两院议员董耕云、陈尚裔、吕志伊、陈宗常、高振霄、马小进、林伯和、唐炳华、郑忾辰、杨树璜、孔绍尧、周问余、陈宏栋、鲁鱼、赖庆晖、于仲铨、吕荫南、段雄、王鸿庞、李国定、刘楚湘、邓元、蔡突灵、陈嘉会、李建民、梁星五、陈堃、陈廷飐、吴道达、岑述彭、谭惟洋、杨肇基、黄策成、毕鼎琛、刘锦孝、吴崑、张知竞、张树桐、蔡汇东、周世屏、蒋宗周、薛珠、何陶、张大昕、刘成禺、杨世杰等叩。歌。

（《北洋军阀史料·吴景濂卷（一）》，第209～210页）

国会议员凌钺等致孙伍唐三总裁函
（1920年5月12日载）

迳启者：国会不幸，感受政潮，护法中梗，同人等不得已由粤来沪，暂避武力之压迫。迭在国会通讯处集议，自沪赴滇，为贯彻护法之主张，各方均无异议。曾于五月五日开两院议员谈话会，议决每省公推一人，与议长、副议长协同筹备赴滇开会，从国民之公意，正法律之系统。众谋金同，整装待发，特以奉闻。（下略）①国会赴滇筹备员凌钺、李执中、王法勤等二十一人公启。

（《旧议员致三总裁书》，上海《时报》1920年5月12日）

广东留日学生同乡会致孙中山等电
（1920年5月12日）

《民国日报》转孙总裁、伍总裁、唐总裁、广东旅沪各界公鉴：

我粤苦武人专政、政系阴谋也久矣。前所以忍痛不言者，尚以

---

① 原文如此。——编者

为彼等或有心护法，努力救国，故为吾国前途计，西南大局计，目前无论如何痛苦，只得隐忍受之而已。今自政学会私和，降北之阴谋暴露，国会又见播迁，军府无形解散，岑春煊、莫荣新、李根源、杨永泰等，果知众怒难犯，专欲难成，自当引咎辞职，退避贤路，庶可告无罪于天下。乃彼等尤以为阴谋未遂，正可趁火打劫，不顾各方诘责，惟知一意孤行，利用少数贪利无耻之国会议员，违法开会，补选总裁，掩人耳目，藉法殉［徇］私，把持政局；又操纵己所豢养之省会议员，供其奔走，厚其羽翼，欲为所欲为，必达其窃据地盘，猎取高官，肥己利党之目的而后已。不顾粤民疾苦，不惜地方糜烂，认为彼等所利，不惮妄作妄为。噫！吾粤何辜，吾民何罪，倘为吾国而受牺牲，诚非得已，若为彼等私人、私系之权位而供其牺牲，情何能忍乎！学生等远适异国，努力求学，非出于万不得已，自无暇分心他事。今洞烛彼等奸谋，似未敢再安缄默。

窃念求学所以为国，而救国尤必自救地方始，爰不揣棉薄，谨集合同乡开会议决数条，列举如下：（一）岑、莫、李、杨等，须即日自行辞职，退去广东，以免再以祸吾粤省祸吾国。（二）所有留粤之少数无耻国会议员，处此无聊之境，专作骗钱之图，负国负民，应当愧死。亦应即退出粤境，免再贻我粤民羞，并遗我国会羞。（三）吾粤省会议员，甘为彼辈豢养，供其奔走，殊失代表国民之资格，亦当警告之，使之觉悟自新。倘再不知自爱自重，自当□谋相当之对待，或宣告取销其代议士之资格。（四）钦廉割归广西一事，为桂派征服吾粤之阴谋。闻杨永泰愿以省长为割钦廉之交换条件，此而可忍，孰不可忍，吾人誓不承认。应即共起力争上所议决各条。不过学生等本敬爱桑梓之义，聊献救济吾粤之言，此后种种进行，唯力是视。救粤救国，义不容辞，公等同情，谅难坐视。兹除另致电警告粤中各当道、各机关外，谨此电陈。统望公等一致主张，共起奋争，必达到打破彼等奸谋，铲除吾粤恶政，救粤即以救国之目的而后已。区区若［苦］衷，诸祈鉴谅。中华民国

广东留日学生同乡会叩。（五月十二日）

（《留日学生声讨政系电》，上海《民国日报》1920
年 5 月 24 日）

唐继尧致孙伍唐三总裁暨国会议长电
（1920 年 5 月 6 日）

迭电敬悉。委派专员代表出席，组织政务会议，继尧亦认为必
要，惟苦难得妥人。兹李协和既已离粤到港，谨派充政务会议出席
代表。除电促李君赴沪，与诸公商洽外，特此奉闻，以便进行一切。

（《唐继尧派李协和代表总裁》，《申报》1920 年 5 月 9 日）

唐继尧致孙中山等电
（1920 年 5 月 13 日）

诸公主张在沪开政务会议，解决一切要题，继尧极表赞同。现
闻李参谋部长烈钧业已到港，特派李部长代表继尧赴沪，出席政务
会议。除电达李部长克日莅沪外，谨电奉闻。

（《唐继尧派李烈钧为代表》，长沙《大公报》1920
年 5 月 13 日）

广东旅京同乡致孙中山、伍廷芳等电
（1920 年 5 月 14 日载）

（上略）① 广东钦廉两属设置已久，比闻该处寡识之徒假托民

———————
① 原文如此。报载时提及孙中山、任廷芳两总裁处及上海粤侨商业联合会收到该
电。——编者

意，请愿西南当局，改隶广西，殊为诧骇。易置区域，必须因事实之必要，且正确之理由，经必要之手续。钦廉僻在海隅，地瘠而险，有清一代，行政施教，遣兵平盗，费财无限，皆取广东之赋税。以数百年守望扶持之地，夺授他人，理所必无，情所难忍。若谓改隶广西，便有出海门户，试问同是一家，何必作此不祥之计划？全国二十二行省，苟各谋出海，万难办到，童孺所知。况以近年事实论，两粤本无畛域，出海与否，讵为广西之苦？冬日旅京广东同乡集会研究，佥以此举有损于粤，无益于桂，召粤人痛心之恨，结两省不解之仇，遗祸将无穷极，一致决议，誓不承认。业经联电力争。敬仰诸公痌瘝视民，体戚共同，或力主持夫大计，或轸念于乡邦，务乞助以金玉，遏一二人吞并之款，止千百年同室之戈，两粤幸甚，国家幸甚。

（《反对钦廉改隶之继起》，上海《民国日报》1920年5月14日）

萨镇冰致孙中山等电

（1920 年 5 月 15 日）

广州岑西林先生、林悦卿先生、莫日初先生，武鸣陆干卿先生，南宁陈舜琴先生、谭月波先生，上海孙中山先生、伍秩庸先生、唐少川先生，云南唐蓂赓先生，贵阳刘如周先生，成都熊锦帆先生鉴：

镇冰备位阁僚，惭无树建，兹以翼揆引疾给假，奉命暂代揆职，才轻任重，非予克胜，感以阁事不宜虚悬，在翼揆假期之内，不得不暂承其乏，以维现状。时局飘摇，望和若渴，促进统一，同抱肫诚，仍希荩画綮筹，随时惠教为幸。萨镇冰。删。印。

（《军政府公报》修字第一百七十八号，1920 年 5 月 29 日，"公电"）

刘青乙致孙中山等电

（1920 年 5 月 19 日）

上海孙总裁、伍总裁、唐总裁、章太炎先生，广东林总裁、云南唐联帅、西南各军总司令、各师旅长、各代表、暨两院议长、议员诸君钧鉴：

自护法军兴，于今三载，吾人所希望之护法事业，亦于是而断绝，溯回从之，痛何及焉！

此三载中，倾家荡产者若干人，折肢断股者若干人，流离失所、无家可归者又若干人，湘南渭北，千里成墟，鄂西闽南，十室九空。吾人受若大痛苦，而不敢稍存怨望者，不过为忍一时之危难，求永久之安乐。不谓少数人一念之差，不谋备战，急于求和。夫和固举国之所愿，吾人非不欲议和之早成，惟念护法军兴，其目的是否专在求和？今试问求和而当时毁法各逆有一人之不存在乎？夫与毁法者言和，何异与虎谋皮？是所谓遍獭未去而池鱼劳，国奸未除而齐民消，求有宁日，乌可得哉？乃长岳一败，不谋再举，朝派一人曰代表某总裁也，夕派一人曰代表某学会也，甚至驻京有专员，代表作奸细，私商条件，不使国会闻之。利专一人，不顾民意，政出一党，欺瞒各省军民，不使悉其真象，恍惚迷离，若在五里雾中。夫天下事，惟公可以致胜，正可以有成，诸公当护法之初，岂不知西南兵力不若北方，西南军实不若北方，西南外交财力不若北方，而乃决然毅然敢于声罪致讨者，其果何所恃而无恐也？夫亦曰惟公理存焉耳！乃有初鲜终，惟一人一派一军之私利是图，岂特有负西南，得罪国民？吾恐天下后世将视公等为何如人？

曩者，滇桂交恶之际，军府诸公苟能以政府地位，为无左右袒之调停，非无立时解决之道。乃不此之图，阳为调停，阴实袒护，并嘱乘机改编滇军，以实行廓清两广之计划；停止议会岁费，俾其无形解散，不使掣肘，以遂其单独议和之私心。一方使唐督命令无所归宿，欲罢不能；一方堕政府之威信，使命令不生效力，卒至演成今日之状态。回首西南，宁不大可哀耶？虽然，亡羊补牢，犹未为晚，苟能团结西南义师，牺牲己见，择西南地势险隘、人民丰富、交通便利、攻守自如之处，召集国会，另设军府，作大公无我之计划，下令讨伐，宣言救国，则我西南危局藉此可以挽回，而各省各军亦得新其耳目，巩固团结，从此消灭国贼，肃清中原，非不可能之事也。惟公等实利图之。靖国联军豫章参军兼游击司令特派八省联络代表刘青乙叩。皓。

（《革命文献》第五十一辑，第 287～288 页）

熊克武致孙中山等电
（1920 年 5 月 21 日）

广东军政府各总裁、参众两院、各部长、莫督军、张省长、各总司令、各镇守使、李督办、吕督办、各报馆，漳州陈省长，云南周省长，贵阳刘督军、王总司令，郴州谭督军、赵总司令，辰州田、张、胡、林、萧各总司令，上海孙中山先生、唐总代表、西南各分代表、章太炎、汪精卫、章行严、胡汉民、张镕西诸先生、各报〈馆〉，三原于督军、张会办，夔府黎总司令，巫山送城口王总司令，施南蓝总司令，资中顾军长，泸县赵军长，成都抄送杨省长、省议会、但师长、向师长、喻卫成司令、李宪兵司令、吴总办、张警卫团长、各报馆，合川刘师长并转余总司令，新津刘师长，绵阳吕师长，顺庆石师长，绥定颜师长，嘉定陈师长，康定陈镇守使，茂县王总司令，重庆黄总司令，大竹陈统领，本省各道尹、各知事、各局长钧鉴：

窃克武与滇、黔军将领多属患难生死之交，不幸至以兵戎相见，于情綦可伤感。况川省迭经兵祸，民不聊生，更令境内沦为战场，灾黎暴骨原野，于心尤多惨痛。然在此惨痛伤感之事，终于无法避免者，其因则由云南督军唐继尧必欲凭恃武力，割据川、滇、黔三省，而与北廷互市，以求遂其个人权位之私。其近因则由驻川、滇、黔军奉唐命令挑拨川省内乱未成，而迳向我川军分道掩袭也。兹事颠末，未遑具陈，略述概要，以待国人之审决。

自顷国变频仍，川人辄先举义师，首当大难。而凡滇、黔客军之越境来助者，又辄悉索敝赋，资其军实。于国于滇、黔，诚无所负。乃数年之间，川人以捍御国患，方救死扶伤不给，而滇、黔转因势乘便、屡相侵伐，迄无宁日。自成渝以南，列县数十，城廓里聚，水滢山崖，几无非川、滇、黔军士喋血析骸之所。往事已矣，尚复奚言。丁巳护法军兴，武时镇守重庆，处境最难，既不忍国法沦亡，不忍乡土破败，且以三省长彼此相攻，终无了局，滇、黔同被其祸，西南亦已动摇，怀想万端，肝肠百结。盖几经审慎而后确信，惟一办法当由川人自立，以谋三省亲善而定西南护法之局。曾举此意商之各方，当得川省军民赞同，一致宣布护法，而唐氏亦遂有川人治川之宣言。武时非不知唐氏之素蓄野心，潜包祸谋，特见其屡遭挫败，冀其私自忏悔。不谓凶顽成性，沉迷莫悟，自食其言，肆行要挟。方武由渝率军西行，未至成都，唐氏即假联军名义，分设援陕、援鄂诸称号割裂川军部队，以张其势。复要求克武交出重庆镇守使本职以授王文华，别设四川军务会办以位赵又新，设叙、泸镇守使以畀顾品珍，设夔、万镇守使以畀叶荃。经武婉词谢绝，而唐乃迳任王为重庆镇守使，川人纷电抗争，王始自辞。是后，重庆会议，唐邀武为密坐，至则王文华已先在，唐自袖出川、滇、黔三省同盟计划书，列举资、简、叙、泸、渝、万及自井、荣威、会理、宁远、酉、秀各属川东南财富之区，悉作滇、黔两军防地，仅以地面计算，已占全省三分之二。又指定盐税、关税、烟酒等税概充联军军饷，并成都兵工、造币两厂统归联军管辖支配。书中预定负责人名：在滇为唐，在黔为刘，在川为克武，而唐、刘皆已签押，于仓促立谈间，迫武签字，又经武详为解答，坚拒不允。同时，唐复令川中援陕、援鄂各军为会联盟，更令顾、赵列席与议，决定某为师长，某为道尹，并监督结约画押，而以联军名义训令克武遵办。似此毁法败度、乱政侵权、灭绝信义、捐弃廉耻之事，谈者犹将色变，而唐氏竟冒为之，其居心不过欲劫制克武，以为夺川省军政、民政、财政耳。

克武之于滇、黔，本无他意。故知防地久假不归，协款月数十万，川人积不能平，而克武每为曲护。惟终不忍使川人百战所争之国法及独立自主之人格，自我破坏。故于唐氏无理要求，不得不誓死拒绝。而唐氏放志纵欲，亦复倒行逆施，汉中之战，本由重庆会议决定遵照军政府出兵案，川军出攻陕南，滇、黔军则对鄂西取攻势防御，以为犄角。迨及至川军北征，所向克捷，而唐仅命田钟毅率军千余，留屯万县，故纵敌人专力陕南，陷川军于危险。又如川东烟案，克武派员查办，已有端倪，唐忽电令会查，横加干涉，致案悬不结，遗讯中外。雷、马、屏夷匪猖獗，克武遣军兜剿，唐令滇军伙同抵抗，几酿巨乱。他如贩运鸦片，滥行招安，恶积罪盈，擢发难数。在唐氏寻衅思逞，不惜举滇、黔军士生命拼作一掷，而克武为维持地方，顾全大局计，辄复屈意含忍，徐冀转圜，此心之苦，若何可说。

近顷唐氏勾结北廷，谋覆军府，更愈肆无忌惮。虽东挫粤海，犹欲拓其西封，故遂明目张胆，离间我川军，挑拨我内乱。初尚以为积愤于武一身，以为武去则其积愤渐平，筱日通电辞职，谓可预弭兵祸也。乃军府温语慰留，各省各军厚意劝勉，重以川中军民殷勤责望，武虽不获辞，而去志弥决。顾天未悔祸，为时数旬，先后破获唐氏阴谋侵川之证据，积累盈寸，衰成卷帙。就中如唐氏四月马日密电，函促川军联衔通电，扰川辞意条别为四，寻查顺庆发出之窃名陷电全文，正本于此。又细译马电：第一条不认克武再有统驭川军之资格，第二条公推川军总、副司令，及第三条声明军政府无任免之权，第四条声明川军原隶靖国联军范围。川军长官应由联军总司令任免一事而发，克武历年所与唐氏坚持者在此。唐氏所为倾覆军府、挑拨川省内乱者亦在此。盖川省除当依法受治于民国合法政府外，无论何时均应完全保有自主之权。按《军政府组织大纲》

第十条，特规定护法各省自主政府职权仍旧一语，亦即为预防省与省间之争议。而唐氏动藉联军为名，必举全川政权置于临时作战所联合组织之对外军事机关统治之下，是直破败国家法度，剥夺川人人格。克武义不当坐视，故于支日通电，继续任职，然犹逊辞自励，不顾［愿？］遽加攻讦也。今唐竟伪任川军总、副司令，又命黔军逐余镇守使，占据重庆，并乘农事方殷，下令驻川滇军分道来相攻击，其背谬如此。历观古今枭雄，贪残暴乱，于唐为甚。川中军民咸愤不欲生，请张挞伐。克武于役革命垂二十余年，虽甚巽懦，然迫不得已，终当亲率义士，为乡国除残去秽，成败利钝非所逆睹，是非曲直自有公评。惟念川省迭经兵祸，滇、黔军将无辜就戮，此心之惨痛伤感，无复穷期，临雪涕咽不成声。熊克武叩。马。印。

（《四川军阀史料》第二辑，第 317~320 页）

蓝天蔚关于时局通电
（1920 年 5 月 21 日）

（衔略）近读西南诸公关于国会、军府各通电，感慨无既。国贼未平，内变又作，瞻顾前途，殊抱悚忧。此次兴兵，责在护法，国会集于广州，产出军政府，以为护法之中坚，初非谋和之机械。嗣以外交危迫，国人怵于现势，相机苟且言和，于是始有对等和议之争持，事实法律之商榷，迁延变幻，几成为权利之私争，嫌隙万端，皆缘于此。以护法救国始，而以争权夺利终，岂我诸将帅、诸贤达变倡议出师护法之初心耶？矧今卖国密约，无形延长，而山东问题，势将失败，值兹分崩之会，宜为根本之图。民国肇生，基于临时约法，而成立于约法产生之国会，此时应由国会多数同认为何处开会，可以行使职权，以合法手续自行召集开会，选举总裁，组织正式政府，扫清内乱，以竟全功。至前由国会产生之军政府，系以七总裁合议代行政务，在政府未成立以前，一切对内对外，由总裁多数之同意负责以维系，若仍狃于目前和议，以分款为平均军费，以分官为调剂政权，护法精神不存，亡也祸患立至。中心危惧，不敢不言。谨布区区，仁盼明教。蓝天蔚。马。印。

（《蓝天蔚关于时局通电》，上海《民国日报》1920年6月3日）

罗鉴龙致孙中山函
（1920 年 5 月 23 日发）①

中山先生钧鉴：

前寄呈拙著《子女唯心法稿》一本、书两通，计当尘览。

窃以我国纳妾之俗，造因非一，而求嗣续要为重故。是书明生育之理者也，使其说行，则纳妾以求子之事宜日加少。民德既厚，国本以固。而先生邃于医学，足以知其说之是非，功在民国，力足以生是书之效用，故望先生一言，以绍于世。且夫我国之纳妾以求子嗣，其于生育之理要为不悖，盖亦由其道不明其故者也。今使知其所由，则反其道而求之矣。

先生创立知难行易之学说，而日以建设国家、革新社会为务，当不以是书为无用而弃之。而仆之求序于人，尤加审慎。苟辱题署，必不虞横口与社蠹民贼同列也。今附呈蔡孑民先生序文，以备参考。专此。即请

道安

罗鉴龙启　五月廿三日

孙中山批：代答以：先生虽曾习医，然荒日久，故对于此种专门之研究，非有心得，莫敢赞辞。求序当谢不敏。（并查对前函有无覆答，措词与此相符否。）

（《国父墨迹》，第 404 页）

---

① 原函未署年份，信封邮戳显示为中华民国 9 年 5 月 23 日天津发。——编者

湘西临时参议会致孙中山等电
（1920 年 5 月 25 日）

广州军政府各总裁、参众两院、外交后援会，上海学界联合会、孙中山先生、章太炎先生、伍秩庸先生、南北和会总分各代表、全国各界联合会、留沪国会议长、议员、留日学生救国团，各省督军、省长、省议会、商会、教育会、学生联合会、各法团、各报馆、各特别区域都统、各护军使、各镇守使、各师旅长均鉴：

自青岛问题发生，全国人心激昂，誓死抗拒，俄延迄今，日使乃一再通牒，催促直接交涉，且有将鲁案移归东京交涉之警耗，此而不争，亡无日矣。伏读议员陈家鼎等冬日通电，反复辩论，曲直是非，利害得失，昭然大明。循其治标之法，据理驳斥，有直无曲，有是无非，有利无害，有得无失，夫何惮迟疑而不为哉。务望诸公，一意坚持，要求驳回日牒，提付国际联盟公判，并惩办主张直接交涉、补签德约之汉奸，青岛不还，抵死不休。临电涕泣，无任悚惶。湘西临时参议会叩。有。印。

（《军政府公报》修字第一百八十号，1920 年 6 月 5 日，"公电"）

湘西临时参议会致孙中山等电
（1920 年 5 月 25 日）

上海孙中山、章太炎、伍秩庸、留沪国会议长、议员均鉴（余衔略）①：

自南北政争，共和中断，群雄逐逐，热心地盘主义、饭碗问题，不惜牺牲多数生命财产以遂一己之私，以致政繁赋重，盗贼充

---

① 原电码未全部译出。——编者

斥，民不聊生，所谓共和幸福，如是而已。夫共和者，全国公共和好之谓也。乃者此一政府，彼一政府，此一党系，彼一党系，攻夺相寻，意见相左，兄弟鱼肉，衽席戈矛，一团体而有参商，一局部而有吴越，今叠演成总裁离粤、国会分崩之现象。迭读广州来电，参阅报纸，西南内部愈益分裂，各走极端，何其愦愦。今外患深矣，日本以鲁案问题日向外部百端诱劫，二次通牒催促直接交涉，且利用军事协定，中东铁路布满日军，将实行并吞政策；而我犹寻阋墙之衅，操同室之戈，一旦灭亡，覆巢之下安有完卵，所诉向之权利果安在哉。诸公爱国热忱高出寻常，万万审时度势，易若观火。伏愿我军政府总裁诸公及两院议长、议员之在粤、在沪者，各泯猜疑，推诚相与，彼此退步，同乃心德，作精神上之结合，贯彻护法初衷，保吾南北对等地位，促成和好，一致对外，固我国基，全国幸甚。临电不胜引领拜祷之至。湘西临时参议会叩。有。印。

（《北洋军阀史料·吴景濂卷（三）》，第 507～513 页）

李绮庵致孙中山函

（1920 年 5 月 26 日）

中山先生钧鉴：

　敬禀者：顷接北洋舰消息，新委魏子浩为海琛舰长，毛仲芳为永丰舰长，该两舰载足煤炭开往汕头，为长驻汕头。至北舰陆战队七八百人，前钮永建统带，现钮去，本拟委饶子和统带，为魏子浩反对，暂归林悦卿兼，亦将全队开往汕头，未悉海军何用意。该陆战队营长及三队长已有意来归，由丁士杰君（即纯苏）与绮庵往返磋商，他日汕有事，该营长、队长已应允帮助。昨该军营长及队长迁家眷往汕，船费不敷，来商绮庵，亦即助款二百元为迁家眷之费用。

　闻李协和君近日往沪。前先生汇来之款，除交放洲、本夫、伯麟三君，及钦电来要汇千元外，余有款本仅敷用。现因延长时期，各处往返费用未免浪用，多些使费，前日预算今有超过之别。先生处如能设法筹款，再筹五千元汇来，以备不敷之需。绮庵亦知筹款之难，现用款亦十分谨慎，其事之有关系有济者，方肯支给费用。

　　前电示各方略，绮定如命不敢变更，必候命令，惟遇有万不得已时，方敢独断。究统筹计划，至何时为期限，现可能预卜否？顷闻陈竞存兄有畏桂贼势厚，有怯意，有观望心，未知是否？大抵书生，不足与谈兵。竞存兄之观望信然！如竞存兄确有观望，可即令许汝为兄速备举事为是。若许君能举，绮即应之。如绮先举而许君能应之，绮亦即举。先生计划，以为如何之处，乞示知。此禀

义安

李绮庵谨呈　五月廿六日

（《革命文献》第五十一辑，第 206~207 页）

唐继尧致孙中山等电
（1920 年 5 月 26 日）

孙、伍、唐各总裁、林、吴、王、褚三〔四〕议长均鉴：

　　廉密。蒸电敬悉。国会、军府□必须成立，根本仍以先行确定重庆地点为宜，因□□利用滇、川、黔势力，促进大局，非以该地为总枢不可；欲必实联结滇、川、黔有所作用，亦非出驻该地不可，故从前联军总部即始终设置该地。如须用兵，继尧亦当立即前往，否则徒托空言，不特各方面不能重视，川、黔二省亦不能重视。尧因纷□各军，特电催促，已宣布重就联军总司令职，派人组织总司令部，或即须亲往一行也。继尧。宥。

（《北洋军阀史料·吴景濂卷（一）》，第 219~220 页）

顾品珍致军政府各总裁等电

（1920年5月26日）

军政府各总裁、各部长、莫督军、杨省长，广州李督办，武鸣陆总裁，南宁谭督军、李省长，云南周省长，贵阳刘督军、王总司令，成都熊督军、曾代省长、省议会、向师长，夔州但师长，新津刘师长，嘉定陈师长，绥定颜师长，顺庆石师长，绵阳吕师长，康定陈镇守使，重庆黔军朱参谋长、黄总司令，夔州黎、黄总司令、赵军长、赵道尹，郴州谭督军，叙府胡旅长，云南送会理华指挥行营、探交田梯团长均鉴：

窃品珍自护国之役提师入川，转战千里，前后五年，功绩虽无可言，内省每滋惕愧。惟平日所持正义，概以国事为前提，故护国、靖国两度用兵，悉本此扶持正谊之诚，不避险阻艰难之苦，所属部曲亦同此心。每次战争皆以名正言顺，得收极良结果。盖陈师鞠旅，为国而然，非为一省一人权利之私，遂受操纵。苟利于国，蹈汤赴火义所不辞；苟违乎法，跬步之间罔敢逾越。抱定此旨，遑恤其他。况以时局混沌，护法未终，吾辈眼光，远宜与粤桂湘连为一气，近宜全滇川黔唇齿之交，始足以全力对北，巩固西南。乃今滇督唐公不此之图，转相矜伐，比来举措失宜，遂至瑕瑜难掩。征诸近事，非所乐闻。因忌莫、李，而粤启纷争，推而□及军府；因攻川督，而蜀生内乱，近且见以兵戎。兄弟相煎，每滋心痛，群敌自树，犹尚冥行。品珍与之为患难深交，素称挚友，自从戟多隶指挥，每知所见之偏，恒进忠告之道，未蒙见纳，酿祸至今。耿耿此心，终无所向。倘此时若再盲从不出主持正义，终至依张军人骄横之恶习，有失西南护法之主旨，对国家有用之兵，转为个人争其权利者所得驱策，于国于川于滇皆无所补。不仅有伤亲善，为祸无穷，此所以展转筹维，期远助虐之嫌，以行扶义之实，宁可负良友，不负国家。兹特宣言，与唐告绝。谨布腹心，伏希鉴察。顾品珍叩。宥。印。

（《军政府公报》修字第一百八十四号，1920 年 6 月
19 日，"公电"）

缪嘉寿致孙中山等电

（1920 年 5 月 27 日）

吴议长莲伯，并请译转伍总裁、孙总裁、唐总代表、王代表、林、
王、褚诸议长及议员诸公均鉴：

中密。自粤局变迁，逼走国会，冀公对此异常愤慨。近日□总
裁戴护法假面具，慈仁耳目，势不能不由真护法出而抗衡。诸公拟
另择地点，组军府，开国会，此实正本清源之良法。冀公早有此
心，但在渝、在滇尚未决定。就事理论，诸公来滇，晨夕相依，共
谋国是，裨益实多。但最近川局变化，于此事有极大关系，不能不
深加研究。一、军府移滇，须仗滇、川、黔为基础，而基础尤必须
坚固，现在川中战端已开，消息甚恶。前此川军吕超、刘湘等本与
民军、客军合力逐熊，今逐熊未遂，而刘湘中途背叛，去顺效逆，
猛攻黔军，重庆危急待救。滇军为维持川局，援救黔军，势不能
不加入战团，并须以全力贯注，务使川局早定，基础稳固，而后
大计乃可施行，目前实难分力他顾。二、新造局面，与广州实行
分离。陈竞存当然属诸我方，但陈现处广州势力范围之中，但彼
方与陈为难，我方岂能坐视，积极进行而与两广开衅，滇力虽不
□薄多敌，究恐难济。□此两种原因，则迁滇、迁渝尚在讨论
□□也。诸公高瞻远瞩，必能计及万全，谨此电达，并候明教。
缪嘉寿。□。□。

（《北洋军阀史料·吴景濂卷（一）》，第 221 ~ 224
页）

李烈钧致孙中山等电

（1920 年 5 月 29 日）

万急。云南唐总裁并转滇黔川鄂各将领、周省长，贵阳刘督军、王总司令，重庆吕总司令、刘副司令，并转熊督军、杨省长，南宁陆总裁、谭督军，广州岑总裁、林总裁，莫督军、蒋伯器上将，上海孙总裁、伍总裁、唐总裁、林、吴、王、褚四议长并转两院诸君、章太炎、孙伯兰、王伯群三先生钧鉴：

慨自护国之役，诛暴不终，武力相寻，迭酿祸变，共和垂覆，国本动摇，海内贤豪以为缔造艰难，匡复不辞接厉。而策源善地，勿昧本来，呼蹈奔驰，遂构今日西南之局。

维时烈钧养疴淞沪，力疾戒程，不自量度，勉为国会前驱，示天下以义无反顾。厥后议集非常，元戎开府，屹然克自树立，乃首善疆域猜二未消，敌骑纵横，烽烟屡告，钧复仗剑出门，指挥四应，多士用命，诸将有功，幸平粤难。洎国会正式开议，军府因时重建法纪，政纲正易，尊崇维系，范国人于正轨。绵薄如烈钧，虽不足以砥柱横流，未尝不抱信笃贞，冀与大义相终始。待罪参部两阅岁，除顾自帷幄策议以还，遘值坛坫周旋之会，由是天职疏旷，人事萧条，和战攻守既无所依，〔但〕利害是非似即于淆乱，屡质菲材，坐此而穷于应变。今春会泽总裁以在粤军旅殷勤付托，平中之理，通常之事，不谅于袍泽，顿涉危疑。烈钧即措施鲜当，任咎只属个人，不意按巡事戢，返辔穗垣，城郭山河，宛然畴昔，而一堂冠盖，意致阑珊，竞图萧散。当此之时，闳硕士夫，崇尚气矜，侈谈法理，多所袭击。烈钧武人，但知鼓舞精神，舍身为国。志涣气衰，至于此极，固非生人之所乐，而玄妙词锋，雌黄快意，尤非明达之所忍。孰为为之，孰令致之①，

---

① 据《李烈钧集》下册所收同电，该处尚有下段文字：“彼负责者恐无所逃于霄壤。与其以感情之说，肆其嘲讽，不若宽留余地，以期其斡补于将来。”——编者

蒿目痛心，抑郁谁语。适以板舆去粤，分当躬送，轻装抵港，顽躯
衰弱，觉空气鲜新，足快吐纳，聊便栖止。海上诸贤乃责以适沪共
商国是，复荷会泽总裁迭电敦促代表与议，烈钧为国、为友、为西
南大计，皆当不靳此行。

诸公精忠贯日，气谊干云，尚望互本良知，共纾国难，护法前
途，实利赖之。李烈钧叩。艳。印。

（《北洋军阀史料·吴景濂卷（三）》，第 514～520 页）

四川省议会致孙中山等电
（1920 年 5 月 30 日）

广东军政府各总裁、参众两院、各部长、莫督军、张省长、省议
会、各总司令、各镇守使、李督办、吕督办、各报馆，漳州陈省
长，诏安方会办，武鸣陆总裁，湖南谭督军、李省长、省议会，云
南周省长、省议会，贵阳刘督军、省议会、王总司令，郴州谭督
军、赵总司令，辰州张、胡、林、萧各总司令，上海孙中山先生、
唐总代表、西南各分代表、章太炎、汪精卫、章行严、胡汉民、张
熔［镕］西诸先生、各报馆，三原于督军、张会办，夔府黎总司
令、王总司令，巫山送城口王总司令，施南蓝总司令，资州顾军
长，泸县赵军长，康定陈镇守使钧鉴：

窃滇、黔之于吾属，壤地毗接，休戚相关，协饷岁有常经，土
著多吾故族。顾自民国以来，武人专权，罔识大体，谬拾帝国主义
之说，倡为同胞自残之行。

辛亥之役，癸丑之役，丙辰、丁巳之役，靡不投抵瑕蠙，来相
侵暴，子女玉帛，恣其所求，焚掠奸淫，惨无人理。然吾蜀曲予含
忍，弃怨急公，往者勿论，即此次护法军兴，川、滇之师，方血战
于叙、泸之野，义声一震，遂风从于旬日之间。战攻则互为声援，
争先致果；事定则延居堂奥，昭示无虞。竭秦斗之菁华，以为东道

之供亿；捐孑遗之膏血，以为嘉宾之献酬。诚信之情既孚，主客之见斯泯。独有滇督唐继尧者，欲壑无餍，始终叵测，不惜三省涂炭之苦，徒博一己巡阅之荣。大敌当前，而强索多官以张势；主帅不问，而滥竽司令以分权。兵厂将收自私，国税悉欲己据，越俎以要劫重职，丧耻无非□□①，拓防于东南奥区，舐糠行且及米。甚者雷马夷匪为患，居然阻令进攻；禁烟国信所关，尚忍横施干涉。而于夔门外寇，未尝一矢加遗。犹复北伐背盟，坐使孤军败衄。凡斯败德，更仆难数，闻者眦裂，言之发指。近乃鸱张益肆，戎首自甘，密电交驰，潜唆内乱，流言间作，播惑军心。假私令以立联军之名，行伪命以援司令之任。顾军力谏，而不足以回其意；熊督辞职，而不足以快其心。必欲夺我渝城，袭我省会，间离我将领，胁逐我长官，我川人何罪于唐氏，而贾祸蒙羞，一致于此。

查唐氏浮夸成性，秽恶彰闻，夫无尺寸之功，幸窃风云之会，护国之役，迫于蔡、李之声威；护法之师，原修罗、戴之旧怨。西南各省，遂群推领袖之一人；彼昏不知，竟忘其面目之有靦。出入警跸，俨若帝天；将帅比肩，视同臣仆。嫉功戮旧，既离德而离心；庇匪种烟，更害民以害国。矧又背叛军府，私通北廷，其病民坏法，以遂私图，与袁、段何异，而淫昏过之；其攘乱祸邻，以争伯主，与日本何异，而荒妄过之。果西南为护法救国而战也，若唐氏者匪特川省之罪人，宜为国民所共弃。吾蜀自三军将士，及农商贩夫，亦既人怀怒心，奋不顾命，大张挞伐，克期翦除。所冀护法各省，一秉大公，川省诸军，同伸正义，内以诛叛逆之蟊贼，外以奠西南之大局。至滇、黔将士，本属同仇，惟彼独夫，实乃公敌。若能反戈仗义，愿为后援，苟犹助虐负隅，亦在不宥，顺逆祸福，决于此时。本会代表川民，声罪致讨，诚非得已，当荷矜同。四川省议会。州［卅］。叩。

（《四川军阀史料》第二辑，第379～380页）

———————

① 原文如此。——编者

蔡涛致孙中山函

（1920 年 4 月 ~ 5 月）

报告四月十六日与林、刘等接洽事项：

一、林秉懿兄弟完全权利思想，毫无国家观念，涛以权利两字打动心事，始得就绪。据云汕头方面兵力薄弱，不能与省军抵抗，俟粤军大兵到时，定当服从先生命令。

二、粤军大兵抵汕，倘刘不服从者，决定推倒刘志陆以自代，请商知粤军勿抵汕埠，经潮州方面通过，以保该埠秩序。

三、林氏兄弟要求伊父（绍斐）由调和入手，为粤省长或自任为汕头镇守使。（推倒刘志陆。）

四、涛与刘志陆接洽，一面语言极滑，并未多谈，嘱守秘密，以林伯民（秉懿）为代表。

五、据林秉懿称云：对于刘志陆许以全家生命财产作担保。

六、据林秉懿称之：莫荣新及政学系要求陆荣廷、陈炳焜、谭浩明等公推岑春煊为西南大元帅，一面与北方议和，一面用兵力压倒民党，并秘密悬赏十万元，谋暗刺李烈钧，及搜买各报馆主笔。但不知陆荣廷等能否同意，尚在预料之间。

七、据林秉懿面称：伍毓瑞自去年腊月起解散该军，日正受刘志陆运动，并未到潮，此次许以港币三十万元，改编为桂军市长一职，即变了宗旨，故意破坏本党及李烈钧。

八、据林统领面称：伍部共计四千余人，除考棚卫队三四十人抵抗外，其余并未抗令，概由伍毓瑞亲书命令或指挥该张参谋长为之。林部入潮步兵一营，机关枪一连，抱定意见以推倒支队长以上之人员，由劝慰入手改编。林部迫伍部，并无抵抗，所留卫队不得已而为之，并劝抵抗之卫队编组成连，归林部管辖，均不志愿，不得已遣散。

九、刘志陆在汕军队，完全者十余营，其人数不止五千人，所依靠者林部二千人也，决无抵抗能力。粤军入汕容易着手也。查刘、林等其举动完全官僚派，其宗旨完全权利两字，狡猾已达极点。但此次以权利两字藏于脑筋，定能服从先生命令，决无碍也。

暗与各处接洽事件：

十、特约两广、福建等省之著名匪首杨青山，江西人。前清宣统二年黄克强派赴广东，首先发难，光复龙川、长乐（今名五华）两县，经鸣岐县［悬］重赏通缉。民国元年，首先赴汕光复汕头，公推吴祥辽为主任。民国五年，邀同陈兆铭入闽，经北政府拿获，监禁六七个月。粤军入闽时越监逃去，首竖义旗，夺获北军步枪卅余杆，现银八千余元，欢迎洪兆麟入漳，洪委以副官一职。后涛拨归新编队，副官长随同先后去职。据称在诏安、云霄、平和毗连之处，联络乡村四十八村，每村可配六十杆步枪，并可引诱桂系及驻韶之方部下级人员，攻击刘某。

十一、据方部称云：此次入闽，有沈鸿英所部炮兵一连（管退炮二尊，机关枪二架），因安溪战事失败，窜入安海登山为匪，杨某均可招抚受编。

十二、约定刘部宪兵营长谭某、游击队长李某，均广西人，担任反攻刘某。（此两人驻汕头。）

十三、查崎碌、揭阳、汕尾各炮台，前由伍毓瑞派兵经理，此次完全遣散，特派游击队七十七营队长练炳琼（顺德人）所部防守，公事上每台派兵一排，确实只有一棚兵士防守及经理。练炳琼系广东速成学生，亦有程子樵担任其事。

十四、查去年四五月，许崇智之弟许济在香港，购有步、机关枪十九杆，并附有子弹，于阴历六月间，经汕头海关扣留存贮。云现在南北战事停顿，购此何用，应缴一万九千元到关方可赎回，此事明白宣布可以赎回。其确实原由，系刘志陆内阻，故有私事，悉请先生设法交涉，以张本党实力。

以上各件均系确实情形，应如何之处，恳请示遵。此呈

中山先生钧鉴

蔡涛谨呈

孙中山批：汕头件已面覆。

（《革命文献》第五十一辑，第231～234页）

刘湘致军政府各总裁等电

（1920年5月）

万急。广东军政府各总裁、各部长、参众两院，成都熊督军、杨省长、向师长、省议会、各机关、各报馆，新津刘师长，嘉定陈师长，绵阳吕师长，重庆黄总司令、各机关、各报馆，大竹陈统领，康定陈镇守使，夔州黎总司令、王总司令，施南蓝总司令钧鉴：

川省界接滇、黔，谊同休戚，辅车唇齿，未可背驰。苟除部落之私，各以国家为重，则西南大事，早听凯歌，南北问题，不难及解。只以滇、黔不明正义，贻误义师，日以吞并之计，阴肆野心，反持省界为言，间执人口。而川人之不察者，如鱼受饵，为虎作伥，此拒彼营，私勇公怯，名救国而实误川。卒至沙散丝纷，不可收拾。彼年以来，兵祸频仍，民生凋瘵，会垣之劫灰未冷，而望野则灾害时闻，盗匪相乘，诛锄未尽。以至四民失业，万族同悲。谁实为之，莫不曰滇、黔之所贻也。湘师干忝领，捍御是司，奉命驰驱，载历寒暑。回首数年血战，曷胜百感心摧。其所以冒死不辞者，实欲为川军争一线人格，为川民留一线生机。爱国爱川之志，自问不后诸公，而区区之苦衷，当然为人所共谅也。

嗣三省有联军出师之盟，吾川为息事宁人起见，息兵修好，共卫西南，滇、黔果珍重盟约，自当释兵修好，以解除民困，爱护地方为主要。亟图亲善，相见以诚，始不负靖国护法之本旨。乃联军之来也，起居颐指，俨若帝王，气焰凭陵，视同征服。其旧驻川中

者，财赋奥区，则悉为盘踞；地方财产，则任其取携。甚至勒派民款，建筑生祠，自以为涂饰甚工，实弥彰欲盖之迹。且伪言川人治川，决不干涉，其实饷项既有定额，拔提各地税收，又复随时巧取，综计收入之数，实已倍蓰有余。而川军则庚癸频呼，人民则罗掘已穷。至官佐之随其委任，已成定例，更无待言。并以该省毒物，吸收吾川生银，一入该军防区，烟膏满地，民怨弥天，惨虐之情，不可殚述。为滇、黔计，可谓如愿相偿，即当知足不辱。不图割据未已，仍欲吞并，离间频施，暗图破坏。往者廖旅之事，滇军播弄，人所共闻，以主客之嫌，还谋消弭，忍未与较，食荼自甘。殊乘抢攘之秋，竟为煎迫之计。逆知蜜剑，难共泽袍。而极其诡谲所至，实欲川被阋墙之名，彼收渔人之利。顾瞻前路，危险万端。而湘处境之难，用心之苦，遂难尽人而喻。坐听群谤之来，不知者诧为病狂，爱我者闻而太息。而殷殷顾全大局之念，总期化除樽俎，不忍重见兵戈。

乃驻川黔军日行横暴，前江防军仓皇出走，黔军追击，道出邻水，该县官吏备极欢迎，而黔军入城，毫无纪律。本师驻防长寿，骑兵团长邱华云，由长赴邻，忽被扣留，提取枪支。幸该团长御变有方，脱险而出。又将该县征收局长李毓盘驱逐出境。湘仍饬该员含忍，静候解决，并飞电该军长廖严束所部，勿发难端。殊据探报，黔军已增加兵力，将向我军袭击。并闻渝城黔军，借检查为名，见有银钱，即行攫取，各街栅栏，一律拆毁，消防器具，强力没收，并将铜元局机器私运归黔。各商店钱铺，派兵监守，银行局所，更无论矣。禁城内外，抢夺时闻，重镇精华，摧残殆尽。似此暴戾，意欲何为？万众皇皇，不知死所。湘以该军信使犹存，何致暴动如此。乃有自渝逃难来者，纷纷赴部哭诉，情节确凿不虚，闻之泣然如被矢石。所部将士，各有维桑之念，无不攘甲而行，愤激之情，势难遏制。

窃念滇、黔肆毒吾川，扰乱大局，凡我川人，久经身受，勿俟赘言。顾忍痛至于今日，仍欲吞并川省，自固地盘，既又为所欲为，实属忍无可忍。爰本护法救国之忱，略仿剿匪清乡之举，不顾艰险，涕泣出师，誓为西南除此蟊贼。诸公救国热忱，夙钦高义，爱川志士，谅有同情。尚祈昭鉴苦衷，主持公论，使敌军早知觉悟，翻然改图，俾免孑遗，再罹兵燹，川省大局，实利赖之。谨以驰陈，伫候明教。四川陆军第二师师长刘湘叩。

（《四川军阀史料》第二辑，第 361 ~ 363 页）

姚畏青致孙中山函①
（1920 年 5 月）

中山先生伟鉴：

敬启者：国事之坏，不坏于此党与彼党之不相容，而坏于为党魁者胶执成见，不能随机伺便，而谋互相携手之道。今日者国势飘摇，危象大见，外患交迫，内讧尤烈，南北一辄，鲁卫同讥，稍一触发，国即不国，此正为党魁者谋互相携手之时也。

顷闻先生与段芝泉有实行联合之说，以从事收拾时局，议者犹或非之，鄙人窃不禁为中国前途贺。何言之？中国自辛亥以还，所能实心为国公而无私者，唯先生与芝泉耳，余子碌碌，无不因利乘便，营求私权。而西林、东海尤为民国不适用之人才。顾或以解散议会，胁迫黄陂为芝泉罪者，不知癸丑之役，黄陂实为罪人。议会不乏贤达，而未餍人意者，岂曰尽无，此固不得为芝泉罪也。至共和再造，功在国家，三尺稚子，类能道之。即皖、直比较，天下健者尤推董公。况复辟阴谋，现正汲汲，惮而未发，实非异人，先生讵未尝闻。为今之计，宜乘此靳阁既到、军府离散之时，实行与芝泉携手，解决一切。同时改选国会，以选举首、副座，救国救民，

---

① 原函未署年月日，信封邮戳为 1920 年 5 月 21 日自常州付邮。酌定为是年 5 月。——编者

莫此为急。若夫由粤而沪而滇，仓皇播迁，此明季唐、桂之故事，安克有济？

鄙人淮东细民耳，夙昔与先生、芝泉既少雅故，亦无一面之识，近且匿迹空门，闲涉佛典，不求闻达。兹所言者，为素抱覆巢之虑，用本良心之所激发，以当曝献。语曰：狂夫之言，圣人择焉。冒昧上陈，甚罪甚罪！惟先生谅之。顺颂

大安

　　　　　　　　　　　　　　　　　　　姚畏青谨上

通信处：上海静安寺泰利巷王保相先生转交。

孙中山批：代答以：函悉。先生无分南北，只以主义同者则为同志耳。芝泉近日大有觉悟，先生自乐与共图国事，使真正之共和，能早日实现于中国也。

　　　　　　　　　　　　　　　（《国父墨迹》，第 402 页）

唐继尧致孙中山等电
（1920 年 6 月 1 日）

（衔略）① 自悍督称兵，国会解散，复辟继起，总统去职，法纪陵替，国本动摇。继尧蒿目时艰，深维治本，以为法律未能尊重，即国家无由奠安，爰及同人宣言护法。乃武力统一主义，与法治主义不相容，南北两方，遂至以兵戎相见，驯至国力益耗，民病益深。吾人鉴于战祸之不可以久延，乃顺国民心理，而主张和议。继尧曾拟订条件，除于法律、外交两问题，求正当之解决外，并拟裁兵废督，以弭争端。方冀和议告成，履行条件，庶可以拔除祸国之根本，导扬民治之精神。不意和议屡停，经年不决，南北两部，愈益纠纷。在南方则粤中二变方幸敉平，而川省战机，又复勃发。

---

　　① 原文如此。孙中山对该电有回电，故致送对象当包括孙中山在内。——编者

在北方则吴赵争豫，陈许争秦，而湘皖直奉之兵，亦正磨刀相向。此外之祸机潜伏，待时而发者，尚不知凡几。乱踪相寻，迄无止境，土崩鱼烂，可为寒心。

夫欧战告终，人心厌乱，群方趋重民治，以恢复和平，而吾国乃日事同室操戈，以自受废灭。推原祸始，皆由督军制为阶之厉。今既和议之成，尚难预定，而海内汹汹，俶焉不可终日，此时惟有即行废督裁兵，为曲突徙薪之计。继尧遭国多故，忝握军符，既睹建国之坦途，尚复何心于权位，实行废督，请从尧始。兹已于六月一日即行解除云南督军职务，云南督军一职即于是日废除，所育[有]全省军权，划为三卫戍区域，由卫戍司令官分别担任。至全省民政事宜，当由省长主持办理。继尧既以联军总司令名义，保卫地方，收束所部队伍，以免兵冗饷繁，贻国家以巨忧。一俟裁兵事竣，即当解甲归农，退安田里。至督军制度，积成藩镇割据之遗风，阻碍平民政治之实现，欲谋废此弊制，举国早有同情。所望当局诸公，为铜山洛钟之应，为国自损，当不后人。

继尧首倡实行，□非徒为洁身计，多更就力量所能及之范围以内，贯彻此旨，力促其成。其有拥兵自卫，抗此主张者，则是自便私图，不恤国脉，愿与同志共弃之。敬布悃忱，尚祈亮察。继尧。东。

（《唐蓂赓实行废督电》，上海《民国日报》1920年6月7日）

旅沪湘人张骏等致孙中山等电
（1920年6月2日）

上海唐总代表、王总代表、孙总裁、伍总裁、云南李代表、参议院林、王议长、众议院吴、褚议长、各报馆并转湘省同乡诸公均鉴：

吾湘自南北开衅以来，兵燹连年，疮痍满目，所望双方军队各守防线，静待大局解决，俾奄奄一息之残黎，藉资休养。近虽和议停顿，尚在进行之中，乃者吴师撤防，报纸纷传，谭公组安竟有因侵占衡阳、耒阳、祁阳、安仁、宝庆等处防地，重开战祸之事，此中是何作用，究为何方面嗾使，局外人不得而知，然是非曲直，自有公论。总之，吾湘四千万劫后余生，实不愿再见兵戎，重遭涂炭。前者军行所至，村落为墟，往事追思，犹有余痛。骏等惓怀桑梓，痛切肌肤，翘首湘云，肝胆俱裂，用是作呼吁之请，求调解之方。大君子为国宣勤，痌瘝在抱，警耗频来，影响全局，当必有大义特伸主张公道者，责成双方各守防线，以消衅端，而固国本，则湘人幸甚，大局幸甚。泣涕陈词，不胜迫切待命之至。旅沪湘人张骏、罗迈、李铁桓、汤伊三、周纬丞、陈鼎铭、张先瓒、吴汝霖等二十四人同叩。冬。

（《旅沪湘人之呼吁》，天津《大公报》1920 年 6 月 6 日）

萨镇冰致孙中山等电
（1920 年 6 月 3 日）

广州岑西林先生、林悦卿先生、温宗尧先生，武鸣陆干卿先生，云南唐蓂赓先生，上海孙中山先生、唐少川先生均鉴：

顷据林代将建章卅电称：建章前以参战来俄，窃见俄之内讧历年靡已，兄弟骨肉，日寻兵戎，心窃非之，以为彼等初无积仇深怨，惟以权利及势力之争，各自雄据地盘，暴戾恣睢，虽孤注其国家而不惜，及其卒也，至事事受人干涉，受人监视，无毫发之自由，瓦解土崩，僛然不能终日。虽全国民心理近已翻然觉悟，亟求所以统一全俄，而势且不能，遂以酿成今日受人之缚束也。然则吾国内争之未至受人干涉，受人监视者，幸耳，但长此泯棼，南北坚持，有同水火，则将来受祸之烈，未有不更甚于俄。况四处情势，又已相逼而来，所谓山东问题、福州问题、满蒙问题，持续发生，凡在国民，无不怀鲁螫漆宝纬恤之忧，懔国侨栋折榱崩之惧，有如燕巢幕上，鱼游鼎中，逮今不图，悔将奚及。夫沪上和议，在我双方让步，已拟有接近之机，则法律也，事实也，其解决亦复非难，而胡为停顿迁延，徒以快幸灾乐祸者之心，腾居间挑拨者之言，我邻国困陷，患在本身不能统一，而四周情势又足以促其危亡，如俄即前例也。务望我总理劝告南北当局，借鉴俄邦，惩其覆辙，亟谋己身之统一，而后徐图建设，以期长治而久安，否则皮之不存，毛将安附？建章愚戆，心窃谓危，敢掬肺腑，伏维亮察等情。查该代将所陈各节，外鉴俄乱，内察舆情，语重心长，足资深省。南北本属一家，相持决非久计，况值邦家多难，望治尤殷，长此纠纷，势将沉陆。公等既热诚爱国，尚望力弭战祸，促进祥和，务使统一早成，共图建设，同心戮力，以挽时艰。无任翘企待命。镇冰。江。印。

（《军政府公报》修字第一百八十三号，1920 年 6 月
16 日，"公电"）

张敬尧致孙中山等电^①

（1920 年 6 月 4 日载）

北京大总统、国务院、陆军部、参谋部、段警备总司令、吴总司令、徐筹边使，保定曹经略使，盛京张巡阅使，蚌埠倪巡阅使，南京李督军，武昌王督军，南昌陈督军，汉口吴子玉将军，察哈尔、热河、绥远各都统，上海王总代表、唐总代表、南北各分代表、孙中山、伍秩庸、孙伯兰先生，广东岑云阶先生，南宁陆干卿先生，云南唐督军，贵州刘督军，各省督军、省长、护军使、镇守使、各

---

① 此电报载时未署发电日期，据《近代史资料》总 27 号《直皖战争文牍》，似为
6 月 1 日。——编者

司令、各司［师］旅长、海军各司令并转林葆怿先生鉴：南军违约开衅，破坏和平，经将详情通电陈明，谅达台览。本月三十日，据湘西冯镇守使玉祥电称：顷据最确密探报，辰洪方面，南军现已准备作战。该处队伍俱改换标章并战时之符号，谭延闿在郴州数开军事会议，为进攻湘计划，俟滇军队伍全数入湘，谭即西进直捣常桃等语。三十一日，先后接醴陵张司［师］长宗昌电称：顷据潘旅长卅称：南军已下攻击安仁令，并将占据草市，以直趋衡山，而茶陵亦同时告急。安仁方面，南军兵力多我三倍，并谨遵遇敌勿战之谕，拟退守渌田等语。同日，据新化刘旅长振玉三十电称：南军于新防接近各地点增加军队，业于艳电详陈在案。本日午后接到东坪郭团长报告：敌人密为布置，逼近情形，日紧一日，在三五日内，定有战事发生等语。就以上各电观察，南军蓄谋图湘，藉以扰乱和局，确有预定计划。其对待我方诘问，始而藉口土匪，继而置诸不理，乘三师撤防无备，分途进攻湘南，而湘东、湘西同时告警，其违背信约，破坏和平，事实昭著，无可掩饰。将来糜烂地方，危及外局，敬尧决不认咎。除分饬各路防队相机堵御外，谨再将南军违约侵犯情形，通电陈明，俾知三路战衅皆启自南军，庶明是非，而伸公论。张敬尧叩。

　　（《张湘督重申南军违约开衅电》，天津《大公报》
1920 年 6 月 4 日）

谭延闿致孙中山等电

（1920 年 6 月 4 日）

上海唐总代表、孙、伍总裁、林、吴、王、褚议长钧鉴：（余衔略）[1] 成密。据赵总指挥报告，宝庆于本月二日午后四时经我军克

复，截获战利品无数，敌分路溃走，正在追击中等语。宝庆为敌精锐之所在，其兵力约两师，连日顽强抵抗，激战甚苦，入城尚有巷战。赖壮士义愤，得以奏功，足慰远怀，谨以奉闻。延闿。支。

（《北洋军阀史料·吴景濂卷（三）》，522~523 页）

王正廷致南北政府诸公等电

（1920 年 6 月 5 日）

南北政府诸公，上海议和总代表，各省督军、省长暨各报馆均鉴：

南北构兵，于兹四稔，财源日绌，民生日困，外侮日乘，国家之元气日伤。福利未睹，创痍满目，徒使渔翁窃笑，友邦灰心，此可为痛哭流涕长太息者也。

往者正廷奉使欧洲和会，伤土地之丧失，愤主权之陵夷，屡为和会当轴陈情诉曲，冀伸公理。而外人辄谓我国内争不已，外交政策前后歧异。同一事也，向者以为维持要计，今则斥为卖国弘〔私？〕图，向者欣然同意，今则力谋取销。须知国际上立言，只知中国一家，不管南北两派，今乃乍是乍非，出尔反尔，是非先自矛盾，从何乞助于人？外人据此反唇相稽，我其何辞以对？彼以我国人无觉悟心，无团结性，无自治能力，方恣其藐慢，其肯降心相助乎？故内讧不息，而望外交之奏绩，戛戛乎其难矣。呜呼！前车覆辙，来轸方遒，万望邦人君子及时猛省，捐微嫌，先大义，怵同舟之难，悟鹬蚌之愚，所谓亡羊补牢，此其时矣。

夫近来南北对于外交上之争点，非在鲁案交涉之直接与不直接乎。今北方居然驳回日牒，拒绝直接交涉矣，通过奥约矣，筹备加入国际联盟，以为提诉鲁案及二十一款之地矣。则是外交上足为南北议和之一大梗者，今无复存矣。大梗已去，两方若不重开和议，际其可而坐失其机，将何解于两方谋和之初意乎？世变方殷，国家多难，正赖戮力同心，一致对外。如其歧路徘徊，计较细节，而不亟弭阋墙，共御外侮，甘为鹬蚌，利彼渔翁，则将何以自谢于国人乎？

嗟乎！栋折榱崩，桥将压焉，知敢不言，言敢不尽？正廷前膺使命，时陷艰境，多因内讧未靖，发言为馁，一遭反诘，应对尤艰，茹苦饮辛，付诸太息而已。敢掬血诚，奉告柄政诸公，邦人君子，及时亟谋和协，共济艰危，毋使后来者于坛坫之上，同感斯痛，重陷外交于失败也，则中国幸甚。王正廷叩。歌。

（《王正廷主张继续和议》，上海《民国日报》1920年6月8日）

李绮庵致孙中山函
（1920年6月5日）

中山先生大鉴：

敬禀者：微电料邀谅察。潮汕来报告，查林百民，刘志陆部上级军官，无林百民之名，或百民另有名未定。现充刘志陆统领林良彝，系林绍裴之子，其族弟别号亦叫林百民，未知系其人否？如系林绍裴之子林良彝之有关系者，则难倚靠。惟查刘志陆部内，军人中广东人者皆有摇动之意，如竞存兄势力充足，他俱存观望之心，而无欲与竞存对敌，因广东主义之觉悟，欲望其先响应则难，望其中立或易。现潮汕已加多五六营之军队，大抵放洲兄潮汕之事，竞存兄动，他有把握。

顷按钦廉方面来报告，定期本月十八号举义。绮庵见各方面情形不能如是之速，是以即去电着钦廉改期，邀至六月初旬举事，亦未知该处能改期否？如能改期至六月初旬，至此期亦未知各方能照此时期同举否？请先生即策划，应如何之处，乞电示。

前函报告广东舰八只应先发难，今又有广海等三四舰亦在磋商中，大批舰队举事后，可望完全占势力。陈继虞君之信，已交其在港人收妥矣。现已退至迈县地面，据陈君之人称，可支持二三个月，惟饷项甚困等语。此次陈继虞之举事，因沈鸿英将他调来广州，陈君不听调，已在琼州镇署拘留陈君一夜，陈君逃出，即往嘉积举事。其举事后，在港黄明堂兄则争称明堂办，邹海滨兄则争海滨办，当日海滨兄已着绮庵去函解释。因绮庵在先与陈君有约，且在省议会同事数年知交，海滨、明堂尽知，故托绮庵去解释。后陈派吴君淑仁来港，当代表海滨、明堂争收归办理，故绮庵亦不敢涉及。今得先生之函示，已交其派人即通知陈君，应如何之处，着其即复，俟陈复如何，即电报告。

漳州、湘南、云南如何，希即电示，此间求望甚急。此禀
金安

李绮庵谨呈　五号

（《革命文献》第五十一辑，第 207～208 页）

郭同等致孙中山等电

（1920 年 6 月 7 日）

上海孙中山、唐少川、伍秩庸三总裁，林子超、吴莲伯、王儒堂、褚慧僧四议长，并转两院同人缪延之、王伯群、饶子和、曾其衡、胡展堂各代表，章太炎、孙伯兰、汪精卫诸先生，香港李协和部长、伍梯云厅长、密转林悦卿总裁，贵阳刘督军、王总司令，成都杨省长、吕总司令、刘副司令，重庆黄总司令、朱参谋长，并转滇军顾、赵两军长、石、颜、卢各司令，郴州谭督军，漳州陈省长，夔府黎总司令、王总司令、蓝总司令，湘西田、张各司令均鉴：

自岑春煊、莫荣新率其恶党政学系等把持粤局，劫夺滇军，坏民国之军纪，诬李部长为土匪，派兵剿捕，悬赏缉拿，视伍总裁为敌，因限其自由，搜其家宅，堂堂军府，行同盗贼，西南威信，为之扫地殆尽。又其甚者，查抄议院，通缉议员，袭〔截?〕留国会

经费，拨充乱军之用，遂使伍总裁不能不出走，国会同人不能不播迁。西南半壁之局，民国正统之系，志士仁人，年来之苦心，将领军士年来之血汗，断送于若辈之手，言之令人泣下。

当此之时，果和局即可告成，吾人何不可弃偏安而谋统一，同心戮力，以扬民国之辉？无如南北意见尚未妥协，和议手续犹待磋商，假令此时西南不别谋团结，前途必多危险。盖岑、莫诸逆，盘踞粤中，凭藉军府旧名，仍可行其乱命。纵论军府之组织、法律具在，留粤总裁已无半数，彼何能再假虚名以祸西南？然夫人至故于甘冒不韪以作乱而犯法，则今日又岂纸上之绳墨所能范其行为？假使彼辈更假政务会议命令，撤退和议总分代表，上海和会势必受其影响，至时即欲谋和，又更有难言者矣！全局涣散，人心无归，加以敌手之勾煽，收买奸党之挑拨离间，迟之又久，西南局势必更下于今日，此可断言矣！

近闻少川先生主张悬国会、军府招牌于滇中，设总裁办事处于上海，其意在使人心有归宿，和议得所后盾而已。但同人等以为果无广州之假托，则空招牌之设，事本可行，既有假者，则时伺我隙空，将无异于假。况滇中在地理则交通不便，在形势则人心不集，招牌既题，既欲非空而不可得，此同人等期期以为不可者一也。假令南北和局进行无阻，则设总裁办事处于上海，以促和议之速成，未始非计。但默察各方情势，和议之开，北方是否确有诚意，南方是否归于一致，前途茫茫，言之心悸。万一和议又生障碍，总裁办事处安可久存于租界，此同人等期期以为不可者二也。

夫论上海与滇中，于军府、国会均有不相宜之理，而论今日之形势与人心，则军府、国会，确有择地重设之必要。近人有主漳州之说者，同人等以为漳地四面皆敌，军力亦不厚，不若重庆为善。盖重庆为长江上游，形势既伟，航路亦通，为滇黔川军密集之区，势力既厚，和战均易着手。且政学会之熊克武，今既为川人所不容，必弃职潜去，川中各军会议，决定建靖国联军总司令部于是处，公请唐联帅莅渝，重事组织。同人等以为即移国会、军府于重庆，既得形势，又洽机宜，横览西南，实无有过于此者。建设既成，广州之假自不敌吾之真，由是促开和议，无人能为梗阻，对北亦易谈判。万一和局不成，则滇黔川湘联为一体，海军将士素旨颇坚，岂至弃多数而附少数？用是即长保我西南半壁，亦策之上者也。是择地重庆，实为可和可战可守之办法。诸公卓识伟才，想能见及乎此，同人等近以此意陈商唐联帅，亦承赞可，并愿莅渝主持一切，以慰各方之望。如公等同意，请即促两院议长、议员及各总裁，分派代表赴渝，从速组织，岂第西南之幸已哉！临电神驰，不胜待命。郭同、李华林、刘盛垣、角显清、何畏、汪彭年等。（虞）叩。

（《革命文献》第五十一辑，第 274～276 页）

段芝贵等致孙中山等电
（1920 年 6 月 8 日）

上海王总代表、唐总代表、孙总裁、伍总裁均鉴：

明令议和，迄今两载，几经停顿，朝野痛心。昨读上海孙、唐、伍、唐四总裁发表宣言，慨然于人心厌乱，外患孔殷，对于假借护法以害民，把持和局以措乱者，深恶痛绝，惟促和议赓开，救平国难。诸公本救济艰难之旨，为仁者恺悌之言，表率风行，国民交庆，吾曹志同道合，尤所景崇。

自欧战告终，转以我国为争逐之的，舍统一不能图存，舍和平不能救国，无南无北，心理皆同。幸两方总代表和衷商洽，本孙、唐、伍、唐诸公之宣言，以为速开和议之基础，是凡有好乱兴戎残民以逞者，皆系假名破坏之人，即在国民不齿之列。乃谭延闿背约弃信，越防称兵，乘直军奉令撤防北上，湘督守约接防，队伍尚未齐，骤以南军分途占据祁阳、耒阳。湘督迭电向谭诘问，悍然不顾，犹复进陷宝庆、衡阳、衡山，攻夺安仁、茶陵，分逼湘乡、常、桃、新化等县。其破坏和平，糜烂地方，罪无可辞，诚如孙、唐诸公所谓假护法之名，行害民之实者，我南北袍泽孰能容之。

芝贵等本爱国之血忱，敢请命于当局，正谭延闿之罪，迅复原防，一面敦促南北代表，本宣言即日开议，以决纠纷，化除私见，交相谅解，庶使统一之功成于俄顷，同心戮力以御外忧。其有不率正轨，自绝于国人者，芝贵等愿负弩前驱，扫除危难，以求久安。神明昭鉴，实闻此言。敢布下愚，惟希明教。段芝贵、王怀庆、吴炳湘、王达、吴光新、李奎元、师长李进才、曲同丰、陈文运、马良、刘询、魏宗瀚、范国璋、郑士琦、王汝勤、旅长靳云鹗、冯玉祥、刘富有、田友望、张国容、齐宝善、苑尚品、程长发、丁锦、冉繁敏、田书年、王得志、宋玉峰、张济元、田献志、关志和、刘跃龙、张继善、赵云龙、刘文明、陶云鹤、费国祥同叩。齐。

（《（民国）南北议和会议卷宗集成》第五册，第2305～2310 页）

天津外交协进会致孙中山等电

（1920 年 6 月 9 日）

孙总裁中山先生、唐总裁少川先生、伍总裁秩庸先生、唐总裁代表、李协和先生均鉴：

顷读宣言之通电，否认不合法之军府、国会及少数主张解决时局之五条，而郑重声明续开和议，爱国热诚，溢于言表，此诚和平统一之机，国家前途之福也。此种宣言，吾人当认为极有价值。以军府总裁本系七人，孙、唐、伍、唐四人确为多数，且此四人者皆系旧国会产出，资格殆无疑义，其宣言当然为适法。况所注重之点，在赓续和议，仍由沪会解决，此尤全国民意所在，不仅为西南之公意也。故此种宣言，实天经地义，可揭日月而行，质之中外舆论，应无不认为正当者。慨自和议中辍，荏苒经年，始误于条件问题，继误于对人问题，其中政客把持，奸宄操纵，以致开议无期，卒酿成西南之自扰，外患之日迫，吾民何辜，永罹浩劫。今幸四总裁有悔祸之诚，慨然为谋和之举，吾人所日夕祈祷函电呼吁之和平问题，而此乃有极大转机，救国救亡将于此宣言是赖。观于唐总代表于宣言通电后，即函请开议，足见谋和之诚，南北一致。语曰：时机不可失。倘失此机，将永无统一之望，邦人君子均应群起而赞助者也。不胜翘企待命之至。天津外交协进会叩。佳。

（《津沪各团体之同声促和》，天津《大公报》1920年6月12日）

安福俱乐部致孙中山等电
（1920 年 6 月 9 日）

急。保定曹经略使，盛京张巡阅使，蚌埠倪巡阅使，各省督军、省长、各总司令、省议会、各报馆，库伦西北筹边使，北京京兆尹，承德、张家口、归化都统，上海王总代表、唐总代表、南北各分代表、孙中山先生、伍秩庸先生、李协和先生，云南唐蓂赓先生，武鸣陆干卿先生，广州岑云阶先生、林悦卿先生均鉴：

时局俶扰，绵亘岁时，海内望和，有如饥渴。前者上海和会不幸中断，政府本息事宁人之旨，续派王总代表莅沪谋和，荏苒数月，仍无开议之期，同人等素以促进和平统一为职志，引领南望，时切隐忧。今幸天心悔祸，西南四总裁宣言促和，唐、王两总代表迭次会晤，推诚相与，此诚剥极而复之机，我国人所当引为庆幸者也。昨开全体大会，议决电请王总代表迅与唐总代表定期开会，以期和局早成，用慰民望。尚祈邦人君子，重念国危，一致电促双方代表克日进行，以奠国基而纾民困，维国与民，实利赖之。公等热诚爱国，谅鉴同情。谨布腹心，至希鉴察。安福俱乐部同人全上。佳。

（《（民国）南北议和会议卷宗集成》第四册，第1579～1581页）

天津国民促和会致孙中山等电
（1920 年 6 月 9 日）

孙总裁中山先生、唐总裁少川先生、伍总裁秩庸先生、唐总裁蓂赓先生，代表李协和先生均鉴：慨自和议中辍，荏苒经年，始误于条件问题，继误于对人问题，加以政客播弄，奸宄把持，以致开议无期，和平绝望。嗣因西南内部自相纷扰，军府、国会势等散沙，非惟不暇谋和，亦不克谋和。长此纠纷，内忧外患，踵至层生，国家前途，危亡立待，此吾人所旦夕焦虑深抱杞忧者也。今幸诸公本公意之所在，为正当之宣言，而趋重于多数舆情，续开和议，爱国热诚，溢于词表。从此敦槃再睹，速策平成，各本公诚，共纾国难，统一之基，富强之本，皆惟诸公是赖。语曰：亡羊补牢，犹未为晚。易曰：其亡其亡，系于苞桑。窃愿诸公抱定宗旨，务达和平，救国救民，实在此举。毋任翘企之至。天津国民促和会叩。佳。

（《（民国）南北议和会议卷宗集成》第四册，第 1593～1594 页）

天津国民促和会致孙中山等电
（1920 年 6 月 12 日）

北京大总统、国务院、参众两院，各省督军、省长、议会，上海王、唐两总代表、南北各分代表、孙、伍两总裁、李协和先生均鉴：

自四总裁通电以后，方期和平即日可成，不意岑、陆通电，西南军府由一二奸宄之徒，遂藉此以为沪会之梗。呜呼！蜂虿蛇蝎，狗彘不食其肉矣。西南称兵，本云护法，今日广东国会安在？总裁之职，国会授之，孙、唐、伍、唐，谁为解任？温氏宗尧，谁与选举？现在旧国会之留粤者，不过政学系数十人，十不二三，岂能行使国会之职权？是则温宗尧之总裁为非法，岑、陆、林之在职为闰位，其政务会议之议决人数不足，当然无效。而孙、唐、伍、唐，七居其四，多数可征，允称合法。况乃主战主和，泾渭显分，更使我后我仇，龟蓍无待，初不仅岑、陆实力不足统属西南，温氏代表无以实施和议而已也。伏乞我大总统及南北当轴诸公当机立断，迅催王总代表与唐总代表，定期开议，俾和局早成，国基奠定。警危幕漏舟于前史，歌阋墙御侮于周诗，水火民生，倒悬立解。瞻望南云，不胜驰系，刍荛宋曝，谨贡区区，一得之愚，伏乞鉴纳。银河赤手，洄溯同深，远瞩高瞻，则吾岂敢。天津国民促和会叩。文。

（《津团体又通电促和》，天津《大公报》1920年6月14日）

林吴王褚四议长致孙唐伍唐四总裁电
（1920年6月13日）

上海孙总裁、唐总裁、伍总裁，云南唐总裁均鉴：

奉江日宣言，仰见不辞危难，力肩艰巨，护法爱国，始终不渝，回环确诵，钦佩同深。夫国会、军府，为我护法团体之中枢，自国会离粤，广州无国会；自伍总裁离粤，广州无军府。森等早有宣言，尊论尤为痛切。国会移滇，业经通电宣言，兹已成行有日。诸公决议移滇设军府，尤为切要之图，务望克期成立，力谋完备。至和平固为国人所殷望，而永久和平，仍当求之于法治。故保全法系，正所以巩固国基，倘能重开，深冀体念国民多数之心理，贯彻护法救国之初衷，庶国脉可保，正义能伸。临电祷祝，谨此奉复，诸希察照。林森、吴景濂、王正廷、褚辅成。元。

(《四议长保全法系意见》，上海《民国日报》1920
年6月15日)

莫荣新驳四总裁宣言通电
(1920年6月13日)

（衔略）读六月三日孙文等在沪宣言，颠倒是非，淆惑观听，
意在冒用已去职之总裁名义及总代表地位，实现其年来孙、段、
王、唐勾结之密谋，不恤人言，不畏清议，于人民心理，固属违
反，于去年国会议决及军府训令尤相背驰。业经军政府词辟其谬，
并撤销唐绍仪总代表，改任温继总代表，所有王、唐私定条件一律
不生效力，通告中外，各在案，孙文等此种行为不容于光天化日之
下。惟荣新有不能已于言者，荣新一介武夫，粗知大义，救国之
志，经始不渝，孙文昔尝自称军府元帅，方以护法讨段号召西南，
纵使不得志于时，何至覆雨翻云，自埋自掘，乃山河依旧，去日无
多，口血未干，息壤犹在，竟腼然与段祺瑞相通，与王揖唐握手，
认贼作友，反面事仇，别有肝肠，可谓太息。是彼辈既以私意妄
行，故其指摘粤情，尤乖事实，荣新治军粤省，荏苒岁时，无补时
艰，深滋内疚。然维持秩序，捍卫地方，职责所关，不敢不勉。

当援湘、援闽、讨龙诸役继起，虽军事迭兴，从未骄纵将兵，
扰我闾里，饷源紧急，从未增辟苛税，苦我商民，赌禁之开，固为
秕政，因此事先由陈前督军提议，复经粤前省会通过始为执行。其
时孙文方开府黄埔，其左右亦聘处粤中，时相过从，均非局外，未
闻一言商请查禁，是此种不得已之举，曾经相谅于无形，奚昔则视
为当然，兹乃列论罪案。粤省烟禁素严，绝未因护法而稍弛，迭经
省署分派委员按县清查，铲除殆尽，烟苗遍地之说，惟滇、闽事有
然，两粤则尚无资以为利者，共见共闻，不容虚造。凡此侉张之

言，岂足贤达之听，所可叹者，伊等固尝薄负时望，稍握事权，复以私利所蒙，遂至冥行不择，诬指粤政出自编心，其事尤小。勾连敌党，祸我西南人格，不存廉耻，道丧所关，于人心世运者，其害至深。正义苟未消亡，莠言岂容横肆，用特据实纠正，以告邦人，谨布悃心，诸希亮察！荣新叩。元。印。

（《莫荣新电驳孙文等宣言》，长沙《大公报》1920年6月17日）

上海民生维持会致孙中山等电
（1920年6月13日）

北京大总统、国务院、参众两院，各省督军、省长、省议会，上海王、唐两总代表、南北各分代表、孙、伍两总裁、李协和先生均鉴：

顷读四总裁宣言，注重之点在续开和议，以拯国难，爱国热诚，溢于词表，凡我国民，无不钦佩，谓为和平之福音，统一之佳兆也。顾外间对于此种宣言，赞成者固居多数，怀疑者亦不乏人。窃谓四总裁在军府中已过半数，孙、伍、两唐又皆系旧国会产出之资格，且或具实力，或持正义，又足以代表西南之真正民意，虽私宅会议，而李协和先生代表滇督远道来沪，协商时局，与私人集合当然不同，则此种宣言于法理上固毫无冲突也。况全国多数人之心理均在谋和，和议重提，尤为舆情所系，果从此速开坛坫，立解纠纷，则粤乱、湘争，不过一局部问题耳。以局部问题而破坏和平，其为全国之公敌，当无疑义。则此种宣言于事实上亦毫无妨害。吾人认此种宣言为极有价值，惟望南北当轴速催代表，迅开和议，国利民福，实图赖之，怀疑派其亦可恍然悟矣。敢进一言，用释疑虑，不胜翘企待命之至。上海民生维持会叩。元。

（《民生维持会之促和电》，天津《大公报》1920年6月16日）

马福祥致军政府各总裁等电

(1920 年 6 月 13 日)

北京大总统、国务院、段督办、参众两院、各部总长，保定曹经略使，奉天张巡阅使，蚌埠倪巡阅使，各省督军、省长，库伦筹边使，龙华护军使，承德、归化、张家口都统，广州各总裁先生，上海南北和议代表钧鉴：

奉国务院青电，仰见渴望和平，大声急呼，警觉陷溺之深，冀收统一之效。况当欧战结束，列强注意远东外交，艰难诚如王专使所云，人之爱国，具有同心，闻之当亦心骨悲矣。务恳双方当局，全力谋和，但期福利国家，一切权利意见均可牺牲。内部不纷，外交方能奏功。敬掬血诚，伏望鉴察。宁夏护军使马福祥叩。元。印。

（《（民国）南北议和会议卷宗集成》第六册，第2545～2546 页）

李厚基致孙中山函

(1920 年 6 月 15 日)

中山先生赐鉴：

黄君子荫来闽，奉读大示，具承奖饰，感愧无任。黄君备述尊旨，极为赞佩。时局败坏至此，非一致协力何能挽回？我公手创共和，救国救民之心，久而弥切。厚基不敏，甚愿竭尽愚诚，以期共济。陈君竞存处，派邓参谋长来，偕同黄君面商各节，均有端绪，已托黄君代达一切，统希亮察，为荷。专此奉复，敬颂

勋绥

李厚基（印）谨启 六月十五日

孙中山批：作函答谢之。

（《革命文献》第五十一辑，第 244 页）

李绮庵、李安邦致孙中山函

（1920 年 6 月 17 日）

中山先生大鉴：

敬禀者：各电均领悉。居、黄二君来指挥，真复电谅察核。

此间港澳地面，广州贼政府派侦探甚多，人数达二百，或设机关，或派侦探入手办事，种种法术侦探党人行踪，其侦探最注意者，周君之贞、邹君海滨、黄君明堂等。而绮庵、安邦虽他〈处？〉闻名，而究不知，安、绮之进行办事，亦不甚注意，亦因办事之守秘密也。恐居、黄君早来，消息一出，必为贼政府之侦探注意，有多不便，如确定期何日即来为佳。因早来此，亦无事可办，不过面谈商量，此间安、绮之部办理甚妥，如与别方面接洽，更不如绮、安之熟悉情形也。在港澳何人能办事，何方之绿林可靠，何等之军队可运动，用何人前去作说客，何人有感情可能说话，此种情节绮尽知之。

前宋电期限二十日，料必贼侦探之伪造，欲摇惑事机，以取功为升官发财之技。以后凡事必用密码为是，凡信件必托人亲带。此间事机绮庵经理，安邦有事如何，亦大家同磋商，取一致方敢进行。其望漳州、云南、湘南等处早日定计划，以免延时日也。

再，绮庵之守秘密者，因一则靠海军及乡团，若消息走漏，难以办理，二则用迅雷不及掩耳，突然而发难，使桂贼在梦中，梦想不及有此势力，而桂贼无不丧胆寒心。此次若漳州、湘南、云南果有决断进兵，绮、安确有把握攻打广州城矣。

至林良彝系刘志陆统领，系林绍裴之子，林绍裴即林竹筠，系陆荣廷之心腹人，实难倚靠。如林良彝果派有人往谒先生，请先生以广东人之广东大义责难之，或用口说答应之许可之，吾党进取之

机，切勿对此等来人说也。在此间不敢与林等说话，已托梅放洲君详细报告。此禀

壮安

李绮庵、李安邦谨呈　十七号

（《革命文献》第五十一辑，第 208～209 页）

刘显世致孙中山等电

（1920 年 6 月 17 日）

（衔略）① 国家不幸，大法陵夷。国人护法兴师，于今四载，无非欲扫除武人政治，导扬民治精神。既因惩恶而战，又因从民而和，和不可待，转而备战，战不可久，终归于和，循致无端，未知所极。吾人外观大势，内审舆情，倡议废督裁兵，共图根本解决，良由现行督军制，实为万恶之源，为万恶之势。据地盘，握重兵，干涉政治者，督军也；演纵横之局，掊国会，挟总统，垄断政权者，督团也。往事已然，于今尤烈。同人始犹以为大局定后，即应首除此制，以绝祸源，近念此制一日不除，则大局终无解决之望。共和国愈固强藩之根蒂，□战团弥张节度之威权，变乱相寻，沦胥可惧。故废督裁兵，实今日救国之良药，而废督又为裁兵之先声，不容或缓者也。

云南唐督军东日通电，发挥此旨，并即自行解职以为天下先，既明且决，实获我心。显世奉职黔疆，知军人天职在捍卫国家，不敢拥兵自重，蹈割据之嫌。思维世运所趋，民意所在，终以民治为归宿，甚愿与我袍泽，牺牲权利，顺应潮流，以示救国之苦衷，用符护法之本旨。特于六月二十一日宣示部属，废去贵州督军一职，

---

① 该电报载时衔略，但发出后数日，孙中山即有回应（上海《民国日报》1920 年 6 月 25 日《孙中山复刘显世篠电》），此电致送对象当包括孙中山在内。——编者

即日自行解除职务，所有未竟之护法事业，暂以原有之靖国联军副司令名义行之。一面保卫地方，收束军队，以待大局敉平，遂我初服。

诸公高瞻远瞩，当必乐闻民治，共遏乱萌。敬布悃忱，不胜翘企。刘显世。筱。

（《刘显世实行废督通电》，上海《民国日报》1920年6月21日）

仙游粤军致孙中山电
（1920 年 6 月 18 日载）

上海孙中山先生鉴：

大札颁来，如亲教范。官僚护法，借名牟利，误国病民，罪大恶极，利用不和不战之机，造成不生不死之局，代表往来磋商，禄位忍心害民，操纵和会。伍总裁主持公道，迫之使离，国会依法进行，驱之使散，视法律如弁髦，置同胞于水火，人民何贵有此军府，军队何必戴此叛徒。得才率师万众，转战三年，辟地千里，无非为国除奸，为民请命，与其所假护法者以违法，奚若以讨违法者为护法。得才等武夫，惟知保卫人民，服从竟帅，现已将所部军队集中兴永，枕戈待命，敬以复闻。驻闽粤军前敌司令朱得才、参谋长张一鸣率所部二十五统领杜起云、二十六统领张乃武、二十七统领林安国、二十八统领刘汉臣、二十九统领张兆鹏叩印。

（《仙游粤军电复孙文》，天津《益世报》1920 年 6 月 18 日）

孙光庭、陈鸿钧驳四总裁宣言电
（1920 年 6 月 19 日）

本月三日孙文、唐绍仪、伍廷芳、唐继尧共同署名在沪发表宣言，其开端即否认广州军府与国会之存在，意欲假窃名义，另行潜立机关，藉以遂其破坏西南大局，通敌媾和之阴谋。故继之曰：对于北方继续言和，仍以上海为议和地点，由议和总代表准备开会云云。是已情见乎词，而又僭立机关非日夕所能成事，故复继之曰：在军政府移设未完备以前，一切事宜委托议和总代表分别接洽办理等语。离奇荒谬，骇人听闻。光庭、鸿钧以国本及名分所关，难安缄默，不得不辞而辟之。

溯自叛督称兵，约法破坏，国会遭非法解散，总统被强迫弃职，同人间关来粤，召集国会，组织军府，民国正统，于焉不绝，护法事业，于以进行。故依据国法而言，广州以外无国会，亦无政府，虽其间国会不幸而有林、吴、褚等之弃职，然此不过分子之去留，而国会行使其职权自若；军府不幸而有孙、唐、伍等之先后去职，然亦不过分子之去留，而军府机关行使其职权自若。同人只知广州与军府为民国正统，与护法中枢之所在，罔识其它，大义昭重，莫容假借。孙、唐、伍早已去职，今不过一私人资格耳。唐继尧曩曾自撤代表，屡催未经续派，三数人者安得再冒袭军府名义，便其私图。军府移设已属谰言，而以移设未完为词，责诸议和总代表，分别接洽办理，尤为理屈词穷，自欺欺人之语。而就议和总代表一职而论，上年系由军府特派唐绍仪充当，顾自和议再停而后，唐君迭电辞职，甚至一度派员撤回总代表关防委任等件，其去志坚决可想而知，自是而降，荏苒经年，唐君并未有取消辞职之表示，其是否承认继续为总代表，识者方讥为态度不明。且自北庭改派王揖唐为总代表以来，唐君迭次拒绝，不与谋面，世人方谓唐君此举，尚知尊重西南之公意与懔承军府之明令。乃曾几何时，竟失效力，夫岂待言。

军兴以来，已阅四载，用兵及于数省，牺牲奚止亿万。同人与海陆军诸将士所奋力以求，始终不渝者，要不过国家〔会〕合法与永久之和平。当兹大法陵夷，奸人当路，方沦胥之是惧，惕共济于同舟，凡我爱国士夫，正宜一心一德，共平大难，以竟全功。讵能听若辈数人，变节辱身，堕坏护法救国之大业，致违初志，谨据实纠陈，以正观听，惟我邦人君子共鉴之。参议院主席代行议长职权孙光庭、众议院主席代行议长职权陈鸿钧叩。皓。印。

（《广州国会驳孙唐等宣言电》，上海《申报》1920年6月29日）

廖仲恺致孙中山函
（1920年6月20日）

顷得先生电，知已电北京转催李督即拨子弹，但未悉能否有效。仲元赴闽交涉，所有作战计划及接防事宜，皆如李所要求，载书而往。惟李必需俟参谋长归，会议之后，始能交付。参谋长归期，现未有定，自难强仲元在福州守候。粤军所急在子弹，而不在满口承诺，即先生所急在粤军进攻，不在答应而已也。子荫不明此理，故交涉半年，未得一当。倘徒以此信人，终非失败不可，惟先生留意。此请

大安

仲恺手肃　廿日

（《革命文献》第五十一辑，第241页）

姚桐豫等致孙中山等电
（1920年6月21日载）

上海孙、伍、唐各总裁、章太炎、孙伯兰两先生，云南唐总裁、李协和先生，北京徐菊人先生、段芝泉先生、萨鼎铭先生、靳翼青先生，各省省议会、督军、省长、教育会、商会、学生联合会、各报馆均鉴：

自四总裁通电宣言，由唐总代表继续言和后，于是议和复活之声，惹起一般之注意。而或乃表示怀疑，谓唐总代表能否代表西南完全负责，同时僭窃军府名义者流，且通电撤换议和总代表，以淆乱中外之听闻。

夫总代表发生于军府，承认于国会，今国会议员与伍总裁及其他总裁之代表，相率离粤，另行择地组织，复经多数议员暨多数总裁迭次宣言，广州军府已失法律上之地位，一切命令当然无效。此时不欲言和则已，苟欲言和，除唐总代表外，更有何人可为议和主体？国会、军府前既赋予唐总代表以议和全权，若非违反根本主张，则总代表资格完全存在，非特僭窃之军府无从撤换，即正式军府另组成立，亦无轻易变更之理。北廷如果诚意谋和，对于唐总代表，断无怀疑余地，否则别有用意，非吾辈所敢知也。用特通电声明，以袪误会。国会议员姚桐豫、李文治、罗黼、陈燮枢、春秀、童杭时、萧辉锦、项肩、吴道达、陈福畴、梁星五、陈义、王赞臣、孟同和、周积芹、孙炽昌、祝震、周学宏、陈允中、刘钦谟、傅梦豪、凌毅、赵舒、蒋著卿、张傅保、马宗周、胡翔青、焦易堂、傅家铨、张清樾、方潜、刘人炯、彭廷珍、杭辛斋、彭学浚同叩。

（《旧议员声明唐总代表资格电》，《申报》1920 年 6 月 21 日）

国会议员王用宾等致孙中山等电
（1920 年 6 月 21 日）

孙中山先生、伍秩庸先生、唐少川先生、章太炎先生、孙伯澜先生、王揖唐先生钧鉴：

用宾、易堂等于马日通电全国，特此奉闻，其文曰：上海孙中山先生、伍秩庸先生、章太炎先生、唐少川先生、王揖唐先生、孙伯兰先生，云南唐蓂赓先生、李协和先生，广州林悦卿先生、岑云阶先生，武鸣陆干卿先生，北京徐菊人先生、段芝泉先生、萨鼎铭先生、靳翼青先生，各省省议会、督军、省长、教育会、商会、学生联合会、各报馆均鉴：自和会停顿，政局益棼，民生日蹙，孙、唐、伍、唐四总裁以合法手续正式宣言，由唐总代表赓续言和。此举在法律上，本职权中正当之行动；而在事实上，尤为洽于举国跂望和平之心理也，不图广州近有撤换总代表之举。夫总代表之任命，曾经国会承认，苟在国会并无不信任之决议以前，即军府亦无权任意撤换。矧四总裁既过半数，军府之法定资格，早已属此而不属彼，故用宾、易堂等尊重法定之权责，以为总代表资格，本已毫无问题，而当唤起国人注意者，乃议和前途之价值如何也。

欧洲战后，即由和会转生国际联盟之新局面，以期于永久和平有保障。矧在国门之内，忽战忽和，所争何事，若但以偃旗息鼓为已足，而不消弭战争之原因，则为苟和，为无价值之和。是故和议者，非仅军事上结束之机会，实政治上不流血革命之机会也；亦非仅南北当局者之问题，实举国人利害共同之问题也。数年来国家权利，及国民生命财产所受之牺牲，从此全无报酬，抑尚余一线生产之望，得纯视和会中能否有新局面之发展也。明白晓畅，可道一语，打破现势，改造将来，吾国非此，殆绝望焉。

曩者，南方为拥护国法上之正统，不得不求助于武力，卒之兵连祸结之真意，不在法律，而在权位。不如其意，即有不惜裂冠毁冕自蹈叛逆者，可以觉悟真正护法之势力乃众民，非武人。武人之于法，用则护，厌则毁者也。北方固以武力统一之论自豪，经此试验，成绩若何？士不乐战，将不用命，而唯法意于尔我猜二，甲乙相克之谋分崩离析，先自不辑。亦可以觉悟武力，实为破坏统一之物，武力与统一，故万万不能联成一辞也。翻然悔祸，无可迟疑，有大觉悟，然后有真改造。惟以百孔千疮之国，胡从着手，必欲论列，妄拟数事：

就法律言之，《临时约法》，草昧经纶，因更制宪，以行久远。

今检宪法草案与约法、国会组织法、大总统选举法，合计之较详，二十余条，不但无优异可言，而且不合于最近民本主义法纪之新趋势。然犹两遭解散，三开会议，不获告成，此实误于制宪人数规定过高之故，致予少数党以挟持破坏之机会也。夫革命事实，不再经革命不能变动，乃以宪法规定之。多数党革命之成功，而宪法之开议与表决，非乞灵于少数反对党之首肯不可，岂非怪事。国会制宪之权得自约法，而制宪人数则根国会组织法，此法由约法上众立法权之参议院立之普通法律，能否有拘束宪法会议之效力，通法理者类能明之。且宪法之刚柔，辨之于修正，不辨之于制定，乃误用刚性之说，以致设茧自缚，无从制定法律，战争胚胎于此，大错之铸，可为太息。窃虑议宪人数之规定，非根本推翻，而出于斩钉截铁之革命手段制之，今后必无良好宪法也。此外为统一政府之组织、地方制度、普通选举、女子参政各问题，皆当不背德谟克拉西之精神，以创造新法律者也。

就政治言之，裁兵废督尤为生死问题。吾国经一度政争，增一度兵额，兵额愈增，政争愈烈，欲根本上杜绝政争之原，非裁兵不为功。今兵费将占预算总额十分之九，支出既远溢于收入，不裁兵节饷，一切政务只好撤废。且以外债养兵，以兵长乱，如是辗转，非特内讧不已，而财政破产，即在目前。惟裁兵非第减少兵额，即为了之，兵减匪加，又将用兵，是故吾国之兵丁，即各国无告之劳动者，以无出汗之劳动可谋，不得已而为出血之劳动，一旦遣散，何所归宿？故裁兵与实业计划、社会问题实有不得不连带解决之势也。由都督而将军、督军，九年以来，执政常引为爪牙以吓人，反对者亦于独主自立之名义，并利用之以相迫，尾大不掉，积势然也。长此以往，上不知有政府，下不知有国民，不过数十名好汉割据之部落而已，更复成何国家！今幸卢子嘉倡议于北，唐蓂赓实行于南，二公身为督军，而言行磊落，如是足征废督，已为当世之公论矣，宜毅然决然行之，使此类光怪离奇之大头衔，不再吓于吾民目下，然后有民治可言也。

就社会言之，欧战以还，社会问题震荡寰球，论者咸谓吾无资本家与大地主之压迫，诚非无见，然亦思及举国人皆受各国资本主义余波之交侵，而适陷于农奴苦工之同样困境否耶？夫生计困难，人同此感，即为过激主义易于传布之引子，苟不欲为疏导，使之顺流而下，一旦溃决，听之不可，逆之不得，将奈何哉？孔答教民必先庶富，孟称王道重、不饥寒。放任一国最大多数之生活问题，而不为之所，国家尚有何意味？政治尚有何必要？今且勿云毋甚高论，而民生社会主义之设施，诚吾国刻不容缓之问题也。

以上所陈，意在以和平会议为建设会议，以时局收拾问题，为国家改造问题。用宾、易堂等，不过略指一二，期于引起舆论之倾注。若夫详备经猷，并世明达，必多良谟，幸垂教焉。国会议员王用宾、焦易堂、谢良牧、景定成、李文治、杭辛斋、萧辉锦、春秀、陈毅、陈玉麟、童杭时、彭汉遗、姚桐豫、周积芹、凌毅、孙芳、李景泉、孟同和、叶复元、罗蛷、彭廷珍、陈燮枢、谭正、刘钦谟、张效翰、刘人炯、庄怀广、张燕文、安宅仁等同叩。马。如蒙赐复，请寄上海法界白尔路延庆里三百八十号为祷。

（《（民国）南北议和会议卷宗集成》第五册，第2311～2331页）

上海九团体致孙中山等电

（1920年6月22日）

北京大总统、国务院、参众两院，各省督军、省长、省议会，上海王、唐两总代表、南北各分代表、孙、伍两总裁、李协和先生均鉴：

接读孙、唐、伍、唐四总裁宣言，方幸天心厌乱，统一有期。乃道路风传，奸人恐期害己，欲藉口岑、陆通电，阻止开议，闻讯惊惶，莫知所措。

西南组织，制采合议，既称护法，则其总裁当然以旧国会所选者为适法，当选七人，四为多数，江电宣言，自应认为军府正式之通告。岑逃［电］乃强谓孙已辞职，唐未到任，伍乃潜逃，不知孙辞而国会未准，唐离而名位犹存，至伍氏离粤，则军府分崩播迁沪上矣。法系于人，初不系于地也。即令舍法理而言事实，岑电亦不容其存在。盖西南分离，沪粤对峙，彼温宗尧之总代表，宁能及于孙、唐、伍、唐？和会重在实行，无论温氏之所承诺，不足以箝制陕、闽、川、滇，即桂系统属之湘南，亦未必甘受羁勒，今日湘事是其明征。是则与温接洽，其又奚盖法理事实两无根据，而犹以权利之私，欲止沪会之进行，其谋国也不亦偾乎？噫！统一之术，非和即战，外患急矣，民困深矣，凋残遗黎，兵戎虽再，宋臣有言曰：谁为陛下画此策，罪可斩也。今日阻和，得无类是。

伏乞我大总统乾纲独断，我总理赞襄经纶，明令特颁，催促开议，以息谣喙，以奠邦基，并祈诸执事各抒忠言，同声督促，俾民国不陷于万劫莫复之天，斯国民当尽其俎豆馨香之祀。临电惶悚，无任迫切待命之至。上海万国改良会、中华公义会、闸北地方自治研究会、中国耶稣教自立会、中华工商研究会、中华国货维持会、闸北慈善团、基督教救国会、中华工商维持会仝叩。祃。

（《上海各团体之促和电》，天津《大公报》1920 年 6 月 25 日）

旅京粤人致孙中山等电
（1920 年 6 月 22 日）

北京大总统、段督办、萨总理、龙巡阅使，天津黎黄陂，上海唐总代表、王总代表、康南海、孙中山暨旅各国、各省广东同乡、各报馆均鉴：

阅莫荣新元日通电，内称向无擅弛烟禁，纵兵殃民，贩种烟土，增辟苛税各节，不独文过饰非，直欲聋聩天下。翔等粤人不甘默认，兹就其谬妄而辟正之，谅诸公亦亟乐闻也。

查吾粤赌饷，曾于清末筹抵禁绝有案。陈炳焜虽悍，然提议弛禁，而莫荣新既知人民痛苦，自应立即取销，何故期满又复招商承办，如此矛盾，又何说以自解耶？此不解者一。本年春间，新兴县属天堂十余乡无辜，为桂军焚掠淫杀，良民无家可归，告诉不许，以致盆冤莫雪。此等残酷举动，尚非纵兵殃民耶？此不解者二。潮州等属，遍种烟苗，省垣内地，烟土充斥，其来源多系军队由桂省运粤销售者，无人不知，尚得谓为烟禁素严耶？此不解者三。去年开抽牙刷捐、鸡鸭捐，每鸡鸭一只，卖者固须纳税，即买者亦要领票方准交易，商民困病，求免不得，数酿风潮，激成罢市。如此横征暴敛，尚得谓之未尝增辟苛税耶？此不解者四。计自桂系入粤以来，战事频兴，人民荡析，盗贼如毛，加之浙、赣、闽、滇各省军队，及军政府、国会、海军舰队均寄食于粤，一丝一粟，何非由吾粤人民所担负者。昔日号称富庶之区，今日一变而为贫瘠之地，万劫莫复矣。谁实使然，思之能毋痛恨。以上事实，人所共知，莫可隐讳者也。

至若饷械及兵工厂制械机器、广雅书院公有书籍，俱予取予携，运往桂省，事实昭著，罄竹难书，虽有百口，何能强辩。诸公爱国爱乡，过于翔等万万，伏乞出而纠正，共维粤局，全粤幸甚。广东旅京同乡黎凤翔、苏曾贻、杜弁英、梁麟章、梁九思等。养。印。

（《旅京粤人痛诋莫荣新电》，天津《大公报》1920
年6月27日）

黄复生致孙中山电
（1920年6月24日）

孙总裁钧鉴：

江电意周虑远，义正词严，将以杜奸党之诡谋，除方来之隐患，挽救颓风，恢复大法，舍此莫由，复生极端赞成。特电奉复，不尽神驰。黄复生叩。敬。

（《黄复孙复称总裁电》，上海《民国日报》1920 年 7 月 1 日）

贵州省议会致孙中山等电
（1920 年 6 月 26 日）

孙总裁，伍总裁，唐总裁，林、吴、褚、王四议长，各议员均鉴：

军府破裂，国会变迁，诸公避居沪上，固居［属］不得已之苦衷，早为全国所共见。惟现在密约无形延长伸张，山东危如累卵，西南已无政府，正气消而魔道长，蒿目时艰，隐忧曷极。尚望秉护法之初衷，速定适宜地点，以合法手续，克日召集国会，组织政府，制定宪法，以慰民望而济颠危。民国前途，实利赖之。黔议会叩。宥。印。

（《黔议会电促另组政府》，上海《民国日报》1920 年 7 月 14 日）

上海三团体致孙中山等电
（1920 年 6 月 27 日）

北京大总统、国务院、参众两院，各省督军、省长、省议会，上海王、唐两总代表、南北各分代表、孙、伍两总裁、李协和先生均鉴：

自四总裁通电后，和议方有动机，而岑、陆鱼电对于四总裁宣言捏词狡辩，撤唐任温，假冒法律，竟为阻和者所利用，而和议续开问题，不免受一打击，此吾人虽欲不言，而又不能已于言者也。

以现在广州军府，只可谓岑氏一人政府，原军府之组织发生于非常国会，于是有军府组织大纲，有政务会议条例，于是有七总裁，有七总裁之政务会议，不能谓为无法律根据也。自西南内讧后，两院议长、议员同时离粤，则广州无国会，政务会议不足法定人数，则广州无政府。且两院议员到沪，曾宣布岑氏十大罪状，是已否认岑氏有出席政务会议之资格，更无论孙、伍、两唐之羞于为伍也。乃岑氏以一人政府，竟自开政务会议，竟以不法总裁之温宗尧，强凑成数，竟敢对于和议代表，撤唐任温，其不法之举动，虽妇孺当和〔知〕其无效。至孙、伍、两唐四总裁，系由完全合法之军政府所选举，唐总代表系完全合法军政府所选□。四总裁宣言否认广州军政府者，乃反对现在岑氏一人假借之广州军政府，非否认以前完全合法之军府也。其宣言当然为合法，当然为有效，当然为中央所承认，赓续和议，毫无疑义可言。

伏乞我大总统及南北当轴诸公，当机立断，迅催两总代表定期开议，俾和局早成，国基速定，毋再为奸人所播弄，莠言所乘，则国家幸甚，人民幸甚。谨贡刍荛，务祈鉴纳。上海国是研究会、民生维持会、中华职工进德会同叩。感。

（《上海三团体之促和电》，天津《大公报》1920年7月1日）

湘人辜天保等致孙中山等电[①]

（1920年6月29日）

北京大总统、国务院总理钧鉴：各部总长、参众两院，团河段督办，云南唐总裁，奉天张巡阅使，武昌王巡阅使，汉口吴检阅使，上海南北总分代表、孙、伍两总裁，香港李协和先生，库伦徐筹

---

① 据电码应为7日，但依据报载时的介绍，该电似发于6月29日。——编者

边使，各省督军、省长、各都统、各护军使、各团体、各报馆均鉴：

吾湘不幸，迭遭兵燹，创深痛巨，惨不忍闻。不意当此和议期中，人民想望太平之会，而谭延闿即逞兵湘境，奇祸飞来，湘民何辜，复罹浩劫。推原祸始，说者每谓谭延闿甘为戎首，糜烂湘局，而不知实口仁义而行盗跖，阴谋家吴佩孚其人也。二载以前，谭氏师尽粮绝，其能负固至今，无论贤否，皆知为吴佩孚顿兵衡州，所有防地之推广、饷粮之缺乏、票币之流通，悉为助力，而信使往还，馈遗犒劳，尤所共见。洎至霹雳一声，班师北返，而滔天之祸，即如风驰电掣而来，蛛丝马迹，固不待智者而知，吴之居心叵测、蓄谋破坏之罪，已上通于天矣。胪其事实，虽罄南山之竹，不能殚述，撮其大要，阴谋祸湘之罪，实有十端。

溯谭延闿于吴师未撤之先，即在衡阳、衡山一带招募士卒，购运粮秣，且由吴发给通行护照。藉寇资盗，此阴谋祸湘之罪一。吴师撤防将届之际，藉口运兵，早将轮舶民船，扣留衢州一带，沿岸各地帆樯林立，使张军接防，无从急切运送，谭军遂得迅雷不及掩耳，连下衡城以及湘江沿岸各险要。阻梗交通，以资敌势，此阴谋祸湘之罪二。吴师撤防时五月二十五日，祁、耒、安三县，均于二十五、六两日同时被南军占据，更有祁阳属之文明市，谭军先行达到，而吴军次日尚在开拔。其先期接洽，以长乱萌，毫末无疑，此阴谋祸湘之罪三。吴新田未赴衡接洽防务时，吴早派阎旅长诣省，请勿多带军队，免生误会，恶是何言哉？宜其介订信约，墨沈未干，效力踵失，退不二日，而谭军已至衡阳城下矣。蓄谋反噬，此阴谋祸湘之罪四。吴于未撤防之前二三日，既给吴新田以由伊担保，两不相犯，致吴新田仅带卫队二连，赴衡磋议防事。而签订新约，又故用延宕圆滑手腕，以搁浅吴之防务计划。所以谭军猛攻衡阳，仓卒布署，遂不能支。预作圈套，以地遗敌，此阴谋祸湘之罪五。衡山、永丰两役，所获谭兵内，确有兵士多人各佩徽章二枚，一系第三师、一系湖南暂编义勇军两种字样，而湘乡安武军书记某被谭军捕去，亲见有三师兵士甚夥，问之则云我辈早已附南；询其多少之数，据言有直军一旅为南军前锋，其犒赏费由谭督军许给十万云云。是吴显以兵直接助谭，共图糜烂，此阴谋祸湘之罪六。吴助谭军七九枪枝六千枝，及子弹甚多，经湘中各公团及旅沪湘人黄中等数电诘责，迄无回答，盖证据既确，自不能谓有为无。且其撤师也，亦带有便衣南军甚伙，以为内应。助桀为虐，此阴谋祸湘之罪七。吴得岑政府银洋六十万元，为撤防交换条件，除其本军沿途使用粤省银毫外，且以半数赠谭，助其虚焰，此阴谋祸湘之罪八。吴派亲信说二十师张旅长纪，许以银洋二万元，□其一并撤防，张未收受，尚可质询。□谭□□，以孤国军之势，此阴谋祸湘之罪九。吴撤兵到汉，公然以客军越权检查邮电，汉口电局有通告确查，卒致湘中万急电码，亦非三日不能达京。阻断军事消息，以深湘乱，此阴谋祸湘之罪十。综上十端，湘中此次战祸，纯由吴氏手造，亦即张之所以不振也。

夫吾湘果何仇于吴氏，而必欲置全湘人于死地，以自逞其奸谋耶。迹其用心，无非以督湘之梦未成，故不惜倒行逆施，残民以逞，且高谈政治，以自欺而欺人，为图未来督军地步。坐是祸湘之故，各方人士，鲜不闻知，故其兵过鄂、豫，一时敦请北旋筹饷欢送之声，不绝于耳。惟是湘民苦矣，谭延闿瞬到长沙，即演其在郴勒捐筹饷之故技，首向长沙总商会索捐颇巨，骨肉流离，疮痍满目，哀我孑遗，何堪言镝。诸公爱国心长，亦有仗义执言，而念我湘中被难之民者乎？所望共伸正义，首正吴氏祸湘之罪，无任逍遥法外，且如何维持湘事善后，恤我惊鸿，则不禁九顿首以请。天保等劫后余生，沉冤莫吐，抢地呼天，投诉无门，邦人君子，幸垂昭察。湖南和平促成会会长辜天保、副会长侯湘涛等，湖南省农商教育会联合会会长陈锐、副会长易宗袚等，湖南善后讨论会会长黄中等，湖南武德学社部长李藩西等，湖南各师范学校校长覃泽寰、谭宏化等，湖南学生曾纪城等，暨旅汉湘人柳克继等、旅沪湘人王礼绳等、旅京湘人张尧卿等一千四百五十人同叩。阳。

（《湘人电揭吴佩孚阴谋》，天津《大公报》1920 年 7
月 1 日）

徐东坦致孙中山函
（1920 年 6 月 30 日）①

中山先生勋鉴：

谨陈者：自粤东军政府改组后，吾党即失发展地步。神能如先
生者，尚持消极主义，屑末如坦，岂有活动余地乎？二载以来，无
所事事。虽云才力薄微，亦时势使然也。现处和会半死半活之际，
更使人无所主张。以坦管见，即使其有成，亦不过迁就敷衍下去，
为几强有力者巩固地盘，安置饭碗已耳。欲就此产生一法治国亦云
难矣。近以排日风潮，日人对吾行动稍觉宽容；虽彼命意有在，吾
可乘机以逞，出东鲁东，尚可图行险以徼幸。故坦不觉蠢蠢欲动，
不知是否有当？敢祈垂教，俾有所遵循。吉、奉暗潮，不过两奸相
争，终难为我用。现伪政府极力疏通，将不免化干戈为币帛矣。倘
有决裂之时，吉军有若干学生出身中下级军官，尚有血气（坦已
联络成熟），彼时当能拔赵帜而易汉帜也。临颖不胜待命之至。肃
此。维颂

勋祉

徐东坦谨禀　六月卅号

孙中山批：代答以：现宜潜养实力，不宜动作。俟各地养足实
力到有机可动之时，然后约定为一共同动作乃可也。

（《孙中山先生批牍选》，《历史档案》1987 年第 2
期，第 67 页）

---

① 原函无年份，据内容考证似当为 1920 年，时孙中山在上海。——编者

罗翼群致孙中山函

（1920 年夏）

中山先生尊鉴：

　　五月间手谕，并蒙赠玉照及博爱二字，先后奉到。数承过爱，感激莫名，翘首申江，未知图报何日耳！

　　目下西南大势，诚如伟论，先生具旋乾坤之力，不难拯斯民于水火之中，登诸衽席之上，万方瞻仰，此其时矣！翼群自安海事定，来漳一行，明日即回上杭，所部三营已调集上杭，第二军大部亦已集中龙岩。俟得开进命令，翼群即当率所部，力任前驱，以仰副先生之雅意。

　　谨复寸楮，不尽所怀，敬叩

钧安

翼群谨肃

来谕寄上杭粤军第十二统领部。

（《革命文献》第五十一辑，第 240 页）

张铁梅、王升平致孙中山函

（1920 年 7 月 1 日）

先生钧鉴：

　　敬肃者：吾国自政途失轨，变故纷纭。强藩暴帅，沓相攘夺。政源不清，权力是竞，生民劳瘁，危机日迫矣。

　　先生以民治之精神，本饥溺之宏愿，沉清众流，号召万汇，含气之伦，未有不景仰云从者。铁梅、升平幼习国史，壮历戎行，虽樗栎之资未堪托重，而驽骀之性颇知爱群。阳九政变，即赋同袍；袁氏盗国，亦既执殳；护法之初，复随海丰总帅仗义援闽。幸明天麻及士卒之力，闽南半壁得沾法治。凡此前尘，皆夙昔私淑先生之政论得有今日也。

迩者岭表风云，倏焉变幻。跳梁之丑，岂知义利之辨。崔苻之魁，安识鼎之重轻。平虽谫材，愿依大纛之前，负戈以为先导。此则军人之职，铁梅、升平之素志也。惟冀区宇混一，共安耕凿之天，日月重华，复睹陶唐之盛，不胜景企之至！肃此，敬请

崇安，伏乞

垂照，不备

第五十一营营长张铁梅、第五十二营营长王升谨上

九年七月一日

孙中山批：作答奖勉，期会羊城。

（《国父墨迹》，第 408 页）

田应诏致驻粤沪各总裁暨参众两院电

（1920 年 7 月 2 日）

顷奉盐、江两日通电，盥读之余，惶悚无既。寤寐思维，一得之愚，有不能已于一言者。

慨自国会非法解散，诸公蒙犯霜露，披榛南来，军府成立，始与北廷势成对峙，号令出于一方，瞻仰遍于西南。以吾国之势力，慑奸慝之诡谋，遂尔望风转舵，弃战言和。明知奸人险诈，意非真诚，藉故迁延，乘机挑拨，我任事诸公，亦以意见分歧，始则条件提出，各有主张；继则形式推迁，竟成涣散，议席一言不提，代表去而不返。嗣见西南团体，诚不可侮，军阀武力，终无所济，北方明达将士，怵于外交之险相，更烛内奸之阴私，非谋国家统一，不足以对外，非与西南携手，不能谋统一，非促进和局，无所谓携手，国危民困，偃蹇三年，法立功成，期于一旦。时机既熟，奚容错过？至于此党与彼党勾结，彼系与此系交亲，无论为奸人拨弄，

抑或确有闻知，但问和议告成，于国计民生是否确有裨益，则个人权利与私人感情，何在不可以牺牲？如失机不图，由分散而至于解体，再言救国，其谁信之？

夫一木易摧，众矢难折，我西南之局势也。设因此而违反南北明达将帅之好意，及国人之心理，则是延长奸人卖国之时期，并授强邻割地之佳会，揆之诸公初衷，宁无违反？况遇事迟回，弊窦丛生，虽有圣智，恐无良策以善其后矣。万望协力同心，蠲弃小嫌，本爱国之始衷，乘易逝之时会，促和局之速成，续国脉于将断，民国前途，实利赖之。应诏待罪行间，卑位何敢高论，然心所谓危，不敢不掬诚敬告。临电彷徨，不知所云。田应诏叩。冬。

（《辰州田应诏通电》，上海《民国日报》1920 年 7
月 11 日，"公电"）

广东省议会致军政府各总裁电
（1920 年 7 月 2 日）

广州军政府各总裁钧鉴：

近闻西南大学，有在沪设立之议。查该校由西南发起，西南议决，是以定名西南大学。必选择西南适宜地，以为校址，然后名实相符。滇、黔边隅僻处，秦、蜀道路阻长，湘南兵甲未停，桂林舟车不便，故地理上之研究，以广州为适宜。况原分全国学区，亦明定广东为四大学区之一。设谓交通利便，广州不如上海，不知上海不便于滇、粤、桂，而便于川、湘、黔，与广州之不便于川、湘、黔，而便于滇、粤、桂，两者适足相消。而湘省北半近沪，南半邻粤，谓广州完全不便于湘，尚非定论。将来粤汉铁路告成，则西南任何省份，均无不便。其南洋华侨归国就学，便利更不待言。至于配置教育，珠江流域必须与江、河流域平均，庶朔南声教，可无扞格之虞，而全国文风，始睹融合之象。

　　抑尤有进者，西南自护法以来，力征经营，全功未竟。年来社会心理，渐知救国根本不在武力而在教育，于是有西南大学之设，固以表护法之精神，即以证人民之觉悟。如不设立于护法中枢之地，而设立于北方租界，何以留纪念而系观瞻。本会代表民意，公同讨论，金谓西南大学校址宜在广州，具有充分理由。恳请俯赐主持，屏除浮议，谨电奉陈，敬祈察照。广东省议会叩。冬。印。

　　　　　（《粤省会争西南大学电》，《申报》1920 年 7 月 8 日）

第三次全俄华工大会议长廖秀藻致孙中山等电
（1920 年 7 月 5 日）

上海孙逸仙先生，转全国同胞及所有各团体、各公会、各政党公鉴：

　　散在俄国及西伯利亚数十万侨民，选出代表，开第三次全俄华工大会，议决通电请求于同胞之案如左（下）：其一、请求全国同胞团结，大力协助中国青年革命事业，以排除其敌人，如帝国侵略、资本专制等主义。其二、请求我国即行承认劳农共和国，彼为领导受制人民共争自由者也。并请我国对于反对俄国之列强，切勿施以援助。其三、请求我国即派正式全权代表来俄，以结邦交。此为我国急要之图，万不容缓者也。其四、请求我国即行设法，使在俄侨民之欲回国者，得以利便言旋，归途无阻，实为至幸。以上议案，于一千九百二十年六月二十五日在莫斯科议决，由第三次全俄华工大会议长廖秀藻（译音）Liao Siu Tchao 七月五日由俄京莫斯科发。

　　　　　（《侨俄华工普告国人电》，上海《民国日报》1920
　　　　年 7 月 13 日）

李绮庵致孙中山电

（1920 年 7 月 5 日）

总理钧鉴：

桂人破坏西南大局，普天同愤。顷悉先生派李绮庵君回粤讨逆，敝舰队同人，志切同仇，一惟先生马首是瞻，谨先电陈，应如何筹备进行，伏乞电示，代表丁培龙、陈策。上电系广东海军全体会议表决，代表与绮庵商嘱，秘密请复电以坚其志。绮庵。微。

（《革命文献》第五十一辑，第 197 页）

唐继尧致孙中山等电

（1920 年 7 月 6 日）

上海孙总裁、伍总裁、唐总代表鉴：

上海总裁会议，前经电请李协和部长为继尧代表，到沪列席，嗣因协和启行来滇，托徐君元诰暂代。现此间复因要事，促徐君来滇，拟请王君伯群为继尧代表，出席总裁会议，以使议席接商一切。除电王君伯群外，特此奉闻，敬乞查照。继尧。鱼。

（《云南之两要电》，《申报》1920 年 7 月 18 日）

褚辅成致孙中山等电

（1920 年 7 月 10 日）

上海孙总裁、唐总裁、伍总裁、徐季龙部长、伍次长、南方议和各分代表、各省军区代表（以外衔略）均鉴：

中华民国国会于本年七月十日，开参众两院联合会，议决国会移滇宣告，文曰：国会移滇，早经两院议员开会决议，宣告国人。现两院议员业已集合于云南省城，组织机关，行使中华民国国会职权，以维法统。兹于七月十日开两院联合会，决议为国会移滇成立之宣告，特布云云。特于本日宣布。中华民国参议院、众议院。印。特此奉闻。褚辅成。灰。印。

（《旧国会移滇成立之宣告》，《申报》1920 年 7 月 27 日）

李绮庵致孙中山电

（1920 年 7 月 10 日）

总理钧鉴：

冬电敬悉。协和回省，情形稍变，再商方能动作。钦廉极力进行，潮汕在磋商中。奉支、鱼两电悉。舰队拟设统率处，公推广金舰长丁培龙、江大舰长黄达观为正副指挥，名目是否有当，伏乞裁夺。陈策叩。上电系舰队来稿，发动时，舰须款，备电汇，乞明令委任讨贼，竞存何日能出兵？绮庵。灰。

（《革命文献》第五十一辑，第 197 页）

李绮庵致孙中山电

（1920 年 7 月 10 日）

总理钧鉴：

舰队发难，煤斤关系綦重，应先行筹备供给，以免临事周章，请曲先生妥商三井洋行，预备购办。绮庵。灰。

（《革命文献》第五十一辑，第 197 页）

梅放洲、李绮庵致孙中山电

（1920 年 7 月 13 日）

总理钧鉴：

汕已准备候机发，放洲昨日抵港候讯。漳事如何？恳电示。放洲、绮庵。元。

（《革命文献》第五十一辑，第 197 页）

李绮庵致孙中山电

（1920 年 7 月 17 日）

总理钧鉴：舰队风声甚急，恐消息泄露，乞促总司令即来。绮庵。筱。

（《革命文献》第五十一辑，第 197 页）

吕超致孙中山等电

（1920 年 7 月 19 日）

天祸吾蜀，十年数乱。熊督克武，以民党旧望，复为群小所蔽，倒行逆施，破坏西南，致激各军之怒，酿成战事，势蹙途穷，仓皇北走。超以赞助无方，未能□诚开悟，以纾战祸，方自引为深疚，乃承孙、伍、唐诸公暨唐、刘联军总、副司令，以川军总司令见属。自维轻材，难膺艰巨，徒以川局无主，人民惊怖，各军及政法各团，一再敦促入省，统摄军政，收拾残破，义不容已。始于七月巧日，到省视事，并电请杨省长躬省，主持民政。军民既相辑和，滇、黔日臻亲善，内患敉平，然后一致组织联军，巩固西南，扶持国本。惟是缔造于巨难之余，解救于倒悬之际，虽有圣智，不易为谋。况超武人，陈功敬冀，诸公老成硕望，不徒为全国之栋梁，抑且为人民之导引，谅不我遗。所望时锡箴规，以匡不逮，岂特超之私幸，全川人民实拜嘉惠矣。川军总司令吕超。皓。

（《吕超电告就川军总司令职》，《申报》1920 年 8 月
7 日）

顾品珍等致孙中山等电
（1920 年 7 月 19 日）

云南唐总裁，上海孙中山、伍秩庸、唐少川三总裁，林、褚、吴三议长并转两院议员均鉴：

自国会南来，护法兴师，军府根本既立，西南民志以定。方谓除奸靖乱，旦夕可奏大功，不幸金壬构煽，痛惜滋深。总裁去职于前，国会□徙于后，数月以来，我护法团体竟成混沌之局，名同虚悬，无以昭示中外。而前四川督军熊克武，对于废督、出兵诸大计，竟以妨碍其私人权利之梗，尤为阻挠百端，近复利用古代之部落心理，违众兴戎，残民以逞。近幸我同盟军仗义奋击，卒得大胜。熊既出走，其附逆之但懋辛、刘湘、余际唐各部，亦纷纷向北溃逃。品珍等师驻简阳，已会同友军分途追击，肃清之期，计已不远。

现川、滇、黔三省感历年内争之苦痛，今既彻底觉悟，决计实行废督，适用平民政治，冀以裕民生纾国难，企世界于大同，侪人类于平等。惟国家之形式未复，则中外之观听终摇，不惟无以竟护法之全功，抑且不足以维西南之局势。品珍等不揣愚陋，〔非〕请我国会诸公及各总裁克日莅川，恢复合法之国会及政府，以维贯彻最初护法之主旨。川省虽较边远，诸公以救国之忧，当不惜跋涉之劳，俾我护法团体，早日有所统属，以奠风雨飘摇之局。国家幸甚，人民幸甚。临电不胜屏营待命之至。川滇黔联军第一军军长顾

品珍，第二军军长赵又新，第八军军长叶荃，黔军前敌总指挥袁祖铭、副指挥胡瑛，梯团长田钟毂，纵队长杨蓁、邓太中，旅长项铣、耿金锡、朱德、金汉鼎、胡若愚，四川护法救国军总指挥卢师缔［谛］、纵队长杨春芳、第六师第十一旅旅长邓英同叩。皓。

（《简州顾品珍等来电》，《申报》1920 年 8 月 13 日 "公电"）

蓝建枢致军政府各总裁等电
（1920 年 7 月 20 日）

北京大总统、国务院、海军总长、各部长，广州军政府各总裁，各省督军、省长，并转各统兵长官、各报馆均鉴：

天祸中国，僭乱相寻，九年之中，迄无宁日，然未有如此次安福党人为害之烈也。其卖国弄权、植党乱政各节，万目共睹，经各方通电宣布，已痛切无遗矣。建枢备位海军将率，但就海军之受其荼毒者言之。丁巳之役，舰队一部分，由程前总长率领赴粤，各持政见，原无顺逆之可言。建枢受职以来，日图统一，乃稽延三载，未见告成者，则由安福阁员力行摧抑也。按月饷糈，财部掯不发付，舰艇失修，一任窳败。且攘据没收德、奥各船，为党中私产。又用其破坏海军团体之阴谋，欲纷更已定之军制。迹其用心，非将我国硕果仅存之海军，至于扫地无余不止。因之在南、在北各舰队，同伸义愤，正在谋划统一海军之下，由林悦卿司令发起通电，宣布安福罪恶，各司令暨海军全体赞成之。建枢一向隐忍，原冀该党有一日之悔祸，乃迫而出此。恐世人不察，谓为变更态度，则非建枢所敢承也。谨布腹心，伏希亮察。蓝建枢叩。号。

（《海军蓝司令宣布安系罪恶电》，《申报》1920 年 7 月 24 日）

廖仲恺致孙中山函①

（1920 年 7 月 20 日）

先生尊鉴：

纪文带来之款已妥交，并由竞存电复，想先达览。

仲元筱日由福州归，述李对于拨弹、借兵二事，口虽承诺，然而实行尚待参谋会议决定。而李之参谋长在沪未归，电召归福，已需时日。至于会议如何决定，尚难悬忖。此间求速，而李故缓，口惠而实不至，于事无补，抑又害之。故仲元归后，意兴索然，以为湘军之捷，桂系声势益张。而此间子弹接济又不可望，平时主张不战者，其说更能动听，仲元不觉，遂亦为所软化。至于汝为，则日夕酣嬉，不事准备，促之出发，则谓天气酷热，行军太苦；否则托词集中需时，欲速不达。仲元、汝为之锐气如此，其它可知。

竞存以既有宿诺，不便食言，故甚着急。但其前后左右之空气如此，有可虑者二：一则终至不能发动；二则勉强发动，而将官无此兴致，必以懈怠致败。现时粤军兵士目击将官浪嫖豪赌之习，怨怼备至，汝为军中有唱山歌以寓讽刺，意谓长官如此，与其打广东，不如先打军官。军心如此，欲其出力难矣！恺既以此警汝为，而汝为以为无患，直平然也。今欲壮粤军之气，使必能发动，必能战胜，则拨弹、借兵二事，必当设法速办，且非先生来此一行不可。李督对此二事，延宕至今，迄无切实办法，恐终不可靠。计惟有遣子荫从速北行见段，告以情形，请其设法直接拨给粤军子弹，务求见诸事实，毋再徒托空言。若不能，则请其直接密令王旅，迳与粤军一致作战。据王旅长对仲元言，若得段令，则无事不可为。

---

① 原函未署年月，《廖仲恺集（增订本）》（中华书局，1983 年）所录该函时间为 1920 年 7 月 20 日。——编者

诚否虽不可知，但彼既为此言，不妨使段一试也。

广州之举，非子荫所愿，亦非所能，且亦断无效果。与其强子荫为此，不如先使其北行，力持此图，与段交涉，盖桂系能否攻破，端赖于此。徒恃民军，终难有成。倘广州再有败衄，粤军之胆，更寒不堪用矣。

张敬尧无用一至于是，廖湘云事，恐付泡影。庸人不足与谋，真可慨叹！先生徒信人言，而事事不切实，亦一大弊。粤军与李培之之交涉，恐亦类此。段用此辈人，所以失败。湘事若仍用张敬尧，必为桂系之利。为吾党计，为段计，亦宜以湘督许谭，使反攻广西。谭鉴于丙辰前事，知桂系不忘湘省，段以此策往，必洽谭意。段若仍以不可用之私人而图大事，则失败伊于胡底！子荫见段，不妨切直言之也。专肃，敬请
大安

仲恺手肃　廿日

（《革命文献》第五十一辑，第 242~243 页）

王文华致孙中山等电

（1920 年 7 月 22 日）

上海孙中山、伍秩庸、唐少川三总裁、林、褚、吴三议长、参众两院议员均鉴：

川滇黔顾、赵各军长皓电，主张军府、国会同时移川，护法初衷切求一贯，民志有所固定，邦本庶几不摇，体国公忠，所见甚佩。敝军志纾国难，素与人同，特电赞成，伫候明教。王文华叩。养。

（《唐王赞成国会移渝电》，上海《民国日报》1920
年 8 月 15 日）

朱执信致孙中山函

（1922 年 7 月 22 日）

此次到港，本意（李）福林处有可运动，或能一为帮口。然到港则事已无可为，福林为人，非空口白舌所能动也。（陈）竞存处力量费劲，疲玩如故。此际感情已伤，留亦无益，故决计先来沪，一陈彼间状况，俟见哲生（孙科）兄后即行，对付竞存，（许）汝为之方法，仍以先生电彼，告以日间到漳为上策，此层为彼所无可如何者，而彼又深知先生一到，桂必攻彼，无可犹豫也。

（《中华民国史事纪要（初稿）》1920 年 1～12 月，第 339 页）

黄复生致孙伍唐三总裁等电

（1920 年 7 月 22 日）

孙、伍、唐三总裁（以外衔略）鉴：

接顾、赵、叶三军长、袁、胡、卢总、副指挥及杨、邓、田、金、朱、耿、项、郑各纵队长、旅长皓日通电，主张国会护法政府，迁移重庆，以求巩固西南之局势，而达护法之目的。宏识伟论，复生极表赞同。应请我国会诸公及各总裁克日莅渝，早定大计，以竟护法之初衷，而奠国家于磐石。临电神驰，伏希鉴察。黄复生叩。养。

（《军政府移渝之主张》，《申报》1920 年 8 月 7 日）

广东省议会致军政府各总裁等电

（1920 年 7 月 23 日）

北京徐菊人先生、萨鼎铭先生、各部院、驻京各国公使，上海和会代表，广东军政府岑总裁、各总裁、各部长、参众两院，云南唐总裁，南宁陆总裁，各省督军、省长、省议会、教育会、商会，各报馆公鉴：

世界趋势，倾向和平。中国现情，急谋统一。前闻边防军有内调消息，本会重友邦之信义，痛内乱之发生，曾于蒸日通电阻止。查边防军由日本供给军械，并由日本兵官助其编练。日本曾有宣言，谓不用以对内。近日内部政争，京畿变起，日公使及外务大臣复宣言严守中立。不料边防军竟调遣入内，与直、奉军队交绥。且昨阅报章，皖军有日本军官加入，败溃之时，被获三人。京奉路线直军炮队，为日本卫队司令拒却开离，而皖军进占，未闻阻止。恶耗纷传，群情震骇。

此次边防军之对内举动，固属增长内患，妨害外交，而日本之干与行为，如果报载属实，即系违背宣言，有乖信义。日本与中国素称亲善，似不至有所偏袒，参加国内战争，使中国日陷危亡，侨民同蒙损害。惟是遐迩传说，中外惊疑。本会以兹事关系中华治乱，初无南北之分，况惹起国际问题，更惕兵戎之祸。谨代表民意，越分陈词，恳请主持公理，阻止边防军移供内争。并请驻京日使力践迭次宣言，俾战祸不至延长，邦交益形辑睦。中国幸甚。广东省议会叩。漾。省署代印。

(《直皖战争》，第 170～171 页)

刘显世致旅沪西南要人及国会议长电[①]
(1920 年 7 月 23 日)

（衔略）顾、赵两军长皓电，主张军府、国会移设川中，似合

---

① 该电报纸登载时略去衔名，但从其致电对象及内容看，应包括孙中山在内。——编者

目前情势。望诸公一致主张，刷新时局，定成护法大业为幸。刘显世。漾。叩。

（《刘显世赞成军府移川》，《申报》1920 年 8 月 5 日）

廖谦致孙中山等电
（1920 年 7 月 23 日）

孙总裁、唐总裁、伍总裁、褚、吴、王各议长均鉴：

顾、叶、赵三军长、袁、胡、卢三指挥、杨、郑、田、金、朱、耿、项旅长皓电主张，实为时势需要，应请我总裁、我议长、我议员诸公早日莅渝，成立政府、国会，以存民国正统，国家前途，实利赖焉。廖谦叩。梗。

（《重庆廖谦来电》，《申报》1920 年 8 月 11 日 "公电"）

李绮庵等致孙中山电
（1920 年 7 月 29 日）

总理钧鉴：

俭电敬悉。钦廉已与黄必云部下联络，因其参谋力主缓起，故未能早发，昨已派人催促，限三星期内发动。东江新调桂军约三十余营，布置要点。邓子瑜所联络乡团，实不能发难，粤军如反攻潮汕，此间各路，即可响应，否则虽能发，恐亦无济。舰队同志虑桂贼将令各舰分防，调往各地，致失联络，故皆望急办。粤军何时动？乞预电示。绮、瑜、科叩。艳。

（《革命文献》第五十一辑，第 198 页）

唐继尧致西南要人电①

（1920 年 7 月 31 日载）

直军初起，揭救国讨逆之名，吾人极为欣忭，以为护法救国，吾道不孤。乃观其结果，仅以卖国之罪，加诸段祺瑞一人，其盗卖顺济、胶徐，手签军事协定之主犯，及背叛共和、破坏约法之首魁，概置不问，且从而崇奖之。对吾人抵死力争之军事协定及二十一条，亦不致深诘，是救国其名，争权其实。吾人至此，不能不觉为失望。至西南内部，亦竟有抛弃护法主张，以牺牲国会相号召者。一方则救国而不救国，一方则护法而不护法，此后救国护法之责任，吾人当愈觉其重大，成败利钝，非所顾也。

（《唐继尧对时局之表示》，《申报》1920 年 7 月 31 日）

李绮庵致孙中山电

（1920 年 7 月下旬）

总理钧鉴：

号电敬悉。钦廉报告未到，动期未定，潮汕原定候竞存先发动。广属先发，恐难久持，须有他方同时响应或先动，方能成功，甚望竞存促动。绮庵叩。

（《革命文献》第五十一辑，第 197 页）

颜德基致孙中山等电

（1920 年 8 月 1 日）

云南唐总裁，上海孙、伍、唐各总裁暨国会议员诸公钧鉴：

---

① 此电报纸登载时虽略去衔名，但明确提及此电对象为在沪西南要人，当包括孙中山在内。——编者

慨自和议停顿，金壬构煽，西南局势，忽焉中斩。诸公本坚苦卓绝之心，筹民国长治久安之计，耻与一般阴谋利权之辈共立于护法旗帜之下，始相率避地沪滨，协谋善后。然我西南护法团体自失统系，而趋入漩涡之局者，计时将及半载。顾同盟之障碍虽除，而护法之正义未申，国本未立，庶务丛脞，末由昭示友邦，征信国人。尚祈诸公克期莅任，组织合法之国会及政府，与民更始，展布新猷，庶根本大法得早日成立，而靖国之实效可收也。谨电奉促，伏冀垂察。颜德基叩。

（《绥定颜德基通电》，《申报》1920年8月8日，"公电"）

川军总司令吕超等致孙中山等电
（1920年8月1日）

孙、伍、唐、林各总裁钧鉴（余衔略）：

西南举义，血战频年，所断断争持者，不过法律而已。保持法律之精神，即所以立国家之根本。乃广东军政府组织未臻完备，遂至变过纷乘，中道解组，议院随以分崩，人民托命与人民代表之机关，同时并弃。质而言之，谓之无政府。推而极之，将驯至于无国家，其为危险胡可胜言。

前者同志诸公，有举国会、政府迁滇之议，又有就沪上组织之谋。然滇则远处南疆，沪则寄居租界，全局计划，难以展施，求其居高屋建瓴之势，为长驾远驭之图，固未有胜于川省者。徒以熊氏为梗，斯议遂停。护法团体之倾危，有如累卵，幸而天诱其衷，熊氏失驭，西南局势为之大定。千载一时之佳会，而我爱国诸公所夙夜祷求者也。且政府之所以利在速成，而万难延缓者，举其理由，约有数端：北方政府既属非法，南方军府又复中捐，若不速建中枢，国权无所附丽。此就内政而言者，一也。军府成立数年，外人迄未承认，一切外交，均行停滞，若不从速改建，则樽俎折冲，谁负全责？此就外交而言者，二也。解决时局，利在出兵，南方若无政府，则师老财耗，实酿竞端，元恶未诛，莫伸大义。此就出兵讨贼而言者，三也。废督裁兵，喧腾众口，政权不定，相率徘徊，久拥分疆，视为私产，民治民生各政策，均碍推行。此就建国精神而言者，四也。

如上诸端，有一于斯，皆足祸国，凡有血气，能勿寒心。况志劳待膏，前途寥远，直追急起，犹恐后时，诸公躬负民望，责任兴亡，国势阽危，同深悲悯。务望克日西征，共扶大局，改组合法政府，以奠国基。至超等身列戎行，但知拥护政府，尊重法律，绝不干涉行政，凡诸法令，无不恪遵，苟利国家，惟力是视。诸公启行何日，立盼复音，一俟莅止有期，敬当亲率同胞，前驱沪江。临电神驰，无任钦迟。川军总司令吕超暨四川全体军官同叩。东。

（《川军界促请军府移渝》，上海《民国日报》1920年8月10日）

参众两院致旅沪议长及各总裁电
（1920年8月3日）

冬日开两院联合会，议决国会移渝开会，并请各总裁速将政府各机关，随同移往重庆，以应时机。特此电达，即希查照施行。参议院、众议院。江。印。

（《国会正式议决移渝》，上海《民国日报》1920年8月10日）

唐继尧致孙中山等电
（1920年8月3日）

吴议长转孙中山、伍秩庸、唐少川、林子超、吴莲伯、王儒堂诸先生及议员诸公鉴：

北派直皖内讧，纯为私人权利，无论胜负属谁，与护法救国之旨不同，吾人决不能随之转移。两广所持意见若何，均置不问。即就滇、川、黔、湘四省之力，抱持正义，勇往直前，必得最后之胜利。盖处今之世，胜败所在，全属民心之向背，无关兵力之厚薄，袁、段之失败，可为明鉴矣。吾人坚持护法救国之旨，必得多数国人之同情，有国人多数为后盾，他何足畏。继尧现为贯彻护法救国之义，准于本月内前往重庆，整饬军旅，并与诸公共策国是，希诸公即行赴渝，以利进行。临电无任盼祷之至。唐继尧。江。

（《唐蓂赓电速西南要人赴渝》，《申报》1920 年 8 月 8 日）

唐继尧致孙中山等电

（1920 年 8 月 6 日）

云南抄送褚议长，上海唐总裁、孙总裁、吴议长、林议长、王议长鉴：

顷得两院江电，开示议决国会移渝开会等因。查民国主权，依法属于国民之全体，而以国会为之代表。自因广州事变，国会分崩，民国主权，几致无所附丽。兹经议决，移渝开会，既可〈见〉主权行使之表现，又可正海内人民之观听。继尧宣言护法，忝任总裁，对此自应赞同。所望诸公从速赴渝，俾西南正式合法之机关，早得成立，国家人民，实多利赖。临电无任盼祷。继尧。鱼。

（《赞同旧国会军府移渝之两电》，《申报》1920 年 8 月 15 日）

林森等致孙中山等电
（1920 年 8 月 9 日）

吴议长转孙、伍、唐总裁，王代表鉴：

虞日两院联合会，万议员鸿图等提案，岑春煊毁法误国，亟应收取总裁职务案，当付讨论，全体可决。除电西南护法各省外，专此奉闻，并请通告各国公使为盼。参议院议长林森、众议院议长吴景濂、副议长褚辅成。佳。

（《旧国会在滇议决取消岑总裁》，《申报》1920 年 8 月 14 日）

美东各埠华侨恳亲大会致孙中山电
（1920 年 8 月 11 日载）

上海孙中山先生鉴：

岑、陆假护法以毁法，不独祸粤，实已祸国。此贼不除，内乱不已。先生手创共和，幸与海内英俊共张大义，先驱在粤小丑，续清幽燕妖氛，海外侨民愿竭全力为公后盾。美东各埠华侨恳亲大会同人叩。

（《美洲华侨对孙中山先生之热望》，上海《民国日报》1920 年 8 月 11 日）

林葆怿等致军政府各总裁等电
（1920 年 8 月 11 日）

北京大总统钧鉴：国务院、海军部暨各部院，广州军政府各总裁，各省区巡阅使、副巡阅使、督军、省长、都统、护军使、镇守使、各师长，北京、上海、香港、汉口各报馆均鉴：

民国成立，九稔于兹。祸乱相寻，几无宁日。推原厉阶，皆武人党系把握政权凌乱法纪有以致之。此次我海军全体联合通电声讨安福，区区此心，当为天下所共见。幸天厌奸回，群丑败裂，祸根斯夷，万端待理。我南北海军本属一家，艰难共济。值兹政治刷新，苍生颙望，用特实行统一，树全国之先声，谋海疆之巩固。自兹以往，惟知标明正义，捍卫国家。其有诚心爱国遵循法轨者，我海军当敬之如师友；其有攘权夺利残民以逞者，我海军当视之如仇雠。同德同心，不渝此志，邦人君子，尚其鉴诸，江澄海靖，旦暮可期。敢掬精诚，敬告全国。林葆怿、蓝建枢、蒋拯、杜锡珪暨各舰艇长同叩。真。印。

（《直皖战争文牍》，《近代史资料》总27号，第136页）

杨庶堪致孙中山等电

（1920年8月12日）

上海孙总裁、伍总裁、唐总裁、林总裁、寓沪国会议长暨议员各先生，广东国会议员各先生，云南唐总裁、国会议长暨议员各先生均鉴：

前接褚议长筱电云：滇国会议员诸公决议赴渝，当由庶堪去电欢迎。自粤中军府解组，国会诸公相率移沪，西南几陷于无政府地位。现北方直皖遘斗，法度攸系，国脉所关，不可一日无主。西南护法，更应益厉初衷，亟当建立统一政府，以奠国基。以西南形势言，蜀居建瓴，支应极便，聿建中枢，允协机宜。敬请诸公早日命驾来川，共图大计，俾大法克申，蒸民有托。谨此欢迎，伫候旌车，无任屏营待命之至。杨庶堪叩。文。印。

（《杨庶堪欢迎国会议员赴渝电》，《申报》1920年8月16日，"公电"）

靳云鹏致孙中山等电

（1920 年 8 月 12 日）

广州岑西林先生、林悦卿先生、温钦甫先生，武鸣陆干卿先生，云南唐蓂赓先生，贵阳刘如舟先生，成都熊锦帆先生、吕汉羡先生，上海孙中山先生、唐少川先生、伍秩庸先生均鉴：

云鹏昔筦中枢，夙以振导祥和亟谋统一为职志，徒以事机多舛，事与愿违，引退不遑，深滋惭疚。兹际国难甫靖，建设宜先，云鹏不才，迭承元首以大义敦促，俾摄揆席，一再恳辞，未邀鉴察。窃维军人以身许国之谊，讵容诿卸，已于本月十日就任。国步艰难，至今可谓极矣，顾大难之后，群情望治，拨乱反正，实亦千载难遭之良时。前此军阀政事，足为政治之殷鉴者，今已荡涤廓清，相与更始，自兹以往，南北一家，无分畛域，亟宜披诚相见，力导和平，提挈进行，共谋建设。云鹏夙志所在，凡可以促进统一巩固国基者，必当本其真忱，竭其愚虑，多方赞化，俾底于成。尤望诸公谅其至诚恳切之怀，鉴于大局安危之重，群策群力，迅筹解决，使数年来吾民所受兵燹之苦，不复再遭，然后从容措置，励治作新，吾国前途，或犹有豸。但得邦基底定，统一之日，云鹏即当退避贤路，另图文治之发展，此后得为太平之幸民，于愿斯足。敢布胸臆，惟诸公实图利之。靳云鹏。侵。印。

（《军政府公报》修字第二百零四号，1920 年 8 月 28日，"公电"）

川西土司致孙中山电

（1920 年 8 月 15 日）

孙中山先生鉴：土司等僻处边隅，罔识国是，乃蒙我公遣使下慰，从知三民主义，福国利民。川局初平，群情望治，祈我公早日降临，内图自治，外讨妖氛。当联川、甘、青、藏土族，以随公后。临电不胜翘企之至。川西各土司代表瓦寺宣慰使司宣慰使兼川西各部剿土统领素代赓理、番卓克基长官司桑朗仓、杂谷屯守备高承谦、绰斯甲长官司纳旺勒尔乌谟叩。删。

（《川西土司致孙总裁电》，上海《民国日报》1920
年 8 月 30 日）

胡瑛致孙中山等电
（1920 年 8 月 15 日）

孙、唐、伍总裁诸公，林、吴、王、褚四议长暨两院议员诸公均鉴（余衔略）①：

瑛从护法诸公之后，于今三年矣。始而驰驱行间，继而奔走和议，终乃追随组庵督军鞭策之下，复与于逐张之役，屡亲战阵，皆非得已也。盖国家治理，苟有纯一之望，可以平和纳诸轨物者，岂忍较为，以厄于凶危之战乎？况瑛平生未娴军旅，当国脉存亡绝续之交，处吾湘水深火热之中，故勉任干戈，以卫大法，而为民请命。今正义未伸，纷争愈烈，护法之业，前途诚为辽远。然吾湘一省，则督军谭公总率师干，克复□□，拔吾湘民而出于水火，湘中军事自当力谋统一，以资适从。瑛现已将驻吾省所部军队完全呈由督军，听其编遣。自念幽忧余生，屡经患难，材力薄弱，无补时艰，后此当益自接厉，冀竭心力，以为国家社会和平之贡献。牺牲之旨，敢矢始终，区区精诚，伏望原察。除另呈唐、刘两帅外，谨电奉闻。胡瑛叩。咸。印。

（《北洋军阀史料·吴景濂卷（三）》，第 536~539 页）

---

① 电码未译出。——编者

陈炯明致孙中山等电

（1920 年 8 月 17 日）

上海孙、伍、唐各总裁，章太炎、孙伯兰、汪精卫、胡展堂、徐
固卿各先生，《民国日报》转各报馆，广肇公所、潮惠会馆，嘉
属同乡会馆，云南参、众两院，唐总裁，李部长，各师、旅长，
贵州刘联军副司令、王总司令，四川吕总司令、杨省长，川、
滇、黔各师旅长，陕西于总司令，湖南谭督军、各师旅长、周道
腴先生，鄂西黎总司令，广州省议会林总裁、汤次长及各舰长、
吕总司令、魏厅长、李镇守使，江门陈督办，钦廉陆镇守使、黄
督办及各团体、各报馆，漳州浙军叶参谋长、苏旅长，安海陈师
长鉴：

　　莫荣新盘踞广东，伙集游匪，日肆淫掠。炯明始忍桑梓之痛，
期其协力护法，继又忍其护法不诚之痛，期其终悟，以维持西南
大局。罔料贼性莫改，恣睢日甚，杀逐元老，胁散国会，剪除友
军，破坏护法，无所不至。近复大集群盗来袭我军，我军忍无可
忍，为国为法为乡，义当声讨，爰于铣日鼓行而西，奋烈讨贼。
兹据右翼军铣日报告，本军于是日午刻克复大埔县城，毙敌百余
名，获枪一百余杆，俘敌连长一员、士兵百余名，我军微伤数人。
又筱日据左翼军报告，铣日午刻克复诏安县属之梅州四都等处，
俘敌百余名，排长一员，获械百余杆，乘胜进占诏安县城，降敌
一连。筱日下午，敌在分水关据险顽抗，被我军奋力围击，追至
黄冈，敌溃散。下午申刻我军遂完全占领该城。又据中央军报告，
铣日攻破茂芝前之敌，筱日又攻破梅子坪、石井、新丰之敌，现
正围攻饶平县城。又筱日接右翼军报告，铣日午刻本军占领蕉岭
县城，敌死伤甚众，现在追击中。各等语，特此奉闻，伫候明教。
陈炯明。筱日西。

（《陈炯明集》上卷，第 470～471 页）

吕超等致孙中山等电

（1920 年 8 月 17 日）

孙、唐、伍总裁、徐部长、伍次长、留沪国会议员、南方议和各代表均鉴：

查熊氏督川，派刘光烈为四川议和分代表，兼驻粤军事代表各职。该代表徜徉上海，已逾两年，阳接南方之好，阴纳北廷之交。迹其前后所为，实属不称厥职。今熊既出走，所有刘光烈议和分代表及军事代表各名义，自应概予撤消，候另行选派。此外，与熊氏在任所派各处代表，亦应一律取消，以免假借名义，淆乱观听。特电奉闻，伏希察照。川军总司令吕超叩。筱。印。

（《成都来电》，《申报》1920 年 8 月 26 日，"公电"）

湖南新华等县公民代表致军政府各总裁等电

（1920 年 8 月 18 日）

北京总统府、国务院、各部院，保定曹经略使，天津张巡阅使，南京李督军，武昌王督军、冯旅长，南昌陈督军，长辛店吴将军，广东军政府各总裁，各省督军、省长、各团体、各报馆钧鉴：

张敬尧所部旅长兼清乡司令刘振玉、副司令王记三，督同史殿臣、郝开泰两营长暨马稽查等，于前六月间，由新化退经安化、宁乡等县，沿途淫抢杀烧，惨无人道。曾经三县代表，以被难情形，详报湘政府在案。兹恐远道未明惨状，用再通电缕陈。

该军于将退之初，勒令县置［？］商会，掳夫二千四百余名，四城内外，纵兵劫抢、杀四人，尽一昼夜，始行在途。计抢青峰、桑梓、满涧、冒水江、漩塘湾、连溪、长铺子、毛易铺八处乡市，并掳夫送行，然犹未烧屋也。惟于夫之老弱不胜任者，概予枪毙。

自此以下，计烧箕溪桥八家，石子岭十余家，辜姓垣二十余家，土砵、大冲青、擅桥、谢托山、花桥等处一百余家。此在新华境内之烧抢情形也。入安化境，计抢四房头、梁家湾、黄泥湾、桐车湾、三甲等处，并烧五十余家，杀二十余人，伤百余人。其最惨者犹为蓝田，该处为湘省繁盛市镇，商店有一千八〈百〉余家，民居二千余家。该军以大炮架山，以步兵守市口，分队劫抢之后，复四处放火，逢人便杀，尽两昼一夜始行。事后清点，仅存零星商店二十余家，民居三十余家。天主福音等堂，亦均灰烬。其被杀人数，尸首已发现者，计六百余具。梁姓妻身孕将产，轮奸后复剖其腹，彭姓女年十三岁，轮奸后腹断其头。被溺人数尸首，计雷总寺内四十八具，妇孺救济会、门首塘内三百余具。被烧人数，则或余手足，或余一背，或并手足一背俱无，其埋没于颓垣瓦砾中者，不知凡几。其最惨者，仁发店之学徒二人，避匿水缸中、上覆以锅，蒸成肉酱。自蓝田而下，计烧马蹄幼五家，桥头河八家，并杀二十余人，堂子亦被抢杀。此在安化境内，淫抢烧杀并施之情形也。入宁乡境，计在翳粮仓杀团绅一人，滩山铺烧商店四家，民居六家，回龙铺捣毁教堂一所，杀教士一人。抵县烧南正街二十余家，东门口数家，杀百余人，奸淫抢劫亦如新、安各处。此在宁乡境内之烧抢情形也。

以上各情，字字皆实，目不忍见，耳不忍闻，实为三县自有历史以来，未有之惨剧。查世界陆战法规惯例，对于敌人未设防守之处，禁止攻击，如有认为必须攻击时，应先令人民移避。该刘、王等，计自新化退出，沿途六百余里，并未正式遇敌发生战斗，乃竟纵令各兵，肆行屠毒，而于蓝田一市，四处放火，且派兵堵守街口，不准走漏一人，此种土匪行为，实犯法律上之私罪，万不能以俘虏待遇。倘不除民贼，匪惟无以整军纪，抑实无以服人民纳税养兵之心。泣恳我大总统及当路诸公，主持人道，电达谭督，立按军法，明正典刑，以雪海冤，而昭炯戒。无任号恳待命之至。新化公民代表苏鹏、余炽、李景侨、谢振锷、刘鑫、萧钟华，安化公民代表彭国钧、梁岱锷、易凤祺、梁铸球、梁光瑾、谭国颠、梁劲、刘驭皆，宁乡公民代表文怀亭、张光煦、黎兆枚、杨纪镍、喻杰、王泽洪、竣光毅等同叩。

（《中华民国史档案资料汇编》第三辑军事（三），第442～444页）

谭延闿致孙中山等电
（1920年8月19日）

广州军政府岑总裁、林总裁、参众两院、各部长，南宁陆总裁、谭联帅，云南唐总裁，上海孙、伍、唐总裁、林、吴、褚议长，广州、云南、贵阳、成都、西安、漳州各省督军、省长、省议会暨护法各将领、各团体、各报馆、各省同乡会，长沙抄送赵总指挥、张总监、各旅、团、营长、各司令、各镇守使、各厅院局长、各道尹、各知事、各报馆、各团体均鉴：

湘军护法，肇始丁巳，投袂枕戈，于今四载，衡、永伸义，□、醴鏖兵，洎克长岳，再接再厉，艰难百战，始告成功。嗟我将士，敌忾同仇，戮力疆场，横尸原野，青朔碧血，未归先轸之元，蔓草荒烟，犹杀汪锜之魄；并有鄂、赣义旅，滇、粤联军，缨冠谊切，猿鹤同归，悲喙国殇，龟维勇烈，亟应开会追悼，以慰精灵。兹选定长沙前四十九标兵房为追悼地点，业已派员预为筹备，定期举行。碑铭荐福，庶为后死之兴，□寺构悯，宜设无遮之大会，诸公或眷怀袍泽，或恭敬梓桑，锡之挽诔，以发幽明，请于九月初十日以前，迳寄湖南护法战役阵亡将士追悼大会筹备处，大招作题，允维正则之辞，陈陶有诗，仵诵勖陈之句。谭延闿。皓。印。

（《军政府公报》修字第二百零七号，1920年9月8日，"公电"）

林森褚辅成关于国会移渝之通电

（1920 年 8 月 20 日）

（衔略）① 国会为维持国家法律，保全国家纲维，不得已集会于云南，业经宣告国人。现北方不法之武人，复自开战，扰害人民，危及国本。国会系国家主权所寄托，处此非常变故之时，不能不谋相当之救济。今因地域之便利，时机之必要，定于本月二十八日移至重庆开会，特此宣言。参议院议长林森、众议院副议长、代理议长褚辅成及全体议员叩。哿。印。

（《国会移渝之正式通告》，上海《民国日报》1920
年 9 月 2 日）

吕超致孙中山等电

（1920 年 8 月 25 日）

上海孙、唐、伍总裁、徐部长、伍次长、留沪国会议员、南方议和各代表、各省军区代表、章太炎、孙伯兰、胡汉民、汪精卫、吴稚晖、张溥泉先生，广州岑总裁、林总裁、莫督军、海军各舰长、留粤国会议员，武鸣陆总裁，永宁谭督军、李省长，诏安方会办、吕总司令，漳州陈省长，长沙谭督军、赵总司令，三原于督军、张会办、辰州田、张、胡、林、萧各总司令，云南唐联帅、周省长、参众两院议长、议员，贵阳刘副帅、探送李协和部长、省议会，施南蓝总司令，夔府黎总司令，豫军张总司令，重庆杨省长、赵道尹、黄总司令、石军长、王总司令、袁总指挥并转各旅长，内江叶军长，简阳赵军长并转朱、项、耿旅长，遂宁顾军长并转田、金、胡

旅长，叙府邓纵队长，泸县探送杨纵队长，成都卢军长、萧师长，新津刘师长，嘉定陈师长，绥定颜师长，绵阳王总司令，三台彭总司令，汉州向军长，康定陈镇守使，并分转各旅长、各纵队长、各道尹、各县知事、局长、各报馆均鉴：

超以菲材，谬膺川军总司令，受事以来，诸虞陨越。近复猥承冀公及各将领通电推挽，以川、滇、黔联军副司令一职见属，遗艰投大，益惧弗胜。惟因事经三省军事联合会议议决，各方复以大义相责，未敢过事谦退，致碍联军进行。谨于本月有日在成都就职。一俟川局稍定，即行赴渝，随冀、如两公之后，共谋救国出兵。尚望诸公不弃，时赐教言，以匡不逮，超虽不敏，以身许国之志，自信始终不渝。义旗所在，神与俱驰，特布区区，伏惟鉴察。川、滇、黔军副司令吕超叩。有。印。

（《四川军阀史料》第二辑，第 359～360 页）

陈炯明致孙中山等电
（1920 年 8 月 25 日）

上海孙、伍、唐各总裁、章太炎、孙伯兰、汪精卫、胡展堂、徐固卿先生、《民国日报》转各报馆、广肇公所、潮惠会馆、嘉属同乡会，云南参众议员林、吴、褚三议长、唐总裁、李部长、各师改〔旅〕长，贵州刘联军副司令、王总司令，四川吕总司令、杨省长，川、滇、黔各师旅长，陕西于总司令，湖南谭督军、各师旅长、周道腴先生，鄂西黎总司令，广州省议会、林总裁、汤次长及各舰长、吕总司令、魏厅长、李镇守使，新兴林镇守使，江门陈督办、陆镇守使、黄督办及各团体、各报馆，漳州浙军叶参谋长、苏旅长，安海陈师长鉴：

巧电计达。敝军皓日克复汕头，马日克复潮安，五日之间，将敌军完全扑灭。夺获步枪七千余杆，机关枪二千余挺，大炮二十余门，俘降甚众，子弹辎重无数。潮梅地方秩序，安宁如常。炯明现驻汕头，并拟即赴前敌督师。专电奉达，希赐教。陈炯明。有。印。

（《粤军总司令告捷电》，上海《民国日报》1920年9月2日）

唐继尧、刘显世致孙中山等电

（1920年8月26日）

云南抄送参议院、众议院，北京徐菊人先生、段芝泉先生、靳翼青先生、萨鼎铭先生，天津分送黎宋卿先生、熊秉三先生、张敬舆先生，北京转正定王聘卿先生，南通张季直先生，保定吴子玉将军，上海唐总代表并转各代表、伍秩庸总裁、孙中山总裁、孙伯兰、吴莲伯、王儒堂、林子超诸先生并转各议员、章太炎、吴稚晖先生、汪精卫、张溥泉、胡汉民先生，南宁陆总裁，广东岑西林先生、林总裁、海军各舰长、各总司令，遵义探送李参谋部长，各省督军、省长、各都统、各护军使、各镇守使、各师旅长、各省议会、各教育会、各农、工、商会、各报馆、各法团，漳州陈总司令，诏安方会办，三原于督军（中略），洪江探送滇军朱师长、鲁旅长、张旅长探送滇军杨旅长，辰州田、张、胡、林、萧各总司令及各师旅长均鉴：

西南护法，于今三载，止兵言和，亦已二周。因法律外交问题，迄无正当解决之法，以至和会久经停顿，时局愈益纠纷。

夫维持法纪，拥护国权，此吾辈夙抱之主张，亦国民应尽之天职。顾大义所在，虽昭若日星，而时势变迁，则真意愈晦，是非莫辨，观听益淆，吾辈护法救国之初衷，将无以大白于天下，而金壬假借得以自便私图，恐国家前途益败坏而不可挽救。吾辈为贯彻主张，谨掬真诚，郑重宣言，以冀我全国父老兄弟共鉴，特列条件如下：（甲）关于收束时局之主张：一、南北和平办法，应由正式和会解决。二、和议条件以法律、外交两问题为国本所关，须有正当之解决。（乙）关于刷新政治根本救国之主张：一、拟将督军以及其他特设兼辖地方之各种军职一律废除，单设师、旅长等统兵人员，直辖于陆军部，担任行兵及国防事务。二、全国军队应视国防、财政情形，编为若干师旅，其余冗员一律裁汰。裁兵事宜，特设军事委员会计划执行。三、实行民治主义。虽在宪法未定以前，宜先筹办各级地方自治，尊重人民团体，以确立平民政治之基础，而实现国民平等自由之真精神。

上列各条款，继尧、显世谨决心矢志，奉以周旋，邦人诸友，其有与我同志者乎，吾辈当祝祷以求。至地方畛域，党派异同，非所敢择也。敬布腹心，诸祈明教。继尧、显世。宥。印。

（《滇黔两帅宣布解决时局条件电》，长沙《大公报》1920 年 9 月 4 日，"要电"）

苏皖旅粤各界联合会致孙中山等电

（1920 年 8 月 26 日）

上海《民国日报》转孙、伍两总裁、唐总代表、章太炎、孙伯兰、徐固卿、胡汉民、廖仲凯［恺］、伍梯云、戴季陶、赵其相、季世荣、高季堂诸先生并各报馆均鉴：

溯自两院议长、议员及伍总裁离粤之后，广州之国会、军府，则成为残缺不完、有名无实之机关，已失去法律上之效用。岑春萱不思开诚布公，恢复西南原状，乃潜谋不轨，破坏护法，言之发指。

前者直皖之争，本与西南无涉，然当局果欲贯彻其护法主张，当不论孰是孰非，一致声讨，无所偏私，方为正当。且直军宣言，不独对于西南无附义之表示，即举其所称声讨国贼、拥护元首等语，已大相矛盾。夫既以声讨国贼相号召，即当徐、段并讨。况徐世昌签订二十一条密约，及卖高徐、济顺铁路，其卖国之罪，实浮于段；复贿买非法总统，致南北战祸延长，此等罪魁，不但不加申

讨，抑且宣言拥护，有心爱国者，果如是耶？然此皆北洋派之内
哄，吾人可不置论。唯号称护法救国之岑总裁，何亦不加审慎，妄
事盲从，并嗾其党徒随声附和，通电主张讨段援直，此实荒谬已
极。不知段可讨而直不可援，讨段为全国人所公认，虽在议和期
间，尚有词可藉，援直则不仅承认卖国罪魁为总统，且置护法本身
于死地，其倒行逆施，莫此为甚。夫我国人数年以来，不惜牺牲无
量数之头颅，恒河沙之金钱，而奔走呼号，声嘶力竭者，为求达护
法救国之目的也。岑氏身任军府总裁，不思竭诚护救，巩固邦基，
乃援助曹、张，拥护国贼，牺牲国会，卖法求荣，实为西南护法之
奇耻大辱。且曹锟、张作霖于民国六年，始迫黎氏解散国会，继与
张勋同谋复辟，叛迹昭著，中外咸知。今日不加挞伐，而反声援，
不啻与叛为朋，认逆作友，居心叵测，复辟堪虞。不然，又何必信
使往还，络绎不绝耶？至若徐世昌签订密约，盗卖铁路，咎有应
得。然使岑氏果有护法决心，尊重国会，早日北伐，声罪致讨，徐
纵麻木不仁，未必毫无顾忌。奈其充耳不闻，旁观袖手，使无上主
权，听徐断送，虽非岑氏卖国，国实由岑而卖，稍有世界眼光者，
谁能信之？

　　岑氏自任军府总裁以来，其误国殃民，卖法通敌，勾结叛逆，
破坏共和，事实昭彰，证据确凿。渎职之罪，罄竹难宣，违法行
为，不胜枚举。除通电护法各省，宣布罪状，一面请愿国会俯顺舆
情，迅予弹劾，解去岑春萱之总裁职务，撤消广州军政府，以免凭
藉护法救国之虚名，致遗西南人民之实祸。并请宣告中外，温宗尧
总裁选举，是无议长之非常会议，根本违法，理应无效。至军府方
面，自伍总裁离粤之后，法定人数不足，照例不能开会，所有一切
命令，皆属私人行为，概不发生效力。俾明真伪而别是非外，特电
奉闻，即饬查照，一致主张，西南幸甚，护法幸甚。苏皖旅粤各界
联合会主任夏沉暨全体同人仝叩。宥。印。

　　　（《苏皖旅粤各界不认岑军府代电》，上海《民国日
　　报》1920 年 9 月 9 日，"公电"）

颜德基致孙中山电

（1920 年 8 月 28 日）

孙总裁钧鉴：

顷奉黄总司令转来我公皓电，藉悉竞存司令于铣日已开始总攻击，声威所致，迭下名城，捷报远传，欢腾曷已。脱非我公从中擘画，动协机宜，岂能挫此顽强之敌，直同摧枯折朽。伏冀勉勖各路将领，乘战胜之余威，抒同仇之义愤，灭兹丑虏，以竟全功。特申电贺，用当铙歌。颜德基叩。俭。

（《粤军大捷贺电》，上海《民国日报》1920 年 9 月 1 日）

香港来电①

（1920 年 8 月）

粤军右翼久无确报，似龙川已得。中路激战后，占紫金。左翼包围志陆部千余于河田，闻已缴械。又闻湘臣已至三多祝。省报桂胜不确。

（《革命文献》第五十一辑，第 245 页）

侨美中国国民外交总会何卓竞等致孙中山等电

（1920 年 9 月 1 日载）

上海孙中山先生，速转汕头陈竞存总司令鉴：各大报馆鉴：广州诸父老鉴：

---

① 该电收录时，未署发电人。——编者

桂军祸粤，请速诛讨，侨民誓以死力为后盾。侨美中国国民外交总会何卓竞等。

（《粤军大捷贺电》，上海《民国日报》1920 年 9 月 1 日）

孙科、朱执信致孙中山电
（1920 年 9 月 2 日）

十万八千元，即日由湘勤带汕。粤军由紫金进攻，已到河源境，定昨日向惠行总攻击。科、符。（二日九时香港发，下午八时收）

（《革命文献》第五十一辑，第 245 页）

福建晋江各团体致军政府各总裁等电
（1920 年 9 月 2 日）

申报馆转各报馆鉴：并转军府各总裁、各巡阅使、各省督军、省长、各都统、护军使、镇守使、各师旅长、各团体均鉴：

自南北失和，我闽下游受祸最烈。晋江全部，仅存孤城，城外匪氛四起，号称靖国、闽、粤等军，各自盘踞一方，大肆搜括，互相攻击，民不聊生。败则焚掠以行，胜则棰敲踵至，奸淫杀戮，惨目伤心。驻安海之旧浙军，苛勒淫掳，更甚于匪。吾民为防匪计，组设乡团，乃触浙军怒，屡被围攻。八月艳日，晋辖石狮等十三乡，被焚民屋三百余，至所掳妇女幼孩，尽投烈焰，举乡灰烬，鸡犬不留，哀我人民，死亡山积。现仍节节迫攻。泉城军队，谨守防线，莫能救援，数万生灵，命悬一线，呼吁无路，有泪难挥，小民何辜，受此荼毒。除电呈大总统、国务总理迅电防队，设法救护外，谨沥恳主张人道，相与维持，以重民命而解倒悬。不胜迫急待命之至。晋江县商会长苏华、黄为宝，华侨公会代表杨滋厚，教育会长陈铭，农会长洪里仁，实业研究会长林翀鹤叩。冬。

> （《晋江各团体电》，《申报》1920年9月10日，"公电"）

朱执信致孙中山电
（1920年9月3日）

粤军公报，许卅克老隆，卅一午克龙川，进至梅村。洪军已至平山，昨开始总攻击。竞存请先生亲致函林虎，假以词色，劝其助我。符。（三号八点二十分由香港发）

> （《革命文献》第五十一辑，第245页）

卢师谛致孙唐伍三总裁电
（1920年9月3日）

孙中山、唐少川、伍秩庸三总裁钧鉴：

马电敬悉。西南无主，国势阽危，目前师次简阳，与同盟各将领熟筹，咸谓渝州下临楚吴，北接秦陇，居中统驭，莫利于斯，是以有皓电之发。兹国会由滇移渝，尤祈诸公乘轮西上，早莅渝城，俾合法政府迅速成立，根本计划逐渐进行，治民出兵，有所依赖。国家大幸！特电促驾，无任钦迟。川军第二军军长卢师谛叩。江。

> （《成都卢师谛来电》，《申报》1920年9月13日，"公电"）

陈炯明致孙中山电

（1920 年 9 月 4 日）

（一）欲［却？］军进行极速，兵站追赶不及，汕头筹款，缓难济急，以至中央军到紫金后，绝粮两日，下乡乞米，向士兵借款买菜，停顿不能出发攻敌，几误大事，炯明老隆接堵，五内焦焚，务请尊处速筹速汇，或带纸币到汕批换，以济眉急。（二）潮梅至惠各路均数百里，行军极为困难，现已迫近敌人，攻击河源、惠阳之敌，日间定有捷报电陈也。

（《陈炯明集》上卷，第 480 页）

谭延闿致孙中山等电

（1920 年 9 月 4 日）

广州军政府岑、温、林总裁、各部长、参众两院、莫督军，南宁陆总裁、谭督军，云南唐总裁，贵阳刘督军并转王总司令，成都熊督军、杨省长，漳州陈省长、吕督办、方会办，三原于督军、张会办，夔州黎总司令、蓝、张总司令，上海唐总代表、孙、伍总裁、林、吴、王、褚议长、孙伯兰、章太炎先生，天津熊秉三先生，护法区域各镇守使、各总司令、各师、旅、团长、各省议会、各教育会、各商会、各报馆、各省同乡会均鉴：

故陆军中将零陵镇守使刘建藩，首树义旗，迭摧强敌，功在民国，身死疆场，数年来窀穸未安，举国同悼。前经国会议决国葬，由军政府公布施行，兹经延闿派员设立刘公营葬事务所于长沙陆军测量局，定于本月十二、十三、十四等日开会追悼，十月十七日出殡安葬。除电请军政府，如例派员致祭外，用特电达台端，即希派员届时与祭，以崇典礼，而彰隆谊。承赐诔挽，请迳寄交该所。毋任企祷，并盼见复。谭延闿叩。支。印。

（《军政府公报》修字二百十一号，1920 年 9 月 22
日，"公电"）

谭延闿、赵恒惕致孙中山等电
（1920 年 9 月 5 日）

孙总裁、伍总裁、唐总裁、孙伯兰（余衔略）① 均鉴：

顷接宥寅通电，至为悖谬。查王正雅所部自民国以来，屡
经故变，反复无常。此次湘军复湘，王正雅内怀疑二，□□□
地，以致中途被戕。王宥寅自居□号，盘踞□□。延闿不忍以
兵驱除，使地方受害，迭次派员晓以大义，曲予成全，而王宥
寅包藏祸心，阳示服从，阴行勾结，编土匪朱云五为第八梯团，
助以兵械，扑攻永顺，裹胁匪徒，肆行劫掠。据清乡同□陈渠
珍、辰沅鄂尹李菱先后呈报：击毙匪徒皆以该部符号，并揭获
□示多件，据函□据确凿，业已派兵前往查明严办。不意其诪
张为幻，一至于此。湘人沉沦水火，四载于兹，此次迫于自决，
雪涕兴师，牺牲至巨，扶伤救死，犹惧不遑，苟有人心，岂忍
再行扰乱桑梓？治安攸关，军人责任所在，断断不容少数叛军伪
托名义，偷窃一隅，破坏全局。已电常澧辰永军队前往，勒令取
消，听候解决。如仍怙恶不悛，恃为公敌，惟有声罪致讨，歼厥
渠魁。即援此罪共弃之条，分非不教而诛之比，庶伸法纪，以保
公安。诸公主持正义，垂念湘艰，敢布悃诚，伏维鉴察。谭延
闿、赵恒惕。歌。

（《北洋军阀史料·吴景濂卷（三）》，第 545～550
页）

---

① 电码未译出。——编者

谭延闿致西南各要人电

（1920 年 9 月 6 日）

（衔略）①　西南起义护法，四载于兹，人民流离，能无深痛。此次粤中战事，于护法前途关系尤大，若使兵连祸结，内部溃裂将无已时，妨害大局实非浅鲜。

现今各省自治之说，呼声甚高，将成事实。诚以吾国地大人众，各省风气不同，而爱护乡土之心，则无不同。年来军阀妄人，多因地盘问题，明争暗斗，屡启戎机，而卒之寡助之至，不敌舆情，百无一成，是其明证。徒贻斯民以痛苦，并不能达一己之野心，皆昧于斯旨所致也。当此世界潮流，趋于民治，对于民族自决，已无反对之余地。吾人熟观大势，但当迎机利导，借各省人民自保之力，以保其国家，不独互相尊重，可以息争，且可永泯猜嫌，共图兴国。延闿之愚，以为今日解决国家问题，必以励行各省自治为急，一切纠纷，可以立断，一切战祸，无自而生。即可于西南各省为之首倡。干老对于粤事，屡宣言绝对无利粤之心，磊落光明，人所共信。日公官粤已久，同悉粤情，必不欲粤桂唇齿之邦，久沦兵祸。同居护法旗帜之下，何事不可相商，苟为粤人多数心理所趋，亦不必以兵戎取得。延闿窃谓干老若出而主持，察粤人公共主张，为粤桂谋永久福利，以粤事决之粤人，俾确立粤民自治政府，廓然大公，桂粤之间，必当更增融洽，将来一切生产事业，获益更多。竞公爱国爱乡，亦当早息干戈，言归于好，仍合西南各省，共同护法，贯彻初衷，永奠邦基。

延闿鉴于近事，深知武力之不可恃，内讧之不可久，民心向背，即成败所关，毋为消耗军实，以求逞于一时，致使建国大义，数载艰辛，败于局部。可已而不已之争，为有识所叹息，关弓垂涕，窃有愚心，诸公患难与共，同抱忧危，如以鄙见为不谬，即乞

---

① 报载衔略。据内容看，致送对象应包括孙中山。——编者

共进忠言，力扶大局。言出肺腑，贮［伫］望明教。延闿。鱼。

（《谭延闿主张粤人治粤》，上海《民国日报》1920
年9月14日）

许崇智致孙伍唐三总裁电
（1920年9月6日）

崇智于八月三十日占领老隆，三十一日占领龙川县，即分两路
向河源进攻。于本月六日，完全占领河源县。计获敌枪三千余支，
机关枪二十余架，大炮六门，炮弹枪弹辎重无算。敌死伤及在河中
溺毙者约千余人，俘虏敌官兵二千余人，并获敌攻闽总司令卓贵
廷，及统领、帮统、营长等十余人。是役河源附近之敌，约五千余
人，全部破［被］灭。对河左岸，有一部系陈坤培所部之一旅，及
刘达庆、江永隆所部各二营，昨为我军击散，现各部队正在追击中。
惠州城已由我左翼军、中央军夹攻，谨闻。崇智自河源城发。鱼。

（《粤军报告攻惠战况》，上海《民国日报》1920年9
月21日）

陈炯明致孙中山等电
（1920年9月8日）

上海孙、伍、唐各总裁、林子超议长、章太炎、孙伯兰、汪精卫、
胡展堂、徐固卿各先生、民国报馆、广肇公所、潮州会馆、嘉属同
乡会，云南参众两院、吴议长、褚议长、唐总裁、李部长、各师旅
长，贵州刘联军副司令、王总司令，四川吕总司令、杨省长，川滇
黔各师、旅长，陕西总司令，长沙谭督军、各师旅长、周道腴先
生，鄂西黎总司令，广州省议会林总裁、汤次长、林籁亚舰长、阮

参谋长及各舰长、吕总司令、魏厅长、李镇守使，肇庆林镇守使，琼崖李督办，钦廉陆镇守使，黄督办及各团体、各报馆，漳州浙军叶参谋长、苏旅长，安海陈师长鉴：

自潮梅收复后，莫氏即倾全力顽守惠州。我军分三路入惠，兹据左翼军先后报告：东日驱逐三多祝之敌，江日进攻平山，敌将马济率一混成旅踞险抵抗，剧战数时，被我军包围击破，残敌向惠城退却。是役降敌数百人，夺获步枪五百余枝，速射炮四门、水机关枪六挺、子弹十余万。又据右翼军先后报告：敌盘踞岐岭铁场老隆一代天险，被我军节节突破，冬日遂收复老隆、龙川。是役毙敌三百余人，夺枪五百余杆、军用品无算。我军乘胜进攻，江日遇敌于义合，敌负固抗拒，歌日我军主力由右岸进迫，剧战两日，遂攻破河源。是役敌兵五千之众，有陈坤培所部，卢炎山一混成旅在内，均经击溃，计获枪一千余杆、机关枪十一挺、七生半炮一门，枪炮弹无数，敌死伤数百，俘虏二于〔千〕余，并击沈南海轮船一艘，溺毙官兵百余，溃敌千余人，现在包围搜索中。又据中央军先后报告：我军克复永安后，即进攻相铺、蓝塘，敌人望风披靡。我军遂即分路进击石公神、古竹、横沥一带，横断东江，策应左右翼作战各等情。查敌主力分布河源、平山两处，现被我军歼灭过半，惠城现有数营，不难一鼓而下。又敌由海道运兵，希图在汕尾登陆，袭我后路，迭被我军击退，志不得逞，并以奉闻。炯明。

（《陈炯明集》上卷，第 482~483 页）

基督教救国会致孙唐伍唐四总裁书
（1920 年 9 月 9 日载）

孙中山、唐少川、伍秩庸、唐蓂赓各总裁均鉴：

国际联盟瞬将开会，我中国代表迄未派齐。

按南北今日外交地位，凡属中国重大问题，皆由双方协定。前此欧洲和会专使三人中，北方所派者二人，实际上南方所派，名义上由北方加以特任者一人，北方所派为陆征祥、顾维钧，南方所派为王正廷。故虽至日本希望山东问题与我直接交涉，北政府亦催王正廷专使北去，不遗余力。此外关余、盐余，亦属南北分配，而国内和议，则取对等形式。凡此先例，皆属定程。盖国内今日虽因督军分裂，国家主议，原仍一个，故对外必须协同，以示一致。

今国际联盟代表，事体何等重大，故北方派至二人，即不能再派，此外一人必须南方指定，然后加以特任。连日北方专电所传，或于王正廷专使，或于伍朝枢次长，皆欲试征同意，然二君皆不能有所表示接受。故今日盟会专使不能派齐之故，其责任不在北方而在公等。公等为军府总裁之多数，行使职权，责无旁贷。南方今日虽因护法分裂，国会迁移，然是皆属于内争，对外义当一致，即反对者亦岂能以此供政争之具。国际联盟，为全国公意所注集之点。前此国民既尝出万死以争此一线之机，今若竟敢有人冒天下不韪，挟私愤以败国计，则其人之甘居戎首，自属无疑，天下将集矢于彼，公是公非，自有定论。今若公等责任在身，而静默不作一语，则天下之责难，将维公等是指，而不能稍有所诿。

国家对外为重，务望迅选贤能，派赴欧洲盟会，为我国代表，以抒大难，并速备提议各案，力争国权，全国幸甚。

基督教救国会叩

（《促各总裁派联盟代表》，上海《民国日报》1920年9月9日）

李烈钧致孙中山、陈炯明电

（1920年9月9日）

孙总裁转粤军陈总司令鉴：

连接哿、有两电，欣悉大奋神威，五日之间克复潮汕，将敌扑灭殆尽，武器辎重完全入手。先声所播，贼胆已寒，从此因利乘便，督师进讨，五岭不足平也。烈钧远羁蚕业，未获亲来相助，已饬在湘滇赣军，即日进攻北江矣。烈钧。佳。

（《李部长饬滇赣军助粤》，上海《民国日报》1920年9月25日）

谭延闿致孙中山等电
（1920年9月9日）

火急。广州军政府岑总裁、林总裁、各部长、参众两院、莫督军，南宁陆总裁、谭督军、李省长，云南唐总裁，贵阳刘督军并转王总司令，成都熊督军、杨省长，漳州陈省长、吕督办、方会办，三原于督军、张会办，夔州黎总司令、蓝、张总司令，上海唐总代表、孙、伍总裁、林、吴、褚、王议长、孙伯兰、章太炎先生，天津熊秉三先生，护法区域各镇守使、各总司令、各师、旅、团长、各省议会、各教育会、各商会、各报馆、各省同乡会均鉴：

　　湖南护法战役阵亡将士追悼大会，定于九月廿日、廿一、廿二等日，由各界分日莅会追悼，特先电达。凡承惠赐挽诔，请先期迳送该会筹备处为荷。延闿。佳。印。

（《军政府公报》修字第二百十一号，1920年9月22日，"公电"）

曹锟、张作霖等致孙中山等电
（1920年9月10日）

急。广东岑西林先生，南宁陆上将军，广东林悦卿先生、温钦甫先生、莫日初先生，南宁谭月波先生，长沙谭组安先生，天津黎宋卿

先生、熊秉三先生、严范荪［孙］先生，正定王聘卿先生，南通
张季直先生、上海唐少川先生、伍秩庸先生、孙中山先生、孙伯
兰、吴莲伯、王儒堂、章太炎、汪精卫、张溥泉、胡汉民先生，各
省议会、各教育会、各农、工、商会，各报馆鉴：

　　兹复云贵唐、刘二公一电，其文曰：云南唐督军、贵州刘督军
均鉴：接读宥日通电，尊重和平，促成统一，语长心重，感佩同
深。就中要点尤以注重法律、外交两问题，为解决时局之根本。群
情所向，国本攸关，锟等分属军人，对于维持法纪，拥护国权，引
为天职，敢不共矢初心，勉从两君子之后。所希望者，关于和议之
进行，务期迅速，苟利于国，不尚空谈，精神既同，形式可略。查
此次西南兴师，所揭橥者为两大义：一曰护法，一曰救国。南北当
局但能于法律问题，持平解决，所谓军职问题、民治问题，均系根
据国会及国会所制定之宪法逐渐实施，决不宜舍代表民意之机关，
而于个人或少数人之意思，为极端之主持，致添纷扰。是法律问题
之□，究当以国会问题为根本，即军职之存废，及民治之施行，亦
当以国会为根本。现在新旧国会放弃职务，不能满民人之愿望，复
党派关系，不足法定人数，开会无期，而时效经过，尤为法理所不
许。值此时局艰危之际，欲图救济，舍依法改选，更无他道之可
循。使能根据旧法，重召新会，护法之愿既达，则统一之局立成。
此宜注意者一也。至于中国国家，实因列强均势问题而存在，国际
关系与国家前途之兴亡至为密切，前此沪会停滞，实以外交问题为
主因。即北方内部之纷争，亦由爱国军人与专恃奥援、不知有国只
知有党之军阀，为公理与强权之决战，差幸公理战胜，违反民意之
徒，业经匿迹销声。嗣后中央外交之政策，应以民意为从违，在南
北分裂之际，无论对于何国所订契约，皆应举而诉诸舆论。国本既
固，庶权始成。此应注意者二也。若夫和议方式，尤宜以早日解决
为旨归。军事收束，特设委员会，尤为施行时所必要。此皆中央屡
征同意，期在必行，毋庸过虑者也。总之，时局日艰，民困已亟，
排难解纷，当得其道。凡我袍泽，果能及早觉悟，不事私争，所谓

护法救国之宗旨，均能圆满解决，则同心御侮，共谋国是。人同此心，何敢自外，两公主持和议，情真语挚，敬佩之余，用敢贡其一得，希即亮察，伫候明教等语。特录奉闻，敬求赐教为幸。曹锟、张作霖、李纯、齐耀琳、王占元、何佩镕、倪嗣冲、聂宪藩、陈光远、戚扬、卢永祥、沈金鉴、李厚基、田中玉、齐耀珊、赵倜、张凤台、阎锡山、陈树藩、刘镇华、鲍贵卿、孙烈臣、张广建、杨增新、姜桂题、蔡成勋、王廷桢、马福祥、何丰林、吴佩孚、张文生。蒸。印。

（《北方各省大吏之重要通电》，长沙《大公报》1920
年9月14日，"要电"）

湖南省议会致孙中山等电
（1920 年 9 月 13 日）

广东军政府岑、伍、孙、唐、陆、唐、林总裁钧鉴：

张逆敬尧，踞湘三载，侵夺公私财产，数至三千余万，自应全数籍没，悉充赈恤湘民经费，业于删电声明在案。查傅逆良佐前年去湘，在湖南银行卷款二百万，现在湘省财政奇绌，罗掘俱穷，张、傅二逆卷款，万难放弃。特恳钧府迅赐转电北廷，务使概行负责□还，以重公帑，而苏民困。毋任感祷。湘议会叩。元。印。

（《省议会电追张傅卷款》，长沙《大公报》1920 年 9
月 14 日）

林森、吴景濂致孙伍唐三总裁电
（1920 年 9 月 17 日）

同人等文（十二）日由汉展轮，本日抵夔府，准皓日（十九）

抵渝。沿途平适，知念谨闻。林森、吴景濂。筱。叩。

（《国会议员电告抵渝》，上海《民国日报》1920 年 9
月 21 日）

北京粤事维持会致孙中山等电
（1920 年 9 月 18 日）

上海粤侨商业联合会、广肇公所、潮州会馆、嘉应同乡会、华侨联
合会、孙中山先生、唐少川先生、伍秩庸先生、康长素先生、汪精
卫先生暨驻沪广东同乡诸公均鉴：

粤局危急，旅京粤人公组本会，发表公意，维持粤事，迭经决
议粤人治粤，厉行民政。兹议决目前办法：（一）废督以杜客军野
心。（二）民选省长，恢复自治。（三）禁烟赌，除苛捐。（四）一
切募债、借款、鬻产，概不承认。（五）客军未离粤境以前，停纳粮
捐。（六）凡海陆军助虐祸粤者，粤人视为公敌。凡粤人隶客军者，
即应反正。（七）付托陈总司令暂维全省治安。以上务祈一致进行为
祷。粤事维持会叩。啸。

（《京沪粤人一致除恶》，上海《民国日报》1920 年 9
月 22 日）

曹锟致孙中山函[①]
（1920 年 9 月 19 日）

中山先生伟鉴：

敬启者：远睽光霁，久诵清芬；景仰下风，莫由瞻拜。伏以先

[①] 原函未署年份，信封印有"直鲁豫巡阅使"字样。查曹锟任直鲁豫巡阅使为
1920～1922 年，据内容判断，此电似为 1920 年初就此职之时所发。——编者

生勋在国家，望隆泰斗，万流仰镜，垂不朽之谋猷，四宇承风，溥无疆之福利，云霓在望。洄溯维殷，锟忝领畿疆，愧无建白，盱衡时局，惧切临深。所冀遥垂指教，幸分照以余光；何时慰此心仪，得趋承夫绪论？关山远阻，徒有神驰；楮墨粗陈，莫倾胸臆。肃此奉布，不及一一。敬颂

勋绥，惟希

荃察

曹锟谨启　九月十九日

孙中山批：不答。

（《国父墨迹》，第 432 页）

旅京粤事维持会致孙中山等电

（1920 年 9 月 20 日载）

上海孙中山、唐少川、伍秩庸、汪精卫、胡汉民诸先生、广肇公所、各团体，香港报界公社转广东省议会、自治研究社、总商会、九善堂、七十二行、报界公会、教育会、学生联合会、粤籍国会议员、军警各界诸公鉴：

吾粤苦桂军荼毒久矣。天诱其衷，粤军仗义，所向皆捷，粤人重睹天日，曷胜雀跃。本会以代表公意，维持粤事为宗旨，迭经决议：（一）绝对否认岑、陆代表吾粤，并驱逐莫、杨，以苏民困。（二）凡粤籍军民长官，宜深明大义，援助粤军，勿为虎伥，甘作公敌。（三）海军受吾粤供养，应尽宾主之谊，勿为人利用，糜烂地方，永留恶感。务祈一致进行，粤局幸甚。粤事维持会董事叶夏声、梁广照等叩。

（《粤人治粤之大运动》，上海《民国日报》1920 年 9
月 20 日）

刘湘等致军政府各总裁等电

（1920 年 9 月 21 日）

广东军政府各总裁、各部、国会，北京大总统、国务院，各省巡阅使、督军、省长、都统、护军使、各师旅长、各报馆、各团体，刘总司令、赖司令、熊督军、但军长、余总司令、袁旅长、张司令、陈师长、刘旅长、陈镇守使、王司令均鉴：

滇、黔祸蜀，实出唐继尧个人之野心。当此南北议和之际，乃肆侵略疆土之谋，勾结熊督部下五师师长吕超，饵以川滇黔副司令，嗾令称兵犯上，出全力以助叛逆，欲以遂其亡蜀属滇之毒计。血战数月，窃据成都。

湘等忝领师干，职守国土，誓死保护省区，以拥护约法组织民国之个体。幸赖各师、旅、团协力一致，克复成都。滇军长顾品珍、赵又新率兵六混成旅，扼据龙泉驿山险，反攻成都。我九师师长杨森、混成旅旅长唐式遵、第三师师长邓锡侯、第三军旅长张成孝、陈国栋、蓝世钲、第一师师长田颂尧暨第二师等，各抽部伍，奋力仰攻，血战七昼夜，死伤众多。滇军乘势包围省城。湘等登陴固守，暨奉熊督及刘总司令电，令湘为前敌各军总司令，成勋为成都卫戍总司令，分任作战筹备事宜。即于皓日以世钲之一部，担任城防，其他突围反攻，分兵三路：锡侯、颂尧率唐师之李支队为左翼队，攻克北路；国栋、成孝率第三军各团营为右翼队，攻据兵工厂、白药厂；湘为前敌总司令，率第二师兼中路队；森率唐旅为总预备队，攻据牛市口。是日各路会攻，滇敌顽强，我军奋勇，鏖战两日一夜。中路队杨师唐、张、王三旅，督饬部伍，奋力齐攻，击溃滇军朱、耿、项三旅，击毙旅长一员暨团长两员，及官兵甚众，生擒团营长，追逐数十里外，我军完全占领大面铺、龙泉驿。湘部梁、李、达三团长，先后受伤，勋部邱营长受伤，二营长阵亡，侯部谢纵队长阵亡。左翼一、三两师，攻据西河场。

滇军田、杨、金三旅，田师击破敌军，勇猛追逐，激战最烈。邓师于青龙场攻取龙潭寺，占领西河场。右翼陈旅攻破吕超、杨春芳及滇军之一部之敌，全完〔完全〕占领兵工厂、白药厂。我左路之何旅长光烈、喻旅长堡栋、张旅长冲，前已攻敌后方，占领简阳，继因回顾省城，各率所部抵镇子场，袭敌侧背，击溃滇军，与本部收夹击之效。马日该敌完全为我军击溃，正在分头围剿追击，已不复成军。

此次川军为正当防卫之计，不得已誓死拼敌，幸免危险。况同是中华国民，川人何幸，屡为滇、黔所蹂躏，使各省恃强效尤，则二十二省，立见分裂。夫以邻省侵伐邻省，自残同袍，国法何在，人道何存，破坏国家，莫此为甚，南北诸公，何忍坐视？深望主张公道，同声义愤，共张挞伐，俾得早日解决川局，救民水火，实举国前途之幸，岂独川民受赐已哉。即以川、滇、黔一隅而论，以外省而干涉他省内政，被干涉者固受其害，即干涉者亦终归于败。旷观中外，已成历史惯例。故现今各国，均守不干涉别国内政为原则，比例相寻，成败昭然。滇、黔不乏明达，当不任唐继尧个人之专横，以害我三省同胞于无既也。临电悚然，伏惟垂察。军长刘湘、刘成勋，师长邓锡侯、田颂尧、唐廷牧、杨森、陈能芳，混成旅长陈国栋、张成孝、蓝世钲、唐式遵、喻培棣、张冲、何光烈，旅长王丽中、张秉升同叩。马。印。

　　（《川省各军官通告击败滇军电》，长沙《大公报》
1920 年 10 月 17 日，"要电"）

广东各界联合会致孙中山等电
（1920 年 9 月 21 日）

分送广东省议会、教育会、报界公会、总商会、学生联合会、各社团、各善堂、各地学生联合会、各报馆，上海孙中山先生、唐少川先生暨旅沪同乡会，北京叶夏声先生暨旅京同乡会诸公均鉴：

吾粤苦军治之荼毒久矣。曩者龙氏去粤，我三千万同胞，以广东为护法中心，以为自是厥后政治刷新，吾民有昭苏之望矣。乃起视四境，民不聊生，疮痍满目，元气之伤，日甚一日。地方之扰乱也如故，官吏之横暴也如故，军队之奸淫也如故，税捐之苛抽也如故，良民之滥杀也如故，庇烟开赌之种祸全粤也又如故。噫嘻痛哉！谁实为之？孰令致之？即今日罪恶弥天，千夫所指，咸欲食其肉而寝其皮之陆荣廷、莫荣新也。

莫氏踞粤，迄今四稔，暴戾恣睢，作恶务极。盗卖我公产，迁掘我坟墓，强夺我图书，勒拆我商店，偷运我军械，骗铸我银毫，图割我钦廉，假揭两广自主之旗号，妄肆个人专制之毒，置人言于不恤，等法律于弁髦。新闻记者，捏罪诛锄；救国学生，任意摧残；省会经议决之咨文，概归无效；粤军领饷械之函电，置若罔闻。尤其甚者，把持军府，驱逐总裁，恃拥兵权，擅任省长，局部谋和，图桂系地盘之巩固，破坏护法，迫西南团体之分裂。程公璧光，则因督军问题而被戕，张君开儒，则以部长见忌而被禁。近且迁怒海军，暗置水雷，谋炸战舰，纵广西之恶探，偷插赃物，倾陷善类。此其狼子野心，毫无人道，战争罪状，罄竹难书，固神人之所同嫉，亦天地之所不容。

迩者粤人觉悟，义军四起，不约而同，声讨此獠，迭陷城邑，天意人事，概可想见。我陈总司令炯明，应天顺人，班师返粤，扫除孽障，还我山河，志在拯吾粤民于水火，维西南之残局，苦心孤诣，实予国人以共见。夫粤军当时奉令援闽，饷械既穷，后援复绝，孤军远战，万死一生，尤复陷阵冲锋冒险前进者，为护法也。追沪上和会既开，军府即下令停战，其时战胜攻取，士气方雄，亦肯划地分防，整理民政，静待法律解决者，为救国也。乃陆荣廷、莫荣新等生性凶暴，排斥异己，不特罔念勋绩，且反挟其大广西主义，急图吞并广东。乘皖直内讧之结果，遂甘冒不韪，大举无名之师，□以致我劳苦功高始终护法之粤军。我陈总司令明知兵凶战危，原不欲轻动干戈，涂炭生灵，然以贼军节节进逼，衅自彼开，故虽众寡悬殊，而犹忍痛冒死，敢回师与抗者，为救粤以救国也。今幸义愤所激，将士用命，人心归向，不旬日而潮、梅、嘉、惠各属以次克复，义旗所指，贼胆先寒。甫一交绥，桂军大溃，鹅岭羊城，迩在咫尺。乘此破竹之势，长驱直进，痛饮珠海，复我故都，易如反掌。将见广东之巨害既去，护法之大业告成，从此平民政治之精神，可望实现，而根本救国之目的，亦由是而达矣。凡我粤人，正宜壶浆箪食，踊跃欢迎。

夫粤军返粤，护法凯旋，卫国保民，堂堂正正。此就事实上言，宜欢迎者一也。昔陈公曾督粤而粤治，师次闽南而闽南治，今次回粤复执政权，其建设布施，必优于无学识无经验之游勇贼魁，敢为预决。此就理论上言，宜欢迎者二也。粤人治粤，犹之湘人治湘，蜀人治蜀，滇人治滇，浙人治浙，均时势所趋，先例可据。此就地方关系上言，宜欢迎者三也。陈公为护法之中坚，与孙、伍、两唐诸公，尊重民意，均主张排除军阀，废督裁兵，极端反对复辟。与桂系联直局部议和之种种分赃条件，及暗中酝酿之惊人事实，迥不相侔。此就个人宗旨上言，宜欢迎者四也。

公等或为乡邦硕望，或为爱国青年，言重鼎山，明察秋毫，振臂一呼，阴霾尽散。诛一夫纣，还我使君，时机已熟，更勿徘徊。望援古人抚我则后，虐我则仇之义，各本天良，各尽能力，合词驱贼，迎我元戎，为国家收未死之人心，为吾粤图永久之治策。庶几大局早定，政象刷新，社会之安宁可期，人权回复，国民之幸福可享矣。迫切陈词，尚祈鉴谅。广东各界联合会理事谢英伯、张启荣等叩。马。

（《欢迎粤军回省靖难电》，上海《民国日报》1920年9月26日）

林德轩致孙中山函①

（1920 年 9 月 21 日）

先生钧鉴：

南北和议，自最近形势观之，似已无望；藉令有望，亦非吾人之所望者。两方阴谋分配权利，置人民于脑后，置革命之真义于不顾，我真正之民党，岂能容忍之乎？故曰藉令有望，亦非吾人之所望也。

湖南之北军，必须驱除，凡真正之同志，皆认此事为一种极重大之义务，誓集全力，以达其目的，固不待论矣。……德轩有见于此，故自桑植移防来辰，即与田君凤丹、张君容川妥议。适旧同志荆君嗣佑自上海归，力主民党同盟独立解决之议，与德轩所怀若合符节，田、张二君亦能倾心信从。凤丹在辰，资望较重，兵力较厚，自幼与德轩同学，富有肝胆，若有举动，自当推之为军事之主干。万一和议决裂，即拟下攻常德，德轩自任前锋之责。……左右支撑，其事非易，其最高策源地，不能不禀命先生，愿先生有以教之。若能聚精会神为湘事谋解决，革命党前途一线光明，或即伏在于此。

凤丹派李君劲为剑光兄治丧，晋谒钧座，乞赐温谕。李君诚实，足为吾党健者。荆君于联络同志，努力自主一层，谋之甚细。兹着其密诣钧前，并可将函中不能具述各情，逐一陈明。专此，敬叩
钧安

　　　　　　　　　　　　林德轩启　　九月廿一号

孙中山批：答以：昔孔明未出中原，先擒孟获。吾党今日欲有发展，非先平桂贼不可。往岁长岳之役，则受桂贼这害也。如湘西将士，欲为图造福巩固共和者，必当先联络一气，秣马厉兵，与闽

---

① 此函系由李劲面呈孙中山。原函未署年份，据内容似在 1920 年。——编者

中同志同时并进。湘则南入柳、桂，闽则西略湖、惠，而桂、粤内部亦同时起，则桂贼可一朝扑灭也。粤、桂、湘三省完全为吾党所有，然后再图武汉，则事有可为也。湘西、湘南各同志以为如何？

（《国父墨迹》，第 424 页）

林森、吴景濂致旅沪南方要人电
（1920 年 9 月 26 日）

（衔略）① 国会军府原由诸公一致之主张，复经两院联合会在滇议决，森等于本月皓日抵渝，现假重庆总商会为两院院址，一俟滇中同人到齐，即定期集会。

惟思西南护法数载，虽未能立竣全功，而基础已臻稳固。不幸祸起萧墙，叛生肘腋，国会军府，同时播迁。溯自岑春煊勾结北庭，密商投降条件，迫使伍总裁暨森等离粤，西南政府几至中断。近复变本加厉，怂恿桂系压迫粤军，无端寻衅，冀欲歼尽护法同胞，去其投降阻力而后快。滇军有功于粤，既被迫之徙湘，粤军无害于桂，复不容其居闽，居心狠毒，无与伦比。今者天向共和，滇军已克自立于湘，粤军复能长驱返粤，国会军府，仍得从容移设渝城，正统于焉有属，国脉幸尚未断。所谓邪不敌正，要亦诸公热忱护法，有以感召。

惟此次兴师，初谋恢复约法之效力，继而进图亡国密约之废弃，护法、救国两主义为吾辈举义之宗旨，亦即吾辈应始终坚持之主张。迩来北庭信用益失，穷蹙愈甚，纷向护法各省日肆诡谋，挑拨离间，阴构阳煽，无所不用其极。名为单独媾和，实则分途诱降。倘非护法诸公洞烛其奸，详审利害，鲜不堕其毒计。岑、陆之倒行逆施可为明证。森等忝为国民代表，蒿目及此，愧愤同深。惟

---

① 原文如此。据内容，该电当致送孙中山。——编者

冀诸公益加奋勉，念非终持法系，无以立国，非废除密约，无以救亡，坚持素志，贯彻初衷，速联西南各省，重组军府，以立代表国家之中枢；团结西南内部，移师北伐，以竟护法救国之全功，国家幸甚。谨布区区，伫候明教。林森、吴景濂叩。宥。

（《旧国会议长自渝拍发之通电》，《申报》1920年10月6日）

魏邦平致孙伍唐三总裁等电
（1920年9月27日）

孙、伍、唐总裁暨同乡诸公鉴：

此次粤军持粤人治粤宗旨，整队由闽返粤，被桂军抵抗，相持于东江，糜烂地方，不堪言状。爰率所部及舰队，于沁日陈师珠江，集中鹅潭，占领中流砥柱及车歪炮台各要隘，与福军一致进行。谨先电闻，伫候明教。魏邦平叩。沁。

（《魏邦平宣布独立电》，上海《民国日报》1920年9月30日）

谭炳华致孙中山等电
（1920年9月28日）

上海孙、唐、伍各总裁、汪精卫、胡展堂、徐固卿各先生、广肇公所、潮惠会馆、旅沪粤事维持会、旅京广东公会，各省议会，各报馆，广东商、学、军、警各界诸君钧鉴：

潮梅一呼，义声四应，贼胆虽寒，大勋未集。炳华漾日为书，敬告省会，及时奋起，敬告粤人，实行自决，敬告莫氏，定计去粤。如天之福，魏、李一致同仇，同志相继附义，莫氏去粤，势必然矣。今之大计，一在肃清，二在善后。昔龙济光以孤军守围城之中，滋蔓不图，贻祸琼岛，其事不远，可为殷鉴。此肃清之所宜注意者也。濒年丧乱，患在兵多，将欲去兵，必先废督。废督之议，倡自浙省，行诸滇黔，湘人主之，孙总裁、陈总司令之所赞同也。督制既废，厉行自治，提倡文化，吾粤始有一线之生机。目前地方治安，自有举义各将领与陈总司令一致共相护持。为治之道，莫急于此，此善后之所宜注意者也。以上二端，望一致主张，以造福于我粤人，惟共图之。广东省议会副议长谭炳华叩。勘。印。

（《粤人主张废督通电》，《申报》1920年10月4日）

粤军第四路司令任鹤年、王作标致孙中山等电

（1920年9月28日）

上海孙、唐、伍各总裁、孙伯兰、汪精卫、胡展堂、徐固卿各先生，广州林总裁、海军汤次长、林司令、各舰长、省议会暨各团体，云南参众两院议长、议员诸公、唐总裁、李部长、各师旅长，贵州刘联军副司令、王总司令、蓝总司令、杨省长，川滇黔各军师旅长，陕西于总司令，长沙谭督军、赵总司令、各师旅团长、各司令、周道腴、李执中、仇亦山各先生，鄂西黎总司令、柏总指挥，沪、粤、湘、汉各报馆均鉴：

民国成立，政变纷纭，国本动摇，生灵涂炭，我西南各省兴师护法，国会南来，旗帜何等鲜明，精神何等结合。自停战议和而后，政客武人，为鬼为蜮，不惜以国家为孤注，等法律于弁髦。如莫荣新者，居心阴险，处事凶横，始则暗杀程公，推翻元帅；继乃驱逐国会，逼走总裁，护法中枢，于以坠地；犹复横征暴敛，媚敌求荣，以军队供党争，视邻省如属□，无一不违反民意，无一不倾覆国基，诚民国之罪魁，实护法之蟊贼。陈总司令吊民伐罪，义正词严，出师未及三旬，复地已逾千里，妖氛荡靖，指顾可期。鹤年

等以总司令委托之重，各袍泽督责之殷，出领师干，同伸义愤，爰于本月〔日〕在香山金斗湾集中所部，克日出发，进讨逆军。惟是任重才疏，深虞陨越，乞赐明教，俾使遵循。毋任盼切。粤军第四路司令任鹤年、副司令王作标叩。佥〔俭〕。印。

（《任鹤年等声讨莫荣新通电》，长沙《大公报》1920年10月14日）

林葆怿宣布调停办法通电

（1920年9月29日）

（衔略）粤局蜩螗，环生险象　内纷不能解，唇齿俱亡，言之迭为心痛。葆怿率舰南来，于兹四稔，对于地方人民，凤具维持治安之责。当此忧危同抱之际，则居间调停之任，义何敢辞。先经分电莫督军、陈总司令，请其明令双方先行停止战事上之行动，提出具体办法，辱承莫督军开诚容纳，心迹昭然，惟陈总司令以远道稽迟，再电驰催，尚未见答，果能友诚相见，则前方之解决，当不为难。

惟近省一带，舟车不通，人民以为大祸之将至，迁徙皇皇，日中不市，揆诸治安之道，大非所宜。复商请李镇守使，魏厅长开具对于目前维持两方免生冲突，先定各界限办法，其文曰：（一）在调停期内，无论各江及各铁路，双方俱不能调兵来省城，只准少数部队（不得过二十人）护送粮食等项往来，但电信、轮船、铁路等与公共交通有关者，不能遮断或毁坏。（二）福、魏两军现已占领之界域为车尾〔歪〕炮台至中流砥柱，沿河黄竹岐、金山、石门等处，河南芳村一带，马口、三水河口至石围塘。但以上所列各地，限于现有兵书〔？〕照常驻扎，不得加兵，不得移防，不得彼此侵越，不得招募绿林等语。当经转送莫督军核定一切，均荷曲全，双方画诺，各饬所部遵守，此则划定界线，不相侵越，即以安商旅行之人心，为和平调停之导线，但期此后循轨进行，各顾大局，则纠纷无难立断，祸乱无自而生。磊落光明，足为全国所信仰。粤桂之福，即国家之福也。特电奉闻，伫候明教。林葆怿叩。艳。印。

（《海军部通电》，长沙《大公报》1920 年 10 月 13 日）

李烈钧致孙中山、陈炯明电

（1920 年 10 月 1 日）

上海孙总裁请转陈总司令鉴：

沁奉齐电，并港沪消息，欣悉我公连克河源、老龙，旋下惠州，遽听凯歌，不胜额庆。我公此次举义，师直为壮，夺人以声，桂贼虽顽，如摧枯朽破竹之势，既成犁庭之勋，必集放光明于珠海，欣悦何如。遥瞻旌麾，特驰电贺。李烈钧。东。

（《贺粤事告捷电汇志》，上海《民国日报》1920 年
10 月 11 日）

琼崖滇军致孙中山等电

（1920 年 10 月 1 日）

（衔略）自护法兴师，我驻粤滇军，随诸公之后，频经血战，无非欲大法得复，国是奠定。乃陆荣廷、岑春煊、莫荣新等，专谋一系活动，不顾护法根本，离间滇军，逼□国会，□□党徒，向敌求和。甚且不惜以护法政府之尊严，为关余对簿外人法庭，受其裁判，阴险卑劣，天人共愤。炳荣等疾首痛心，早难隐忍，又因地方喋血，不欲重苦人民，近见其倒行逆施，日益加甚，为救济大局，救济粤局，均难坐视。适唐总裁特委何公畏为驻粤滇军宣抚使，来

琼劝告。乃于九月三十日在琼宣布独立，出命讨贼。凡我滇军，允
当一致，自独立日起，炳荣等公推□前旅长逆裕为总司令，暂定名
称为靖国联军援粤滇军，遥受孙总裁、唐联帅管辖，就近粤中最高
级长官陈总司令指挥，立与驻粤滇军一致行动。现正整饬部伍，力
图进合，秣马厉兵，枕戈待命。特布悃诚，伏维鉴察。靖国联军援
粤滇军第一团长何福昌、琼崖卫戍总司令蒋超青率全体官兵叩。
东。印。

　　（《琼崖滇军援粤讨桂电》，上海《民国日报》1920
　　年 10 月 14 日）

蓝天蔚致孙中山电
（1920 年 10 月 4 日）

孙总裁钧鉴：

　　复电敬悉。竞存兄如能会合粤省各军，占领广州，则西南庶能
一致护法，目的可达。恳我公左提右挈，早竟全功。翘首海天，毋
任欣企。蓝天蔚叩。支。

　　（《贺粤事告捷电汇志》，上海《民国日报》1920 年
　　10 月 11 日）

顾品珍致孙中山等电
（1920 年 10 月 5、6 日载）

北京徐菊人先生、靳翼青先生，云南唐总裁，广东岑、林两总裁、
李督办，上海孙、伍、唐三总裁并转国会诸议员先生、和会各代
表，南宁陆总裁，贵阳刘总裁，漳州陈总司令，潮安方会办，各省
分送各督军、省长、省议会、镇守使、各路总司令、各师旅长、各

指挥官、各道尹、各报馆，速分转成都，速分送抄转省议会周鱼池、徐申甫、向育仁诸先生、但军长请转各旅长、刘辅臣军长请转各旅长、刘禹九军长请转各旅长、杨师长请转各旅长、田师长请转各旅长、邓总司令、王总司令、省长公署、各厅长、聂道尹、各报馆、熊督军、刘总司令、赖师长请转各旅长、转□□、张师长请转各旅长、局探转唐师长转各旅长、石师长请转各旅长、颜师长请转各旅长、陈师长请转各旅长、陈镇守使、余总司令、蓝总司令、黎总司令、张总司令、国会吴、褚、林三议长、李部长请转朱师长、杨、张、鲁各旅长、王总司令请转卢副使、朱、谷各旅长、袁总参议、吕总司令、卢军长、杨旅长、赵军长、李司令、邓总队长、廖师［司？］令、彭师长、卢师长、杨旅长均鉴：

窃查滇军入川，阅五社矣。品珍忝领一麾，奉职无状，不幸而临川中同袍，屡见兵戎，致令兵锋不息，涂炭为伤，事后扪心，良用内疚。局外不察，□□［而谓］品珍昧亲善之理，存穷黩之心，驰骋蜀疆，情同恋栈。不知所部之众，系自护国之役，从蔡邵阳举义而来。当□内告成之日，为共和绝续之交，为时亦赖熊公锦帆同树义旗，刘公积之在川响应，致使洪宪纪元不能稍延其祚，□挽回国体，全赖川滇将领同德一心，以奉□功，而滇军只系劳师远征，邵阳相知督蜀□□□□□撤退。俄而川中群将，猜疑顿起，竟至交辱，嗣以权奸乱法，国政不修，吴师入渝，对于滇军竟生违异。滇军为易靖国之帜，与西南各省一致护法，川中将领明正者亦多，本此主张，互相赞和。迹其爱国之诚，原系一致，不意因滇军驻川问题，时以主客之见，间生龃龉，迭肇内讧，无法冰释，愈激愈烈，直到于今。

若使曲直不分，仍无正当解决，品珍虽具无限苦衷，屡欲自白，乃川中将领，不谅人只，频诉武力，无暇商量，万不得已，勉计自卫。相期御侮，岂是本心，平情静思，藉知所谓。其实数年以来，滇军驻川之违乡里亦云苦矣，不过因时局变迁，和议酝酿，蹉跎岁月，远戍未归。而川省当轴又于师旅进退之间，亦从未正式协助，徒以谊重辅车，幸犹拥为□□，甚致联合出兵，都得同意，居处久之，形迹俱忘。即因赀粮屝屦有所供给，满拟此邦贤士大夫鉴我共国□□，并无他志存乎其间，或不稍加责备，不图久敬未至，匿怨莫□。今夏五月，珍避泸州，即作归计，□□□诚不能动，迄于九月，闻刘积之总司令自陕回蜀，标帜援川，熊锦帆督军为川自谋，□之□故，且值国情正在迁变，海内望切平成，决不欲一党再滋扰攘，致使全局为之牵动。故于阳日通电全国执政以及川中将领，沥述滇军在川经过事实，原冀立泯大梦，免滋战祸，讵意墨沈未干而重开兵衅。于时若再不忍一朝之忿，益伤两省之和，经于日前毅然止戈，强抑众志，退让东道，暂驻叙、泸。现已电告滇中主帅，请即撤兵便旋，抑与川中当局，勉商进止，以期彼此安宁。

有方乐儿［？］立言，此以义始，今以义终，斯区区之忧倘不得请，珍□□立释兵柄，不辞而行，以待贤能，无贻后祸，使守正□□之愚，足以昭示于天下。群公鉴此微诚，知我罪我，所不计也。（下略）顾品珍叩。印。

（《顾品珍之通电》，长沙《大公报》1920 年 10 月 5
日、6 日，"通电"）

林修梅等致孙中山等电

（1920 年 10 月 5 日）

上海孙总裁、伍总裁、唐总裁、孙伯兰先生、章太炎先生、南方议和各代表，云南唐总裁，贵阳刘联军副司令，四川吕联军副司令、杨省长，重庆参众两院、李参谋部长，黔军王总司令并转顾军长、赵军长、黄总司令、卢副司令、石、颜两师长、叶军长，湘军张溶川总司令，陕西于督军，汕头陈省长、许军长、洪镇守使并转各司令，夔州蓝总指挥、吴师长、黎总司令、王总司令，豫军张总司令，滇军朱师长、鲁旅长、杨旅长，顺庆汤卫戍司令，川边陈镇守使，长沙省议会、谭省长、赵总指挥、林处长、宋、廖、鲁各旅长、各团营长、田镇守使、柏烈武先生，零陵军谢、罗、刘、萧各司令，醴陵李司令，湘潭张司令，宝庆吴司令，辰州蔡司令、陈司令，洪江田司令，常德刘司令，澧县李司令，郴州陈司令，各报馆钧鉴：

西南不幸，桂系为厉，盘踞边境，扰乱邻封，滇黔湘粤，动被侵害，数其罪恶，罄竹难书。

当护法军兴之初，该系盗魁利用时机，阳示赞同，阴怀险诈，欲以力征经营，遂其大广西主义之野心。既以陈炳焜并吞粤东，复以谭浩明蹂躏湘省，名为援湘援粤，实为自私自利。修梅等久知该系非我族类，不足与谋，徒以顾全大局，不欲酿成内争，曲予优容，冀其反省。讵意该系盗贼性成，野心不死，阴谋毒计，愈演愈烈。乞怜北廷，认徐世昌为总统；私设行署，用上将军之头衔；满布爪牙，盘踞军府，勾结官僚，垄断和议；京桂道中信使络绎，局部谋和之声久腾中外；取消自主之谋，时见报章。凡此种种，罪已不赦。至对于西南护法各军，惯以挑拨离间手段造成内哄，如唆使熊克武之乱川，李根源之抗滇，及湘军程、谭两公之恶感，致使西南内部无故自扰，一日不得宁息，诚属害群之马，不能见容于护法旗帜之下者也。

迩者，北方内乱，自顾不暇，大好时机正堪利用，护法各省方谋团结一致，会师北伐。该系丧心病狂，一面与复辟首领张勋、张作霖等暗相勾结，一面以全力对付频年被其威迫出亡在闽之粤军，欲使百粤健儿无一生还故里。盖该系久视粤东为其大广西主义下之私有物，非此不能从北廷取得两广巡阅使之头衔，于该系之破坏西南、实行复辟种种计画大有妨碍。其用心之毒，设计之险，凡有血气，莫不共愤，若犹任其横行，不加剪除，共和前途，何堪设想。

修梅等睹兹险象，不忍大好河山破坏于少数盗贼之手，爰举义旗以清妖孽，克日出师，为粤后援。正义战胜强权，已成世界公例，谅兹小丑，不难一股荡平。诸公护法救国，夙钦热忱，务望一致声讨，以清乱源而奠危局，国家前途，实利赖之。临电神驰，仁候明教。湘西靖国军总司令林修梅、常澧靖国军司令兼常澧镇守使王育寅、参谋长兼团长王恩渥、团长王育琦、贺龙、陈宗李、周朝武、王君海、田月楼、朱希鼎、向子荣等率全体官兵叩。歌。

（《北洋军阀史料·吴景濂卷（三）》，第 566~569 页）

蔡荣华致孙中山函①
（1920 年 10 月 6 日）

大总裁钧鉴：

　　查李根源一部驻军琼崖，嗣因我军起义，调军赴省附逆批抗，即经陈继虞乘虚起事，与李军相持月余。此中经历各情，不谓无功。现在赵既反正，归就义师，吴越已成一家。如以琼崖为相争，殊失本军体统。若去赵与陈，则不足以劝来者。而去陈畀赵，尤非公允之道。思维再四，愚见即以现在陈军进攻高雷，而以赵军全力相助，以襄成功。如高雷得手，即以与陈为酬功之地。似此办法，殊觉两全其美，得以共襄义举。

　　谨以管见所及，上陈钧听。是否之处，伏乞察核示遵，至深感叩。如蒙许可，能由钧座加给函令与陈，命其照办，以昭折服，俾免竞争，是为妥善。统祈卓裁。专肃，恭请

崇安，伏维

垂鉴

蔡荣华谨禀

十月六日申

　　孙中山批：代答以：所说甚是。当另函着香港同志调解，即着内渡饮廉，进攻南宁。

（《国父墨迹》，第 410 页）

---

① 原函未署年份，据内容及孙中山批，此函当在 1920 年。——编者

国会议员童杭时等致孙中山电

（1920 年 10 月 7 日）

孙总裁鉴：

读俭电，敬悉粤事得手，忻忭异常。想两粤荡平，在指顾间，护法前途，实深利赖。谨电贺捷，神与俱驰。童杭时、讷谟图、王福缘、詹词元、唐睿、陈纯修、吕泮林、王树玉、岳昌侯、温廷省、田社、卢观球、黄堉元、欧阳沂、王宗尧、杜汝舟、毕鼎琛、李正阳、潘江、李绍白、卢一品、李伦先、邓献璞叩。阳。

（《贺粤事告捷电汇志》，上海《民国日报》1920 年 10 月 11 日）

国会议员罗家衡等致孙中山电

（1920 年 10 月 7 日）

孙中山总裁钧鉴：

奉读俭电，不胜忭舞。窃思岑、莫败类，蹂躏约法，误国害粤，神人共愤。先生登高一呼，义师响应，未及月余，连下数城，如拉枯朽，所向无前。会师粤垣，指顾间事，进而北伐讨逆，尽可伫待。先生爱国爱乡，得道多助。谨此电贺，伫候捷音。罗家衡、李秉恕、黄懋鑫、丁惟汾、邱冠菜、于恩波、李绍白、卢书田、刘冠三、邹树声、高福生、邓元、李抡先、于洪起、方因培、杜汝舟、戴树云、刘奇瑶、孔尧□文、阎容德、徐邦俊、陈友青叩。虞。

（《国会议员致孙总裁电》，上海《民国日报》1920 年 10 月 14 日）

王育寅等致孙中山等电

（1920 年 10 月 8 日）

上海孙总裁、伍总裁、唐总裁、孙伯兰先生、章太炎先生、南方议和各代表，云南唐总裁，广州岑总裁、林总裁、莫督军，南宁陆总裁、谭督军，贵阳刘联军副司令，四川吕联军副司令、杨省长，重庆参众两院、李参谋部长，黔军王总司令并转顾军长、赵军长、黄总司令、卢副司令、石、颜两师长、叶军长，湘军张溶川总司令，陕西于督军，汕头陈省长、许军长、洪镇守使并转各司令，夔州蓝总指挥、吴师长、黎总司令、王总司令，豫军张总司令，滇军朱师长、鲁旅长、杨旅长，顺庆汤卫戍司令，川边陈镇守使，长沙省议会、谭省长、赵总指挥、林处长、宋、廖、鲁各旅长、各团、营长、田镇守使、柏烈武先生，零陵军谢、罗、刘、萧各司令，醴陵李司令，湘潭张司令，宝庆吴司令，辰州蔡司令、陈司令，洪江田司令，常德刘司令，澧县李司令，郴州陈司令，各报馆均鉴：

本军自先镇守使惨遭卿逆戕害，全体官兵义愤填胸，公决就原有部队组织常澧护国军，迫举育寅为司令，与西南护法各军一致行动，业经电达在案。

惟是护法军兴，迄今三载，其间变故纷乘，目的未达。推厥原因，皆由不肖军阀、官僚，张为国为民之帜，为自私自利之图，戈操同室，煮豆燃萁［其］，护法前途，险象环生。兹由本军全体官兵公同表决，将本军改为靖国军，推林公修梅为湘西靖国军总司令，主持一切。林公为衡州首义元勋，威望隆重，务望诸公一致敦促勉任艰巨，以竟护法之全功，大局幸甚。常澧靖国军司令兼代常澧镇守使王育寅，参谋长兼第一团团长王恩渥，第二团团长王育琦，第三团团长贺龙，第四团团长陈宗李，第五团团长周朝武，第六团团长王君海，第七团团长田月楼，第八团团长朱希鼎，第九团团长向子荣，独立第一营营长黄振家，第二营营长熊孝卿，参谋官兼炮营营长杨作栋，工程营营长宋青云，一团营长赵炳勋、王正谦、戈大江，二团营长庄尔炽、彭正邦、王育璘，三团营长王泽民、谷青云、贺联元，四团营长林开远、王育瑄、王恩富，五团营长胡开鉴、吴祥斌、宋琪臣，六团营长王恩伦、陈义隆、田汉卿，七团营长聂□濂、沙海清、李成驮，八团营长张辅仁、杨贵和、朱德吾，九团营长邹北海、向德胜、向萱堂率全军官佐目兵全叩。

（《北洋军阀史料·吴景濂卷（三）》，第 570～572 页）

刘湘等致军政府各总裁等电
（1920 年 10 月 8 日）

飞急。北京大总统、国务院，广东军政府各总裁、各部长，各省区巡阅使、督军、省长、都统、护军使、镇守使、各司令、师旅长，绵阳刘总司令，三台熊督军、但军长、赖师长、余总司令，遂宁探送唐师长、袁旅长、何旅长、张旅长、喻旅长，成都刘卫成总司令、刘参谋长、省议会、各法团，雅州陈镇守使、孙旅长，嘉定陈师长、蒋旅长、黄旅长，自井探送刘自乾旅长，绥定颜师长，巴中潘旅长，广元王司令，绵阳探送张华封司令，金堂傅旅长均鉴：

窃自滇军围攻省门，湘等为正当防卫计，承命奋勇破敌，迭克资、简、内、隆、富、井，曾经分别先后电达在案。

江日我军各路追至隆昌、富顺、自井一带，敌犹顽强抵抗，占领大头城玉蝉关一带敌，冀图反攻，我军不得已于支日下令分道进攻。右翼以陈旅长由富顺向大头城之敌进攻；左翼以邓、田两师长由嘉明镇向兴隆场、宋观、顺江场进攻；中路以杨师长率同唐旅长及陈师长之王旅，由正道玉蝉关进攻，陈师长命张旅由荣昌前进。歌日右翼队陈旅长攻克大头城。中路队因敌军死据玉蝉关要隘，杨师之一部由玉蝉右翼绕据牛滩。唐旅先行占领古佛山、门斗山，与敌相持，受敌猛烈反攻。左翼队邓师乃冒险深入，夺取顺江场、宋观等处，攻击玉蝉关敌军侧背，敌军动摇。我中路队杨师及唐、王旅，遂乘势克服玉蝉关，会同邓、田两师，直攻石洞镇、虎踏桥及特凌场等处。张旅进驻荣昌。

麻日，湘亲出中路督战，敌于隆、泸大道石洞镇、特凌场一带，据平时预筑坚固工事之险，顽强抵抗。左翼队田师由特凌场抄袭敌侧后，正面敌稍动摇。邓师经嘉祥寨攻石洞镇之左侧背及虎踏桥，以击其右侧。右翼队陈旅受优胜之反攻，进步困难，扼据青山岭，与之相持。中央队杨师大部由牛滩，经奇了场攻其左，王、唐两旅由大道迫其正面，于太阳观、高山子一带，猛攻竟日，前仆后继，压迫敌人于石洞镇市街内，仍据墙壁死抗，诸方猛攻，敌未动。我田师冒险深入，于阳日午后二时将距泸数里之望山坪、龚坪、封门坎一带占领，直逼小市，迫敌后路。敌以根本关系，增兵反攻，几将我已占阵地夺回。幸官兵拼死抗拒，并以大炮轰击五峰。泸城敌以我已截其退泸归路，势已不支。邓师亦联络田师奋勇，全线冲击，夺取敌阵数层。入暮后，正道杨师唐、王两旅及邓师，挑选敢死队，三面夜袭，因天雨夜，敌抗拒甚猛，未能突入，往复至三，以短兵肉搏，始将敌人冲溃，于八号午前三时占领该镇。当举全线追击，敌退至五峰顶，复被田师截断，遂四散奔走。田、杨、邓师及唐、王各旅，于八号午前十时突入泸城。滇军军长赵又新逾城向龙透关逃走，被我军追击之先头田师约一连，及其他各部士兵射击，中弹身亡。是役击毙敌官兵数百名，生擒数百名，夺获枪支千余支，大炮三门，机关枪四挺，敌军弃枪于河甚众。我军伤亡营长二员，连、排长三十余员，士兵四百余人。敌向江安、纳溪、合江等处溃散。湘于本日正午整队入泸。刻正搜索追击中，特此奉闻。川军前敌各军总司令刘湘，师长杨森、田颂尧、邓锡侯、陈能芳，旅长唐式遵、陈国栋、王丽中、王缵绪、张秉升叩。庚。

（《四川军阀史料》第二辑，第 365～366 页）

李烈钧致孙中山电

（1920 年 10 月 8 日）

黄密。俭电敬悉。赣军敢［?］已出发，计此时在北江作战。
桂贼在此处谏誓，始有进步之望，已增派动员，详情托鹤仙转陈
矣。烈钧。庚。印。

（《李烈钧集》下册，第 465 页）

广东督军汤廷光致孙中山等电

（1920 年 10 月 8 日）

北京徐菊人先生、靳翼青先生、广东会馆、梁燕孙、叶誉虎、龙伯
飏、叶竞生、陈韶觉、陈援庵先生并转同乡诸先生，天津广东会
馆、各同乡先生，上海广肇公所、潮州会馆、孙、唐、伍三总裁、
胡展堂、徐固卿先生并转同乡诸先生，武鸣陆总裁，云南唐总裁，
广州参众两院、省议会、军政府、岑、林、温三总裁、莫督军、杨
省长、李镇守使、魏总司令、各镇守使、司令、统领、各善堂院、
总商会、商团、公安会、自治研究社、教育会、报界公会、粤籍国
会议员、孔教会、盐务两堂、江门陈督办，汕头电报局转陈总司
令、各省巡阅使、督军、省长、都统、各军司令、各省议会、商
会、各报馆，香港东华医院转各侨商报馆，澳门镜湖医院转各侨商
报馆公鉴：

　　粤自潮汕战起，蔓延全惠，人民被害，鸡犬靡宁。潮流所趋，
皆以地方自治为唯一救时之良策。自李镇守使福林、魏总司令邦平
联合兴师，藉兵为谏，江门陈督办德春闻风响应，一致进行，以武
装为调和，复枕戈而待命。幸莫日老顾全大局，宣言退让归政，亲

率桂军，全数西返。社团调人往返蹉议，日老开示条件，筹商已有头绪，和平解决，指顾可期。惟结果办法，仍须时日，而各路民军蜂起，后患方长，全粤震惊，陆沉是惧。群中各界，亟谋靖难，谓廷光理当负责，出任维持，并赍送督军印信前来，复得莫日老赞可，廷光再辞不获，谨于本月八日就职，用宁众志，冀济艰虞。诸公粤局关怀，夙所钦佩，惠赐明教，馨祝弥虔。广东督军汤廷光叩。庚。印。

（《汤廷光就任粤督详志》，长沙《大公报》1920 年 10 月 22 日）

安礼逊、许锡安致孙中山函①

（1920 年 10 月 9 日）

中山先生钧鉴：

春间因敝校募捐事，蒙竞公介绍，竟赐接见两次。素日所拳拳崇拜的伟人，获瞻颜与承教之机缘，荣幸之极。敝校又蒙捐助题字，实属光宠之至。

先生墨迹犹为希世之珍。本十一月五、六两天，即古历九月廿五、廿六日，拟同时开毕业式，青年十周纪念会校友大会、演说会、文艺会，已函请上海、福州、厦门名人莅临演海。倘蒙先生九鼎一言之赐，悬挂大堂，逊可增光荣于盛会，且敝校享金科玉律之赐于永远。如先生爱民如子，关怀教育之切，必蒙准如所求。届时先生若于厦门指派代表降临，犹属逾格恩施，非敢过分请求者。

敝校中学部学生百一十人，小学部学生四百余人，先后在南洋

---

① 该函为 1920 年 10 月 9 日自泉州付邮，末署月份有误，酌改。时孙中山在上海。——编者

吕宋捐募建筑金二十余万元。知注特闻，专此，叩请

教安

恭候福音

安礼逊、许锡安上言 九年一［十］月九日

孙中山批：写共进大同四字寄去。

（《国父墨迹》，第 414 页）

卢焘致孙中山等电
（1920 年 10 月 12 日）

万急。北京徐菊人先生、靳翼卿先生，保定曹总［经］略使、吴孚威将军，上海孙中山先生并转陈竞存总司令、伍秩庸先生、孙伯兰先生、唐总代表、各分代表，武鸣张［陆］干卿先生，武昌王督军，南京李督军，南昌陈督军，长沙谭总司令，云南唐联帅，贵阳刘副帅，各省督军、省长，各军总司令、各师、旅长、各报馆，重庆抄送李部长、国会议长、议员诸公，施南蓝总司令、夔州黎总司令、张总司令均鉴：

本军已于十二日离渝回黔，特此奉闻。代理黔军总司令卢焘叩。文。印。

（《卢焘通告率军回黔电》，长沙《大公报》1920 年
10 月 21 日）

欧阳豪致孙中山函
（1920 年 10 月 13 日）

中山先生钧鉴：

谨陈者：前偕蔡涛走叩钧座，幸蒙召询，谆谆诲训，自当矢志奉行，永志不忘高厚。承命经营赣事，以备及时谋举。因即设法调

查，适有自赣来之同志数人，报告赣省内容，备称机有可图。兹就其所告而定入手方法，用呈钧核。

一、乘赣人治赣之兴会起，谋废督之主张时，设法经营，收效殊易。

二、赣省已无土著军队，省垣方面，尚有省会警察千六百余人（悉是赣省退伍军人补充进去者），商团二百余人。因受北军之蹂躏过深，同属含恨入骨，以之及时兴讨，定能全为我用。宪兵一营到时亦可收抚。已派定傅廷杰专任警察，周新专任宪兵。

三、赣南方面为防御粤侵，北军厚集。但因皖直派别之关系，中多反对陈督。而且中下军官，多是芝泉门生。拟派同志中之陆军速成生马天民，前往运动，以备接应粤师，而为及时附义之举。

四、赣东方面，仅有省防军一团，拟派余麟前往调查进行。

五、赣西方面，兵力较多，拟派刘绍唐前往调查进行。

六、赣北方面之镇使吴金标，原为基督教徒，拟觅教中有信用者，向彼直施运动。而该处之省防军一团及在地之警察，进行较易，俟经手人到时，再行呈报。

七、前与豪同事之水警厅长倪兴魁所率水警千五百人，虽散驻各地，到时用之以张声势，则有余裕。拟派李肃前往运动。

八、各县警察民团，已派定高等巡警毕业生刘子贞前往运动，并派省会议员数人为之补助，以备及时附义，拘禁其各县知事，而顷〔倾〕倒若辈素刮之民财，用为协助临时之军费。

俟以上派定之人员，着手运动回报所得之成绩后，再定攻取之计划。但派定前去运动人员之出发费用，尚恳钧助，以俾速举。因豪责任心重，求进过切，自民国二年以迄于今，七载之间为国经营，耗款无算，所有经济能力，早已罄尽无余。仅存信用活动，尚须待时而展。可痛之衷，久经缕呈，深荷钧怜，尤蒙下悯豪艰，求必惠助，高厚之感，莫可言宣。惟有矢其心志，谋贯先生之主张，用报先生之鸿休。盖豪本深恶乎同人之无良，故架圈套以耸天听。诓谋先生减衣缩食之款项，供彼嫖赌逸乐之妄资。予取予求，竭尚不休，即以果有其事，亦应自开源流。若夫万家共汲，虽巨泉而亦涸也。兹豪也自源已竭，正用无出，当此可图之机，不忍听其自去，用是苦恳资援，实迫于事势，非甘心而滋扰也。

至豪之此次专任蔡涛以供奔走者，因乃兄蔡萼［锷］门徒众多，英名尚留于人间，彼随乃兄佐事戎间，左右周旋，人缘习熟。彼敬服其兄者，当有以能信其弟，直接为用。生存之松青，即间接以用亡故之松波［坡］也。且彼为桂省之武备学生，共学不少，供职有年，同寅自多。如此次潮汕之运动桂军，只为经济所限，未克收其投部。第驻梅州之沈连，在汕头之宪营，与林伯民之乱卓惊，刘事①，事已，曾遣使先向该方军领诉明，预受豪等之运动，军虽未自我掌，其间难云无功。吁实不我由，盖缺金钱也。而更缺相当之金钱也。否则大军在握，命令攻守，自问尚不下人，其所以如此者，实由豪命之不淑也。

为潮汕散军尚多可编劲旅，故急来陈钧听，冀求得当以助。及敬聆钧示，乃悉万状维艰，不禁仰天长叹。由是急谋更道以进，誓求兹事抵成。知湘之援粤，实由赵师之强求。谭持其周旋之主义，雅不欲行，为碍赵部之要请，只可任赵自主，赵又不能迳拂谭意，即暗分所部，改帜更章，加入赣伍。豪悉蔡涛与赵有直接之关系，并与赵部各级官兵有深厚之感情，决议乘机派涛前去，向赵及其所部交涉，多派军队以厚兵力。如能假军自率与赣军合进急攻北江，收抚运动之部，以之助粤窥赣，赣省就兹举义，则赣事得矣，愿望偿矣。而赣省已为中华革命党之赣省矣，又为先生主力军队之赣省矣。

然豪之所以兢兢急计者，非为个人也，亦非仅为大西南主义也。实欲协合同人急起直追，共谋中国之全土，为先生之所手治，贯先生之主义，齐世界之进化，造国民之幸福也。若云仅为个人，则又何须涉险奔走不遑暇处。……②

---

① 此处疑有错漏。——编者
② 原文如此。——编者

现下广州发现海珠会议险恶环生，变态莫测，若竟为兹臃肿之和议，致顿战事之进行，则当断不断，堕彼阴谋，后发之祸，锋不可当，动言大局，第恐护法旗帜真为诸逆之所掩卷。豪意亟宜乘彼倾师援粤之时，设法蹂乱其后，有杨青山及桂林失势之军官等请愿出任其事，如蒙命彼进行，收效当自不浅。西南之内乱，既可肃清，先生之主义定克统及国中矣。

本日自汕办事处专差来报云：所委前敌义勇军北江第一支队司令官凌翀禀报前来，现已率领刘树森、彭锐、曾超、刘炳四统领攻克花县，增军数千，猛向佛冈、清远、英德各县进击，要豪前去统籍策划。万恳先生以护党爱豪之心，设法急助，俾豪得刻日起程，往率彼众，建立基础，谋张讨伐。事克有成，悉自钧造。谨汇肃呈，敬候钧裁，并叩

钧安

所属欧阳豪谨呈   十月十三日

孙中山批：代答以：桂林事若有把握，当可进行。赣事宜缓，以待时机可也。苏中办理。

（《国父墨迹》，第 416～418 页）

李烈钧致孙中山函
（1920 年 10 月 13 日）

中山先生赐鉴：

罗、邱二君来，得奉教札，并领尊旨。鱼日复奉俭日捷音，钦感无似。除上漾电只陈种切，及述钧之意向外，一面电令李团、杨旅进攻粤、桂，一面电商龚公，设法助粤。李梯团比经来电呈称，遵令前进。杨旅近日亦电呈，于九月行抵永州。计以时日，李、杨军队当早已抵粤、桂境界，听候驱遣矣。

张、鲁两旅原拟商同龚公率领赴湘，只以熊、刘反攻甚烈，川

又为护法者所必争，更为沧白、复生、慧生诸同志所力主不能弃，故事实上该两旅既已到此，不能不赴前敌，藉资抵御。钧亦缘是迟迟其行。俟川局告一结束，钧当离川前进，冀有以副先生暨诸同志之望。

其他细详，与钧对于此后护法救国之浅见，特托罗君缑生面陈。伏希指教一是，不胜盼感。专肃，祗请
伟安

李烈钧启　十月十三日

孙中山批：请缑生来见，并作答。

（《国父墨迹》，第 420 页）

粤军义勇军第十五支队司令傅干臣致孙中山等电
（1920 年 10 月 13 日）

万急。上海、广东、云南、四川参众两院议长暨议员诸公，各省省议会、教育会、学生联合会、农、工、商会、各团体、各报馆，上海孙、伍、唐各总裁、章太炎、孙伯兰、胡展堂、汪精卫诸先生，云南唐总裁、周省长，贵州刘总裁，成都吕总司令、杨省长暨各总司令，重庆联军李总指挥，黔军王总司令，陕西于总司令、张副司令，夔州黎总司令，湖南谭总司令、赵总指挥暨各总司令，汕头粤军陈总司令、义勇军邹总司令暨各司令，广州海军部汤次长暨各海军舰长、河南福军李总司令并转魏总司令暨各路民军司令均鉴：

窃莫逆等袭陆酋之威，踞东粤之地，号督称尊，于兹四年。此次粤军本救国救乡之义，誓师漳泉，匝月之间，名城迭克，义军四起，可以觇潮流之横溢，人心之向背。该逆等果有悔祸之心，知两粤亲善之主旨，自应早日约退桂军，归政粤人。乃复称兵潮汕，喋血惠城。近李、魏两司令宣言讨贼，明知孤城难守，大势已去，犹复包藏祸心，负隅自固，阳假退让督军之名，阴行糜烂羊城之计，

迹其居心，非使百粤父老昆季无一噍类不止。吾民何辜，受此荼毒。干臣籍隶鲁省，论救乡之义，粤为我第二故乡，义不容辞；论救国之义，更责无旁贷。矧莫逆窃护法之美名，行盗贼之故技，以杀人为儿戏，视正义如寇仇，护法面目，扫地以尽。似此盗贼之魁，居然一省之长，不予犁庭扫穴，何以靖内乱而御外侮？用特奉粤军义勇军司令邹命，干臣组织第十五支队誓师讨贼，非翊挞伐之功，藉伸同仇之义。临电翘企，伫候明教。粤军义勇军第十五支队司令傅干臣叩。元。印。

（《北洋军阀史料·吴景濂卷（三）》，第 580~581 页）

驻粤浙军致孙中山等电

（1920 年 10 月 14 日）

上海孙中山、伍秩庸、唐少川各总裁、蔡鹤卿、章太炎、孙伯兰、汪精卫、胡展堂、吴稚晖、李石曾诸先生，各报馆，老隆陈总司令，河源许军长、李、熊两司令暨各司令、统领，汕头卫戍司令邹司令、马督办、陈参谋、张站监、邓政务处长、陈运副、黄监督、各报馆暨黄参谋长，海丰邓、洪两总指挥、叶、翁两司令暨各司令、各统领，广州汤廷光先生、李司令、杨司令、陈司令暨粤军各司令、各报馆，漳州陈政务处长、马、袁两参谋、钟局长，云南唐总司令、李协和部长，贵州刘联军副司令，四川杨省长，陕西于总司令，香港《大光报》转各报馆均鉴：

　　我浙军素抱救国主义。辛亥改革，提兵北伐，与粤军共赋同仇，夙称亲善。厥后护法南来，间关入闽，风雨同舟，共维国难。荏苒三载，素志未售。不幸桂系假借护法，阴图割据，摧残国会，破坏大局，种种罪恶，罄竹难书，苟具人心，莫不愤慨。粤军陈总司令本人心之大顺，统率师干，声罪致讨，各方应响，云合景从。翳我浙军，宁忽独后，经秉元召集本队全体军官，议决附从粤军陈总司令、姚卫戍司令之后，与粤军一致行动，对于伪军府完全脱离关系。其与我粤浙军宗旨不相容者，誓一力剪除，虽在师友，无稍宽假，以贯彻护法救国初衷而已。区区之忧，尚其鉴察。浙军第一支队长兼步兵第一团长吴秉元，步兵第三团长吴伯廉，步兵营长钟景濂、韦世经、胡锦法、吴瑞麟、董新猷、金颜，炮兵营长蔡忠笏，工兵营长林□森，机关枪连长潘观炳等同叩。寒。印。

（《驻粤浙军之义声》，上海《民国日报》1920 年 10 月 25 日）

四川民军总司令赵南森等致孙中山等电
（1920 年 10 月 15 日）

徐大总统、靳国务总理、各部总次长、曹巡阅使、张巡阅使、李巡阅使、王巡阅使、吴巡阅副使、广东岑总裁、伍总裁、孙总裁、林总裁、唐总裁、陆总裁、各省督军省长、镇守使、各师旅长暨各省议会、各法团、各报馆钧鉴：

吾川苦蹂躏久矣，八年以来，七十万众，十室九空，肝脑涂地。此固天下所共闻，仁人所不忍言者也。及今民和如丝，民怨刺骨，谓我等何幸，遭此荼毒，因之追述祸始，莫不归滇黔军之至今为梗也。其初也，假护法联军之义，据我川土，食我川食，我川民犹谓曰礼待客军，固应尔尔，继以一事不惬，一兵不和，遂出其驱官灭法，焚掠淫杀之手段，我川民犹隐忍以谅之，曰暂受痛苦，倘护法功成，我小民尚有生活之一日。今何如也？以言护法，何以年年增兵，曾未越夔门一步。藉曰客军，何以喧宾夺主，甚有毁我室家之嫌。然此犹省接之痛，于是乘机窃发，盗贼因而蜂起矣。棘天荆地，鸡犬亦因之不宁矣。残乎忍乎，是何怨毒，而祸我川民至于此极也。今者万众一心，实行民军主义，合吾川救死队之人众，而为师旅团连之数，公推首领，为蜀先驱。南森既为川民一分子，为众所迫，

义实难辞，用特涕泣誓师，谨率本军乘势而东，于删日先复渝城，
肃清江面，务使祸除，而市廛不惊，外人是保，则枕戈以待，我川
中将领，早莅戎轩，共筹善后，则南森虽退老岩阿，亦无遗憾矣。
临电神驰，不胜祷盼之至。四川民军总司令赵南森率左翼司令金声、
右翼司令陈畴耕、中路司令范坤、前敌司令谢绘维叩。删。印。

　　　（《中华民国史档案资料汇编》第三辑军事（三），第
　　557～558 页）

刘湘致军政府各总裁等电
（1920 年 10 月 16 日）

北京大总统、国务院、各部长，广东军政府各总裁、都［部］长，各
省督军、省长、各巡阅使、都统、各镇守使、各省议会、各报馆均鉴：
　　真日致刘显世、王文华一电，限于寒日退出渝城，刘、王咸置
不答。我北道军何旅遂自铜璧攻入青木关，东道军陈师张、王两旅
及陈旅遂自永川攻入白市驿，南道军邓、田、刘各部遂自合江攻入
江津，何旅光烈、刘团明昭于删日辰刻克复渝城。谨电特闻。川军
前敌总司令刘湘。铣。印。

　　　（《中华民国史档案资料汇编》第三辑军事（二），第
　　769 页）

李耀汉致孙中山等电
（1920 年 10 月 16 日）

北京同乡京官，上海孙、唐、伍总裁、广肇商会、广肇公所，汕头
陈总司令，广州汤督军、魏、李两司令，海军林总长，江门陈督
办，广东省议会、绅商学界各团体、各报馆诸君公鉴：
　　自莫荣新恃兵挑衅，迫压粤人征闽之师，激动公愤。当潮、梅

兵事之始，陈公竞存屡战皆捷，人心所向，莫贼寒心，耀汉以为广州指日可定，不欲再动兵以惊人民，不意莫荣新怙恶不悛，负嵎抵抗，惠阳增兵，穗垣输粟，大局纷纠，解决无期。耀汉乃不得已集我旧部，组织粤军第六军，自总师干，分道进取，于旧历八月初七日夺虎门，十二、十三、十五等日复高明、恩开，廿三、廿四定两阳。而魏公丽堂、李公登同于八月十四在省城宣布独立，陈公恩波于八月十八在江门宣布独立，同声相应，莫贼势孤。

　　耀汉两次视师虎门，抚循恩开、两阳等属，深察民情皆苦兵革，希望大局早定一日，地方早获一日之安。耀汉自解兵柄，久拟息机，无争权利之心，耻发雷同之论，故经营两月，未尝通电铺张，粤桂一家，亦欲不为已甚。无如调停迁延，日复一日，我以诚往，莫以诈来，顿兵相持，终无了局，今日惟有忍痛一割，冀获安痊。请陈公竞存鼓励士气，迅破惠城，魏、李两公会合海军，急攻广州，陈公恩波从速进兵，以为策应，耀汉当率所部中路虎门之师、西路肇阳之众同决一战，以助声威。望我粤各团体诸公齐起而为后援，无惑于调停之空言，致酿成姑息之大祸，庶几大局早定，人民得安，武以止戈，兵不自焚，耀汉将率所部，拜谢于公等之前，自忏其惊扰地方人民之罪，断不敢黩武以贪功也。区区愚诚，伏惟垂察。粤军第六军总司令李耀汉叩。铣。

　　　（《粤事纪要》，天津《大公报》1920 年 10 月 28 日）

吴忠信致孙中山函[①]

（1920 年 10 月 16 日）

先生钧鉴：

　　贞密。信于十三日由汕头抵厦门，"借兵"事据臧云，已决定

出兵援助，候日内史警务处长来厦，带到"李督命令"，即可开拔云云。惟其中有无变更，殊难臆断，信意俟"该军出动"后，即行回沪，否则须经由"福州"，与"李督"接商妥洽，方可再返沪上也。专肃，敬请

钧安

忠信谨上　十月十六号

（《革命文献》第五十一辑，第244页）

赵恒惕等致孙中山等电
（1920 年 10 月 18 日）

广州岑总裁、林总裁、莫督军，南宁陆总裁、谭督军，云南唐总裁，贵州刘督军，四川熊督军，上海孙总裁、伍总裁、孙伯兰先生、各报馆，重庆林议长、吴议长、褚副议长、李部长、王总司令并转各军长、总司令、师长，三原于督军、张会办，汕头陈总司令、许军长、洪镇守使，夔州蓝、张总司令、黎总司令并转各军长、师长，天津熊秉三先生，长沙抄逆 [送] 章太炎先生鉴：

王正雅所部，频年反复，逆迹昭著。前以愿就编抚，暂予优容，乃王育寅包藏祸心，负隅自固，勾结土匪朱云五，扑攻永顺，击毙匪徒，均系该部符号。政府念其冥顽，冀其悛悔，但令歼除朱匪，未遽加王以讨伐。讵该逆始终怙恶，甘为戎首，竟向常德内犯，进至盘龙桥、缸市一带，阻兵安忍，丧心病狂，不惜糜烂地方，实为湘人公敌。政府迫不得已，分饬湘西各军，协同痛剿，大兵所指，小丑不难荡平。

窃思湘省数年以来，痛苦至深，牺牲至巨，疮痍未复，救死不遑，岂忍再扰。王逆诪张为幻，假托名义，虽称讨桂，实则乱湘，恒惕等分属军人，责任所在，誓为桑梓除此祸源，绝不容其偷窃一隅，破坏全局。声罪致讨，共殄凶顽，除恶锄奸，谅同公愤，诸公

主持正义，夙念湘艰，敢布悃诚，伏维鉴察。赵恒惕、宋鹤庚、廖家栋、鲁涤平、林支宇、张翼鹏、田应诏、唐义彬、吴剑学、张辉瓒、谢国光、罗先闿、萧昌炽、李韫珩、李仲麟、陈嘉佑、蔡巨猷、田镇藩、刘叙彝、陈渠珍、葛豪、卿衡、贺耀祖、叶开鑫、唐生智、赵钺、瞿惟臧、张振武、刘铏、郭步高。巧。印。

（《赵师长等声讨王育寅电》，长沙《大公报》1920
年 10 月 20 日）

石青阳致孙中山函
（1920 年 10 月 20 日）

此次川中战事，本属全胜之局，乃以意见不惬，遂至丧败如此。现青阳同汉群（吕超）、锡卿（卢师谛）三部（共编六个混成旅），均集中涪陵，拟节次退守酉、秀、黔、彭休养，以待事机。前托尊处代购飞机、手枪，拟请暂缓购置，所有存款，望鼎力代为保存。当此丧败之余，款项丝毫，皆可珍重。事机骤至，即须巨款支拂。

（《中华民国史事纪要（初稿）》1920 年 1 ~ 12 月，
第 546 页）

熊克武致军政府各总裁等电
（1920 年 10 月 21 日）

十万火急。广东军政府各总裁、各部总长、参众两院、莫督军、杨省长、李督办、吕督办、方会办，北京徐菊人先生、靳翼青先生、四川同乡会、各报馆，上海和议总分代表、章太炎先生、汪精卫先生、张镕西先生、四川同乡会、各报馆，武鸣陆总裁，南宁谭督军、李省长，陈省长，长沙谭督军、赵总司令，三原于督军、张会办，各省省议会、督军、省长、巡阅使、护军使、镇守使、各师旅长、各报馆均鉴：

滇督唐继尧破坏国法，勾结段氏，挑拨川乱，穷兵侵略，所有罪证，业于五月马日通电全国在案。

我军分道进讨以后，转战摧锋，迭复侵地。〔北〕方期扫荡凶孽，奠安川局，殊唐氏嗾使叛师长吕超，乘克武出外劳师之时，蓄谋扰乱后方，动摇前线，谬称联军，破坏军府，不惟举川省一切权利，畀诸滇、黔。克武以各军久战疲劳，暂行退驻川北，力图规复，并于八月敬日通电声明，凡唐继尧、吕超等一切主张，概归无效。一面分遣部队，进克潼川。适靖川军刘总司令存厚率队回川，协同动作，进克绵阳。该吕超等犹敢纠合顾、赵、卢、叶及由陕勾入之卢占魁各逆部，死力抗拒。经我军师长杨森、旅长喻培棣、张冲、唐式遵、何光烈奋击摧破，遂于九月马日克复成都。克武亦进驻潼川，以便指挥一切。时滇军长顾品珍、赵又新，扼据龙泉颠〔驿〕险地，以六旅之众，全力反攻，压城而阵。克武爰任第一军军长刘成勋为成都卫戍总司令，镇摄一切；第二军军长刘湘为前敌各军总司令，星夜赴省，督同杨森、邓锡侯、田颂尧、唐廷牧、陈能芳各师，唐式遵、陈国栋、张成孝、蓝世钲各旅，分头抵御，苦战旬日，死伤枕藉。何、喻、张各旅钞敌后方，回兵夹击，马日将敌军完全击溃，乘胜追逐，进克资、内、隆、富等处。旋由军长刘湘督同各师旅，于庚日克复泸县，击毙滇军军长赵又新及官兵无算。我军跟踪追击，已逾永宁。滇军残余部队，纷向镇雄、毕节方面溃退。师长陈洪范督饬所部，于元日收复叙府，先头部队已追据滇境盐津。永川方面新到滇军朱师，亦为张秋升、王丽中两旅长击溃。此我军击破滇敌之大略也。

王文华所部黔军，由渝上犯，策应滇军，势甚猖獗。然经第一军军长但懋辛，督率喻、张、袁、何各旅，协同赖心辉总司令、余际唐师长分头痛击，将潼南、保宁、合川、铜梁等处敌人摧破。何旅及张旅所部刘团，于删日克复重庆。黔军先后被我军节节围困，击毙及缴械者甚众，残部已向松坎溃退。此我军击破黔敌之大略也。

综计开战以来，纵横数千里，大小百余战，公私涂地，井里为墟，商辍于贾，农荒于野。推厥厉阶，实唐继尧野心侵略所致。曩者川省宣布护法，克武即以川人自治为息壤，诚不忍让堂堂天府，供唐氏权利交换之资。用是不敢告劳，为川人请命，所恨能力薄弱，诚信未孚，既不能销患无形，复不能迅速解决。竟致变生肘腋，延长战争，苦我军民，念之滋痛。所幸各军将士以暨全省父老昆弟，戮力同心，人思自奋，不借［惜］重大之牺牲，誓为正当之防卫，再接再厉，全境肃清。此后益当共励精诚，勤修内政，确立自治之基础，尊重护法之精神，保境息民而外，决不存侵略之心，内忧外患之余，更何有偏畸之见。邦人君子，当必鉴此苦衷。

唯是唐氏怙肆强权，多行不义，淫威所被，流毒西南，宁止三省之公敌，实乃全国之大憝。川人同怀愤恨，固欲得而甘心，滇、黔久困倒悬，终必出于自决。敢祈南北当轴诸公，主张正谊，一致声讨，务期罪人斯得，国法用张，以出滇、黔人民于水火。国家前途，实利赖之。再者，川省军兴以来，兵甲无地，交通断绝，前后发出文电，多被梗阻，诚恐是非混淆，摇惑听闻，用是略陈经过情形，以明真相。临电屏营，统冀鉴察。熊克武叩。马。印。

（《熊克武通电》，长沙《大公报》1920 年 11 月 3、4日，"要电"）

杨森致军政府各总裁等电

（1920 年 10 月 21 日）

万火急。北京大统总［总统］、国务院总理、各部总长，广东军政府各总裁钧鉴：各省督军、省长、参众两院、各师旅长、各省议会、各道尹、各法团、各报馆均鉴：

顷致唐督一电，文曰：云南唐督军钧鉴：戊午别后，时念英仪，男儿报国，各行其志，今岁森驰戎马，一悲中夏之纠棼，一痛桑梓之沦亡，故毅然决然，义无反顾。曩者，凤公来电，愿让叙、泸，以固唇齿，而睦邻疆。森当具复，披肝沥胆，乃未践言，徘徊歧路。森不得已，督师在途，私情公义，交战胸中，克复泸城，凤公舆尸，目不忍睹，□已优厚殓殡，下怀究有余哀。谁实为之？责在我公，欲执三省之牛耳，而牺牲川、滇、黔数十万之健儿，图据川人之腹地，而自坏乡邦万里之长城，我三省之同胞苦矣，我三省之财力尽矣。民治之义维何，联军之旨安在，于川固种巨祸，于滇抑独何利，清夜扪心，公当奚如。森刻振旅泸水，奉令南来，惟慨国家之多难，实欲委曲以善邻，倘尽如公所为，岂不变本加厉，虐无罪之生灵，自造成为豪杰，公志公行，森敢为耶。现在南北谋和，新潮尤为冲动，讨北复自外于南，废督又自称联帅，以公所言，按公所欲，即今之因，推后之果，匪特掩耳以盗铃，抑且南辕而北辙。公之于滇，功德何如？今兹之役，情势显然，实力消磨于外，反侧滋生于内，民意所在，公岂不知。森亦人也，酷好和平，公戢一人之野心，顾三省之大局，以一人徇三省，无以三省徇一人，急公弃私，惟有速卸督军于顾公筱斋，卸省长于黄公裴章，庶几高踏，内外协和，川滇始可休息，携手共济时艰。森愿立停进攻，居间调停，恋恋弗含鸡□，恐有平西之憾，森虽相爱，其如国脉何。祇竭诚相告，伏维亮察。杨森叩等语。特此奉闻。杨森叩。马。印。

（《川将杨森警告唐继尧电》，长沙《大公报》1920年10月26日）

李烈钧致孙中山电

（1920 年 10 月 22 日）

黄密。法界协平里四号鹤兄转孙总裁鉴：

寒电已遵照转去矣。烈钧。养。

（《李烈钧集》下册，第 466 页）

广东讨贼军致孙伍唐三总裁等电

（1920 年 10 月 22 日）

上海孙中山、伍秩庸、唐少川三总裁（中略）、各报馆均鉴：

桂贼肆虐，潮惠兴师，各地友军，闻风兴起。我军矢志讨贼，铣日宣誓，提师虎门，共在同舟，宁甘独后。惟是贼势虽蹙，调和论张，一有姑容，贻患何极。诸公爱护桑梓，人同此心，彻底澄清，端赖是举，尚望努力挞伐，共策进行。用布腹心，伫候明教。广东讨贼军总指挥吴铁城、行营主任陈策、第一路司令李安邦、第二路司令李绮庵、第五路司令马伯麟、第十四路司令陈得平同叩。养。

（《广东讨贼军誓师通电》，上海《民国日报》1920
年 10 月 30 日）

刘湘等致孙中山等电

（1920 年 10 月 24 日）

急。大总统、国务总理、各部长，广东军政府各总裁、部长，各省督军、省长、各巡阅使、各护军使、镇守使、都统，上海孙、唐、伍总裁、章太炎先生，北京傅沅叔、蒲伯英、张表方、涂子厚、王淑钧、胡文澜、周吉珊、钟乃安、刘玉书、罗椿士、陈学钧各同乡先生，刘总司令、熊督军、赖师长，成都刘卫成总司令、刘心泉、李蔚如、胡春田三参谋长，陈镇守使、陈师长、唐师长、颜师长均鉴：

渝城克复，肃清在川滇、黔敌兵，谨将东南各路军事详情陈明概要。

窃自泸、叙既下，滇军大股退居永宁，朱培德所率滇军鲁、杨两旅据守永川，彼此犄角，意图反攻；黔主力拒截北道。我军乃分前敌各军为三大部：南路追击永宁，以杨师长森任之，并拨第三混成旅唐式遵、二师王旅长丽中、八师刘文辉归其指挥。北道友军但军长懋辛，率所部余师长际唐、何光烈、喻培棣二旅长之刘团，及第二军之袁旅长彬，归其指挥，分向合川、铜梁以攻渝北。湘自任东道，居中指挥，分兵为二：一、邓师长锡侯、田师长颂尧、刘司令彬，沿江北进，以攻渝南。二、〈二〉师陈能芳之张旅长秉升，七师师长陈国栋，自陆路东进，以攻渝西。三面合围，形势大见。

　　湘不忍极我兵力，先期致电黔督刘显世、驻渝总司令王文华，限于寒日令黔军退出渝城，重修邻好。乃刘、王不悟，反以黔军抗战我北道，以滇军朱培德之各旅，由永川西进。我军以敌来犯，遂行分道进攻北路。余师袁旅出嘉陵江左岸，喻、何、张三旅出嘉陵江右岸，会攻合川。合川既下，进克铜梁、璧山，占领渝北要隘之青木关。东路陈师张旅进攻永川，占领渝西要隘之老关口白市驿。南路邓、田、刘各师长，扫荡合江敌人，进克江津，以扼渝南之退路。我军长围已合，敌乃退向渝城。滇军一旅扼据距渝十五里之浮图关，收容各方退军，我喻、何、张三旅跟踪追击，击破浮图关滇军之收容队。敌势溃散，纷纷向大江南岸退走。我喻、何二旅，张旅之刘团，遂于删日午前克复渝城。同时永川溃回之敌，被陈师及张旅猛追，退渝不得，南走江津方面，又被邓、田、刘师旅截击，敌乃纷向綦江窜走。余师袁旅已将嘉陵江左岸一带吕、卢、石、黄诸军驱逐，进抵江北。吕等不得归渝，东窜涪陵。

　　自渝退出之滇、黔军，扼据渝之真武山，时以巨炮射城中。嗣经居留外人交涉，准其于四十八点钟内退尽，限内不行追击。敌人逾约发炮射击，毙英人一名。各国领事大忿，英兵船开至，向敌轰击，敌乃稍向后引退。巧日约满，湘乃命陈师国栋、喻旅培棣率兵由渝渡河，向綦江正道追击。邓师锡侯、田师颂尧及刘司令斌，由江津向綦江侧面截敌后路。双方压迫，敌势不支，且战且退。我军奋击，夺获大炮一尊，步枪数百支，毙敌数百人，截获辎重行李甚伙，綦江遂于个日完全克复。敌人大部均向贵州松坎退却。我军严扼川界，分兵搜索江津、南川、綦江一带溃散残敌。此克复重庆追击黔军出境之大概也。

　　当渝城克复之先，我杨师王旅缵绪、第三混成旅唐式遵及第八师刘文辉旅，扫江安、江门一带之敌，跟踪追击。敌军无暇集中整顿，穷追直捣，攻克永宁附近鄢家关、天池、马岭各要塞。敌尚顽强抵抗于永宁城，激战竟日。谏日拂晓，我军猛攻，直至午后三时，将敌击溃，向镇雄、毕节方面退却。我军遂完全克复永宁。是役敌我死伤数百人，夺获枪枝辎重甚众。分头尾追，严扼川境，一面搜索雪山关、长官司少数残敌。此克复永宁追逐滇军之大概情形也。

　　渝城既下，吕超、石青阳、卢师谛、黄复生等部众，分窜东下，据守涪陵。当派余师长际唐、袁旅长斌由长寿进攻其后，邱旅西扼忠、万，截击其前。度此孤军残部，不难一股荡平。此追击东窜川寇布置之大概情形也。

　　查滇、黔祸川，五载于兹。此次恢复名城数十，驱除全军出境，转战弥月，遽告成功。此固官兵协力一心，致死效命，亦缘受苦太深，人自为战，故能所向克捷，扫荡积寇。此后甚盼我川人惩前毖后，力求自振，以期地方发达，对于国家有所贡献。尤望诸公念外侮之日迫，哀民生之多艰，开诚布公，俾南北问题速行解决。庶有以副川人望治之忱，而团结全国对外之气。川军前敌各路总司令刘湘，第一军军长但懋辛，师长杨森、邓锡侯、田颂尧、陈能芳、陈国栋、余际唐，旅长唐式遵、何光烈、喻培棣、袁彬、张冲、刘文辉、王缵绪、王丽中、张秉升、刘斌、邱华玉叩。

　　　　　　（《四川军阀史料》第二辑，第367～369页）

邓铿、洪兆麟致孙唐伍三总裁电

（1920年10月25日）

孙、唐、伍三总裁钧鉴：

　　我军有日午后六时克复石龙，得敌军械、子弹、降兵甚多，谨此电闻。邓铿、洪兆麟叩。有。

（《克复石龙之正式捷电》，上海《民国日报》1920
年11月1日）

冯自由致孙中山函

（1920年10月26日）

先生大鉴：

前日奉读来教，敬聆一是。顷我军已克复石龙，粤局不日可以
大定。惟事后凡百均需建设，公非早日回粤主持不可。且军队复
杂，李耀汉、莫擎宇、钟鼎基势力虽弱，但亦足为吾党之患。此外
李、魏二人亦与吾党同床异梦，亦不可不防。

弟以为吾党经数次失败之教训，应有觉悟。第一事宜先从事恢
复本党主义，及宣传本党主义，以固民治之基础。本党人才不宜专
向政界，必留一部专任党务。又粤中政界行贿之风，为全国冠，此
风不除，本党无论何人入其中者，必被沉溺，故本党尤有扫除积弊
之责。

鄙见关于再造本党之法甚多，举其要者言之：（一）凡服务国
家者，必须宣誓忠于三民主义（此事宜于粤军入省城之日，由公
电竞存举行）。（二）本党员任官吏议员者，宜照外国社会党例，
预为辞职书藏于本党。（三）凡本党员任公职或办实业者，每月收
入在百元以上，应依累进法抽出若干为本党经费。（四）设纠察
部，专侦查各行政机关之积弊而揭发之，使彻底改良。（五）设演
讲部，延聘外国办理民政有经验者，及社会主义大家担任演讲，凡
本党官吏议员，每月均须听讲若干次。其任知事者，更宜听讲若干
时日始可就任。此外应兴办者尚有多件，容后再将详细方法奉告。

弟之办党经验最久，从前本党失败之故，知之甚明，故欲专任
恢复粤省本党事宜。向来本党员一入政界，即与党中办事人意见各

走极端，不能一致。此实本党前此失败之最大原因，今后应加以特别注意。大约我军一入广州，同志即纷纷投入政界，留心办党者必少，故尤非有所准备不可。鄙见欲于入城时宜先将本党招牌挂出（择一相当之会所，如广西会馆之类），然后大举扩张。公如赞成，望即斟酌一名义，委弟办理。并即寄委任状，以便进行。事关本党大局，伏维察核，并候

大安

弟自由上　十月廿六日早

孙中山批：所言极得我心，然办法一时尚未能定。

（《国父墨迹》，第 426 页）

香港来电①

（1920 年 10 月 27 日收）

岑三搭新疆，今午到港，明日开沪。盛传今日省城河南互以炮击。（廿七日下午八时半到）

（《革命文献》第五十一辑，第 246 页）

香港来电

（1920 年 10 月 28 日）

岑昨日至港，仍在新疆未登岸，顷忽改乘天洋丸，闻与李麻同行。莫通电离粤，称听中央主持。马济拟率残部经四会、广宁归，恐非魏、李所能截，要在电竞存从速进花截之。

（《革命文献》第五十一辑，第 246 页）

---

① 该电收录时，未署发电人。下两同题电亦同。——编者

夏述唐致孙中山等电

（1920 年 10 月 28 日）

（衔略）均鉴：

本军间关南来，原以护法救国，经年转战，艰苦备尝。方期大法暂复，国本奠安，不图桂贼盗窃政柄，擅作威福，逼走总裁，驱逐国会，假护法之名，行乱法之实。述唐久深义愤，誓切同仇，自今以后，谨率所部，服从中山先生命令，一致讨贼，蹈火赴汤，义无反顾。敢布区区，敬候明教。旅长夏述唐率全体官兵同叩。勘。印。

（《夏述唐拥护孙文通电》，长沙《大公报》1920 年
11 月 8 日，"要电"）

琼崖滇军赵德裕等讨桂通电①

（1920 年 10 月 28 日）

（衔略）窃惟共和精神，端资自治，阶级制度，在所当除。自袁氏盗国，秉心不公，添设镇守使、道尹，位置私人，政治阻扰，流毒至今。查镇守使拥兵一方，虽区域大小不同，其足使武人割据，权利纷争，贻害国家，与督军相等。而地方政府，上有省长，下有知事，两级制度，世界所同。乃道尹横梗其间，适成骈指。制宪会议，早欲铲除，时事多故，大法未立，政治积弊，于焉长存，殊堪惋惜。

各县议会为民意机关，共和根本，自被袁氏摧残，至今未复，欲实行民治，岂可听其久停。午夜思维，心常耿耿。今春唐联帅顺应大势，宣布废督，刘如公、谭组公继之以起，陈总司令返旆潮汕，

① 该电报载时衔略，据其内容，通电对象应包括孙中山在内。——编者

首废镇使、道尹两缺，恢复各县议会，大义凛然，举国钦仰。鸿猷硕画，尤惬素怀。本军宣布独立，申讨桂贼，允当一致实行民治。兹于本月二十六日，招集琼崖各界，公议援陈总司令先例，将琼崖镇使、道尹二职，即日废除，各县议会，尽行恢复。所有琼崖民政事务，暂设民政处，负责办理。关于军事，则与各友军共设联军办事处统率而维治安。其两处组织大纲与两处长，一俟各界推定，再行公布。琼崖善后事宜，如斯结束，庶民治之目的可达，秩序之紊乱无虞。

德裕等亲率滇中健儿，即日出发，受陈总司令之指挥，整护法救国之旗帜，大张挞伐，剪除桂贼，以贯彻为国为民之夙志。倚马电陈，诸维亮察。权摄靖国联军援粤滇军总司令赵德裕、第一梯团长蔡炳寰、第二梯团长何福昌同叩。俭。印。

（《琼崖滇军之善后计划》，上海《民国日报》1920年11月6日）

香港来电
（1920 年 10 月 29 日收）

我军进驻离省二十里之某地，滇、桂军无斗志，省城一两日可下。子超等已归不，盼复前。又岑三确搭新疆，麻子搭天洋，均昨午开。前报误传。（自香港发，廿九日下午二时到）

（《革命文献》第五十一辑，第 246 页）

陈炯明致孙中山电
（1920 年 10 月 29 日）

我军本晨克复广州，敌向北江退却，钦廉籍军在省宣布独立。现一面处置钦廉军，一面檄大军追击，请同展兄立刻回粤主持烦剧，炯须督队前进也。

（《陈炯明集》上卷，第 499 页）

汪兆铭、廖仲恺致孙中山电
（1920 年 10 月 30 日）

铭、恺三十日由省往石龙晤竞存。兹请用总裁名义发电：一、致电竞存，嘉粤军战功，并委为省长兼管全省军务，凡粤所属陆海各军，均归节制调遣，以竟讨贼全功。省局诡变百出，此电望速决发。二、致魏、李，奖其协同讨贼之功，并勖其辅竞治粤。三、免林葆怿海军总长职，以汤廷光为海军总长，以林永谟为海军总司令将军。将校酝酿已久，不生问题；惟林现系总裁，可否？请酌。铭、恺。卅。

（《双清文集》上卷，第 376 页）

翟汪致孙中山电
（1920 年 10 月 30 日）

孙总裁鉴：

莫逆及其部队艳日出走，福、魏军已进省垣，陈总司令军队亦即日到省，请总裁南来维持大局，切祷。翟汪叩。陷。

（《翟汪请孙总裁回粤电》，上海《民国日报》1920年 11 月 1 日）

粤籍国会议员谢英伯等致孙中山等快邮代电
（1920 年 10 月 30 日）

天福吾粤，桂贼荡平。军兴以来，不过百日，所以奏功如是之速者，固由粤军陈总司令暨全体将士，慷慨首义，反戈东指，力摧要塞于前，而魏、李诸公，深明大义，念切桑梓，联合响应于后，然亦因反抗强暴，万众一心，民意所归，即胜利所在也。兹者百粤山河，依然还我，非徒为广东三千万人民之幸，抑亦全国四万万人民之幸？何者？溯自督团作反，威逼元首，迫散国会，前孙大元帅不忍我五族艰难缔造之民国，亡于少数武人官僚政客之手，乃率舰南来，建设军府。我国会同人，亦自由集合于广州，声护法大义于天下，一时人望大归，公理渐胜。□□□□，不安于位，乃贿使其高等顾问岑春煊，乘机入寇军府。岑逆既获备位总裁，乃暗中破坏护法大业，复朋比桂贼，勾结北庭，局部媾和，瓜分私利。我国会同人，处此积威之下，不忍坐视堂堂立法机关，降而为岑逆幕府，乃相约移地，以期继续护法，重伸国威，流离转徙，于兹半年。

今幸护法策源之地，妖氛尽息，正义重伸，亟须联请我孙、伍、唐三总裁，即时回粤，主持护法政府。我国会同人，亦须同时回粤集会，以为护法政府之后盾。此议员等所主张者一也。广东既为护法政府之所在地，及正式国会之集会地，则广东一省之关系，自非局部关系之可比。今后粤省军民两政，首宜划分。陈总司令竞存先生，治军有年，此次战绩，厥功在民，宜任全省军队总司令之职。督军制度，等于藩镇，动辄干涉民政，恃武横行。军人政治，祸国已久，世界潮流，有所不许。故云南唐督军、贵州刘督军、湖南谭督军，皆先后自行将督军一职废除，以为众倡。我粤既为护法策源，断无反居人后之理。故督军一职，亟宜乘时废去，在现任督军者，固示大公于天下，而未来野心者，亦可杜逐鹿之竞争。此议员等所主张者二也。广东民治，素不发达，其原因在于不依法而任人，以致法律权势时常冲突。夫民治最高长官，厥为省长，一省之治乱安危系之。今伪省长杨永泰，竟以省长印信交于魏处长□，究非依法手续。查省长民选，已在宪法会议二读会通过。又省议会已于护法期内，举定胡君汉民为省长，经送请任书在案。则名位已定，省长有人，无论何种机关，于胡君未莅任及未辞职之前，当然不能有省长选举出现。故省长一职，亟宜请胡君速行回粤，履任视事。此议员等所主张者三也。省议会为全省立法机关，凡事皆须根据法律，然后本身乃生效力。查现广东省议会，乃依照北庭内务部训令选举集会者，于护法政府之下，服从非法政府之命令，是可谓大违护法精神。当时经由参议院解释，认为非法，则非法机关，当然无存在理由，所议决各案，亦不生何种效力。故对于现广东省议会，宜立即使之解散，然后依法再选。此议员等所主张者四也。

以上四端，议员等认为今日维持护法，促进民治，解决粤局之大前提，特先表出。如以为当，尚希一致主张，则西南幸甚，广东幸甚。粤籍国会议员谢英伯等叩。卅。

（《粤籍议员之粤局主张》，上海《民国日报》1920年11月6日）

靳云鹏致孙中山、伍廷芳电

（1920 年 10 月 31 日）

上海孙中山、伍秩庸先生鉴：

南北纠纷，绵历数载，民生□困，国步益艰。中央内审国情，外观大势，以为统一进行，实目前救时之惟一方剂，历年以来，悉本此旨，切实斡旋。我公声望崇闳，群流镜仰，比年奔走国事，振兴祥和，望治之诚，适与鄙会事会多歧，迁延积久，时艰益迫，□□弥殷。比者李使秀山有慨于统一之未定，至以一死谢国人。海内人士感于李使谋国之诚，益知统一之不容刻缓。西林、干卿、悦卿诸公，漾、敬两日通电，促进和平，尤为□至。中央望和若渴，但能有裨国家，自应速图归宿，以慰群众之望。已令会商各督，妥筹善后。两公热诚毅力，于和平大计，夙多匡导，亟应携手进行，共谋国是，大局早臻底定，庶政藉可敷施，而硕士宏猷，亦将于璀璨中华同其悠久矣。仰希匡助，翘企德音，缕缕愚诚，务希鉴纳。靳云鹏。三十一印。

（《靳云鹏分致西南各首领电》，天津《大公报》1920
年11月4日）

陈炯明致孙伍唐三总裁电
（1920年10月31日）

孙、伍、唐各总裁钧鉴：

省城克复之后，百端待理，不可一时缺，查政务厅长等职向由政府委任，敢举所知，以备简命。政务厅长，廖仲恺可以胜任，财政厅长，邹鲁可以胜任。扫除桂蠹积习，刷新吏治，于是乎在。如何之处，敬候卓裁。

（《陈炯明集》上卷，第501页）

叶夏声、陆祺致孙中山等电
（1920年10月31日）

上海孙、唐、伍总裁，云南唐总裁暨上海国会议员通讯处转参、众两院议长、议员诸公均鉴：

慨自岑、莫窃踞军府，总裁解体，国会播迁，护法大业已告中断。幸我粤军陈总司令，恭行天讨，尽扫阴霾，护法首都，重见天日，军府、国会应即同时规复。刻已由声等维持现状，万恳我总裁及国会诸公，克日莅粤，以竟护法全功，不胜迫切待命之至。军政府护法军总指挥叶夏声、副指挥陆祺叩。卅一。

（《广东亦运动规复军府国会》，长沙《大公报》1920
年11月13日）

契切林致孙中山函

（1920 年 10 月 31 日）

亲爱的孙中山：

苏俄满怀喜悦的心情得悉，中国粉碎了联合日本帝国主义的极端反动的势力，中国人民在国内外都朝着自决和自治方面迈进了一大步。您得知我国在击败弗兰格尔以及我国几乎在同所有邻邦的和平谈判中所取得的成功，当然也同样会感到高兴的。

与波兰订立的条约，是以苏维埃乌克兰和苏维埃白俄罗斯丧失一部分领土为代价的，但是□□劳动群众是可以寄予希望的。在波兰内部发展的过程中将发生□□转折，他们必将消灭波兰现统治集团所制造的不公正现象，法国和皮尔苏茨基的统治已把波兰引入绝境，他们必将从绝境中找到出路。每一天都给全世界的工人带来了新生力量，而帝国主义制度则正在土崩瓦解，内部危机已提上各国日程。广大劳动群众只有靠自己，靠自己的双手，才能打败现有的无数敌人。

贵国正坚定不移地前进，贵国人民自觉地走上同帝国主义对世界的沉重压迫进行斗争的道路，谨祝你们取得伟大成功。中国兄弟们，行动起来吧，压迫你们的势力在一天天衰落下去。请再稍等一等，你们胜利在望。但是也不要浪费时间。应当立即恢复我们两国的贸易关系。不应放过任何一个机会。愿中国坚定地走上与我国友好的道路。

谨向您个人以及反帝斗争的战士——中国人民致以最良好的祝愿。

完全忠诚于您的　格·契切林

（《共产国际、联共（布）与中国革命文献资料选辑：1917～1925》，第 50 页）

张开儒致孙中山等电[①]

（1920 年 10 月 31 日）

沪孙总裁、唐总裁，滇唐总裁，粤林总裁、汤督军、陈总司令、魏总司令、李镇守使、总商会、省议会、九善堂、和平会，惠州探送各军长、各司令、各统领，香港陈达生、孙节生、廖仲凯〔恺〕先生、赵部长、龚总指挥官、渝林议长、吴议长、褚议长、李部长、并转李师长、杨、鲁、张各旅长、顾军长、四川赵军长请转各旅团营长及报馆均鉴：

开儒自丙辰护法间道来粤，久忝戎行，无裨家园，中遭危难，备尝忧患。兹以桂逆逃窜，幸脱陷阱，残废余生，初无抚髀之嗟，老死便休，更无归思之感。适我驻粤滇军毅然自决，恢复旧有名义，贯彻护法初衷，全体将士猥以总司令之职属之开儒，开儒固让再三，诸将士复掬悃诚，责以大义，开儒向在行间，愆尤丛集，縻成百体，未足以谢同胞。况当国步艰难，殷忧未已，护法者不惜毁法，卫民者适以害民，而我艰难百战之滇军受人愚绐，分截四方，团结维持，恐非薄德轻材如开儒者所能奏效。惟诸将士或曾共磋磨，或载同患难，深情挚谊，迥异恒伦。今兹泛舟大海，风雨飘摇，群以道义相责，备相感动，虽在木石，何忍恝然。义无可辞，未遑将处，惟有竭我智能，勉图匡济。群情敦促，不容迟回，即日就职视事。此后职责所系，誓当张吾三军，共护大法，奉承孙总裁、唐联帅意旨，与湘、琼、滇军力图团结，暨与粤军各同志、友军一致行动，相期荡涤邪秽，奠我邦基。此则开儒之所自励，而敢与胞泽诸公共勖者也。谨布腹心，恳祈垂教。护法滇军总司令张开儒叩。卅一。

（《张开儒复任滇军总司令》，上海《民国日报》1920年 11 月 11 日）

---

① 报纸刊载时衔略，现据云南省政府秘书处档案补齐。——编者

孙科致孙中山电[①]

（1920 年 10 月）

（一）港华民对锦纶云，沙面英领养（二十二日）逐温宗尧出境。（二）迥（廿四日）飞机掷炸弹于观音山，岑、莫即乞英领派兵舰保护离粤。华民又云，莫决去，一二日间当逃。（三）竞存昨日到惠。（四）购械事已筹妥。（五）收古巴筹饷局一万，金山义捐局二千，纽约中华公所千五百，另小款二宗。科。

孙中山批：倘莫到港，即当搜罗证据，控彼私吞公款，以归形〔刑〕事犯。闻彼寄存台湾银行数百万云。

（《国父墨迹》，第 428 页）

朱超致孙中山电[②]

（1920 年 11 月 1 日收）

艳晨，超攻兵工厂，下之，夺炮一门，机关枪二架，水机关三架。及午，魏邦平开来步兵一营，乘间入驻厂内，翌晨复来一营，且由毅生骗得粤军总司令部手令，着超逐出。该手令到时，适超来省，我军遂被逐而退，该厂遂为魏有，不平殊甚。现我三百余名移驻长堤，军器极佳，另待编军队二千余，已说妥。惟需款极急，请速接济，星加坡之款文负责，请即汇港国平手收，即能汇返。超叩。

（《革命文献》第五十一辑，第 247 页）

---

① 原件为孙科自香港禀孙中山电报，未署年月日。该电于 10 月 26 日抵上海。根据内容判断，电报发出时间应为 1920 年 10 月间。——编者
② 该电自香港发，11 月 1 日下 10 时到。——编者

张绍曾致孙中山等电

（1920 年 11 月 1 日）

参众两院、王聘卿先生、熊秉三先生、汪伯唐先生、田焕廷先生、赵次珊先生、梁任公先生、王儒堂先生、刘霖生先生、冯焕章先生、胡笠僧、孙禹行先生，天津黎宋卿先生、段芝泉先生、严范孙先生、孙伯兰先生、吴莲伯先生、陈二庵先生、王一［揖］唐先生，上海唐少川先生、岑云阶先生、蔡子民先生、李印泉先生、徐季龙先生、柏烈武先生、于右任先生、汪精卫先生，奉天张雨亭先生，南通张季直先生，广东孙中山先生、陈竞存先生、谭组庵先生、李协和先生、熊锦帆先生、伍梯云先生、程颂云先生，云南唐蓂赓先生，贵州刘如周先生，各省巡阅使、督军、督理、督办、省长、护军使，海军总、副司令，各都统、各镇守使、各师旅长、各法团、各报馆，国父老昆弟公鉴：

民国成立，徒拥虚名，国内战事，愈演愈烈。究其结局，无非私人势力之转移，而于正本清源之道，迄无计及。深恐此次战争仍蹈覆辙，贻祸将来，兹爰不揣冒昧，草拟和平救国大纲五条，用期战祸早弭，建设有自。该大纲业经吴使同意，并电奉天张雨帅征求同意。国家存亡，匹夫有责，用将调解此次战争意见通电海内，深冀国人奋起，共进升平。大纲五条列举如下：（1）即日停战，各自撤兵。（2）以此次对战双方及国民军合□，谋组最高军事会议，解决左（下）列之事件：（甲）国军兵额，（乙）国军之配备，（丙）裁兵丁军制。（3）关于宪法之修正及今后政治之改善，应由国民会议①解决问题，□人不再过问之。（5）此次平和救国大纲，由对战双方及国民军共同商定，信守主持之。临电不胜盼祷之至。张绍曾。东。印。

（《北洋军阀史料·吴景濂卷（三）》，第 603~608 页）

---

① 以下数字难以辨识。——编者

卢焘等致孙中山等电

（1920 年 11 月 1 日）

万急。上海孙中山、唐少川、伍秩庸各总裁、孙伯兰先生、林、吴、褚三议长，长沙谭省长、赵师长，重庆尹硕权先生，保定吴将军，郑州冯旅长，云南唐联帅，镇远探送李部长，各省督军、省长、省议会、各报馆均鉴：

曩岁护法军兴，黔军曾竭全力驱逐吴光新出川，随即进薄成都，削平川乱。谨遵唐冀帅主旨，川事由川人自主，以督军、省长还之川人，年来恪守范围，对于川省之民政、财政实未干与。以护法之事业未竟，卖国之祸首稽诛，屡议出兵，共纾国难，因熊克武梗阻其间，黔军未得率师东下，本非盘据川省，焉有侵略可言。乃熊氏暗通国贼，以破坏军府、国会为目的，假托省界谬说，妄动干戈，川人之无识者受其煽动，渴饮思泉。黔军以屡胜之威，非不能力抗凶顽，张我挞伐，惟念兵连祸结，涂炭生灵，鹬蚌相持，渔人坐利，故不愿以贵重之实力，陷于局部之牺牲，撤驻黔边，藉释嫌怨。惟是护法宗旨，始终不渝，靖国锄奸，惟力是谋，绝不因川军之反覆阻滞，遽变初衷。区区愚忱，愿邦人君子共鉴之。代理黔军总司令卢焘、混成旅旅长胡瑛、谷正伦、张春浦、窦居人、何应钦叩。东。印。

（《黔军卢焘等通电》，长沙《大公报》1920 年 11 月 6 日，"要电"）

陈炯明致孙中山等电

（1920 年 11 月 1 日）

万急。上海林、吴、王、褚各议长、孙、伍、唐各总裁，云南唐总裁、李部长，贵阳刘联军副司令，长沙谭总司令，北京徐菊人先生、靳翼青先生，各省省议会、督军、省长、各军总司令，保定吴巡阅副使，李师长奎元、臧师长、冯旅长及各团体、各报馆均鉴：

炯明提师讨贼，克复广东，一切情形，曾经电达。顷阅近日报纸纪载，始悉岑春煊、莫荣新等于穷蹙逃窜之时，尚四处通电，一则自称取消军政府，一则自称取消广东自主，此等伎俩，不值一哂。查广州军政府政务会议于今春伍总裁离粤之时，国会不足法定人数，早已失其存在。嗣后孙、唐、伍、唐四总裁据法定之人数，发正式之宣言，暂以上海南方议和总代表办事处为办事机关，并声明希望北方诚意继续议和，以谋永远之和平统一，光明正大，所有护法军队皆秉此以为指南。岑、莫等之宣言，不过取消其所窃据之名器，取消其本身之人格，不能损军府、和 [国] 会之毫末。炯明以实力拥护正义，不容少数金壬于胆落魄丧之余，犹复诪张为幻，惑人听闻，谨此通告，诸惟鉴察。陈炯明。东。印。

（《陈炯明否认岑陆等宣言通电》，长沙《大公报》1920 年 11 月 9 日，"要电"）

蔡炳寰等致孙中山等电

（1920 年 11 月 1 日）

十万火急。（上略）均鉴：

自护法兴师，我驻粤滇军随诸公之后，数经血战，无非欲大法得复，国是底定。乃陆荣廷、岑春煊、莫荣新等专供一系活动，不顾护法根本，离间滇军，逼散国会，私派党徒，向敌求和；甚且不惜以护法政府之尊严，为关余对簿外人法庭，受其裁判，阴谋卑劣，天人共愤。炳寰等疾首痛心，早难隐忍，只因地方困苦，不欲重苦人民。近见其倒行逆施，日益加甚，为救济大局，救济粤局，均难坐视。特于九月三十日在琼宣布独立，出师讨贼，规我滇军，允当一致。自独立日起，炳寰等公推赵前旅长德裕为总司令，暂定名称为靖国联军援粤滇军，遥受唐联帅管辖，就近受粤中最高级长官陈总司令指挥，并与驻湘滇军一致行动，现正整顿部伍，力图进行。秣马厉兵，枕戈待命。特布悃诚，伏维鉴察。靖国联军援粤滇军第一梯团长蔡炳寰、第二梯团长何福昌、第三梯团长□毂熊、琼崖卫戍司令赵超□率全体官兵叩。东。印。

　　　（《滇军蔡炳寰等反对岑陆等通电》，长沙《大公报》
　　1920 年 11 月 9 日，"要电"）

廖仲恺致孙中山电

（1920 年 11 月 2 日）

　　（一）北方因粤事宣布统一，于粤影响甚大。汤、魏、李以利相结，勉强附和，皆企趁此收场。粤军将领久战思逸，以为此种空气所中。沪上宣言到石龙，即由竞存本通电旨意，通告各领事。惟必须黔刘、湘谭皆赞我之通电，始有镇人心而壮士气。川刘若能通信，宜速图，否则势孤，终恐酿变，因燕孙运动盛，宜严防。（二）仲元与湘臣意见甚深，坚欲脱离不干，果去，则继之者必黄强。请先生、展堂密电勖仲元奋斗，另电嘉奖湘臣，告以为国、为粤、为党皆赖彼力，统由精卫转。（三）军府委任竞存电并转省议会，查现省会多由莫、杨贿买，似经国会否认，故拟不转，如不谓然，当补转。请均决复。仲恺。冬。

　　　　　（《双清文集》上卷，第 377 ～ 378 页）

廖仲恺致孙中山电

（1920 年 11 月 2 日）

　　（一）滇军因乏食乏弹，由河源退省，仅余二三千人，竟以滇军素反复，穷始末归附，必不可靠，故本日午以兵力缴械解散，免留祸根。何畏、叶竞生等如有电诉此事，请勿理。（二）唐继尧电嘱竞存保存滇军，给还战场所得滇军枪炮，殊属无理。若彼电沪要求，请勿理。（三）叶竞生行事荒谬，请先生勿委任办事，并勿为袒护。（四）先生归粤利害，俟精卫、竞熟商后，明晚可复。（五）筹为粤事用款，应由粤偿还，请将数目、用途列策寄来存案，由粤库出还。（六）海军明日可发动，任命之电，请速发表。仲恺。

（《双清文集》上卷，第 377~378 页）

湘军将领谭延闿等致孙中山等电
（1920 年 11 月 2 日）

上海孙总裁、伍总裁、孙伯兰先生、各报馆，云南唐总裁，贵阳刘督军，四川熊督军，长沙抄送章太炎先生，各省督军、省长、各总司令、各司令、各师、旅、团长、各省议会、各同乡会、各报馆均鉴：

湘军护法兴师，牺牲至巨，渴望正当之解决，以见永久之和平。对于西南，惟知主张正谊，服从公理；对于北廷，从未私相接洽，自丧人格。项见岑、陆、林诸人通电，自行取消军府，甚为诧异。军府为西南集合体，岑、陆、林等个人行动，当然不能代表西南，闿等决不承认。用特郑重宣言：（一）湘军主张当与西南护法各省一致，一切问题须由公开和会解决；（二）湘人实行自治，以树联省自治之基，不受何方之干涉，亦不侵略何方，如有横加侵略者，必以正当对付。特此布闻，惟希鉴察。谭延闿、赵恒惕、宋鹤庚、廖家栋、鲁涤平、林支宇、张翼鹏、田应诏、唐义彬、吴剑学、张辉瓒、谢国光、罗先闿、萧昌炽、李韫珩、李仲麟、陈嘉佑、蔡巨猷、田镇藩、刘叙彝、陈渠珍、卿衡、贺耀祖、叶开鑫、唐生智、赵钺、瞿惟臧、张振武、刘铏、郭步高。冬。印。

（《湘军全体之郑重宣言》，长沙《大公报》1920 年
11 月 8 日）

陈炯明致孙中山等电
（1920 年 11 月 3 日）

炯明此次返粤，纯本粤人自治之意，目的一达，当即解甲归
田。现在粤局甫定，军务未尽收束，不得不维持始终，勉副期望。
至省长一职，自非炯明所能兼顾，务请另简贤能；或命汤总长
（廷光）兼任，俾得专任军事，一心杀贼。

（《陈炯明集》上卷，第 502 页）

王汉斌、稽矗青致孙中山等电
（1920 年 11 月 3 日）

上海孙总裁、唐总裁、伍总裁，云南唐总裁，四川李部长，护法各
省督军、镇守使、各路司令、各学校、各团体暨全国各报馆公鉴：
　　此次粤军返粤，桂军败北，逆酋马济竟图炸毁石井兵工厂，以
绝护法军之命脉。汉斌与矗青等先事计议，奉朱司令卓文、陈司令
泽南之令，于十月二十八日当逆军图炸之际，汉斌与蔡达三、高志
等，率死士三百余人，奋勇击退，除被炸毁两部份外，余均得保安
全。并夺获克虏伯厂山炮一尊，机关枪两挺，水机关枪一挺，子弹
无数，无烟药厂亦均得保安全。
　　至二十九日午前六时，有马济所部团长张韬，因随同马济开往
北江，至高塘地方，被其部队所反抗，遂复撤回，驻于大廊附近之
村落。汉斌与达三计议，因兵力单薄，将其迎回。达三布置防务，

汉斌驰往省城，即同纛青报告朱、陈两司令，同乘裕民兵舰至石井接收。先至无烟药厂，已为福军渡河占去。嗣至石井兵工厂，士兵鼓掌以迎，欢声雷动，甘服朱、陈两司令之编制。不料团长张韬，本马济之私人，月前自向逆贼请缨，为出发惠州之先锋，报捷之电，已见不鲜。此次不得随同马济返桂者，纯为其部下所勒迫，因此对于汉斌之举义，不无妒忌。遂派其心腹明德，先至汤督军处请其改编，而当面又许纛青以甘受朱司令之命令，暨护法军司令周行之编配。三十日午后三时，汤督军派魏司令军队两营，前往接石井防务，并迫汉斌等将所部割归其节制，立移广雅书院驻扎。汉斌、纛青迫于武力之下，无可如何，延至六时，各队出发殆尽，始原报告于朱司令，并面陈情形于汪精卫先生、廖仲恺总长及夏重民司令。三十一号晨，朱司令将汉斌所部开往省城，改编粤军飞机队卫队。汉斌、纛青对于此次责任，已小告结束。

闻张韬后与洪司令兆麟接洽，又向朱司令卓文、周司令行要求依旧归其编制。各军本属一家，兵权有何界限？幸鬼蜮行为，已遭洞悉。三日之间，改适四姓，娼妓之贱，无逾于此，其所存心，概可想见。加以连日各报所载，不曰某军占领兵工厂也，某军为之协助也，人言各殊，是非淆乱，推其用意，总不出冒功二字。窃思此次之师，实为护法，占据兵工厂，为军人之天职，有何功之可言？窃人之财，犹谓之盗，况贪天之功以为己功？微长争既如此，他事更可想知，其较政学之破坏护法，不过五十步与百步耳。以暴易暴，不知其非，后顾茫茫，何堪设想。汉斌、纛青等以书生一介，烽〔锋〕镝余生，对于虚名，久置度外，独是既不甘居天然之事以为己公，而尤痛恨冒人之功以为己力。自兹以往，护法之战役甚多，对有粤省任务虽然可告结束，苟前途有相用之时机，仍愿竭棉力以从事。用布区忱，伏希垂鉴。王汉斌、稽纛青叩。江。

（《王汉斌等报告救护兵工厂始末电》，上海《民国日报》1920 年 11 月 9 日，"公电"）

遽敬川致孙中山等电

（1920 年 11 月 3 日）

孙、唐、伍总裁、唐总裁暨国会议员通讯处转参众两院议长、议员诸公均鉴：

慨自岑、陆执政，嗾使莫逆排剂〔挤〕异己，包藏祸心，以致总裁、议员次第引退，而护法之典倏然中断。幸陈总司令义旗一举，响应四方，护法之区，重睹天日。敬川忝备戎行，默观时局，窃谓军府、国会自应同时恢复，还我旧观。万望我总裁、国会诸公克期抵粤，以竟全功。不胜悚惶待命之至。广东救国第三军第四路司令遽敬川叩。江。印。

（《北洋军阀史料·吴景濂卷（三）》，第 613~614 页）

廖仲恺、汪兆铭致孙中山电

（1920 年 11 月 4 日）

命令发表后，林葆怿不能抵抗，已准备交卸，惟欲保全体面，以赴沪与诸总裁商议南北议和为名。海军将士不能有痛快之举，先生所知，汤、林均欲如此。如能由沪总裁发电邀林葆怿，以促其离粤更善。汤辞海长，望慰留。竞兄辞省长，尤望勿允。铭、恺。支。

（《双清文集》上卷，第 379 页）

谭延闿致孙中山等电

（1920 年 11 月 4 日）

密。上海孙、唐、伍总裁，云南唐总裁鉴：

三十一宣言通电敬悉，极为佩仰。延闿于东日通电，表示否认，想已达览。现在大局进行，诸公如何主持，乞详示。延闿。支。印。

（《谭延闿复四总裁电》，上海《民国日报》1920 年 11 月 8 日）

彭邦栋等致孙中山等电
（1920 年 11 月 4 日）

上海环龙路孙、唐、伍三总裁、李参谋长、林、吴、王、褚四议长、两院同人，云南唐总裁，贵州刘总裁均鉴：

溯自督团谋叛，张、康复辟，民国国统，不绝如缕。我公等亲率海军建义广州，西南响应，举国欢腾，存法系于一线，固国脉于一隅。不幸中经岑、莫窃据军府，把持政柄，日以倾陷贤能、破坏法律、摧残正义、毒害地方为事，不惜牺牲西南无穷之膏血，以求达其投降北廷之私利。乃者天诱竞公，毅然决然，勃兴义师，剑及履及，大张挞伐，干戈所指，贼胆尽寒，虽欲负隅顽抗，终至奔北逃亡，刻下大军云集，余孽星散。当兹护法根本已经奠定之余，正我西南团结亟图发展之候，用敢合恳公等速驾返粤，组织政府，以维持法系，巩固国基，西南幸甚，民国幸甚。毋任恳祷。彭邦栋、邓天一、王恩博、黄策成、魏关涛、李式璠、田永正、胡寿昺、孙品璋、向元均、邓维受。支。叩。

（《北洋军阀史料·吴景濂卷（三）》，第 615 页）

唐继尧致孙中山等电
（1920 年 11 月 5 日）

上海孙总裁、唐总裁、伍总裁，贵阳刘副帅，长沙谭总司令、赵总指挥，广州陈总司令鉴：

顷见北京国务院卅日通电，声言据岑西林等漾、敬两日通电，取消西南自主，归附北庭等语。原电谅已见及。继尧以为西南护法，持之三年，所争执者不过法律、外交两问题，须由和会正式解决，及求废督裁兵、实行民治而已。此皆关于国家正义主张，吾辈为保存人格计，万不能中道背弃者。岑等盗窃名义，不能代表西南，前经四总裁六月江日郑重声明，中外共闻。今北庭于吾辈主张，一无容纳之表示，对于上海和会亦置若无睹，竟谬据岑等仓皇出走之虚言，认为事实，贸然宣布，不特蔑视正义，抑亦欺朦国人，余辈对此似不能默不一言，拟请由孙、唐、伍三公斟酌主稿，挈名通电，加以辨解。如荷赞同，即请分电孙、唐、伍三公，即日宣布为盼，并希复示。继尧。歌。印。

（《唐继尧致孙文电》，天津《大公报》1920 年 11 月
13 日）

陈炯明致孙中山等电

（1920 年 11 月 5 日）

万急。上海林、吴、王、褚各议长、孙、唐、伍各总裁，云南唐总裁、李部长，贵阳刘副司令，四川熊督军，广东林总裁、汤军长、林总司令，北京徐菊人先生、靳翼青先生，各省省议会、督军、省长、各军总司令、师旅长、各团体、各报馆均鉴：

南北纠纷，于今数年，和议久久不决，且因议和而战祸愈不可收拾。推其原因，非尽由议和条件彼此不能交让也，议和方法不能正大，实为最大之梗阻。夫诡随与秘密，实为万恶之源。西南各省共同护法，以道理论，固为至当，以情感言，亦当有相结不解之至诚。安有将共死生、同患难之人，轻轻卖却，以徇一己之私，而可以遂其欲者？年来和议，日趋黑暗，一言蔽之，桂贼藉护法以营

私，而政学会诸妖孽，则以为城社而自为狐鼠，遂使天下事败坏一至于此，真可为痛恨也。

今者障碍已除，覆辙不远，炯明之愚，以为自兹以往，不议和则已，苟议和，则单独之接洽，暧昧之行动，宜绝对禁绝。惟以正式之会议，公开之方法，解决一切，方能收快刀斩乱麻之效。南方议和总代表，向由唐总裁担任，倘北方鉴于往事之因循，必知改弦更张，万不容缓，即派遣议和总代表克日来沪，继续议和。举议和条件之彼此相持者，与国人共之。无论何方，苟有所屈，为大部屈，非为一方而屈；苟有所伸，为大局伸，非为一方而伸。如此则一局之私，尚不能出诸口，况乎一人之私哉？夫人类理性易遏，欲性易纵，前此议和，亦可谓专利用人类弱点，煽扬其欲性。今日扬言某公满意，和议当立就，明日扬言因某公所求不获，故和议不成，如此办法，误国之罪犹小，率人类以返于禽兽，其罪至大。

呜呼！国事糜烂至此，一误不可再误，当载胥及溺之时，为亡羊补牢之计，当有感于鄙言。陈炯明。歌。

（《陈总司令主张和议公开》，上海《民国日报》1920年11月13日）

广州来电①

（1920年11月6日收）

竞兄对于大局主张如下：粤初光复，先生如来粤，振起军民精神，实大有裨益。惟先生来粤，必须重军府，而总裁制实不适用，非改造军府，由先生单独主持，吾党理想断难实现。欲达此目的，必须逐步做去。日前四总裁既已来电，否认伪统一，宜更对于北方告以桂贼扫除，和梗已去，当重派代表正式公开议和。北庭对此通

---

① 该电收录时，未署发电人姓名。——编者

告，若竟决然拒绝，则衅自彼开。（六日午后七时到）

（《革命文献》第五十一辑，第 247 页）

汤廷光致孙中山等电①
（1920 年 11 月 6 日）

北京徐菊人先生、靳翼青先生、广东新馆梁燕荪、叶誉虎、龙伯飏、王亮畴、江竞庵、徐学程、李琴轩、曹希龄、钮韵觉、陈援庵先生并转同乡诸先生，天津广东会馆转各同乡先生，上海广肇公所、潮州会馆、孙、伍、唐三总裁并转同乡先生，滇唐总裁，林总裁、参众两院、省议会、李镇守使、魏总司令、陈督军、粤军各司令、徐镇守使、司令、统领、各善堂院、总商会、商团、公安会、自治研究会、教育会、报界公会，香港东华医院转侨商报馆，澳门镜湖医院转侨商报馆，各省巡阅使、督军、省长、都统、各军司令、各省会、商会、各报馆公鉴：

　　粤局丝棼，久慨殷忧之南暨，桂军瓦解，今看全数以西徂。缅维匝月之间，几兆弥天之祸，所幸天将厌乱，众庆得人。竞存陈公，返旆东江，会师养石，如并州之竹马，旧治胪欢，是湖海之元龙，家声载赫，官膺军政府之特简，足令岭海外以昭苏。廷光曩绾双符，实汗颜而无地，顷瞻全粤，喜继任之有人，如负重而久欲息肩，况观成而齐将拭目。兹经于本日谨将督军、省长印信，齐送粤军陈总司令炯明接收，一切交代清讫。花明人咏，祝五岭以长春，瓜代得期，庶寸心之独慰。专此奉布，敬颂公祺。汤廷光叩。鱼。印。

（《汤廷光通告交卸督长电》，上海《民国日报》1920
年，"公电"）

---

① 报纸刊载此电时衔略，现据云南省政府秘书处档案补齐。——编者

刘湘等致军政府各总裁等电

(1920 年 11 月 7 日)

徐总统、国务院、靳总理、各部总长，上海商工总会、各法团，广东军政府各总裁，川滇旅京各先生，各省督军、省长、各省议会，各巡阅使、各护军使、各都统、各镇守使、各师旅长，熊督军、刘总司令、赖司令军长［?］、余总司令转各旅长、王师长殿舣转各旅长、刘卫成总司令探转唐师长、李参谋长郁生、刘参谋长崖泉、省议会、成渝商会、教育会、各报馆、陈镇守使、陈师长转各旅长均鉴：

麻日复顾品珍一电，文曰：筱斋军长伟鉴：两电奉悉。具佩佼佼卓见，迥异庸流，滇、川谊关唇齿，迭次共和，义声护国护法，尤征其开肇衅斗〔争〕之情，不尽关于主客之见。前年渝城会议，川滇当局，未常无所协商，而冀赓所提条件，竟使渝、泸、叙、资全归滇黔所放镇守使之囊括，存川督之虚名，割地方之大半。谓无并川之野心，割据之阴谋，虽三尺童子倘［尚］不可欺，而谓川人受公愚弄乎。熊督抗不画押，冀唐翻然自觉。乃冀赓不悟，谋蜀愈急，欲藉联帅之公名，为垄断川省盐款共同之实利，蔑视川省之人格，强迫令其承认。一面复唉川中之吕、石、卢、黄煽动内讧，饵吕超以副司令之头衔，助其叛上作乱。此皆执事所亲见，而为今日兵祸之张本者也。即以川人对于执事而论，未常以冀赓私人相待。故当熊督欲靖川乱之时，首向南方政府请委执事为滇督，一以合川滇之好，一救云南之民。乃军政府方电商同意，而执事已合兵反攻，竟抵成都。乃我军分道恢复，进克成都，方拟遣使交涉，以求正当解决，乃执事阳电之口血未干，而成都之长围已合，使尽执事自卫之力，川人尚有立足地乎。及诸执事良知，当亦哑然自笑，其矛盾者也。嗟乎！往事已矣。今犹可追，川人力争省格，尤尊重他省之省格，对于滇中勇战之将士，未常不为国家惜。对于不被征之人民，未常不为人道悲。苟如阳、全两电所云，或率师出境，退出泸永，或辞职自洁，以明其心，则对于川滇将来，未常无从容商量之余地。若以前事为未已，而复以饰词为缓兵之计，则不独损毁执事个人之名誉，且破渝、川、滇之怨仇。机不容发，决在今日军中恢复。即颂公安。等语。伏祈公鉴。以明是非。川军前敌各军总司令军长刘湘、川〈师〉长田颂尧、邓锡侯、杨椿、陈能芳，混成旅长唐式遵、陈国栋同叩。虞。

（《中华民国史档案资料汇编》第三辑军事（三），第563～564页）

唐继尧、刘显世致孙中山等电

（1920年11月8日）

北京徐菊人先生、靳翼青先生、萨鼎铭先生、熊秉三先生，天津黎宋卿先生、张敬舆先生，北京〈转〉正定王聘卿先生，南通张季直先生，盛京张雨帅，保定曹仲帅，洛阳吴子玉将军，上海分送唐总代表并转各代表、伍秩庸总裁、孙中山总裁、孙伯兰、吴莲伯、王儒堂、林子超诸先生并转各议员、章太炎、吴稚晖先生、汪精卫、张溥泉、胡汉民先生、杨漕伯省长，南宁陆总裁、谭督军，长沙谭省长，广东汤督军、陈总司令，遵义抄送李参谋部长，三原于督军，各省督军、省长、各都统、各护军使、各镇守使、各师旅长、各省议会、各教育会、各农工商会、各报馆均鉴：

川、滇、黔三省因地理历史之关系，宜有相资互助之精神。频年国家多事，滇黔军暂留川中，以待国是有定，良非得已，而对于川中同志，亦非不尽力扶持。至于川人治川，宣言已久，非特川人所应相谅，且为天下之所公闻，何嫌何疑？而屡施其排斥之计，且加以侵略之名，继尧等深慨夫人心之变，讵难与有为。而军事之收束，亦不容缓，已将滇黔留川军队撤回边境，实行裁沃〔汰〕改编，以符本年八月宥电宣言。惟恐外间不明真相，特将数年来滇黔对于川省经过事实，为国人一详述之。

当辛亥改革之初，滇黔以先后光复，而川省犹伏处于清吏积威之下，会匪遍地，无以自存。滇黔为救灾恤邻计，勉应川人请求，出兵赴援，师次叙、泸，而成都始因以反正，旋为剿平川南匪乱，即便相继班师。我滇黔对川，有扶助之义，无侵略之心，可大白于天下者一。

既而帝制变起，滇黔首举义旗，因战略上之进行，不能不先出叙、泸，会师东下，因而联络川中同志，随从建义，共树勋名。而我军行所至，鸡犬不惊，箪食壶浆，所过皆是。我滇、黔军对川有救助之义，无侵略之心，可大白于天下者二。

维时熊克武以一海外亡命，间道来归，遂任为招讨司令，资以饷械，令赴前敌。刘存厚困处川南，亦招之附义，泸渝之战，以所部军队废弛，反致牵动我军，蔡卲阳屡欲以军法从事，继尧特力为挽救，予以自新。未几，军务院成立，并推任抚军，海内豪杰罔知有刘存厚其人，复为通电游扬，俾与熊克武均得各掌一军，克自树立。我滇黔对川有救助之义，无侵略之心，可大白于天下者三。

迨共和重建，秩序既复，已与中央商筹善后，及改编军队诸事。适段氏毁法之变发生，滇黔重兴靖国之师，志在护法，对于刘存厚逐罗戕戴之举，一息不容，曲言联络，特派国会议员王湘、吴屋慈等赍函入川，与之接洽，促其与护法军一致进行。殊彼反依吴光新为厚援，公然抗义，护法同志又请申讨。是时，川中义军闻风兴起，以熊克武号称民党，特任为川军总司令，并同时宣布川人治川，滇黔决不干涉。川局底定，即推熊克武为督军，俾主川事，以践宣言。我滇黔对川有扶助之义，无侵略之心，可大白于天下者四。

不意熊克武翻覆思乱，植党营私，复凭藉势力，摧残同志，压迫军民，阻挠护法，凡民党中真诚爱国之人，几欲自全而无术，于是民军诸将同盟讨熊，屡次求助于滇黔，皆以和平相劝阻。乃熊氏转欲利用民军仇彼之心，以实行其逐客闭关之计，驱使党徒，咄咄相逼，继尧等以熊氏挟其地盘观念，行其部落思想，不但披斥

［？］邻省友军，且并残贼本省志士，袭武人跋扈之余威，以为民治精神之障碍，是以下令攻讨，复举师徒。迨其败走剑、潼，亦曾未加追击。仍以川省民政，属诸杨省长庶戡［堪］，而令吕超以川军总司令，收束川省军事，滇黔军立即退回原防准备，逐渐撤回本省。滇黔对川，有扶助之义，无侵略之心，可大白于天下者五。

熊氏北窜，野心不死，复裹胁余众，令迫成都，使吕超仓皇出走，更悉锐袭拎简阳。我军为正当防卫，急起反攻，业已进据成都，逆党为之胆寒。惟念我滇黔军频年驻川，无非维持正义，自宣言川省内政由川人自主而后，更未妨及川省主权，而熊等偏欲妄加诬蔑，指为侵略。今已准备班师，若于此时以客军进驻成都，必愈贻川人以口实，故仅与吕超合兵城下，期不敢再来相犯，亦即撤师而归，沿途虽遇敌兵尽力猛攻，亦未与之激战，致重苦川民。兹已完全退于黔滇边境，正事收束。

惟在近世纪中，尚非废兵时代，现虽极力编裁，仍然酌留精锐，异日边疆有事，尚可为国家效用。至继尧等对于收拾时局，及国家根本大计之主张，曾于宥电申明，正义所在，矢志不渝。但望川人自兹以往，能实践自治之言，确立人民政府，废督裁兵，卓然自树。勿再如护国、靖国两役，泥首权门，作伥西南，则继尧等亦所乐闻，否则国家存废所关，恐非海内同志国民所能默尔而息也。敢布腹心，维国人有以教之。唐继尧、刘显世。庚。印。

（《唐继尧刘显世通电》，长沙《大公报》1920 年 11 月 12 日、13 日，"要电"）

改造广西同志会致孙中山等电
（1920 年 11 月 8 日）

上海孙、唐、伍三总裁、王代总裁钧鉴：

西南自主，于今四年，政蠹狼狈为奸，蹂躏国会，攘夺名器，胁散义军，摧抑勋旧，护法大业，几于中斩。推原祸始，皆盗魁陆荣廷一人主持于内，诪张于外，盗心不死，有触斯发。世人不尽愚盲，当为有目其见，有耳共闻者也。

陆酉小绿林漏网，窜伏安南，逊清苏元春督师关外，心切筹边，姑息收抚。民国肇造，宽假名义，冀彼自新，积渐优容，绾兵全桂，所凭独厚，遂至穷极凶横，无所顾忌。胪彼著恶，如妨妒贤能，比暱群小，梗阻文化，滥发纸币，加赋厚敛，开赌贩烟，侵渔富室，矿余垄断，苍梧市政；全省无交通，唯宁武马路跛跛一矢，全省无建筑，唯耀武行署峨峨干霄；直尊一己如地主，据三管若采邑，甚且纵任盗军，辱缚英领，至于英舰责言，外论汹汹，迫而折卸国旗，仓皇伏罪。种种锢蔽人民，破坏邦交，小之流毒地方，大更辱及团体，举逊清专制时代所不敢为者，彼敢悍然行之。

祸桂不足，重以祸粤。丙辰一役，滇军讨龙，因缘时会，乘势东侵，盗憎主人，视同征服。督粤盗统，继继承承，而谭而陈，而莫而马，迭踞要津，恣请敲剥，政系城狐社鼠，西南共弃，甘于身为傀儡，听任教唆。兵工、造币厂机，国家公物，敢于诡秘盗运，捆载西行。驯至粤民忍无可忍，奋起驱除，陆酉等仍逞蛮触，胁其徒旅，顽抗惠城，焚烧淫掠，被于无辜，剜心析骸，戕及童稚。民怒难遏，败象既征，则复炸毁石井厂机，惨杀技士，不惜举国家数十年之精英，付诸一炬，以快胸臆。罪浮于窃钩胠箧，暴比于野蛮生畜。

综陆酉四年来假口护法，实行伙劫，于国略无丝黍之功，为罪已同邱山之积。嗾其骄将，攫督三湘，大欲弗偿，甘弃长岳；闽赣出师，顿兵边徼，妒功绝援，贻误戎机；滇中易帅，植党夺军，变起北江，戈操同室；煽挑熊、刘，以扰川滇，远交近攻，自鸣得计。于北媾牺牲条件之和局，于南蓄征闽倒粤之阴谋，日惟排斥异己，倒行逆施，曳尾乞怜，认贼作父。奴根盗性，横亘心胸，狐滑〔猾〕狐埋，进退失据。西南义师，遭兹中梗，赋北征以无期，全桂人民，蒙此奇羞，涤西江而难净。兴言及此，宁不痛心！

今酋等既叛军府，投降徐、靳，取销自主，逆迹昭然。盗心不死，尚犹密派腹心，乞援奉、直，一面扼守肇、梧，负固韶城。倘仍听其啸聚，潜长盗风，则酋等向曾挟桂祸粤，影响西南，今虽势穷力蹙，爝火余光，止于祸桂，转瞬不难复张毒焰，仍祸西南，为害国家，将伊胡底？用是吁请军府，从速宣布盗魁陆荣廷等罪状，明令讨伐，并迅通令西南护法诸省，一致协剿。务期直捣匪穴，歼除大憝，不令庄严桂境，复睹盗踪，庶护法前途，永无南顾之忧，桂省人士，同趋民治之轨，广西幸甚，百粤幸甚，西南幸甚。改造广西同志会王乃昌、曾镛、徐天放、周公谋、梁烈亚、梁沧溟等同叩。庚。

（《桂人王乃昌等讨陆电》，上海《民国日报》1920
年11月18日）

旅沪新国会议员致孙中山等电

（1920年11月10日载）

北京各部、院，上海孙中山、唐少川、伍秩庸、孙伯兰诸先生，云南唐蓂赓先生，贵阳刘总司令，湖南谭总司令，广州陈总司令，各省督军、省长、各都统、护军使、省议会、总商会、教育会、农会、各报馆公鉴：

同人等顷致徐世昌一电，其文曰：北京徐菊人先生鉴：报载十月卅日阁下据岑春煊电报，宣布统一，又令各省依照元年八月十日公布之国会组织法，暨参众两院议员选举法，办理选举等语。白日雷霆，出人意表，瞠目相顾，骇怪莫名。

窃维民国元首，职等公仆，地位产自法律，民意是其监史，脱有乖违，无异自杀。溯当丁戊之交，大难初平，国基未固，河间以副座入代黄陂，任期垂满，国人望治甚殷，深恐元首缺位，民志动摇，乃以代表国家之大任付诸阁下，虽以河间阴鸷猜狠，亦拱手推让，怏怏去职。阁下本非天骄，伊亦何所顾忌，良以国会选举总统，系约法赋与之权限，故虽有野心，莫敢渎法律之神圣。乃阁下误认为自我造命，罔关法律尊严，助长暴力，摧残国会，以为苟博列侯之欢，斯地位赖以巩固。殊不知阁下之生命，全赖法律之维系，法律既失其效力，则元首实等于僭窃。两年以来，法律争议，全系于阁下一人，南则以旧会为国家之正统，北则以新会为适法之改造，舌辨既穷，诉诸武力，火热水深，倒悬莫解，人民为阁下之牺牲，不可谓不巨。脱令阁下坚持法律之所信，以求国民理性之公判，则拥护国宪之诚，尚可求国民谅解，乃阁下阴结强藩，自私便图，以受命疆吏为当然，以遵守法律为痛苦，今更不惜将诞造国会之母法，根本撤废，以结一部分党人之欢。讵知母既以非嫡，而被黜子岂能以私生而承祧？法理显然，无待辨诘。阁下既肯牺牲地位，以解大局之纷难，谅必□□尊荣□□□□阁下□不□□，试问非法之总统，何颜自居于民上，白宫晏处，能不疚心？况阁下数年来，百凡设施，不惟负吾民之期望，且无日不与民国为仇，事实昭然，曷胜爬搜。

就职伊始，百务未遑，即首赦复辟罪魁张勋，意在威迫异己，隐扶亡清；又复假托诗坛，召致遗老，岁时馈遗，谢恩清帝，丹心捧日，此念未忘，设非畏顾民岩，恐共和早已倾覆。宣誓之口沫未干，叛国之逆谋已起，迩者复辟流言循环靡已，非阁下消息其间，何至来风于空穴？此为巩固国本计，不能不请阁下退职也。和平统一，举国渴望，假令开诚布公，兼容并纳，政治既得其衡平，斯纷纠不难于立解。乃阁下特任洪宪幸臣朱启钤为议和总代表，勾结盗魁，贿交政侩，以新旧国会两消为承认地位之代价，致令物议纷腾，猜虞以起。阁下躬行鬼蜮，乃复匿影逃形，成则尸福先之名，败亦不任祸始之咎，刍狗生灵，惨毒何极！倘令城社之凭藉如故，恐狐鼠之伎俩无穷，此为奠定大局计，不能不请阁下退职也。约法采用阁制，元首本无责任，年来政局纷更，国是未定，党人龃龉，无可讳言。倘匪执两用中，仍可导之正轨，乃阁下诱进策士，推助波澜，利彼两伤，自收渔利。卒之太阿倒持，祸起阋墙，国钧操自武人，中枢等于司隶，纲沦纪溃，来日大难，谁为厉阶？公实戎首。同人等以隐忍不言者，只以元首地位关系至巨，权衡利害，未敢轻语动摇。比者外患洊至，内忧弥棘，阁下以皤皤之元老，当汹汹之惊涛，念前路之崎岖，应亦知难而退。此为保全阁下计，不能不请阁下退职也。

况阁下饱阅沧桑，□晓趋避，决不至以老马识途之年，贻象齿自焚之谤。往者，项城撤消帝制，信望失坠，只以稍事瞻顾，致贻中外轻侮。凛彼前车堪资龟鉴，阁下既不惜自居于非法，以污我同人，我同人决不肯自居于非法，以徇阁下，阁下欲保一线之人格计，惟有退职一途，同人等藉促阁下之退职，乃对国民减一分之咎戾。去则两全，留则两累，顾阁下之勇于自决也。临电惶悚，至希察纳。旅沪新国会议员八十五人同上。阳。等语。诸公主持正义，谅有同情，敬祈一致主张，促令徐世昌即日退职，以纾国难，无任企祷。旅沪新国会议员八十五人仝叩。

（《旅沪新国会议员之通电》，天津《大公报》1920
年11月10、11日）

唐式遵致孙中山等电

（1920年11月10日）

大总统、国务院、各部总长、次长钧鉴：参众两院、各省电局抄送各督军、省长、省议会、各巡阅使、镇守使、各路总司令、各军师、旅长并转各团、营长、各道尹、各法团、各报馆、上海章太炎、孙中山、伍秩庸、唐少川、广东岑云阶、南通州张季直诸先生，成都抄送周池、徐申甫、曾焕如、赵尧生、曾笃斋、颜雍顾、徐子休、骆公骕诸先生钧鉴：

天祸吾国，战事频仍。民国以来，迄无宁日。唐继尧假护法之名，破坏统一，荼毒西川，心腹刘、王，爪牙顾、赵，对蜀将领挑拨，以危词虚名以笼络无识之辈，昧心盲从，不惜糜烂先人歌哭之地，甘为鹰犬，遂使吾川荧烟遍原野，肝脑涂郊土。逆军所过，十室九空，少壮流离，老弱荸孚。人非木石，孰克忍此。是以吾川各将领义愤填膺，剑及屦及，鞠旅陈师，用张挞伐。式遵不敏，忝领师干，为国为民，义何敢让，猥随诸将领，溽暑遄征，转战千里，扫荡川北，克复蓉城。既破龙泉之险，旋摧玉蟾之坚，简、资、隆、泸一带名城，未及兼旬，叠次收复。赵又新击毙江阳，顾品珍奔头合纳，金、朱、耿、项四散兽奔，田、胡、叶、吕分头鼠窜。敌胆已破，滇黔震动。然而庆父不去，鲁难未已。遵岂好乱，甘于穷黩，诚以非武装不足以促和平，非武力不足以谋统一。况据唐继尧歌日密电，顾、赵等敦嘱死守叙、泸，以待和议，期得最后胜利，并遣缪某等分赴京、泸［沪］，促成和议。并谓如叙、泸不守，则尧亦不能负责云云。而顾品珍既力竭势穷，乃通电全国，造意饰词，淆乱观听。察其内幕，此次滇黔空国而来，失众丧师，只身难返，妄希和议，保厥声威。南人反覆，谲诈性成，当其狼狈之际，扫灭唐、刘，如燎毛发，倘失此不图，谬言和议，坐使夜郎日大，重张旗鼓？噬脐何及？欲谋统一，云胡利赖？心所谓危，未敢缄默。正逐穷寇，倚骑陈词，略布区区，伫候明教。四川陆军第二军第三混成旅旅长唐式遵叩。蒸。印。

（《中华民国史档案资料汇编》第三辑军事（三），第565页）

刘显世致孙唐伍三总裁电
（1920年11月10日）

上海孙、唐、伍总裁鉴：

密。组公东电悉。岑电取消西南自主，已为骇怪，北庭据以宣布统一，尤为滑稽。此间对于时局之主张，已与唐公于宥电宣言，自当抱定此旨，贯彻初衷，特电奉闻。刘显世。蒸。

（《黔刘电辟滑稽统一令》，上海《民国日报》1920年11月13日）

林永谟致孙中山等电

（1920 年 11 月 10 日）

上海孙、伍、唐总裁、林、吴、褚议长，云南唐总裁，广东陈省长、粤军各司令，省议会均鉴：

海军护法南来，本拨乱反正之心，尽救国之义，程公中道捐躯，未竟其志。林公继之，三载于兹，又因时局多艰，忧劳成疾，遽尔引退，不获挽留。永谟猥以樗材，谬膺重任，奉令之后，惶悚莫名。惟国家兴亡，匹夫有责，用竭棉力，勉为其难，兹于庚日就海军舰队司令之职，特此电达，伫候明声，无任盼祷。林永谟。蒸。印。

（《林永谟就舰队司令职》，上海《民国日报》1920年11月18日）

唐继尧、刘显世致孙唐伍总裁等电

（1920 年 11 月 12 日）

上海孙、唐、伍总裁（余衔略）鉴：

自国事纠纷，政务总裁不足法定人数，广州已无军政府，早由四总裁于六月江日共同宣言在案。自此以后，军政府之责任，即属于西南护法各省区各军。顷接北政府卅日通电，谓西林引退，军府收束，已将西南统治之权，归还中央等语，阅之不胜诧异。

夫西南历年用兵，护法救国之旨，尚未贯彻，徒以战祸频仍，南北交困，友邦民意，企望和平，不得不顺应群情，力求和平正当之解决。故对于上海正式和会，迭经一再催促，以期和议早成，统一实现。不幸变故迭乘，事机中阻。然自和会成立以来，中外属目，虽进行稍有障碍，而南北代表职责，依然存在，只能亟图恢复，岂可因噎废食，别图局部苟和之方？故继尧、显世本救国初志，又经于八月宥日通电，宣明宗旨，仍主由正式和会解决，以及废督裁兵，实行民治等，关于国家根本大计，亦经分别意见。北方果诚意谋和，即应查照宥电所言，逐一见诸实行。斯不惟大局之纠纷，可期解决，国家前途，庶几有振兴之望。若徒以一二不负责任之言，遂谓西南已归统一，则继尧等爱国护法，始终不渝，此等暧昧苟且之行为，断难承认。谨通电以闻。唐继尧、刘显世。文。印。

（《滇黔痛斥苟和电补志》，上海《民国日报》1920
年 11 月 28 日）

陈嘉佑致孙中山等电
（1920 年 11 月 13 日）

上海孙、伍、唐总裁、林、吴、褚议长、参众两院议员、孙伯兰先生，云南唐总裁、各师旅团长，广东陈总司令、各师旅团长、各司令，海军各舰长，贵阳刘督军、王总司令、各旅团长，遵义李参谋总长，成都熊督军、各总司令、各师旅团长，长沙谭督军、赵师长、各旅团长、各司令，三原于督军、张会办，黎总司令，蓝总司令，各省省议会、教育会、农工商会、各报馆均鉴：

西南护法，四载于兹，人民流离，将士疲苦，所为含辛忍痛誓死不顾以求之者，国家大法决不容奸人破坏、野心侵略以动邦基，亦不许狡黠之徒乘时窃位混淆统系再伏乱萌。自广州改设军府，即弃战言和，已失当时起义之本旨。后更竞争私利，与北庭密使往还，交换权位，竟至弃和而言降。所订条件，凡关于护法救国，及一切民生大计，概以空言敷衍，虽贻羞中外，仍敢悍然为之，进行不已，西南破裂，盖自兹始。

我湘军同袍，愤毒苦之难堪，痛议和之无望，遂本民族自决主义，驱除张逆，先图自保，以谋救国。现值安福已除，正好联合西南，与北方仗义诸将士协力同心，以清非法之源，共举救国之实。乃昨阅莫荣新宥电，竟于大业未半之秋，乘西南之危，取消自主，直接投降，电中依据岑等敬电，撤消军府解职务为词。回忆年来西南内部之动乱，皆由于广州军府措置乖方，有辜职责。今观莫电，实欲于个人禄位不保之时，以及去粤之结果，更祸西南各省，假言统一，暗实破坏大局殊甚，吾湘从此亦危。连日迭据我军探报，莫军与赣军冲突，竟派重兵压迫湘境宜章、蓝山等处，闻之极为诧骇。夫莫果如敬电所云，退出广州，绝无糜烂粤局之心，以粤省还之粤人，何至更于韶州、乐昌、连山增兵作战，逼近邻疆？察其举动，实别有诡谋。且莫既取消自主，其军队尤非我护法各省所能承认。

嘉佑前奉督军命，分防第七区，湘南郴、宜、蓝、嘉一带，皆第七区防地，忝膺重寄，职在守土，关系尤切，断不忘吾湘人民，再遭暴力蹂躏，谨率部曲，环甲待命，莫军侵犯，当痛击之。乞我湘同袍诸将领，一致声讨，并望海内明公，主张公道，扫除武力侵略，以安民生，而定国是。临电愤慨，敬祈鉴察。湖南陆军第七区司令陈嘉佑叩。元。印。（十三日）

（《桂军竟压迫湘境耶》，长沙《大公报》1920 年 11月 16 日）

刘显世致孙中山等电

（1920 年 11 月 13 日）

北京徐菊人、靳翼卿先生、各总次长，上海孙、伍、唐各总裁、岑西林、孙伯兰、章太炎、胡汉民、汪精卫先生，武鸣陆总裁，云南唐总裁，保定曹巡阅使、吴巡阅副使，奉天张巡阅使，武昌王巡阅使，各省督军、省长、都统、护军使、镇守使、各司令、师旅长，本省各军、各厅长、道尹、知事、各报馆、各法团均鉴：

显世前电自行解除贵州督军职权，暂以靖国联军副司令名义，收束军事，刻在川黔军已全数撤回。黔军总司令王文华养疴在沪，已责成代理总司令卢焘节制整理，所有靖国联军副司令着即撤废。至兼理省长一职，察全民意，主由民选贤良以安地方。新省长未到任以前，所有省长职务由政务厅长代理，各路游击军应协同各道尹、知事尽力维持治安，将来归新省长节制。显世即日退休山林，藉遂初志，快幸何如。刘显世。元。印。

（《刘显世逊位之索隐》，长沙《大公报》1920 年 11 月 24 日）

附　刘显世致孙中山等电
（1920 年 11 月 13 日）

（衔略）显世现已将黔省军队，责成卢焘统率节制，所有靖国军联军副司令名义应即撤消。又兼理之财政厅长一席，亦经另文咨达省议会，慎选贤能担任。至省长职务，暂由政务厅长代理。显世即日退休山林，藉遂初志。

（《刘显世逊位之索隐》，长沙《大公报》1920 年 11 月 24 日）

广东参议员陈子锴致孙中山等电
（1920 年 11 月 13 日）

北京徐东海、段合肥先生，各巡阅使、各省督军、省长、各都统，蒙、藏各王公，上海四总裁、四议长，沪、粤两院同人均鉴：

自十月三十日东海突下统一、选举两令，明明承认元年八月十日公布之国会组织法，及两院议员选举法为合法。换言之，即自六年所改布之国会组织法，及两院议员选举法为非法。申言之，此令公布之日，即新组织法及新选举法宣告废止之日，亦即宣告新国会选举无效，及自行宣告其总统资格消灭之日也。数年来，南北新旧法系之争，是非于焉大白，功罪亦因而大明。

夫天下事真伪不并立，是非无两存，袁项城取销帝制，而其总统资格随之俱销，可为比例。今以元年所布之组织法及选举法为是，则六年所改布之组织法及选举法为非。旧法是，则依旧法措成之国会为正，而其所产生之总统及其所议组之军府与总裁会议皆正；新法非，则依法所措成之国会为伪，而其所私生之总统及其所私组之政府皆伪。仲尼有言：名不正则言不顺，言不顺则事不成。皮之不存，毛将焉附。本年春夏之交，子锴曩在申江，因阅直系有两销之说，移书李秀山而让之，谓夫新国会而可言取销，则东海之元首为盗魁；旧国会而可取销，则护法之兴师为土匪。行之固不通，言之尤不智。尔时法律事宜，骑虎相持，故曾为南北国会合并制宪之希望，子嘉浙督，且通电而主张之，原为一时救时之论。苟无此令，在北方犹可藉口于新法系以资号召。今东海既公然自首其总统所生之非法，而宣布服从于旧法，在东海个人，何尝非悔过迁善之勇。然诸公果清夜以思之，与其觍然面目，长此拥带一非法总统，以下临国民，而贻羞于国际，堂堂中国，岂曰无人。

当此强权屈伏，正谊伸张之际，亡羊补牢，应请诸公迅赴潮流，合词联电促请东海刻日退位，以明法统。东海具有良知，亦宜早自引退，以解内纷，而维国誉。若虑正式总统选出需时，则惟有根据六年临时参议之结果，仍暂公推东海为民国临时总统，即日下令，复移国会入京，速开选举大会，以免正式政府之中断。如其不能，我上海两院议长，尤宜从速通告同人，回粤开会，选举正式总统，以谋大局之解决。并宜依照元年南京参□□还项城之例，明白公推指定两人，荐之国会，一南一北，用昭平允，孰正孰副，则俟人投票之结果，惟须限定不能选出原荐两人之外，乃杜轨外之竞争。居今日而煮酒试论英雄，东海老臣，应为有清留一代之元气，无庸再选。此外沉几观变，窃谓内争之原，北得其实，南得其名，惟段合肥与孙中山能代表之。抑举国中求其志行纯洁、百折不挠、被选后保无谋叛行为者，亦惟二公。是选之二公者，左提右挈，其必能大有造福于民国，可断言者。护法救国，不易斯言，诸公其不河汉斯言乎？尚祈奋起而图之。

决决民国，阴霾渐去，清气大来，大固于此令之布卜之也。倘犹唯呵取容，如谚所谓啜犬汁不啖犬肉之所为，鬼鬼祟祟，日思以金钱、武力，愚弄天下之豪杰，斫丧人群之廉耻，以此而求统一，不独南辕北辄［辙］，且促其瓦解土崩而已矣。夫复何言。广东参议员陈子锴。元。叩。

（《竟有请举段孙为总统之参议员》，长沙《大公报》
1920 年 11 月 29 日）

刘湘等致孙中山等电[①]

（1920 年 11 月 13 日）

大总统、国务院、各部总长，广东军政府各总裁、各部长，各省督军、省长，各巡阅使、护军使、镇守使、都统，各省议会、商会、《北京日报》、《晓［晨？］报》社、蒲伯英、涂子厚、傅沅叔、王章祐、胡文澜、周吉珊、钟乃安、胡寅安、刘玉书、罗椿士、陈克钧、陈剑秋、尹尧卿、邹明叔、萧秋恕、罗子青、李吉安诸同乡先

---

① 　该电错谬处颇多，〔〕内据《中华民国史档案资料汇编》（第三辑军事（三），
　　第 561~562 页）所收同电校出。——编者

生，上海孙、伍、唐各总裁、商会、工会、《时事新报》、新申报馆、旅沪各同乡先生，毕节顾军长并转各旅长，成都卢司令、颜司令并转各旅长均鉴：

窃唐氏祸川，于兹五稔，兵力压迫，阴谋煽动，事实文电，历历可征。

乃阅唐继尧、刘显世通电，捏称滇黔军撤退之后，川军搜戮滇黔在川商民，在渝国会议员亦多遭杀害等语。湘等此役，本川省七千万人共同心理，力图自卫，成都喋血，龙泉攻坚，资中、合川、叙府、泸州、重庆之役，大小数十百战，褒延二三千里。攻泸、攻渝，皆先期函电顾、赵、刘、王，劝其克期撤兵，图修邻好。乃顾、赵、刘、王置诸不答，反攻愈力，自取溃败。在湘等以同种相残，大背人道，滇黔唇齿，终须和好，诚不欲竭我兵力，未行穷追。唐继尧乃以撤退自饰，欺罔天下，以自愚其人民，复诬川军搜戮滇黔在川商人，杀害在渝国会议员，以挑拨滇黔人民之恶感，冀以摇惑天下之观听。无论川图自保，对于国会议员，无关克渝，出示保护，众目共睹。即如唐电，在川、滇、黔商人，在渝国会议员，被杀者何人，受害者有几，姓名、数目能否实证？以湘等所见，顾、赵包围成都，炮弹专击四圣祠教堂，击毙英人儿童一名；退出重庆，违约攻破［放炮］，击毙英商一名，酿成交涉，有案可证；此外括搜商款、盐款二百余万，焚烧大面铺、龙泉驿、石洞镇，杀害川人不计其数，不独川人饮恨甚深，外人客籍亦代为抱不平。湘等以川人屡年欺制束缚于滇黔暴力之下，受痛如山，积怨成海，诚不能悉数罄举，告哀同胞。今乃断断及此者，非与唐继尧较正夫正妇之诟谇，实藉此一端，举川人所受冤苦之万一，以白全国，而求诸公为公道之主持者也。

至于滇黔军队之祸川，实出唐继尧个人割据并吞之野心。三省人民，原属一家，即黔刘督，亦被威迫。湘等以唐继尧一日不去，则川滇黔一日不安，深冀滇黔明达人士，爱国健儿，共锄奸凶，为三省真诚之携手，以共卫国家，岂特川人之幸，实亦中国前途之幸。川军前敌各军总司令刘湘，军长但懋辛、刘成勋，师长陈洪范、杨森、邓锡侯、陈德［能］芳、田颂尧、陈国栋、赖心辉、唐廷牧，得［混］成旅长唐式遵、喻培棣、张冲、何光烈、袁彬、刘文辉、张成少［孝］、蓝世钲，司令刘斌同叩。

（《川军将领辩诬讨唐之通电》，天津《大公报》1920年11月17日）

贵州省议会等致孙中山等电
（1920年11月15日）

北京徐菊人先生、靳翼青先生、上海孙伯兰先生、章太炎先生，云南唐总裁，广东孙、唐、伍各总裁、陈总司令、汤省长，南宁陆总裁、谭督军，长沙谭省长，岳州赵师长、顾军长、吴道尹、陈道尹转各县知事，各省督军、省长、省议会，各报馆转各团体均鉴：

黔省自护国、护法以迄今兹，军民两政全系刘公显世一人主持，而精力、手力两有不及，不能不假手左右，权柄遂至下移。

刘公之介弟显治，与阴谋派熊范舆、郭重先、何麟书等为死党，窃弄政权，表面虽觉安宁，而政治内容黑暗已达极点。各县知事，大都由贿赂而来，故犯法贪赃，有恃无恐。纵人民匍匐控告，从未加以惩罚。甚至松桃知事张日新、册亨知事李明时，犯赃滥杀，经龙巡按使提案查办，复经法院审讯定案，处以死刑，龙使去后，即由狱中释出，复委绥阳知事及禁烟委员，枉法徇私，可以想见。

至贵州财政，尤为黑幕重重，不可究诘。民国三四年间，全省每年收入约三百万，维持内政，尚无不足。至护法军兴，黔军驻兵外省，每年减少支出一百数十万，黔省更特设盐捐饷捐稽查等，当每年收入又二百余万，依例推考，每年赢余当在三百万以上。试一调查金库，竟至于杼柚告空。综计四五年间，预算决算，只字毫无，省议会年年催问，置不答复。去冬，省议会提案清算公明，遂风波陡起，熊、刘等逼前财政厅长张协陆自戕，以为搪塞，终于不能清算。所可知者，刘显治提存上海群明社之十万，帝制发生前，贵州表示赞成，袁氏助饷二十万，汇至上海，为显治乾没。又刘显潜征收兴义十余县之盐税，悉入私囊，九年之间，约百余万。游击军全数不满三千，显潜每月支饷八万，并将兴义、黎平、镇远二十余县之丁粮、厘税概行提取。

因财政上之黑幕，深恐黔人举发，专意排除异己，以为永远把持之计。王总司令文华，系其至戚，竟至防闲猜忌，视若仇雠。近乘黔军撤退，王君赴沪养疴，乃唐使王华裔通电造乱，一切阴谋诡计，皆熊、郭、何三逆从中主使。更于本月十号在中道署秘密开□，图谋歼灭陆军，暗杀要人，幸天不长奸，熊、郭授首，新调省之游击军悉数缴械，资遣回籍。现刘省长决意辞职，已由各界公推前云南省长任可澄担任省长，维持治安，一俟议会召集临时大会制定民选省长暂行法，再行正式选举。

值此世界潮流趋重民治，黔省政治之黑暗，实为全国所无，人民望治情殷，决不容此等政蠹殃民误国。自今以始，吾黔惟本此真确民意，自动自决，立自治之规模，谋人民之福利，谨此宣布，冀释群疑。至关于民政、财政改进详细办法，容后续陈。贵州省议会、省农会、总商会、省教育会、工界联合会、红十字会、军事后援会、八十县同乡联合会、少年贵州会、民生社同叩。删。印。

（《黔省议会等宣布黔省内幕电》，长沙《大公报》1920 年 11 月 20 日，"要电"）

邹鲁致军政府总裁电①

(1920 年 11 月 17 日)

军政府总裁鉴:

鲁奉命任为广东政务厅厅长,汲深绠短,敬谨告辞,幸为允准,无任切祷。邹鲁。真 [?]。(十一月十七日)

(《军政府公报》光字第一号,1920 年 12 月 4 日,"公电")

廖仲恺致孙唐伍三总裁电

(1920 年 11 月 18 日载)

孙、唐、伍总裁钧鉴:

本日 [月] 四日奉电令:任命廖仲恺为广东财政厅长,此令。等因。奉此。并奉陈总司令行知,遵于五日接印视事,合电奉闻。广东财政厅长廖仲恺呈。

(《粤廖财厅长就职电》,上海《民国日报》1920 年

11 月 18 日)

旅粤改造广西同志会致孙中山等快邮代电

(1920 年 11 月 18 日)

上海国会林、吴、褚三议长、议员诸公、孙、唐、伍三总裁、王代表、孙伯兰、胡汉民、汪精卫、柏烈武诸先生、全国各界联合会、学生联合总会,云南唐总裁,贵州刘联军副司令,长沙谭总司令、章太炎先生、张溥泉先生、赵总指挥,广州陈总司令、海军舰队林

---

① 据该电电码为 11 日,而公报登载该电时记为 17 日,此处从公报。——编者

总司令，遵义李参谋部长，护法省区各军、师、旅、团长、各司令，北京十五省自治联合会、徐菊人、靳翼青先生，洛阳吴师长，郑州冯司［师］长，各省督军、省长、各省省议会、商会、工会、农会、教育会、各法团、各报馆均鉴：

陆酋荣廷，绿林漏网，就抚逊清，因缘时机，擅弄兵柄，踞桂九年，穷极凶恶。其最者，梗阻文化，密布爪牙，豢养骄兵，滥发纸币，清赋厚敛，朘削民膏，开赌贩烟，流毒桑梓，殴辱英领，破坏邦交，迭祸湘粤，贻害西南。吾民内遭剥肤惨痛，外迫民治潮流，顾瞻环象，惴惴殷忧。倘不奋扫盗军，荡涤瑕秽，何由纪纲庶政，孳育新机。

敝省旅沪同人，因是就沪创立改造广西同志会，意在铲除盗系军阀，促进民治，并议决分设京粤支会，一致进行。粤中密迩乡邦，新潮湍急，观摩自易，本月元日由沪会委托干事王乃昌、周公谋、梁烈亚、雷在汉等，到粤与同乡各界讨论组织办法宗旨，佥同即日宣告成立。溯自民国光复以来，广西地当偏僻，锋镝无虞，果其休养生息，锐意迎新，何难上治渐臻，踵武先进，徒以诸酋积威，箝制风气自为，百政废弛，悉归退化，及兹改造趋势千载一时，稍懈决心，永沦浩劫。继今以往，同人等誓合广西人民，力求根本改造，贯彻初衷，举陆荣廷、谭浩明、陈炳琨、莫荣新、林虎、马济诸酋一例歼除，毋使酋长之秽恶犹留于五岭以南，民治之精神共现于大陆之上。石烂海枯，矢志不渝。谨电驰闻，伫盼明教。旅粤改造广西同志会同人公叩。巧。

（《桂人助粤攻桂之通电》，《顺天时报》1920 年 12 月 30 日）

旅津粤人致沪粤各要人各团体电

（1920 年 11 月 19 日载）

（衔略）闻军政府有重设于广州之议，同乡闻之，共深诧异。

　　窃思前此军府之设，本为争国会之新旧法，今中央既下明令，依旧法以召集国会，既已得达护法之目的，自不容再留护法之机关。况《临时约法》并无军政府之名，前此为争国会旧法问题，吾民犹能以行权相谅，今法律问题既已解决，犹留此非法之军府机关，义将安取？且凡举大事，必顺民心。前此广州之军府各总裁，同床异梦，贻羞当世，岑、陆知为众所弃，故见机引退，宣言取消，诸公拟以之移植于重庆，而川人群起驱逐，赴渝者鼠窜东奔，仅保首领。民心之向背如此，军府价值从可知矣。若再移设于广州，粤人对之，何异川人，欲求此机关之保存，其可得乎？

　　至于旧国会议员，无论任期已满，早应改选，且八百罗汉秽德腥闻，其为民害久矣。东突西奔，到处遭伐檀削迹之辱，而诸公独视吾粤为逋逃薮，拟重引祸水之来，以陷粤民于其鱼之境。贼桑梓以养豺狼，乡党自好者不为，诸公□问果居何等，岂其日暮途穷，故乃思再为冯妇乎？

　　吾粤自有军府，频遭兵燹，十室九空，今幸岑、陆悔祸，宣告裁撤，乃惊魂未定，犹传魑魅重来，人人闻之，几于谈虎色变。诸公苟尊重舆论，爱惜桑梓，亟应放牛归马，顺风收航，毋再称南越之王，庶可苏百粤之困。谨进忠言，希垂察焉。旅津粤人陈琦、周大任、张衡古等六百九十八人叩。

　　（《旅津粤人反对重组军府》，天津《大公报》1920年11月19日）

粤军钦廉军总司令黄志桓致孙中山等电

（1920年11月19日）

上海孙、唐、伍各总裁、林、王、吴、褚各议长，广州陈总司令、汤总长、省议会钧鉴：李、魏两总司令、报界公会、八属公会、钦廉会馆、江门陈总司令、各总司令、各镇守使、各司令、各师旅团长、各统领、各团体鉴：

我军筱日克复廉城、北海，效日克复灵山，实行武力割据钦廉之桂逆伪总司令黄培桂等败逃出境，除一面力维治安外，谨电驰陈。粤军钦廉军总司令黄志桓叩。效。印。

（《北洋军阀史料·吴景濂卷（三）》，第 680 页）

谭延闿致孙中山等电
（1920 年 11 月 19 日）

孙、唐、伍总裁、林、吴、褚三议长鉴：

密。删、锐［铣］电敬悉。协公患难同志，战部皆由湘往，公谊私情，无所疑虑。惟湘中困乏，客军过境，供给烦难，金壬造谣，又多播弄，人民疑惧。职是之故，闿历与协公互相商榷，并向各方解释，不至伤及感情，有碍大局，请释锦念。延闿。皎［皓］。印。

（《滇军过湘祛疑第二电》，上海《民国日报》1920 年 11 月 23 日）

众议院议员陈家鼎致孙中山等电
（1920 年 11 月 20 日）

上海孙总裁钧鉴：伍、唐各总裁，林、吴、王、褚各议长，参众两院同人，护法各省军代表，章太炎、张溥泉、胡展堂、徐固卿、孙伯兰、朱子桥、徐季龙、戴季陶诸先生，伍梯云、蒋伯器、谢慧生各次长，王代总裁、柏总指挥，探送李参谋部长并转四川杨省长、吕总司令、黄、卢、石、颜各师长，粤侨联合会，《申报》、《民国日报》转各报馆，云南唐总裁、省议会、周省长、叶军长、唐高等厅长，贵阳刘总裁、省议会、王总司令，三原于总司令，鄂西黎总司令、蓝总司令，长沙谭省长、省议会、赵师长、林处长、张参谋长、各旅团长、张、吴、谢、陈、罗、李、蔡、刘、李、田、唐各区司令、彭议长、廖副议长、陈教育会长、吴雁老、陈树老、朱菊老、李懋老、曾凤冈、田凤丹、林伯先、胡经武、刘梅斋、袁雪安、左霖苍、周云翘、石醉六、李吟秋、萧叔康、唐心涤、罗柏苍、萧礼衡、曹子谷、唐荣阳、王荷亭、曹邵德、杨端六诸先生，宁乡现驻粤沪省县同邑洪湘臣镇使、黄幼蟾前督、周道腴参议、廖涧泉、齐朴农、陶伏年各省议员，陶仲登少将、童梅岑中将、鲁咏盦旅长、廖素孚旅长、贺桂年、叶劲秋、张柏生各团长、蒋盛先参谋长、蒋铁铮、詹爕畴各参谋、黄子秋前总办、成国学、隆海楼前统领、洪兰生司令、胡良翰厅长、童次山、朱剑帆、傅梅羹、刘蓉仙、成亚龙、吴炳灵、张吉辉、杨翌如、王伯度、张仲青、岳寿枬、廖麓樵、刘健三、饶谷音、曾福谦、邓子实、梅霓仙、戴兰阶、伍琦勋、黄仲范、陈次愚、童琢章诸先生，湘西林浴凡先生，探转滇军杨、朱、张各司令，湘边援粤讨桂各将领，广东江门陈督办、乐昌李梯团长、虎门吴、琼崖陈继虞司令、何克夫司令、邓司令、滇军赵德裕司令、高州钟司令、汕头姚司令、尹司令、马总办、何会办、陈副运使、肇庆李子云军长、周苏群司令、翟浩庭司令、叶司令、廉州黄志桓督办、黄明堂司令、韶州关国雄司令、谢文炳司令、广州参众两院旅粤同人、粤军许军长、邓参谋长、黄总参议、蒋、罗、李、熊、梁、翁、邓、赖、李各支队正司令、警备队陈司令、义勇军邹司令、别动队夏司令、讨贼军吴总指挥、赣军彭司令、游击队黎司令、飞机队朱司令、第四路任司令、粤军新编钟、莫、钟各军长、第十五支队李司令、转各支队司令、李登同司令、魏丽唐处长、海军汤总长、林永谟司令兼各舰长、黄子荫前参军长、张藻林前陆军总长、赵越老、省议会宋议长、陈、曾两副议长、财政厅廖厅长、市政公所孙总办、兵工厂陈厂长、政务厅古厅长、交涉署李交涉员、前筹饷局李会办、汪精卫、胡毅生、冯自由诸先生、教育会、学生联合会、中华女界联合会、欧美留学生同学会、工会、总商会、七十二行商、九善堂院、海外国民党通讯处、全国报界联合会通讯处、各界联合会、互助社、民治会、粤军湘籍各将士、湖南旅粤学生会、改造广西同志会、华侨工业联合总会并转海外各华侨、报界公会并转各团体、各报馆公鉴：

江日家鼎致竞公一电，文曰：粤军陈总司令鉴：我公首义讨贼，重奠护法首区，功在共和，岂惟一省。血战弥月，强敌始摧，巨鹿昆阳，无斯苦战，西南成败，约法存亡，在此一役。去年今日，家鼎请假回沪，以事面谒中山先生，商及西南时局。先生曰：根本大计，非下令驱逐盗系，规复广东，同人绝无行使国会职权之余地，刻正在计画中。家鼎询以师期，先生期以一年。时桂焰正张，人方附势，懦夫鲜不以为大言。昔者裴晋公之奉命讨蔡，左湘阴之授钺征回，其距献捷犁庭时，均不逾预定师期之外。前史艳之，称为美谈。兹者中山先生伟画，得公一战成功，不出一年，果符此老豪语。粤中有志男子，家鼎夙推中山，今麾下又算一个矣。大勋既集，声施烂然，颂满佗城，名满禹域。三军旋凯，万众胪欢，粤人固箪食以迎，即家鼎等护法客侨，亦靡不额手称庆。兹当返斾，曷胜欢迎。惟家鼎所欢迎者，不在形式上之例贺，而在精神上之设施，略述七事，用当祝词。

（一）西南自主七年，土广民众，过于欧洲数国，约法国会在焉，而友邦终认北京为国际当局者，外人非有爱于此，而有慊于我也。以北有冯、徐，号称总统，高踞外交地位。我西南虽屡电各国，申明为假总统，而外人一诘我所谓真总统者，卒未见选在何处焉。由是外人明知北政府为假，而以国际利害关系，亦不得不与北交接，而置我于不顾焉。此西南历年失败之大因，吾人未尝不太息痛憾于间接助北，误国误法之总裁制也。家鼎与两院同志，两次谋就宪法会议人数，即举正式总统，均为岑、陆及其与党所格，以不利于伊之通北，而有忌于民选大总统之登台也。宪法垂成，两被破坏，亦同此心也。今幸大军讨叛告成，陆、岑失势，大梗既去，大法必完。家鼎与同人，誓以非常会议，作造法机关，内凭良心，外应时变。选举正副总统，组织责任内阁，行戡乱之大计，定靖国之远谟，虽属两院职权，究须各方赞助。我公功高望重，应请联合西南，一致主张，促成大业。西南罪孽，只在陆、岑，此孽既除，祸源斯去。如欲中国统一，先使西南一致。大同团结，是为急图，尤请公以此意电知西南各帅，群策群力，一德一心，化除旧嫌，共建新国。勋名事业，传之无穷，民国前途，全恃此举。盖与其夜长梦多，讨生活于和议，法律密约，解决无期，徒使西南一日无元首，徐酋一日占便宜，不若奋发自雄，速举总副两座，产出正统政府，如辛亥南京临时非常办法，庶免三年筑室，群龙无首。此后对各国，对北方，名义实权均较总裁之现制为胜；且伪统一令，虽属滑稽，终乱内外人耳目，不无混淆。对抗之法，莫过此举。此举有利西南，有利国家，其不利者，徐酋而已。快刀斩乱麻，打蛇击要领，我公素明大势，望首赞焉。

（二）元首未举出，内阁未成立以前，军府仍关紧要。凡关国家行政，应听候孙、唐、伍、唐、刘五总裁同来，或派代表莅粤时，以政务会议行之，始定纲领，同时表示首崇国会，以重法统，始有办法。此间自大元帅府被迫胁改组，当时家鼎与两院同志，极力反对无效。孙先生毅然下野后，岑春煊以北廷坐探，效金人纵还秦桧之计，来窃军府主席，家鼎久不认西南有护法当局。自伍总裁今春去粤，家鼎久不认此间有法定人数之政务会议。自林、吴、褚及多数议员他适，家鼎久不认非驴非马之孙光庭、陈鸿钧等，为有僭称国会主席之资格。比在议坛痛斥，历次文电反对有案。彼附桂势，城狐社鼠，无奈敌何。幸公义旅一麾，群小四窜，岑、莫途穷，行同无赖，惟有泄愤军府及自主，自绝于人类而已。今者，国会不可一日中滞，政府不可一日虚悬。沪讯中山及各总裁不久即来，一俟联翩戾止，即开军府，接收民国行政权，徐谋以临时总统，建正统政府。而此次军府之是否再为空中楼阁，即视国家行政与地方行政之有无再混以为衡。公夙号尊法，请先作则，倡率护法各省，举财政（鹾政附）、军政（兵器厂附）、司法、外交四大行政权，原属共同国有者，悉以奉之军府（除财政分别国家、地方外）。既不妨于自治，又不戾于护法，对内对外，始正观瞻。凡有国家，莫不如是（见各民治国现行行政、政法总各论，及军府组织大纲第二、第十条）。然有军府而无国会，仍不能跛足行动。吾故曰表示首崇国会，始有办法。今欲贯彻护法初衷，免使仇人快意，试问舍此，更有何策？

（三）报界言论自由权，学生爱国一切运动，及被劫于武力后之各项教育，并我公所首倡之西南大学等要端。下车后，应请首先注意及此，加以保障，并促成而助长之，以为新文化之倡导。行见漳州文治，普及全粤，足餍人民渴望之殷。自昔岭南文化，抗衡中原，徒以军法摧残，不克自振，如得公首加爱护，树之风声，作育一方，模范全国，改造之业，自粤始矣。再者美国哲学者杜威博士（现偕诸名人，游吾湘讲演中）学术湛深，讲演宏开，颇关文化。杨永泰资格诚信，均属缺如，前虽电邀，迄勿果至，应请我公专电聘请该博士来粤讲演，并邀吴稚晖、蔡子民、李石曾、胡适之诸公，偕同莅止。王莽初戮，东京即广聘博士，大开讲筵，蒲轮往来，不绝于道，是以东汉气节文风，称极盛焉。在昔专制且然，况在民国，戎马之后，泽以弦歌，战后治本之图，莫大乎是。又章太炎先生素为一国泰斗，今为西南护法中坚，特请麾下专电礼请来粤，主持正气，有所矜式。又前参议院院长张君溥泉，新自巴黎归国，现游长沙，请一并电请前来，实于宣传新文化事业，大有关系焉。

（四）打破军阀，为当今潮流所趋向，入手之处，自废督裁兵始。西南自桂省以外，已无督军省份。广东督军一职，军府已有明令裁撤此缺。废督已不成问题，惟裁兵实为当务之急。桂未讨以前，粤兵患少，桂既倒以后，粤兵患多。而贼去关门、马后放炮之徒，事前未见一影，迄今乃收编桂遣一二残兵，意图拥卫，藉其头衔，骄示乡愚，自称某军总司令，某君某司令，未尝军旅，未履行阵，健羡武阀，窃号自娱。此等弊风，尤不可长。公有节制全权，务请严行申禁。其讨桂有功各军，亦应次第设法裁减安置，庶俾商民免兵多之患，地方举民治之实。若不乘此时机，逐渐裁退，积之愈久，来者愈多，裁之愈难，不可向迩。元年五年，此机一逸，全国万劫，其已是也。

（五）电告北京徐菊人、靳云鹏，申明陆、岑、莫自身难保，遹问西南自主。现岑、莫正被通缉，陆亦楚歌四面，早晚成擒，嘱北庭切勿为其所愚，与订私和条件，并警以如北庭强违西南公意，甘受若辈撞骗，则破坏西南和平，北方应负其责。又查岑氏之降也，曾由靳云鹏汇款五十万，有伪军府总务厅中人，亲见其一次交廿五万于岑手。莫氏临逃，通电取消自主，北方电汇受降费，数亦如之。而炸毁兵工厂一事，即为莫氏报效北庭条件之一。闻专为炸毁兵工厂一项，北方亦贿莫、马二人，为数甚巨焉。盖欲毁我西南武器，束手待毙，坐缚于北军，而达其取消自主之目的，计亦毒矣！岑之代表章某，以岑氏宣言取消军府，遂向北廷夸功，另索报酬费七十万。闻岑、莫均系藉拍卖国会名义，换得此数者。护法同人，对此妖孽，无不切齿。除经家鼎电请护法各省各军，就地申讨拿办外，应请有力如我公者，严厉捉拿，多发数电，通告护法各省各军，就近密缉，促将岑等公权，交附法司，永远削除。南方政学、北方安福，其罪一也。此次岑等各逃犯，应照北庭向日使索交安福系罪人办法，照会沪领，请其引渡于西南法庭，依法惩办，庶罪人斯得，足警效尤。如此彻底痛惩，似可为我公东电更进一筹，且益使四总裁所电讨者，发挥尽致矣！

（六）连年依草附木，寄牛［生］岑、莫，力排民党，助桀为虐之与党，除孽首及有名领袖，罪大恶极，法所不赦者外，余均怜其无知，俟其自新，取胁从罔治之义。有才者，并量予录用，不咎已往，藉昭廓然，以示大反岑、莫尽排异己之恶风，而学欧美政治有容之雅量。

（七）乘势进兵广西，略定桂穴。缘陆氏早降北庭，已非友省，广西一日不平定，即两粤伪巡阅使之扰乱，一日不能免除。西省平民，久思逐陆。驻湘滇军业抵桂境，协和亦正在进行。吾湘军界友人近日来函，据称湘人憾桂，士气激昂，以谓桂阀行为，不无影响湘省民治，行将下兵全柳，饮马桂林（家鼎昨且电催湘军速发）。西南各省，现均一致护法，其别有肺肠，毁法北向，为吾内患者，陆氏一人而已。此人不去，挟北开衅，西南安枕，终不可得。欲求粤人自治，阻碍亦多。今幸得我公分派大兵，日向西北两江追剿。或主聊固吾圉，以便自治，肃清粤境而止。窃谓肇庆且下，急宜移兵援桂，乘战胜之威，直扑武鸣，生擒老盗，方告全功，非可肃清西北江已也。又桂人除盗系军阀以外，历史夙多英贤，今日不乏明智，有自起讨陆者，粤宜帮助之，则众叛亲离，事半功倍矣。合西南以讨大盗，非佳兵也。事定后，推桂省民党，自治桂事，纯然仗义，助人自立，非有害于各省自治主义也。桂省会城既下，武鸣老巢既破，即宜收兵。而入桂之师，尤戒妄杀，不嗜杀人者能一天下，况一此一省乎？此役之目的，非为报仇而战，为护法而战也。但兹事体大，匪异人任，非我公坚毅主持，援之以仁，出之以断，不能有成，因时人颇主只扫清西北江粤境为止，似无远援桂省之志，特请垂意焉。且现在各路军队，纷集广州，不易处置，安插之法，莫妙于分遣入桂，士免坐食，人思立功，一举两得，有要略焉。北方内变方殷，岑、陆威信久失，谓入桂则北军援陆者，恐吓之词，必无之势。此西南自讨内部之事，亦犹北方历次政变，我未分兵出境一步也。此又无足虑也。其西征军费，即可就屠粤之存款，为援桂之军需。查莫、沈、马存贮沙面各银行款，据外人向家鼎所言，计桂人各黠者所存，现尚共有二千余万元在此，皆粤民膏血也。家鼎按国际先例，欧战后德、奥、俄在华及在各国银行财权，均被战胜国取得，现桂人请领，各行扣发，应请由公从速正式照会沙面领事团，照先例饬银行截留交粤，必可办到。其用途一作北省赈灾，一作西征军饷。现粤中时论有主只扫清粤省西北边，不主远入桂地者，错也，故并论及此。以上七事，皆家鼎所欢迎于麾下者，聊贡鄙怀，余不什一。我公今乘百胜之势，为此举手之劳，坐言起行，较易实现。家鼎明在多年同志，躬逢此日荣归，本应亲赴车站，迎候节旄，奈抱病经句，艰于步履，未克走迓，良歉于怀，特此电闻，聊以贺捷。慨忆前清乙丙，家鼎事败出奔，追随孙公，从事讨满。百粤豪俊，遂多故交，历史既深，关怀自切。粤昔亡省，予心伤悲，粤今自由，予何不豫，兼以洪湘臣兄，家鼎同邑故人也，久共患难，夙谙韬钤，仗义同仇，随公转战，所部士卒，皆我宁乡健儿。神将之名，敌闻丧胆，粤获全胜，湘有余荣。具见八方英豪，乐为公用，遂集群益，大告武成，于国于湘，均关密切，公情私谊，皆大欢喜。昨者湘臣凯归，家鼎因病未往，烦公致意，并以奉干。临颖神驰，无任欣祝。陈家鼎叩。江（十一月三号）。等语。敬以奉闻，伏惟朗察。诸公或手创共和，或身系朝野，或为英年志士，或为各界名流，护法救国，煞费苦衷，徒以桂政专横，历年作梗，致令西南大业，付诸东流，世界新潮，遏之门外，几率人类，尽去衣冠，君子道消，天地为闭，今幸天夺其魄，群阴遁逃，大法有灵，千载一遇。鄙述七事，多可立行，民国安危，稍纵即逝，勖哉公等，时哉此机。尚乞一致主张，完成大任，粤局大局，两拜赐焉。愿闻教言，不胜延伫。陈家鼎叩。哿（十一月二十号）。

又家鼎于咸日（十一月十五日）为时事复致竞公一电，文曰：广州陈省长兼全省总司令鉴：读军政府东电特任公为广东省长兼粤军总司令，管理广东军务，全省所属陆海各军，均归节制调遣。执事功成不居，固辞不获，经于灰日电告就职等情。家鼎珂乡侨寓，珠海情深，遽听鸿音，曷胜雀跃。军府新猷，一令俾穗羊奠定；雄邦旧治，万家歌竹马重来。反戈竟扫内奸，雪武穆金牌之憾；破敌而归故里，无勾践锦衣之骄。宝汗［?］河山，依然还我；珠江风月，异样宜人。赵清献守土清风，行李只余一鹤；黄初平满身仙骨，城廓重睹五羊。八公草木知名，坐镇东山之老谢；百粤人民自主，无假北省之臣佗。军民分权，不惮劳亦不辞责（二句本竞公灰日就职通电词旨）；文武兼统，不怕死亦不要钱。以百战归来之身，存一夫不获之志。每饭后而念遗子，能毋慨然；扫闾外以属使君，可云专矣。过江兵马，都归王导指挥；半壁楼船，亦受周郎节制。全权在诸掌握，号令捷如影随。乘大兵大役之余，谋一邦一乡之福。好自去兵去杀，遣归十郡良家；分别治本治标，应有百年大觉。议和旧梦，如何唤醒；文化新潮，如何实践。大法如何恢复，小民如何乂安。众强汹汹，如何有国际和平之日；群儿碌碌，如何登世界人道之林。人类一日有不宁，吾侪寸心即未忍。而护法护国之业，即救人救世之基。良以吾族一遇万国潮流，四境空气，西则阻于陆盗，北则阨于徐酋，此蠹不除，斯文无幸。是以欧和若固，先擒威廉；鲁南欲清，在去庆父。理无或爽，事有固然者。赤帜来矣，国国失专制之魔；黄金铸之，家家绣自由之像。假公专征节钺，改造岭南；宏我护法旌旗，扫清漠北。普鲁士战绩独多，定为联邦之长；甘必大共和再造，群呼爱国之神。国家多难之秋，非一省偏安之计；斯世大同之日，即吾党息肩之时。抱兹葵忱，谨布芜祝。时方混混，特表区区。陈家鼎叩。咸。再有不能已于言者，前述江电七事，未尽所怀。今特续告三事，并录列后，惟垂鉴焉。

（一）六年之变，同人耻之，宣言护法。今总裁孙公首倡大义，邀同故海军总长程公璧光率舰南来，海军一方，隐然西南重镇。程公忠于所事，因被盗杀。海军继任当局，应如何同乃袍泽，复尔仇雠，岂意前人碧血未干，后人降表已递，反颜事敌，忘耻卖身，有如林葆怿者。查林葆怿近所发真（上月十一）日通电，道路喧传，代价实得三十万，公然宣言降北，与岑、陆、莫诸降虏，取一致行动。林葆怿身列护法政府总裁，竟敢电呼徐酋为大总统。现任海军部总长，竟复电认伪庭海军部。似此荒谬悖叛，实属有负国会委任。总裁资格，当然消除，迩者军府明令，着该海军部长免职，并免去本兼各职。闻者快之，无不颂新军府登台第一声。有此最惬人意之适当措置。两院同人，皆以林氏丧失总裁资格，不日即开非常会议。本军府组组［织］大纲、非常会议组织大纲之精神，将林、陆、岑等总裁职分一并取消。此就法律言之也。至若就事实而言，彼既宣言取消自主，彼即已自行取消总裁。查林等投北宣言，有即日自决，弃去总裁，解除军府职务，恢复国家原状等语，见岑、陆、林、温四人敬日（上月廿四日）通电。彼降志坚决，绝无他法羁縻。我虽欲再加彼以荣称，彼亦笑谢而不受矣。乃者尊处歌日（本月五号）通电，倘［尚］列有林总裁三字，一时远近阅者，为之哗然。金曰：以公之明，当不有此。或曰：殆戎马仓皇，文书忙迫之误欤？我公护法柱石，万目具瞻，舆论视为从违，一言关乎兴丧，以后遇有文电，对于此等大体，审慎出之可也。简直不提及林氏，及类于林氏之人，亦无不可也。又贵州刘如舟总裁，系参众两院同人，今夏在云南依非常会议手续选出，曾经派员赴黔授受证书，明告西南有案。政系党徒，助桂为虐，以少数无聊之人，冒称选举，私拥刘、温、熊以尸总裁，家鼎比与两院旅粤同志宣告在法无效，文电反对在卷。嗣熊、温受伪职，刘则拒而不理。此公大节，可算凛然。无论刘已否愿就，而国会一日未许刘去职，即刘之总裁一日依然有效。今日西南内部，正宜划一整齐，而一国政府当局称呼之辨正，即其一端也。此后对刘文电，私应略副司令，而该呼总裁。内以免军府之补选，外以正世人之观瞻。否则事如奕［弈］棋，自相矛盾，不独西南以国会选举为儿戏，且使北庭笑西南行动为滑稽矣。以上二人，一为昌言降北罪人，与陆、岑、莫狼狈相依，在法已丧失总裁名分，乃不应称而称之；一为护发有功省份，与孙、唐、伍、唐旗鼓相应，在法已取得总裁资格，乃应称而不称。名器所关，良非浅鲜。是非颠倒，颇淆听闻。夫今日时局纷纠，不可收拾，欲求解决，其道颇难。窃尝论之，根本解决，惟有先正厥名一准诸法而已。名不正，而望事之有成；法不准，而欲国之不乱，鄙人固陋，未之前闻。质之高明，未审奚若？

（二）外交内治二者，宜急起兼顾，不可再误也。国际联盟会之开也，我国青岛死生，中日廿一条存废，只争此一瞬。乃近似美国选举结果，该会形势一变，然新总统哈定一派，向以和会盲判青岛归日，为攻击威尔逊失败外交之大题。无论哈氏如何不信任联盟会，而援助鲁案之政策，必不变更，且较前在野时为益有力。我国人亟应乘时奋兴，以国民外交之精神，应世界难得之机会。而专委之北庭办理，失宜又多，应请立电军府各总裁，趁机先行加简王儒堂、伍梯云二君为我国派赴国际联盟会专使，且电唐总代表就便商诸北方，限于此次一致对外一事，南北协定，共加承认，克日持节西行，会同北使顾维钧等，共将去年拒未签字之山东三款，前年乘战协定之中日廿一条，相机应变，力争作废。又势力范围之领事裁判权、内江航行权、内国驻兵驻舰权、各埠邮电权、内地通商权、路矿筑采权，外币行使权，与夫税则自由、华侨苛待、庚子赔款，及一切不平等之条约、契约、商约，乘此嘉期，务令该专使严据国际法例，查察列强现势，诉诸各国舆论，运动侠义友邦，俾获一律收回，共跻于国际平等之班，分享此战后公道之赐。自德国败后，民族自决主义大昌，波兰、芬兰、犹太等已亡之国，尚皆乘时继兴。三韩五印，现亦奔驰四国，运动复邦。况我堂堂中华，现为国际团体之一大国，傥自强不息，内修政事，外结邻好，所失国家主权及权利利益，均未有不可争回者，是在国人之奋斗何如耳！又新银行团一事，关系我国存灭，国民稍不注意，即可召亡。（家鼎于去年十月在两院联合会提议此事，演说该团与我国命脉之关系，主张国会对此表示意思，同人初有异议者，而卒赞成之，议遂决。予旋访伍总裁，面商办法，甚合予见，并蒙命公子梯云送以觉书稿，备予参考，予撰有《论国人宜速筹应付新银行团策》一小册。今夏予在全国报界联合会演说此案利害，主用全国报界，通电唤起国论，鞭策当道，并由家鼎拟有应付此事之根本条件十条，全国各报代趸之，照电南北外交当局，依议力争在卷，均另刊有详稿，兹限于本题，不及述一。）顷观该团近定投资办法九条，均极酷辣，第五条，且有地丁可作大借款之担保品一语。家鼎按北庭大借款交涉，正在进行中。而盐税关厘，均抵押殆尽，再言担保，只有地丁。查北庭以地丁出卖，酝酿已久，去秋八月徐酉世昌十九号教令，公布二万万八年公债条例，内有此项公债抵押买卖，不限内外国人，担保品以地丁充之各条。维时家鼎在众议院议事中，临时紧急动议，主张咨达政府（时军府各总裁尚完全无缺，孙、伍、滇唐均列名），请其严电北庭抗议。家鼎提案大意，有地丁者，人口也。今北庭拍卖至此，前则仅能卖国，今则简直卖人矣云云。全院赞成通过。照咨去后，旋据军府政务会议咨复到众议院内开：前准贵院陈议员家鼎临时动议，咨请严电北庭抗阻八年公债一案，当经照议向北庭严重电诘。去后，兹据靳云鹏复称：俭电悉。公债明令已颁，维持财政，事非得已。报纸难信，请纾疑虑等语。请烦查照云。时家鼎以条例且已公布，犹复曰：报纸难信，似此官样诈语，益滋疑骇，遂约同院多人致电外交团及银行团严重抗议。申明该公债在法无效，反对地丁作抵甚力，继而舆论大哗，案亦旋搁矣。今者北庭益陷破产，借款之欲火日益中烧，除地丁外，又再无他品可押，所苦者，前年无受主耳。今新银团既允受押，则拍卖开国四千年之人口，为期在即，势必不免。加以近者岑、陆、莫、林等环请卖脸取消自主一事，以手无寸土，被逐出粤之降虏，久无自主资格，有何取消之可言！北庭之狡，讵不知此，乃公然受纳降书，据以发伪统一令者，岂有心为此滑稽耶？查其内幕，实欲借此涂饰外人耳目，以骗取大借款到手而已矣。缘新银行团规约，早经宣言非南北统一，不得贷款中国故也。欲打破北庭此项计画，惟有以西南名义，立向外交团、新银团，多致文电，告以为假统一，证其为真骗款，即可使外人了解真象，不敢交款矣。天下存亡，匹夫有责。当此外交危急，邦人君子，皆当以国民资格，起而抗争，况公勋伐赫然，外人信服，应请立电西南各帅，联衔电告北京外交团并转新银行团，严重申明，预先警告，急切图之，或可救济。其要者，尤在一面促成依照家鼎昨述江电第一事所主速选临时总统，根本对抗办法，则统一伪令，借款诈术，均不击自破。比电报申明，尤收实效。必如此速定主张，赞成自举元首，表示实地对抗，始有外交可言。而俄国劳农政府形势，如何仿照英、美对俄最近方针，调查俄情，以便接洽。日侵珲春事件，如何迎应学生热潮，一同反抗，力保国权，以及电贺法、美两新总统，抗议英、日两续同盟，注视世界经济会议，尊重国际劳工议案，均应急赴世运，立向产出于国会，基础于各省各军之护法政府，催其赶速办理，免使人为刀俎，我为鱼肉，坐昧大势，再误事机。凡此目前外交各问题，诸关国命，吾人稍不过问，势必凶于而国，害于而家。如曰军书旁午，未遑及此，则虽争得省回，而国又去矣。以公明达，惟速图之，此外交之大略也。若夫内治者，吾民党最短处也。证以三次已事，其言非诬。第一次辛亥之役，经十七回之失败，至此一战，驱满成功。孙先生正位南都，纯然同盟会内阁，发抒吾党抱负，宜若可为。乃吾旧同志诸人，毫无远略，偷安江左，群沮北征，有横扫帝京之机，而弃之不用，有廓清官阀之议，而用之不终，坐令中山壮怀，付诸流水。南朝呜咽，仍怨秦淮。从兹清袁祸根，不可拔去，官僚军阀，愈演愈凶。谁生厉阶，至今为梗，则以当日者同志参差，意见不一，主和主战，各执一心，都北都南，竟分两派，乘我弱点，卒误苟和。此一事也。第二次越在癸丑，民党五督，手握重兵，孙、黄二公，下野未久，席其余望，犹系人心，倘秣马厉兵，互相联结，仍带倒满时之雄气，而不存开国后之骄心，励精以图，修乃战备，则五督各典大邦，他省且多应援，袁军虽强，岂能飞渡？乃浔阳蹉跌，金陵继之，粤、湘、闽、皖次第土崩。北兵南来，如入空室。一败涂地，谁之过欤？吾同盟会之起也，尺土莫非清有，一民莫非清臣，党人手无一兵，非有五督之劲旅，身无立锥，非有数省之大地也。而振臂一呼，遂有民国，抑何壮也。及其继也，以十倍之力，数万之众，敌一独夫，非小弱也。而赣宁一蹶，卒乃不振，则又何哉？各自为战，各不相谋，前后之势殊，而朝暮之气异也。此又一事也。亦越六年，实为三次，袁殂一载，国又大变，中山一怒，慷慨南中，国会海军，相率至粤，护法旗帜，炳若日星，国是至斯，为之一奠。凡属同舟，应如何剑及履及，一乃心德，共兹功名。当日粤中，不乏贤达。回粤某某三总长者，广东之大老也。以曾登揆席，手长海军，迭任阁员，著名全国之人。兼以某联师三次靖国，某部长百战知名，使在六年实行登台，就职元帅，担任总长，佥谓诸星聚首，声震八方。以此图功，事无不举，虽使北方慑服，列强承认可也，复何有于桂系。吾知桂系虽恶，必不自安，早已引归，奚至今日。乃衮衮诸公，高揭逊让，坐失机会，一味固辞，只惮强权，不敢扶弱。时家鼎被国会非常会议推为代表，日携公函，往劝群公大驾，衔命仆仆，不敢告劳，数往返海珠三总长之门（时三总长均寓海珠海军办事处），陈说帅府之成否，关系西南之安危，各部不可自行折［拆］台，群公不可旁观袖手。国会主张，不可受外干涉。武人暴力，不可从中长风。反复详陈，不稍顾忌，乃群公迄无要领答复。惟语家鼎以军府不改，则桂陆不来，大局不了云。先是六年秋国会开非常会议，组织军政府，选举中山先生为大元帅，唐萱［蓂］赓、陆干卿为元帅，协和长参谋，唐少川、伍秩庸、程玉堂三公等为军府各部总长，余人俱视三公就职与否为进退，称三总长焉。时陆氏横甚，藐抗帅府，乃因伊一人意见，均惮不上台。未半年，适有西南联合会成立，而改组议起。西南联合会者，西南武人特于国会军府以外，别立此干政机关。盖纯欲威逼改组帅府，实侵我非常会议权限，而家鼎当在会议所斥为南方督军团者也。予合同人，极端反对。乃诸公以予为反对最烈者，且劝予在议会缓和，不必坚持，以维大局而和桂系。一若岑、陆朝来，即可使西南夕奠者。家鼎至是，始慨此间亦有督军团，群公最无团结力也。予知要人倾惮桂系，惟个人始终反对而已。最后赴三总长海珠会议之招，是日所束请者，皆西南各方重要人物，国会非常会议方面，被请来者十人，反对改组案及赞成者，各五名，予以反对派首名见招列席焉。因即席再发表意见，痛向座众，演说此不伦不类之多头制。对内对外，均呈奇观，从此大权旁落武人掌中。来日方艰，鲁难未已，必有求如今日中山时代而不可得者！诸公不群起就职，一致奋斗，以对抗武力派，反惟武人之马首是瞻，只谓帅府无实力，不得不迁就他派改组意思，以幻想统一西南，为此苟安之策，错矣！抑思今日之患，不在帅府之无统治实力，而在诸公之无任事决心，遂令军阀乘之，益加轻侮。总之，今不一致努力，共图此抵御军阀之大计，则西南团结未固，根本未清；改组后，外交必仍不承认，内部必仍不统一。法系一乱，纪纲不复，惟见有督军，不见有院府，甚或以北边奸细，素与护法无关之官僚（时岑氏在申来此主席之运动日亟）来主西南大政，藉军府之名义，为通北之机关，有辱我西南人格之一日，为可逆睹者云云。语颇沈痛，时院内外良心法律二派同人，相继反对改组，与予取一致行动，拥护大元帅政府改组案遂搁下。予亦以省母病返沪。不二阅月，该案复活，帅府卒因被动改组，国会自兹威信失坠。不待今春，放逐吴、林，驱走伍、李，草野之愚，早知有今日，惜当年诚信未孚，不克早使群公感悟也。桂系之背叛大法，蹂躏粤省，如此其久也。桂系之罪，而亦群公毫无团体，各不相援之罪，有以养成之，予敢断断言之者，此又一事也。统观三次结果，吾民党及其它名流，有开创之精神，有奋斗之气魄，历史具在，有不可抹煞者。而其弱点，则在无建设之毅力，无责任之恒心。若夫最大病源，尤尝在自讳自欺，自矜自喜，自侮自伐，自杀自戕。胜则相骄，败不相救。狃前代互攻之恶习，昧近世互助之美风。此其大缺点也。事实昭昭，良不可讳。今者军阀被挫，天日重光，发挥吾民党特长，斯其时矣！顾其短处，亦应痛予改良；后之视今，犹今之视昔；不记往昔，孰免将来。慎之哉！永保令名可也。今后之计，惟有恢张大度，不立门庭，屏绝小人，不许谗间。有百战百胜之绩，无一派一系之私。争利争权，其风自绝。有始有卒，此志不渝。趋近新思潮，气宇自然高尚；不遗旧同泽，意见自然消融。须有开国进取之壮心，而不可以守文自画；须有人类未宁之悲悯，而不可以成功自居。接物惟守一诚字，作事惟守一公字，赴机惟守一勇字，图成惟守一谨字，其庶几乎！否则楚患方去，晋人已起内讧；梁寇初平，后唐已兆腐败。千年公例，必不可逃。凡吾民党，尚慎游哉！齐霸不忘在莒，吴沼不忘会稽，业业兢兢，可大可久矣！

（三）立时实行民选县知事制（民选条例，详此篇末，一朝夕可制出，不必因此羁延），以树宪政自治之基础。盖欲求纯粹之民主政治，则非普通直接选举不可；欲求纯粹之地方自治，则非以县为自治单位不可。夫如是，而民选县知事尚矣。顾炎午〔武〕曰：管官之官多，管民之官少，此中国所以治少而乱多。予按管民之官者，亲民之州县官也。夫以亲民之官，而不为民所选，一任大官政治操州县进退之权。而官民无以举相亲之实，此后世治少乱多之所由来也。是故古者周礼乡官，出自民选，秦并海内，此制荡然。而秦迄汉初之三老五更，类仿乡举里选，犹有古乡官遗意。家鼎早岁在校时，受课至宪法、行政法、地方自治制三科，比较各国成规，细察世界趋势，民选州吏一事，习见不少。如美，如瑞士，如英之加拿大，濠〔澳？〕州各属，皆趋重此制。最近又查欧战以来，如俄苏维亚新共和国宪法，匈牙利新共和国宪法，均取直接劳动选举制。他如德国败后，新建之莱茵河沿岸数个共和国宪法，无不注重新式文化，打破官式自治，非劳动者不能当选，非民选者不能办事。凡属百工皆由选举，县长民选，更无论矣！今世自治制，尚有一派学者主张以乡村为本位者，说更圆满。惟中国地大丁多，以村乡为本位，一时似难速成。今取一制，便于与小民相亲，复便于与乡村相接者，惟县长有焉。然则今世乡村本位制，我既难行，民选县长制，我应采用，势有必然者。汉制重亲民之官，使之久于其位，往往出典郡县，入为公辅，内外互重，汉之吏美俗醇也以此。癸丑败后，家鼎尝谒中山先生于日本头山满邸次，与论地方自治制度，先生主县为自治本位，且主尊重县知事。凡曾任大总统、国务总理、国会议员、中央大员，皆可出为县长，大哉言乎，此汉后数千年特具之只眼也。落落数语，得真正自治之要领矣。家鼎谓如先生所主张，则县知事名位，须先加以特别尊荣必也，不由官派，纯归民选，庶乎其可。否则上述曾居要职之数项人物，谁屑受此地方长官任命？孙先生曾亦韪家鼎所言，而先生发挥此制特色，论更精透。今执事自规复潮汕，即宣告废去镇道，恢复县议会。此皆统一地方行政，尊重平民政治之要图。但县知事苟不由民选，则县知事仍无作事凭藉，镇道虽撤，无济也。县议会及其它县自治体，不选知事，则一县民意机关，等诸赘文，县议会虽复无济也，断非民选不可。予此稿既脱，后闻公亦有此意，但愿公毅然决然，急起实行，早观厥成也。外应世界民治之潮流，内举县民自治之实际，则粤真模范省也。家鼎与民党同人，自列席宪法会议以来，历年于地方制度，为吾民力争自由权利者屡矣。中经数次政变，而主张卒不变更。去岁家鼎复在宪法会议提案，力主省长、县长，一并规定民选，泛论吾国国情，各国趋势，为议颇辩，两院通人，多赞成之。卒因附桂之政系，别有用心，以其不利于北方所嘱，遂破坏而散。功败垂成，国人痛之。此后遇有复开宪法会议时，家鼎当仍本此旨，在院继续奋斗，不贯彻其主张，不敢自已也。现湖南暂拟地方自治制，亦有有识者，主张知事产出，参用此制者。如得我公大勇，先实行之，则宪法上，自治制不待发布，而粤之自治成绩，已灿然可观，有如英国立宪自治之美。不必成文法制定，而习惯法已优越千古，为宪政史上之佳话矣。此不朽之大业也。至选举法，当此地方制度未颁，可暂交第一届省议会议决一部广东省自治条例，而县长选举条例附焉。或径请愿国会，另以法律订之，尤便尤合。

以上续述三事，概举如斯，聊以相商，诸惟明察。陈家鼎再叩。咸（十五）。

（《中华民国史档案资料汇编》第四辑（一），第182～199页）

蓝天蔚等致孙唐伍三总裁电
（1920年11月20日）

上海孙、唐、伍总裁钧鉴：

密。奉十月三十一日通电，敬悉北方假托岑、莫之谰言，遽下

统一之伪令，诪张为幻，一至于斯。查靖国军兴，根于护法，合法
政府一日不成立，各军事一日不能终了。嗣因北方要求和议，我军
政府勉与言和，并在上海成立和会，举凡法律事实各问题，均议定
由上海和会解决。我护法靖国各军，本军府息事宁人之心，通令停
战，于兹三载。乃北方毫无诚意，惟用阴谋，卖国条件，视为固
然，法律问题，等如刍狗，卒乃勾结一二不能负责之人，冀遂其掩
耳盗铃之计。人言可假，民意难欺，蔚等待罪戎行，只知护法。如
北方苟遵成约，由上海和会言和，自当固守原防，静待解决。否则
惟有本护法之初衷，听军府之后命，以求国家真正之统一。彼非法
政府所下伪令，不独我护法靖国各军不能承认，外而友邦，内而国
民，想不至为彼所欺蔽也。临电瞻依，贮〔伫〕候赐教。蓝天蔚、
吴醒汉、李化民、胡廷翼、易继旋、杜邦俊同叩。哿。

　　（《鄂军否认滑稽统一令》，上海《民国日报》12 月 1 日）

留沪护法各省各军代表致孙中山等电
（1920 年 11 月 21 日载）

上海钞送孙总裁、伍总裁、唐总裁、林、吴、王、褚议长、孙伯兰
先生，云南唐总裁，贵阳刘总裁，长沙谭督军，广东陈总司令、汤
海军部长、夔州黎总司令、张总司令，三原于督军均鉴：

　　密。北廷据岑、陆等个人投降私电，伪令宣布统一，其等国事
于滑稽，无损护法之毫末。已奉各总裁、国会议长、西南各省当
局，通电力辟，无待词费。惟桂系以穷蹙取消自主，乞援北廷，变
节事仇，实为西南公敌。诸公纲维国是，万流共仰，务乞一致声
讨，力清内寇，以免肘腋滋患，而玷护法大业，民国前途，实利赖
之。留沪护法各省、各军代表同人叩。

　　　　（《一致对付变节之桂系》，上海《民国日报》1920
　　年 11 月 21 日）

卢焘等致孙中山等电

(1920 年 11 月 22 日)

万万火急。北京徐菊人先生、靳翼青先生，保定曹巡阅使、吴巡阅
副使，上海孙、伍、唐各总裁、孙伯兰先生、章太炎先生，云南唐
总裁，各省督军、省长、各报馆均鉴：

黔省追随西南各省之后，宣布护法，历有年所。现联军副司令
刘公辞职归里，所有全省陆军节制整理事宜，交由黔军总司令部继
续担任。现在护法事业，尚未告终，本军对于大局计划，仍与西南
护法各省一致主张，决不至有所变更。谨此电闻。代总司令卢焘、
混成旅旅长胡瑛、谷正伦、何应钦、张昕浦、窦居仁同叩。养。印。

(《卢焘等声明宗旨电》，长沙《大公报》1920 年 12
月 1 日，"要电")

谭延闿去职致省外电①

(1920 年 11 月 23 日)

(衔略) 均鉴：

湖南倡义护法，于今四载，牺牲至巨，创痛至深。近者湘军驱
张，原欲本自决之精神，图真正之民治，冀得休养生息，共启新
机。延闿以庸下兼综军民两政，不敢自懈，一面改编军队，求军费
之缩减，一面促进自治，征□人民同意，组织宪法会议，以树联省
自治之基。事在进行，粗有头绪。

窃维迄年时局之坏，政变之殷，大都由于督军拥兵，武人干
政，致民治无由发展，庶政日以纠纷。湘省当大乱之余，自不能不

---

① 报载时衔略，从谭延闿当时的各方联系及内容看，发电对象当包括孙中
山。——编者

一矫前非，力图振拔，以祛军民两政混淆之弊，以开各省自治实现之先。加以延闿一人，综任两署，废弛既所在堪虞，精力实有所不逮，用集全省军民官佐决议：自本日起，将湖南督军一职永远废除，公推赵总指挥恒惕，继任湖南总司令。延闿即于是日解除湖南总司令职务。至省长一职，筹办自治，促成□宪，关系至重，亦非轻才所敢久窃。并咨省议会声明辞职，希望选举临时省长，以开民选之先声，俟省宪法制定，再行改选，俾延闿稍得休息，以让贤能。

赵总指挥军界先进，治戎有年，用综戎机，必能与新省长共进康庄，同谋福利。延闿为湘为国，一秉至诚，既无拥兵自固之心，谨附举贤自代之谊，丹忱可誓，天日为昭。敢布腹心，诸惟荃察。谭延闿。漾。印。

（《湘局改革中之要电》，长沙《大公报》1920 年 11 月 25 日）

赵恒惕致孙中山等电

（1920 年 11 月 23 日）

万急。上海孙、唐、伍各总裁、岑西林、孙伯兰、章太炎、胡汉民、汪精卫先生，云南唐总裁，广东陈总司令，贵阳任代省长、卢代总司令，四川熊督军，北京熊秉三先生，各省督军、省长、省议会、各团体、各报馆均鉴：

本日谭督座召集军政商学各界及各公团，宣布军民分治、废除督军、民选省长主旨，并郑重声明，即解除军民两政职责，总司令一职交恒惕接任，省长一职向省议会辞卸，另举临时省长，树各省民治之先声，作功成身退之表证。剀切诚挚，磊落光明，全场闻之，无不感悚。恒惕于谭公宣布主旨，固极端赞成，惟湘局粗定，不宜纷更，仍竭诚挽留，期竟伟画，各界亦多以此为请。谭公去志甚决，不复挽回，坚以总职付托，恒惕庸驽，曷能堪此重寄。惟念全湘治安，关系甚大，暂以师长职权，会同在省高级军官处理军事，一面电商全省军事长官，公推军界中声誉崇隆者，出任总职，主持得人，恒仍愿竭棉薄，促成新治。掬诚奉布，诸希亮察。赵恒惕叩。漾。印。

（《湘局改革中之要电》，长沙《大公报》1920 年 11
月 25 日）

李仲麟等致孙中山等电

（1920 年 11 月 24 日）

万火急。上海孙、伍、唐三总裁、孙伯兰先生、各报馆，云南唐联帅，贵阳任省长、卢代总司令，遵义李部长、朱师长、杨旅长，成都熊督军、蓝总司令，广东陈总司令、汤海军总司令、洪镇守使、许军长、邓军长、魏总司令、李镇守使，长沙赵总司令、田镇守使、林处长、廖、鲁两旅长、叶、赵、刘、瞿、夏各团长、唐厅长，常德蔡督办、宋旅长、贺、唐两团长、卿司令，辰州陈司令、林司令，澧县李司令，洪江田司令，吴司令，永州罗司令，衡州谢司令，郴州陈司令，湘潭张司令，岳州葛司令，省议会、各报馆、各公团钧鉴：

共和九载，祸乱相寻，追溯前因，除癸丑一役，发难江西，余皆由湖南一隅，牵动大局。湘省为西南门户，西南有事，吾湘首当其冲，而湘省扰攘，亦未有不波及西南大局者。此征之历年经过事实，莫不如是。谭公督湘三次，结果如何？回首前途，令人惊悸。

此次西南局势不回如前，川滇之兵祸未消，粤桂之风云又起，军府财［？］组织未成，敌人力伺隙而动，邦基阢陧，莫甚于斯。而吾湘当道其萎靡不振之情形，犹如前此，且金融紊乱，宵小横行，措置多乖，险象迭至，苟不经一度刷新，力图整顿，将何以保全湘省巩固西南？谭公巧电辞去总司令一职，未始非最近之觉悟，但吾湘之患，不仅在军政一端，倘各机关任用匪人，其为害之烈，更有过之。谭公虽娴于内治，然金壬丛集，太阿倒持，去之既有所不能，听之则徒事捣乱，虽有善德，无如之何。

麟等血战数年，志在卫护桑梓，奠定国家，岂□以保全个人牵动湘局，危及西南，故敢本受人以德之训，拟请谭公速自审度，藉息群啄。赵公夷午德望崇隆，声威卓著，关于湘政，应请主持，以定军心，而支危局。诸公关怀湘事，谅有同情。谨布区区，伏维鉴察。湖南陆军第六区司令李仲麟、第三旅第五团团长张振武、第三旅补充团团长郭步高、第十二区支队长于应祥、援粤湘军游击司令张智率全体官兵同叩。漾午。敬。印。

（《湘局改革中之要电》，长沙《大公报》1920 年 11 月 25 日）

留沪各省各军代表致孙中山等电
（1920 年 11 月 24 日）

上海孙、唐、伍三总裁、孙伯兰先生、林、吴、王、褚议长（余衔略）均鉴：

密。读刘副帅元电，卸去军民两政，不胜缺望。刘公护国护法，功在国家，此次当选总裁，正望出肩艰巨，彻贯初衷，时局正艰，讵宜听其远引；且总裁暨副司令两职，重关西南大局，不仅一省问题。除由同人等联电挽留，尚望诸公一致敦劝，俾竟护法大业，无任盼祷。留沪各省、各军代表同人等叩。敬。印。

（《北洋军阀史料·吴景濂卷（三）》，第 682 页）

湖南省议会致孙中山等电
（1920 年 11 月 25 日）

上海孙、唐、伍总裁、岑西林、孙伯兰、章太炎、胡汉民、汪精卫先生，云南唐总裁，广州陈总司令，贵阳任代省长、卢代总司令，成都熊督军，天津熊秉三先生，各省督军、省长、省议会、各团体、各报馆鉴：

前湖南总司令兼省长谭公，主张废除督军，民选省长，实行军民分治，并声明先自解除军民两政职责，以湖南总司令一职推赵总指挥恒惕继任，省长一职已提向本会辞职，咨请推选贤能。让德高风，卓绝寰宇。本会经于本月有日特开选临时省长选举会，林公支宇以七十六票当选为湖南临时省长。除咨请当选人即日就职外，特此布闻。湖南省议会叩。有。印。

（《省议会选举省长之通电》，长沙《大公报》1920年11月27日）

孙洪伊致孙中山、唐绍仪函
（1920年11月26日载）

诸君始终护法，无任钦佩。组阁一节，若将王揖唐、徐树铮加入总裁，则予不愿与之为伍，如留王、徐，则请拒余；余若加入，请黜王、徐。

（《孙唐邀孙洪伊入阁》，长沙《大公报》1920年11月26日）

程子楷等致孙中山等电
（1920年11月26日）

广州孙、伍、唐总裁，云南唐总裁钧鉴：粤滇黔川各省长、各总司令，广州王代表暨各司长、胡汉民、汪精卫、张溥泉、蔡子民先生、各报馆钧鉴：

　　楷等昨致长沙省议会、教育会、商会、农会、工会、各师旅团
长、各区司令、各报馆、各社团宥电，文曰：长沙省议会、教育
会、商会、农会、工会、各师旅团长、各区司令、各报馆、各社团
均鉴：谭延闿以阴险、狡伪、贪渎三祸湖南，举凡乡邦惨痛之结
果，皆其一身手植之恶因。湘人本和衷，彼乃操纵于甲乙之间，而
成为冰炭；湘人本质实，彼乃专利其社会弱点，而崇尚夸毗。取之
尽锱铢，而多饱私囊；齐民无藏盖，而视同刍狗；刘林皆首义人
物，生死之待遇都非；汉嗣本黑白分明，心计在依违两可；刀兵水
火之灾，痛在一日，正义人道之贼，害中百□。幸议会有周、杨诸
君，首发其奸，军界有李、张诸君，声讨于后，并推赵、林两君分
掌军民要政，楷等无似，共庆得人，既公道至今尚在，信湘人终不
可欺。

　　侧闻谭延闿中□怆怯，早不自安，本存五日京兆之心，久为终
老菟裘之计，以故輦金沪汉，络绎长途，更令劫后商民沉沦苦海，
湘局至此，不独陷替人于措手无地，用心所在，尤冀挟多金以煽惑
乱将来。如曰事出传闻，姑且略言事实。将士则空领饷证，苛敛则
有过敌人，现金既逐日征收，而开支乃不换纸币，官厂既兼程鼓
铸，而湘省乃未见铜元，现货岂不翼而飞，责任定显有所在。窃以
人之敢于作恶，胥由痛定辄忘。查近日截获现款动数十万，路末如
此，平时可知。所有吾湘频年征收借贷抵押，以及各种纸币之实在
情形，务恳协力督促当局及议会，蒙公严正彻查，苟无弊窦，不妨
确办。其□如当情实，则宜明正其罪，庶是非曲直昭然在人，而民
治前途真有可望。

　　前者，谭延闿亦即以标榜自治闻于时矣，其意实在假借军权，
劫持民意，湘议员联名通电，□斥其且与官治背道而驰，言之齿
冷。兹此军民觉悟，克从根本解决，楷等惟有同心一德，献□所
知，冀收群策群力之效，苏我父老兄弟于历劫之余，且进而光大
之。□人鉴往知来，其于民治、军备、教育、实业、财政、金融固
皆当务之急，然非由正人心，淳风俗，树之基础，是率天下以伪。

民之憔悴于虐政久矣，同人昨致赵、林两君电，所谓洗髓伐毛与民
更始者，其意亦端在于此，惟诸公裁之，等语。谨奉闻。程子楷、
覃振、周况、杨熙积、罗迈、陈强、张孝准、廖湘芸、刘彦、熊
仁、周伟、危道丰、刘鸿逵、胡兆鹏、杨源浚、柳大训、刘文锦、
萧刑、黄石安、谭启韶、钟宪民、林祖涵、王祺、易象、李隆建、
张国元、程凯、龙启缙、张述、李震华、陆孟慈、陆鸿第、萧永
让、高维道、黄理中、胡学藩、程宣、程衣斯、宋南山、于若愚、
刘沛、林鹏、雷起龙、谢彬、李原采等叩。宥。

　　　（《湘中二程之通电》，天津《大公报》1920 年 12 月
　　3 日）

林支宇致军政府各总裁电

（1920 年 12 月 2 日）

广东军政府秘书转呈各总裁钧鉴：

　　艳电奉悉。支宇猥以轻才，勉同护法，值此湘政潮流主张民治
之际，谬经湖南省议会选举为临时省长，暂维湘局，莫补时艰，今
奉前因，尤深惭悚。谨肃电复，伏维钧鉴。林支宇叩。冬。印。

　　　（《林省长就职后之要电》，长沙《大公报》1920 年
　　12 月 3 日）

张智致孙中山等电

（1920 年 12 月 2 日）

广东孙总裁、唐总裁、伍〈总〉裁、陈总司令、汤海军总司令、
各报馆，上海孙伯兰先生、章太炎、蔡子民先生、吴稚晖先生、张
溥泉先生、各报馆，云南唐总裁，贵阳任省长、卢代总司令，成都

熊督军、长沙赵总司令、林省长、各旅团长、各区司令、省议会、各公团、各报馆均鉴：

窃智自奉孙总裁命，同周道腴先生回湘，组织援粤军，时因谭延闿把持湘政，与桂系狼狈为奸，阳许智以援粤湘军游击司令之名，而暗中则遇事牵制，不便有发展之余地。幸林君修梅奉命前往湘西，集合王部，假道攻桂，谭氏且下令讨伐，任意摧残。智知与谭氏商议援粤，无异与虎谋皮，欲使吾湘军民贯彻援粤主持〔旨〕，非首先铲除谭政府之一重障碍不可。且谭氏祸湘三次，民怨弗〔沸〕腾，罪恶多端，实难枚举。为吾湘三千万人民计，即无援粤之进行，亦有倒谭之必要。用会合第六区司令李仲麟、第五团团长张振武、补充团团长郭步高、第十二区支队长于应祥，宣布谭氏罪状，大张挞伐。所幸大众一心，全不血刃，而军民两政同时解决，此后阴霾尽扫，气象一新，桂系之强盗政府失此外援，亦必闻风丧胆。智虽不获所愿，出师韶关，然锄去敌人一块地盘，即于西南增长一分实力，不仅为吾湘三千万人民之幸福已也。现在粤局敉平，湘省安谧，智不欲多树旗帜，为湘省增重负担，爰将所部即日收束还粤，尚望湘省诸公，李、孙、伍、唐各总裁之主张，与护法初衷不相违背，西南幸甚，湘省幸甚。张智叩。冬。印。

（《张智表明倒谭原委》，长沙《大公报》1920 年 12 月 4 日）

赵恒惕致孙中山等电
（1920 年 12 月 3 日）

广州孙、唐、伍三总裁，云南唐总裁，镇远李部长、卢总司令、任省长，广州陈总司令鉴：

现在军府成立在即，陆军部长一职，总握军事中枢，关系极为重要，非得学识优长，威望素著之人，不足以惬军心，而资统驭。

程公潜自湘南起义，转战千里，恢复长岳，功在当时，及夫背进
衡、永，艰苦支持，尤能转败为功，藉固西南门户。观其造就之闳
伟，实为军界所罕觏，倘以之出长陆军，必能胜任快愉。敬恳诸公
酌裁，予以特任，共建新邦，一新军政。恒惕为国进贤，未便缄
默，伏维鉴纳，迅赐施行。不胜惶悚之至。赵恒惕叩。江。印。

（《赵恒惕推举程潜电》，上海《民国日报》1920 年
12 月 20 日）

贵州省议会致孙伍唐唐四总裁电
（1920 年 12 月 7 日）

孙、伍、唐、唐各总裁钧鉴：

尊电诵悉。北庭以狡猾手段，伪为统一，我西南国民，岂能受
此欺罔。惟国会迁移既已终止，而军府复立，势难稍缓，请速组
织，以谋进行，而慰众望。专此奉复。黔议会。阳。

（《黔议员电请速组军府》，上海《民国日报》1920
年 12 月 16 日）

赵恒惕致孙唐伍唐四总裁电
（1920 年 12 月 8 日）

孙总裁、唐总裁、伍总裁、唐总裁钧鉴：

顷奉各电，过承责备，感悚交深。湘局诸待宁辑，夙夜兢业，
罔知所届。恒惕庸材，忝绾军符，常虞覆𫗦，惟有勉竭棉薄，以副
盛意。谨此复陈，无任驰系。赵恒惕叩。庚。

（《湘当局拥护军政府》，上海《民国日报》12 月 20
日）

陈炯明致孙中山函

（1920 年 12 月 9 日载）

香港探电云：陈炯明派人致书孙文，要求五事：（一）不得任用安福党。（二）不得以广州物产及收入抵押外债。（三）本人有指挥援桂军队全权。（四）广东不担任客军饷项。（五）办事须公开。

（《关于军府之种种消息》，长沙《大公报》1920 年12 月 9 日）

李烈钧致孙伍唐三总裁密电

（1920 年 12 月 9 日载）

接李雁宾由贵阳电〔独〕：真日奉令解散黔游击军，搜获熊范舆、郭重光正法等语。事前均未与闻。

（《贵阳政变内幕》，长沙《大公报》1920 年 12 月 9 日）

黄秋舫致孙中山函

（1920 年 12 月 10 日载）

中山先生大鉴：

此次毅然偕同伍、唐两总裁等联翩莅粤，维护法系，援助呻吟憔悴虐政之良善国民，策进中国真正永久之和平统一。凡属觉悟之人，罔不额手称庆。惟据昨日本省各报登载消息，有先生拟另行收编已解散及愿意来归之民军等语，虽事之真否传闻，未可遽信。然民军肆虐，谈者色变，既受约法保护之国民，当然有言论自由之权利，爰敢不揣固陋，略陈愚见如下：

一曰民军万不可用。广东民军之内容，绿林占十之七八，名曰民军，不过美其名而已。考良民所以留而为盗之故，虽原因甚多，而大抵总不外嫖赌饮吹，奢侈淫佚，不惯治家人生产，始相率而出于盗途。是绿林于投身之始，经已失去为人为兵之资格，德智体三育，彼更茫然莫解所谓。且自清政不纲，先觉之士欲改革而无从着手，不得不从事运动绿林，冀为我助。民国成立以后，帝孽官僚迭肆荼毒吾辈，仍不能不迭地利用彼辈，以张声势，而图推倒。惟绿林经此迭次运动之后，其价值更加不值一文，枪支寥如晨星，代表纷如蚁蝼；接洽则到处殷勤，委状则谁何皆领。最惯闻者，某日某处发动，需款若干；某日某处拔队，需款若干，实则一女不止许数十百人骗款，尽掷诸花天酒地。所谓发动者，终缩不敢动；所谓拔队者，实无队可拔。迨地方即已光复，秩序既已平静，彼辈野心难驯，动辄越出轨外，报端所载，足见一斑，无俟多赘，此等事实，皆秋所身经目击，并非厚诬。以此辈而欲托以救国护法之大业，何异南辕而北其辙，秋所谓民军万不可用者此也。

一曰民军实不必用。先生前次当选大元帅时，军权掌握于桂孽之手，彼桂孽假护法之名，行割据之实，对于国家法律四字，尚且不知如何解释，安足与谋救护之种种手续。然今者情异势殊，粤省政权已完全握诸粤人之手，文武百僚大多数信仰先生主义，极为坚固，正所谓心悦诚服者。先生之主张，若既经会议通过，谁敢复有阻挠。且吾粤现在兵额据传有三十万之多，核实计算亦确不下十万之众，兵贵精不贵多，为古今不易之通例。先生纵欲编练有力之自卫军，以为宣传主义之助，与其滥收性质已坏之民军，徒贻他日收拾之难，曷若就先有十万军队之中，迅予督练，汰弱留强，补足其用品，增加其实力之愈乎？倘万一兵力犹苦不足，亦只可选募纯良子弟，教之战阵，岂宜贪现成之便宜，留自焚之惨祸，秋所谓民军实不必用者此也。

（香港《华字日报》1920 年 12 月 10 日；陈定炎编
《陈竞存（炯明）先生年谱》，第 281~283 页）

林支宇致孙唐伍三总裁电

（1920 年 12 月 10 日）

孙、唐、伍各总裁钧鉴：

东电敬悉。战胜群阴，实行建设，逖听下风，距跃三百。施政方针，极表赞同，支宇不敏，当一致进行，贯彻终始。敢布区区，并伸贺悃。林支宇叩。蒸。

（《湘当局拥护军政府》，上海《民国日报》12 月 20 日）

赵恒惕致孙中山电

（1920 年 12 月 13 日）

万急。广州孙总裁，并转伍、唐两总裁钧鉴：

齐电敬悉。程颂云兄刚健笃实，晓畅军机，承界陆军次长，为事择人，诚为恰当。惟伊抱负甚巨，不特将略优长，平日身在戎行，深究国家大计，观其雄心远略，呈以经国济民，往年权理湘政，诸务革新，追溯前功，堪征敏干。尚望任总别部，伸展长才，庶几益励嘉猷，长奠时局。伏维察纳，无任企祷。赵恒惕。元。印。

（《赵恒惕推举程潜电》，上海《民国日报》1920 年
12 月 20 日）

旅沪改造广西同志会致
军政府各总裁、各部长电

（1920 年 12 月 18 日）

广州军政府各总裁、各部长钧鉴：

陆荣廷辈违反民意，取消自主，贻羞广西，破坏西南。本会欲

改造广西，固非驱陆不可，而钧府思巩固西南，亦断非除陆不能。钧府与本会义务相同，责无旁贷，务请早颁明令，实行出兵，幸勿苟且偷安，以自贻伊戚也。旅沪改造广西同志会叩。巧。

（《改造广西同志会要电》，上海《民国日报》1920年12月22日）

邵元冲致孙中山等函
（1920 年 12 月 19 日）

孙、伍、唐各总裁，竞存、展堂、精卫、朗廷、汝为、仲远〔元〕、仲恺、海滨诸兄暨诸同人公鉴：

此次粤军扶义南归，驱除逆乱，百日之间，全粤悉定。奋斗至烈，牺牲至大，而朱君执信殉难虎门，尤吾人所为国深痛而莫能已者。

比闻粤中同人，以执信所以树立于民国而启迪社会者，业至炳焯，拟为之铸造铜像及建辟公园，以为来者之观感，而存功烈于不敝，用意至盛。顾鄙意以为，执信素以传播文化、启迪民群为任，十余年来奔走于国难以外，即著述文字，申大义，袪疑惑，示轨辙，使诵读其文者皆易知易行，涣然无所疑滞，其用力盖至勤而收效亦甚广。今吾人之所以欲纪念执信者，非第欲其名之不敝而已，抑且欲其精神之浸濡于国人，使人人言执信之言，行执信之行。则执信虽逝，而继执信以起者，人人皆执信也，则执信可以无憾。而吾人所以为执信谋永久之计斯周，夫执信之志，莫大于传播文化，启迪民群。而传播文化、启迪民群之本，莫亟于建立图书馆。今东西各国，每有于其国之贤哲既逝，由社会或朋侪醵资为之建立图书馆。使社会得因图书馆而启发智德，因启发智德而溯及图书馆之锡被，则益景仪逝者。因景仪逝者，而益思服习其行，赓承其志业，其效之巨，昭昭无疑。故铸像只存其人之形貌而已，而建立图书馆，乃并存其人之精神。

今国内图书馆至寂寥,吾人方亟亟谋为之增益。为纪念执信计,若移其铸像辟公园之资,而建立一图书馆,即以执信之名名之,如是则执信之名,既随图书馆而俱久,执信之精神,且因图书馆而益足以发扬而光大;于纪念贤哲,嘉惠社会,发皇文化,一举而数善备。此鄙意所以不能自已,而冀诸公图之者也。

抑鄙意更有进者,民国创造以前,及建设以后,逮于今日,志士仁人为国殉者数至众矣。异日国事稍定,则诸先烈者皆宜在所表章纪念之列。若政府及诸先烈〔大〕朋俦戚党,能以此次执信图书馆之创立为纪念先烈之标准,随醵资之多寡,分别建立大小或通俗图书馆,而悉以其人之名名之,如是,则不数年而图书馆可以溥及全国。绵延先烈之精神,发扬社会之智德,皆在此次诸公之建立执信图书馆树之风声而已。夫事有不惟其名惟其实,实至而名亦归之者,若此者是也。鄙见所及,辄以奉陈,惟诸公实图利之。

九年十二月十九日 邵元冲谨启

(《"朱执信图书馆"之建议》,上海《民国日报》1921 年 2 月 2 日)

贵州公民聂端等致军政府总裁等电

(1920 年 12 月 24 日载)

军政府总裁、部长、国会议长、议员诸先生,粤滇川湘桂各省联军司令、督军、省长、总副司令暨在野诸先生、各省各军代表诸公公鉴:

窃公民等侨居异乡,惓怀桑梓,本年十一月望间,突闻黔省兵变,电信梗阻,继得湘川边境同乡戚友来电,均称十一月十日夜三鼓,贵阳卫戍司令何应钦,与滇军司令李雁宾、胡瑛等勾结煽乱,焚杀抄掳,惨无人道。刘公显世因平日与滇亲善,深信何、李,不加防范,及变起仓卒,碍于客军不能制止,遂于元日通电解职。顷据各省友人传述,我公与总裁诸公暨国会议长、议员诸先生,力持正义，电挽刘公，并劝速就总裁之职，各省各军全体代表均公电切留，具见公道未泯，国事尚可为也。

溯自北方强藩，迫胁元首，非法解散国会，我西南诸省不惜牺牲一切，冒万险以护国法者，实欲伸正义于天下，俾世界万国知吾国民犹秉公理，自有人格也。刘公为人诚厚豁达，公廉勤恳，治军九载，全黔将校皆其拔擢，视如昆弟，自兼省长，与社会休戚，息息相关，相倚如命。护国、护法役两〔两役〕，始终一致，勋在国家，近复实行废督，力主收束军队，提倡民治，为数万万同胞所共睹。惟宅心过厚，为政尚宽，过信其外甥王文华兄弟，军权政柄日渐旁落。殊文华兄弟野心愈肆，急欲攫取权位，不夺不餍，既嗾其妹婿何应钦等，结党造乱于内，复乘机鼓簧于外，借口刘公未就总裁，未允出兵攻桂，目为态度不明，甚或任意猜疑，诬以暗通北庭。计自南北停战议和，时逾两载，各省各派联直联皖，各有协商，刘公力主和会公开，从未私派代表独与北庭接洽，态度光明，实罕其比。未就总裁，殆其谦德，或别具苦衷，非公民等所能揣度。连年出兵侵川，实为王文华之政策，路人皆知。至联桂定川，闻即王伯群所建议，滇黔当局意图就饷于蜀，遂共采纳。近闻王伯群兄弟复担任出兵攻桂，为交换省长、恢复总司令之条件，是否属实，沪粤公论自有真知。

要之，刘公以王氏为骨肉之亲，托以心腹之寄，渐成尾大之形，近年用人行政、对内对外，事事受其挟制，全国有识，皆所同认。去冬，政务厅陈廷策氏被刺，财政厅张协陆氏受逼自戕，伊谁指使，久有定评。今王氏兄弟因争夺权位之故，竟利用客军，嗾使暴徒，惨杀抄掳，遍于七八十岁之耆老、二三龄之幼孩；更以莫须有之罪名，戮其业师（耆老会长郭重光先生，年已七十，民国以来，未入政界，因去夏反对王伯群滥借外债，全遭惨杀。并闻丁勉初先生家亦被焚掠。丁先生品学纯粹，遐迩皆知，卅年来闭门讲易，不问外事，年八十余矣；其孙丁立中与王文华同学友善，近见王骄横跋扈，不肯附和，遂祸延其家。熊范舆氏为王文华、何应钦业师，据该党假名各公团之电谓，熊、郭主使王华裔通电煽乱。查王华裔通电，攻击王文华兄弟，纵云熊、郭主使，罪发至死，况主使之说有何凭据，电中胡为不言？又谓熊、郭擅调王华裔军队云云，闻王华裔之军并未到省，且闻熊氏交卸秘书长已有年余，郭则地方耆老，何能擅调军队？至中道署开秘密会议，据谁所闻，胡不指实？所造种种罪状，非莫须有之冤狱呼［乎］?）。阴贼阴很［狠］，至斯而极。

夫人类之所以能合群，恃有相亲相爱之心理，西南同志之所以团结，恃有正义公理以相维系。今若坐听蔑伦凌上惨无人道之徒横行得志，恐西南领袖将不自保，遑言团结同志，伸大义于天下乎？况王、刘为甥舅之亲，有血统之关系，王氏兄弟之有今日，又刘公一手植成，兹对刘如此，诸公欲与共事，能保无意见之冲突，不为王氏所牺牲乎？公民等以为，西南诸公不欲护法救国扶持正义则亦已耳，如尚欲以此号召全国，则对于黔局须于彻底之观察，严正之主张。纵观古今，横览全球，似此残酷险很［狠］蔑伦凌上惨无人理之徒，岂能久存？吾黔民风坚朴守正，侠义之士所在多有，刻闻薛君尚铭等，已于川边纠集同志，组织靖难之军，声讨王、何，此外必有风闻兴起誓除残暴者。倘西南群公不克坚持正义，人将谓护法其名，助暴其实，影响所及，全局解体，殆不仅一省一隅之忧也。或谓王文华弟兄远在沪滨，贵阳兵变无从主使，抑思何应钦为王文华至戚，李雁宾为王文华旧部密友，全黔皆知。王、李在川计划早定，王欲避以甥逐舅之嫌，乃假手于何、李诸人，又虑本省军队不敢倒行逆施，乃求助于客军；且何、李煽乱，借口王华裔攻击文华兄弟之通电，明明图雪一己之私忿，报一己之私仇，竟不惜扰乱全省，陷吾民于水深火热，而一己反得萧然事外，必待异党悉除，挟军府之任命，假公团以欢迎，然后从容就职，为所欲为，王氏之居心诚狡矣。岂全黔人民皆约知之，孺稚尽为所欺乎？

公民等于刘、王、郭、熊无怨无德，徒以爱国爱乡，良知难

昧，闻见既确，不能不披沥直陈。诸公民意所托，物望所系，伏望
鼎力持正，勿惑于王氏之邪说，使正义人道借以维持于不坠，黔人
幸甚，国家社会幸甚。贵州公民聂端、漆寿昌、周培良、陈昌言、
黄德宏、张直义、唐毅、李国贞、李茂元、郭正光、蔡明义、黄立
群、高元武、秦茂声、王华彬、薛鼎铭、张友良、刘智远、谭学
超、吴正邦、张传统、薛道明、詹尚义、胡桢、赵俊、任道镕、李
毓秀、张宗彝、李富文、徐良玙、陈金鉴、胡天祚、魏正猷、万忠
国、谷邦纯、易明良、华正春、许志霖、董鸿逵、唐嘉祥、熊尚
先、刘锡箴、周灏、张正伦、蹇方干、何明强、姚宗蒲、杜金缄、
袁思义、莫坚、雷逢吉、鲁邦达、郑芝灵、路斌、黄明信、彭承
祖、华永旭、景方中、饶健、邱复明、凌启蒙、董慕舒、解树声等
谨代全省同胞公叩。

　　再者，公民等近接乡友私函，均称此次暴乱最残酷者，为总司
令部警卫营长孙勤果（又名孙剑峰），此警卫营即王文华之卫队，
孙勤果即王文华之表弟。孙营搜杀郭、熊各家后，竟出示宣布，自
以为功，王文华之主使造乱，即此更可证明。又闻胡瑛虽滇人，实
黔军旅长，此次与谷正伦、李雁宾在川时同受王文华密令到黔，协
同何应钦动作，事实昭然，无可掩饰。特此缕陈，伏维公鉴。公民
聂端等又叩。

　　（《贵州公民呼吁于西南》，天津《大公报》1920 年
12 月 24 日）

湘军将领宋鹤庚等致孙中山等电
（1920 年 12 月 24 日）

火急。广东孙、伍、唐各总裁、吴、王、褚各议长、陈总司令、各
师旅团长、各镇守使、各司令，云南唐总裁、各师旅团长、各镇守
使、各司令，上海谭组安先生、孙伯兰先生、章太炎先生，天津熊

秉三先生，贵阳卢总司令、各师旅团长、各镇守使、各司令，遵义李部长、长沙赵总司令、林省长、各厅长、各处长、省议会、教育会、农工商会、各公团、各报馆、各县知事均鉴：

天不眷湘，傥扰频年，幸赖同袍，矢志护法，历卧薪尝胆之苦，成逐傅驱张之功。岂意外患初平，内讧倏起，第十二区支队长于应祥，身任军官，甘为祸首，受第六区司令李仲麟之嗾使，戕杀该区司令萧昌炽，指挥叛兵，奸淫劫杀，横行浏、醴，进窥省垣，遂使湘局骚然，人民惊扰。犹复藉第六区之庇护，以副司令之头衔，自诩作乱之功，不悔称戈之祸，悍然通电，文过饰非，卸罪他人，肆意残杀，种种恶迹，罄竹难书。违西南护法之初衷，背军人卫国之本旨。鹤庚等迭次密电，呈请诛讨，我总司令念其前劳，不忍诛戮，讵该逆等肆无忌惮，谋乱益亟，若不置诸典刑，将见逆焰愈张，祸患无底。鹤庚等用是慷慨激昂，誓殄乱贼，务使元凶就戮，祸乱永纾，以谢湘人，而肃军纪。诸公护法中坚，关怀大局，惩奸靖难，谅具同情。谨布区区，伏惟明察。宋鹤庚、鲁涤平、蔡巨猷、吴剑学、张辉瓒、谢国光、罗先闿、刘叙彝、陈嘉佑、田镇藩、李韫珩、唐荣阳、陈渠珍、卿衡、土〔王〕德庆、葛豪、夏斗寅、贺耀祖、叶开鑫、唐生智、赵钺、刘铏、谌鸿钧、邹序彬、唐义彬、马孝笃、萧光礼同叩。敬。印。

（《湘军全体声讨乱贼通电》，长沙《大公报》1920年12月27日）

卢焘致孙中山等电
（1920年12月28日）

广州军政府孙、伍、唐各总裁、各军各代表，云南唐总裁均鉴：

前贵州驻粤军事代表李世荣，系前贵州督军委派。今废督既已实行，刘公且已去黔，李世荣代表一职，应即取销。今军府重建，此职未便虚悬。查有黔军谘议官陈清现在驻沪调查，已电令该员就近赴粤，充当黔军军事代表。谨此电闻，伏乞鉴察。代黔军总司令卢焘叩。俭。印。

（《黔省取消自主之无稽》，上海《民国日报》1921年1月12日）

王安澜致孙中山等电

（1920 年 12 月 31 日）

急。广东军政府孙总裁、伍总裁、唐总裁，云南唐总裁钧鉴：

阅报载东电二通，敬悉钧府已于十一月二十九日重开于广州，继续执行职务，临风雒诵，距跃三百。想西南护法，四载于兹，几经波折，根本动摇，今幸障碍悉除，亦正义重光之日，举凡自治、理财、废督、裁兵诸大端，实为刷新政治必经之阶级，当必雷厉风行，急起直追，出生民于水火之中，奠国家于磐石之固，瞻念前途，可为预祝。安澜不敏，只知推戴正人，拥护正义，枕戈拔剑，惟公等马首是瞻也。海枯石烂，怀抱弗逾，耿耿此心，可矢天日。谨电驰贺，仁盼方略。滇川黔靖国联军援鄂第二路左翼总司令王安澜叩。卅一。印。

（《军政府公报》光字第十四号，1921 年 1 月 26 日，"公电"）

林正煊等致孙中山函

（1919 年 ~ 1920 年间）

中山先生钧鉴：

敬肃者：盖闻左公作赋，价随赏识以增昂；杨子著经，名藉品题而遂显。近自欧化输入，言论开放，出版自由，百科丛书皆重实用。著述大势，趋向虽殊，然言之无文，行而不远，故先容延誉，古今同揆。

敝友何君慨之，学识闳达，审时察变，顷辑《全国兵工总厂调查改革》一书，不尚繁缛，简要详明，盖即本于实用之主义。观其内容，制械现形，瞭如指掌，尤能于改革规划萃精会神，发挥警辟。同人以是编为军储关系，怂恿付梓在即矣。

惟幽潜仍待阐发，月旦端赖评衡。用修芜笺，并附绪论，就正大雅，敬恳钧裁。素仰我公义薄云天，名垂宇宙，尚希笔扫千军，藻题翔凤。庶几风行一纸，誉播登龙。如蒙掖奖，宠锡揄扬，修短皆宜，序弁悉惬。翘企刊印，乞早惠颁。从兹告成，获供快睹。岂惟敝友之纫铭，抑亦同人所拜赐矣。专肃，顺颂

日祺，诸惟

霭照未既

　　　　林正煊、郭宝慈、沈智夫、谭炳华、李英铨、饶
　　　　芙裳、彭建标、何士果、李洪翰、黄汝瀛、杨梦
　　　　弼、李自芳、曾叔其、温翀远等肃启

计先附绪论小册，乞察收，余俟续印补送。如蒙鸿题，请早交靖海新街廿四号二楼曾叔其君代收为荷。

孙中山批：代答：以此等实用之书，当以内容之切实为贵，不当以品题文藻为贵。甚欲一见其书，如果适用，当力为介绍于军界。至于品题，不敢附和。

　　　　　　　　　　　　　　（《国父墨迹》，第 396 页）

李烈钧致孙中山函

（1920 年）

大元帅崇鉴：

敬肃者：辉腾蜕节，运转鸿钧。看五岭之回春，香浓醽醁，值一人之有庆，威靖檐枪。恭维祥集肤功，禧凝首祚。挽狂澜于粤、

滇，九州岛内外见天心，扶正气于中华，半壁西南钦国手。钧阳春
夙庇，恒殷葵向之诚，函夔同骥，合献椒盘之颂。恭肃寸柬，敬祝
万季

李烈钧谨肃

（《李烈钧集》下册，第 467 页）

李烈钧致孙唐伍三总裁电

（1920 年）

（上海徐鹤兄译，转呈）孙、唐、伍三总裁钧鉴：

　　接李鸿宾君由贵阳来电称：贵阳新军与游击军，于真晨发生冲
突，鸿宾奉令解散游击军，并拿获郭重光、熊范舆处死，秩序未乱
等语。钧在此始终未闻其事，谨闻。烈钧叩。铣。印。

（《李烈钧集》下册，第 467 页）

吕志伊等致孙中山快邮代电

（1920 年）

快邮代电。上海孙中山先生鉴：

　　密。游匪据粤，毒逋五岭，藉名自主，垄断政权，杀人敛财，
种烟开赌，恶卒甚于虎狼，苛捐及于鸡鸭，此不独百粤弟昆所身受
而心痛，抑亦全国人士所目击而神伤者也。顾自护法师兴，彼尚虚
与委蛇，任国会之偏安，容军府之虚设者，彼非知有民国也，非知
有约法也，惟慑于海军之南来，粤军之自强，及滇军之守正，不肯
附逆耳！不意李根源自陕脱险，南来奋勇讨龙，谋握兵柄，唐滇督
乃授以滇军军长及总司令职。彼自定条例，凡师旅团营长等，均由
滇督任命，经陈请核定在案。近乃妄请莫氏擅易滇军师长，坏法乱

纪，莫此为甚！此滇军之郑、朱、杨各师旅长，所以通电反对，而唐滇督所以免彼军长及总司令职也。

其时彼等以顾全西南大局及乡情友谊之关系，曾由同省议员集议，劝彼遵从命令，洁身而退，以保全名誉者保全滇军，以保全滇军者保全西南。不意彼权利薰心，机诈自诩，阳则通电解职，实则贪位恋权，对于莫氏，则涕泣乞援，对于滇军将士，则威迫利诱，逼其通电拥护，甚至效袁氏之伪造民意。致杨旅电揭其窃名，彼乃恼羞成怒，请莫氏改编滇军为边防军，并派桂粤军压迫滇军，致李协和率队出巡，战端遂启。

缘此次李某所藉口者，谓滇食粤之饷，当即服从粤省长官命令。然粤饷出自粤民，食粤之饷，当以安粤之民为职务。若以一游匪首领，任意予夺，自称广东督军之莫氏，滇军安能服从其乱命？即让一步言，姑承认莫氏为为粤督，然滇军在粤，如工人受雇于肆主，食其工金，固当代理其肆中事务，若工人之家发生承继问题，或工人之易名问题，则必其家长始有权为之处理，肆主不能越权也。故滇军之保护粤民，维持地方秩序，如讨龙逆，复南雄，固宜服从粤省长官之命令也。若易师长及改编滇军，则承继及命名之类，不能服从粤省长官之命令也。此五尺童子皆知之事，而莫、李二氏不知之，非自欺以欺人乎？

然李某固利令智昏者也，而莫氏之所为，则有大欲存焉。盖彼视粤省，几如征服地，而滇军在粤，则不免为之梗。前之攻李耀汉，去翟汪，为打击粤军之第一步。今之以滇军攻滇，并以桂粤军压迫滇军，为第二步。其第三步，则陈竞存或李福林必为其目的物，即自甘为印度兵之魏邦平，想亦不能久存也。如此则滇军灭，粤军亡，海军走，军府国会亦必无疾而终，而彼乃投降北庭，强据粤湘，则民国亦将不国矣！

故为今之计，粤、滇、赣军，宜协同一致，驱除游匪，迳由唐滇督进兵桂边，为之牵制；近由李协和率赣军，及杨益谦、鲁子材驻始兴，南雄之滇军进攻韶州，自北江而南；以陈竞存率粤军及伍毓瑞之滇军进驻惠、潮，自东江而西；以朱培德率张怀信驻四会之滇军及周之贞之旧部，并联络李耀汉之旧部为内应，进据肇庆，自西江而东，三路会师，进逼广州。如海军能援助，李福林能为内应，则游匪虽众，必可聚而歼之。

惟事关西南大局，且粤军、海军及一切饷械交涉等，必请先生鼎力主持，统筹兼顾，始能一致进行，共奏肤功。伊等虽不才，愿牺牲一切，以从先生之后。迫切陈词，如何，敬候钧裁。吕志伊、段雄、李华林叩。（真）

再敬恳者，电内有关军事计划，祈勿发表。伊谨附注。

（《革命文献》第五十一辑，第 237 ~ 239 页）

张醉侯致孙中山函

（1920 年）①

可惜！可恼！所谋收罗浙军之事，竟败于垂成矣！

昨接夏某（即派往浙省之人）秘函云：局势陵变，不能成功。今夏某亲到，十分失意。据云：前廖某面为接洽后，当即返浙，特派两营长往厦门通知各团体，并准备一切。不意该处未得廖信之前，因漳州陈军前既拒绝桂系，又不愿归附，吕公望屡次派人联合，不得已即与密使商订条件。讵料事机不密，为李督侦悉，当即电知浙督，勒令撤回原防，以免滋扰。缘吕公望实在借此兵力暗袭福州也。至撤防费用，李督愿担任五万元，浙督一面许以特别维持外，许以撤换潘师长，故廖某所派者到厦门时，撤防之事已成为事实矣！及闻知我处收罗之信，全军大哗，几酿大乱，幸廖亦赶电阻止，始俯首听命。可惜我处办理太迟，致失此一枝生力军也。惟廖某感先生一片好意，不日当来沪面谒先生，

---

① 原函未署年月日，据内容判断，应在 1920 年。——编者

愿作吾党党员，静候时机，徐图报效。本拟即来报告，因连日寒热交作，不能如愿，特此禀知，以免廑念。明日午前当来面陈也。

再者，闻漳州我军现抱苟安主义，桂人势力逐渐膨胀，曷胜愤懑。潮汕、广州方面，现又有机可乘，以刘达庆、刘志陆部下皆可活动。李福林处亦有极好门径，可以运动。林虎现亦与莫督有隙，亦可着手。且桂人此时以全力经营湖南，于漳州方面已渐懈怠，正好乘此图谋，为扫除桂人之计，第不知陈军近来果作何态度也。

扶病函此，不禁唏嘘。敬候起居，余容面罄。

醉侯上言　即日

（《革命文献》第五十一辑，第 239~240 页）